U0118789

谢林著作集

先刚 主编

神话哲学之哲学导论

Philosophische Einleitung in die Philosophie der Mythologie

〔德〕谢林 著 先刚 译

北京大学出版社
PEKING UNIVERSITY PRESS

图书在版编目（CIP）数据

神话哲学之哲学导论 /（德）谢林著；先刚译. —北京：北京大学出版社，
2023.9

（谢林著作集）

ISBN 978-7-301-34266-4

Ⅰ. ①神… Ⅱ. ①谢… ②先… Ⅲ. ①谢林（Schelling, Friedrich
Wilhelm Joseph von 1775-1854）– 哲学思想 Ⅳ. ① B516.34

中国国家版本馆 CIP 数据核字（2023）第 141757 号

书　　　名	神话哲学之哲学导论	
	SHENHUA ZHEXUE ZHI ZHEXUE DAOLUN	
著作责任者	〔德〕谢　林（F.W.J.Schelling）著　先　刚 译	
责 任 编 辑	王晨玉	
标 准 书 号	ISBN 978-7-301-34266-4	
出 版 发 行	北京大学出版社	
地　　　址	北京市海淀区成府路 205 号　100871	
网　　　址	http://www. pup.cn　新浪微博 @ 北京大学出版社	
电 子 邮 箱	编辑部 wsz@pup.cn　总编室 zpup@pup.cn	
电　　　话	邮购部 010-62752015　发行部 010-62750672	
	编辑部 010-62752025	
印 刷 者	北京中科印刷有限公司	
经 销 者	新华书店	
	890 毫米 ×1240 毫米　16 开本　24.5 印张　329 千字	
	2023 年 9 月第 1 版　2023 年 9 月第 1 次印刷	
定　　　价	108.00 元	

未经许可，不得以任何方式复制或抄袭本书之部分或全部内容。

版权所有，侵权必究

举报电话：010-62752024　电子信箱：fd@pup.pku.edu.cn

图书如有印装质量问题，请与出版部联系，电话：010-62756370

目　录

中文版"谢林著作集"说明

如果从谢林于1794年发表第一部哲学著作《一般哲学的形式的可能性》算起，直至其1854年在写作《纯粹唯理论哲学述要》时去世，他的紧张曲折的哲学思考和创作毫无间断地延续了整整60年，这在整个哲学史里面都是一个罕见的情形。① 按照人们通常的理解，在德国古典哲学的整个"神圣家族"（康德—费希特—谢林—黑格尔）里面，谢林起着承前启后的关键作用。诚然，这个评价在某种程度上正确地评估了谢林在德国古典哲学的发展过程中的功绩和定位，但另一方面，它也暗含着贬低性的判断，即认为谢林哲学尚未达到它应有的完满性，因此仅仅是黑格尔哲学的一种铺垫和准备。这个判断忽略了一个基本事实，即在黑格尔逐渐登上哲学顶峰的过程中，谢林的哲学思考始终都处于与他齐头并进的状态，而且在黑格尔于1831年去世之后继续发展了二十多年。一直以来，虽然爱德华·冯·哈特曼（Eduard von Hartmann）和海德格尔（Martin Heidegger）等哲学家都曾经对"从康德到黑格尔"这个近乎僵化的思维模式提出过质疑，但真正在

---

① 详见先刚：《永恒与时间——谢林哲学研究》，第1章"谢林的哲学生涯"，北京：商务印书馆，2008年，第4—43页。

这个领域里面给人们带来颠覆性认识的，乃是瓦尔特·舒尔茨（Walter Schulz）于1955年发表的里程碑式的巨著《德国唯心主义在谢林后期哲学中的终结》。①从此以后，学界对于谢林的关注度和研究深度整整提高了一个档次，越来越多的学者都趋向于这样一个认识，即在某种意义上来说，谢林才是德国古典哲学或德国唯心主义的完成者和终结者。②

我们在这里无意对谢林和黑格尔这两位伟大的哲学家的历史地位妄加评判。我们深信，公正的评价必须并且只能立足于人们对于谢林哲学和黑格尔哲学乃至整个德国古典哲学全面而深入的认识。为此，我们首先必须全面而深入地研究德国古典哲学的全部经典著作。进而，对于研究德国古典哲学的学者来说，无论他们的重心是放在四大家的哪一位身上，如果他们对于另外几位没有足够的了解，那么很难说他的研究能够多么准确而透彻。在这种情况下，对于中国学界来说，谢林著作的译介尤其是一项亟待补强的工作，因为无论对于康德、黑格尔还是对于费希特而言，我们都已经拥有其相对完备的中译著作，而相比之下，谢林著作的中译仍然处于非常匮乏的局面。有鉴于此，我们提出了中文版"谢林著作集"的翻译出版规划，希望以此推进我国学界对于谢林哲学乃至整个德国古典哲学的研究工作。

---

① Walter Schulz, *Die Vollendung des deutschen Idealismus in der Spätphilosophie Schellings*. Stuttgart, 1955; zweite Auflage, Pfullingen, 1975.

② 作为例子，我们在这里仅仅列出如下几部著作：Axel Hutter, *Geschichtliche Vernunft: Die Weiterführung der Kantischen Vernunftkritik in der Spätphilosophie Schellings*. Frankfurt am Main 1996; Christian Iber, *Subjektivität, Vernunft und ihre Kritik. Prager Vorlesungen über den Deutschen Idealismus*. Frankfurt am Main 1999; Walter Jaeschke und Andreas Arndt, *Die Klassische Deutsche Philosophie nach Kant: Systeme der reinen Vernunft und ihre Kritik (1785-1845)*. München, 2012。

　　中文版"谢林著作集"所依据的德文底本是谢林去世之后不久，由他的儿子（K. F. A. Schelling）编辑整理，并由科塔出版社出版的十四卷本《谢林全集》（以下简称为"经典版"）。①"经典版"分为两个部分，第一部分（第1—10卷）的内容是谢林生前发表的全部著作及后期的一些手稿，第二部分（第11—14卷）先于第一部分出版，其内容是晚年谢林关于"神话哲学"和"天启哲学"的授课手稿。自从这套全集出版以来，它一直都是谢林研究最为倚重的一个经典版本，目前学界在引用谢林原文的时候所遵循的规则也是以这套全集为准，比如"VI, 60"就是指所引文字出自"经典版"第六卷第60页。20世纪上半叶，曼弗雷德·施罗特（Manfred Schröter）为纪念谢林去世100周年，重新整理出版了"百周年纪念版"《谢林全集》。②但从内容上来看，"百周年纪念版"完全是"经典版"的原版影印，只不过在篇章的编排顺序方面进行了重新调整，而且"百周年纪念版"的每一页都标注了"经典版"的对应页码。就此而言，无论人们是使用"百周年纪念版"还是继续使用"经典版"，本质上都没有任何差别。唯一需要指出的是，"百周年纪念版"相比"经典版"还是增加了新的一卷，即所谓的《遗著卷》（*Nachlaßband*）③，其中收录了谢林的《世界时代》1811年排印稿和1813年排印稿，以及另外一些相关的手稿片断。1985年，曼弗雷德·弗兰克（Manfred Frank）又编辑出版了一套六卷本

① F. W. J. Schelling, *Sämtliche Werke*. Hrsg. von K. F. A. Schelling. Stuttgart und Augsburg: Cotta'sche Buchhandlung, 1856-1861.

② *Schellings Werke. Münchner Jubiläumsdruck, nach der Originalausgabe (1856-1861) in neuer Anordnung*. Hrsg. von Manfred Schröter. München 1927-1954.

③ F. W. J. Schelling, *Die Weltalter. Fragmente. In den Urfassungen von 1811 und 1813*. Hrsg. von Manfred Schröter. München: Biederstein Verlag und Leibniz Verlag 1946.

《谢林选集》[①]，其选取的内容仍然是"经典版"的原版影印。这套《谢林选集》不仅价格实惠，而且基本上把谢林的最重要的著作都收录其中，故广受欢迎。虽然自1976年起，德国巴伐利亚科学院启动了四十卷本"历史—考据版"《谢林全集》[②]的编辑工作，但由于这项工作的进展非常缓慢（目前仅仅出版了谢林1801年之前的著作），并且其重心是放在版本考据等方面，所以对于严格意义上的哲学研究来说暂时没有很大的影响。总的说来，"经典版"直到今天都仍然是谢林著作的最权威和最重要的版本，在谢林研究中占据着不可取代的地位，因此我们把它当作中文版"谢林著作集"的底本，这是一个稳妥可靠的做法。

目前我国学界已经有许多"全集"翻译项目，相比这些项目，我们这套中文版"谢林著作集"的主要宗旨不在于追求大而全，而是希望在基本覆盖谢林各个时期的著述的前提下，挑选其中最重要和最具有代表性的著作，陆续翻译出版，力争做成一套较完备的精品集。从我们的现有规划来看，中文版"谢林著作集"也已经有二十二卷的规模，如果这项工作进展顺利的话，我们还会在这个基础上陆续推出更多的卷册（尤其是最近几十年来整理出版的晚年谢林的各种手稿）。也就是说，中文版"谢林著作集"将是一项长期的开放性的工作，在这个过程中，我们也希望得到学界同仁的更多支持。

[①] F. W. J. Schelling, *Ausgewählte Schriften in 6 Bänden*. Hrsg. von Manfred Frank. Frankfurt am Main: Suhrkamp 1985.

[②] F. W. J. Schelling, *Historisch-kritische Ausgabe*. Im Auftrag der Schelling-Kommission der Bayerischen Akademie der Wissenschaften herausgegeben von Jörg Jantzen, Thomas Buchheim, Jochem Hennigfeld, Wilhelm G. Jacobs und Siegbert Peetz. Stuttgart-Band Cannstatt: Frommann-Holzboog, 1976 ff.

本丛书得到了国家社科基金项目"德国唯心论在费希特、谢林和黑格尔哲学体系中的不同终结方案研究"（项目批准号20BZX088）的支持，在此表示感谢。

先　　刚

北京大学外国哲学研究所

北京大学美学与美育研究中心

谢林著作集

神话哲学之哲学导论
或
纯粹唯理论哲学述要

1847—1852

F. W. J. Schelling, *Philosophische Einleitung in die Philo-
sophie der Mythologie oder Darstellung der reinrationalen
Philosophie*, in ders. *Sämtliche Werke*, Band XI, S. 253-
572. Stuttgart und Augsburg 1856-1861.

目 录 ①

①以下各讲的标题是译者自拟的。——译者注

第十一讲 宗教和哲学中的唯理论

我们所要求的"哲学宗教"（philosophische Religion）**尚未存**
在。但它的位置已经决定了，它是一种对那些先行的、独立于理性和哲学的宗教进行理解把握的宗教，因此它从一开始就是整个过程的**目的**，亦即一个虽然不是于今天或明天，但必定会得以实现的东西，一个绝不会被放弃的东西。这个东西和哲学本身一样，不是以直接的方式，而是仅仅在一个伟大而漫长的发展序列之中才得以完成。

一切东西都有自己的时间。神话宗教必须先行一步。在神话宗教里，有一个在必然的过程中自行生产出来的、**不自由的**、**非精神性的**，因而盲目的宗教。当那个注定要渗透到异教自身之内的启示（在犹太教那里，异教仅仅被排除了），换言之，当那个最终的和最高的启示内在地克服了非精神性的宗教，让意识获得一种针对这个宗教的自由，就通过这个方式亲自促成了**自由的**宗教或精神宗教，而因为精神宗教的本性在于只能通过自由被寻找和通过自由被发现，所以它只有作为哲学宗教才能够完满地实现自身。

就此而言，哲学宗教**在历史中**是以启示宗教为中介。神话过程在希腊人的意识里达到了自己的终点和最后的大分化（Krisis）；在这里，我们第一次隐约地看到了一种试图去理解把握神话的哲学；

但神话的**根据**并没有因此被扬弃，过程的结果始终保留在意识里面，至于一种完满的解脱，则是由神秘学（Mysterien）本身——希罗多德认为是哲学家（σοφισταῖς）发明了神秘学——托付给未来。在神话宗教里，意识与上帝的原初关系已经转化为一种实在的、纯粹自然的关系；从这个方面来看，它让人觉得是一种必然的关系，但从另一个方面来看，它又是一种飘忽不定的关系，本身就要求通过一种更高的关系而被扬弃，并且只有这样才变得可以理解。正是这个悲剧性的特征贯穿着整个异教。在人们看来，柏拉图的某些言论似乎表明，他已经感受到了那个要求，进而感受到了一个未来必定会出现，但现在却不可认识的东西，甚至可以说预感到了基督教。苏格拉底被指控对古老的诸神充满敌意，但即使在这种情况下，他仍然极为尊重诸神，不但敦促那位对他的赴死决定感到疑惑的色诺芬①遵守德尔菲的神谕，而且命令他的学生们在他死后为阿斯克勒皮奥②献祭一只公鸡，仿佛他的死如同从一场重病中痊愈过来。亚里士多德对柏拉图那里的一切充满预感的东西都置若罔闻，诚然，他在《形而上学》开篇指出哲学家也是爱好神话传说的人（因为那里面包含着神奇的东西），并且经常情不自禁地把自己的目光转向神话，但他又认为，神话作为一个不完整的事实不能为科学提供丝毫助益；由此可见，尽管他的精神以最为恢宏的方式囊括了一切在经验中给定的东西，但他从来没有想过把自己的各项研究拓展到宗

---

① 色诺芬（Xenophon），苏格拉底的学生，著有《回忆苏格拉底》。——译者注

② 阿斯克勒皮奥（Asklepios），希腊神话中的医神。关于苏格拉底命令他的学生在他死后为阿斯克勒皮奥献祭公鸡的事情，参阅柏拉图《斐多》118A。——译者注

教事实和宗教现象上面。假若亚里士多德少研究点异国他乡的动物，而是像阐述各种国家制度一样去详细阐述各个民族的不同宗教（因为哪怕是关于一些遥远地方的宗教，他都肯定能够通过他的王子学生①而获得很多信息），这将是怎样一部著作!② 尽管如此，在《形而上学》的最高峰，他还是在某种程度上透露出他关于神话的 [真正]观点：也就是说，在远古的列祖(παμπάλαιοι)以神话的形态 (ἐν μύθου σχήματι) 遗留下来的那些东西里，如果人们只承认古人是把最初的一些实体(τὰς πρώτας οὐσίας)称作诸神，同时假定古人之所以把诸神想象为具有人形或兽形，只是为了顾及广大群众而对普通生活的补充，那么人们就必须宣称前一个方面是**一种神性的言语**，而且从这个角度来看，由于艺术和哲学在任何时代都是可能的，所以每一种艺术和每一种哲学都极有可能是多次被发明出来，然后重新失传，而那些观念则是作为这样的残余物(λείφανα)一直保存到我们今天这个时代。③既然如此，神话在亚里士多德看

XI, 257

---

① 亚历山大大帝(Alexander der Große，前356—前323)，古马其顿王国国王，史称亚历山大三世，后来建立了疆域横跨亚非欧三洲的亚历山大帝国。亚里士多德曾经于公元前343年至前342年短暂担任过当时还是王子的亚历山大的老师。——译者注

② 马克罗比乌斯在《农神节》(I, 18)提到：Aristoteles, qui Theologumena scripsit, Apollinem et Liberum patrem unum eundemque Deum esse asseverat. [亚里士多德曾经写了《诸神学说》，并证明阿波罗和其他儿子的父亲是同一位神。] 这里所说的名字的正确性是存疑的；据说特奥弗拉斯特也写过一部《诸神历史》(ἱστορία περὶ θεῶν)。参见狄奥多罗《历史文库》(V, 48)。——谢林原注（译者按，马克罗比乌斯 [Macrobius Ambrosius Theodosius]，公元4世纪前后的罗马作家。特奥弗拉斯特 [Theophrast，前371—前287]，希腊哲学家，柏拉图和亚里士多德的学生，逍遥学派的第二任掌门人。狄奥多罗 [Diodor von Sizilien]，公元前1世纪的希腊历史学家。）

③ 亚里士多德《形而上学》XII, 8 (p. 254, 5 ss., 布兰迪斯版)。后面引用《形而上学》时都是依据这个版本。——谢林原注

来当然不可能是经验知识的源泉，至少不会比他之前的哲学家的观点包含着更多的经验知识；亚里士多德认为赫西俄德也属于这样的前辈哲学家[1]，唯一的区别是，他把赫西俄德归入不值得深入研究的"神话式哲学家"（μυθικῶς σοφιζομένους），而不是归入那些关注证明的哲学家（δι᾽ ἀποδείξεως λέγοντας）。[2]至于后来的哲学门徒（斯多亚学派和伊壁鸠鲁学派）如何试图解释神话，我们在前面已经看到了；但这里的关键不在于泛泛的解释，而在于一种哲学或一个哲学流派是否已经意识到应当把神话当作宗教（而且是本真意义上的宗教）来加以理解把握。这里我只需要提到新柏拉图主义者，就很容易用他们对于神话观念的寓托式解释来证明，他们看待

XI, 258

宗教的方式和唯理论哲学家是完全一样的。简言之，正如之前指出的，因为新柏拉图主义者想要与基督教抗衡，所以不得不赋予古代的诸神学说一种更高程度的精神性内容，而他们试图通过两种方式来做到这一点：首先，他们努力为自己的哲学本身披上神话的外衣，而在这种情况下，神话当然不可能提供多少帮助，因此当普罗提诺[3]把他的三个最高哲学本原分别比拟为乌兰诺斯、克罗诺斯和宙斯，或把这些名字安在它们头上，这完全是徒劳的；其次，他们宣称神话本身是一种哲学——在这个问题上，相较于亚里士多德而言，他们确实展示出了一个更明确的观点——，只不过是一种无意识的、

---

① 可以和巴门尼德相提并论。参阅亚里士多德《形而上学》I, p. 13, 8。——谢林原注
② 亚里士多德《形而上学》L, 11。——谢林原注
③ 普罗提诺（Plotin, 205—270），希腊哲学家，新柏拉图主义的开创者。——译者注

自然的哲学（αὐτοφυὴς φιλοσοφία），而朱利安①真的就是这样称呼神话；相应地，神话对他们而言不再是宗教，所以波菲利②之后的哲学家开始把通灵式的、魔法式的仪式，把献祭、咒语和类似的行为与哲学联系在一起。至于新柏拉图主义者究竟是迫于基督教的压力才宣称传承下来的诸神学说是**真理**，还是基于神话本身的出离性（das Ekstatische）就认为只有一种同样出离式的（超越理性的）哲学才能够提供理解把握神话的手段？简言之，究竟是否只有"出离"（Ekstase）才能够胜任近代世界及其提出的任务？这个问题最好是在后来的发展过程中才提出来。但是，无论人们在什么意义上判定新柏拉图主义者已经接近于一种哲学宗教，都丝毫不能反驳我们的那个主张，即哲学宗教仅仅以基督教为中介，因为新柏拉图主义者不再属于纯粹的古代，而是属于过渡时期，而且无论他们怎么排斥和反对基督教，都已经受到了基督教精神的感召。

但自由的哲学宗教仅仅是以基督教为**中介**，而不是由基督教直接**设定**。意识同样必须再次摆脱启示，以便向着哲学宗教前进。启示同样会重新成为一种不自由的认识的源泉。基督教作为异教的否定者和对立面，其本身同样是作为一种实在的、未知的力量而发挥着作用（因为异教不是通过"人类智慧的理性言说"而被克服）；针对外表上仍然强大的异教，基督教本身在某段时间也必定会——通过教会——成为一种外在的、盲目的暴力，而教会早期的那种令人窒息的力量仍然是一个深不可测的秘密，因为教会不可能像人们通常

XI, 259

---

① 朱利安（Junianus），公元2世纪的一位传奇人物，被认为是通灵术（Theruigie）的发明者。——译者注
② 波菲利（Porphyrios, 233—305），新柏拉图主义哲学家，普罗提诺的学生。——译者注

设想的那样仅仅是人为的产物；基督教之所以夺走异教的力量，是为了亲自掌握这种力量。[①]在随后的时间里，基督教完全征服了异教，从而失去与之对立的张力；直到那时为止，基督教都是不自由的认识的**本原**，但现在它本身成为自由的认识的**对象**，并且**就此而言**与异教站在同一条水平线上。这个平起平坐的局面的征兆，就是突然觉醒的对于古典文明的兴趣乃至热爱（不再把基督教文明看作其对立面），各种艺术的伟大变革，以及人们抛弃教会的传统模式，转而用人类的、自然的，就此而言异教的或世俗的方式去阐述基督教事物，自由地与异教交往，而在15和16世纪的那些伟大文人看来，异教和基督教几乎没有什么区别，因为二者在某种程度上已经到了形影不离的地步，以至于罗马教会的红衣主教们毫不迟疑地以教皇的名义把教皇称作"**不朽诸神**的尘世代言人"，把神圣处女[玛利亚]称作"**女神**"[②]。这类轻浮言辞也暴露出了那些进一步侵入教会内核中的异教因素；在宗教改革的发起者看来，那些在基督教里面新近崛起的位高权重的神职人员，那些持续不断的献祭、忏悔、苦行和咒语，那种基于外在而僵死的形式的礼拜仪式，还有对于天使、受难者和圣徒的崇拜等，都是这样的异教因素，因此宗教改革援引使徒们的教诲，把这种已经异教化的基督教与过去的原初基督教对立起来，那时基督教虽然受到异教的压迫，但仍然保持着自己的纯洁，

XI, 260

---

① 或许人们可以借用《新约·歌罗西书》2:15的一个成语，说这是 θριαμβεύσαν αὐτὴν ἐν αὐτῷ [用他们自己的力量夸胜]。——谢林原注

② 这是红衣主教本博（Pietro Bembo）的著名用语。参阅利普修斯：《两百年书信集》，书信 37。——谢林原注（译者按，利普修斯 [Justus Lipsius, 1547—1606]，荷兰人文主义哲学家。）

与此同时,使徒们一方面已经展望到了一个完满自由的王国,将其当作目标,另一方面也预言了一个居间王国,即一种不可避免会出现的"反基督教"(Widerchristentum)。

教会可以标榜自己是一种持续的、始终具有当前意义的启示;但经过宗教改革,我们所面对的启示仅仅是一些过去的、通过文字记载并且掺杂着偶然性而产生出来的文物,因此它们必定会遭受批判,而这种批判在从文物推及内容时,或许首先只是否认现有启示的真理,但很快也否认一种启示的可能性。通过一个不可阻挡的进步(基督教本身也在这个过程中发挥着作用),当意识已经独立于教会,随之也独立于启示本身,它就必定会摆脱不自由的认识(即使在这种认识中,它也在反对启示),进入一个完全与启示无关、当然首先只是毫无认识可言的思维状态。虽然现在有些人误认为这个状态或认为这种空无内容的自由已经是万事大吉,但意识却不可能满足于此。因此随后必定有一个新的发展过程。

一般而言,那个与启示最为直接地针锋相对的东西是**理性**;但意识在摆脱启示之后,首先只能服从于那种对它而言**自然的**,因此同样不自由的认识——服从于自然理性,但正如使徒[保罗]指出的,自然理性对于上帝的精神充耳不闻,和一切神性东西都只保持着一种外在的、流于形式的关系,而在这种情况下,意识仅仅服从于另一种必然性、另一条法则和另一些前提,亦即意识的未经把握的认识能力提出的一些前提。[①]

---

① 因此,在宗教改革唯一在政治上完全获得胜利的那个国家里,当最初的那些人(他们首先攻击教会的声望,然后攻击《圣经》的权威性和启示本身)自称为"自由思考者"(Freidenker, free-thinkers),这只不过是一个鲁莽而狂妄的头衔。——谢林原注

XI, 261

尽管如此，一种以这些自然前提为基础的科学不一定要摆脱教会之后才能够产生出来。假若这种科学无意于把启示宗教的内容当作一种已经理解把握的内容而加以占有，亦即无意于成为这种意义上的哲学宗教，那么在这个条件下，它不仅会得到统治地位尚未受到冲击的教会的许可，甚至会得到其支持；这种科学曾经存在于经院形而上学里，后者的结局和终点就是刚才所说的意义上的一种**自然神学**或**理性神学**（当时还没有什么"理性**宗教**"的说法）。

为了理解这种形而上学的本性，人们必须知道，它的自然认识有三个独立于启示，并且彼此不同的源泉，也就是说，它把三种权威当作自己的前提，这就是：

1）**普遍经验**的权威。普遍经验既让我们确信感性事物的存在和状况，也让我们确信自己的外在存在和内在存在，以及这两种存在的持续规定和变动规定。（启示作为**特殊的**经验，已经通过科学的第一个定义而被排除，属于这类经验的是seposita revelatione [那些通过启示而规定的东西]。）

2）**普遍本原**的权威。这些本原不是通过经验而获得的，而是被看作κοιναὶ ἔννοιαι [数学公理]或意识先天具有的东西，其中最重要的是原因法则（在这里，"原因"既指一般意义上的原因，也指与作用相契合的原因）。

3）**理性**的权威，而理性在这里指证明或**推论**的能力。这种能力被看作认识的一个特殊源泉，因为人们假定，既然那些普遍的、本身具有必然性特征的原理可以通过推论而被应用到经验中给定的偶然东西上面，那么通过推论也可以证明某些位于一切经验之外的对象，比如人类灵魂的非物质性存在；尤其通过这个方式，可以真实

XI, 262

地证明上帝的存在。①

　　换言之，这种形而上学唯一关心的是上帝的**存在**，而不是自然界，而相对于经验中给定的东西而言，上帝的存在确实是一个必然的存在。假若给定的是一个充斥着偶然存在的世界，特别是，假若这个世界在整体上和个别方面都表明自己是合乎目的的，那么人们必须假定有一个终极原因，甚至假定这是一个理智的、自由意愿着的原因，但这个原因**在其自身之内**却并不因此就必然存在。诚然，人们可以事后说道：那个包含着一切事物的终极原因的东西，不可能本身又是偶然地存在着，也不可能在**自身**之外具有它的存在的原因，因此它必然存在——但对此必须补充一点：**如果它存在的话**；然而"它存在着"**这件事情**却不是**这个**论证的结果，毋宁始终已经被当作前提。因此，相关证明的做法无异于去证明一个仅仅未在直接经验中给定的个别对象（比如一颗尚未被看到的行星）存在着。**自在地看来**，上帝仅仅是经验的对象，是**纯粹的个别存在者**，而推论只不过是替换了一种现实的、对自然的人来说不可能的经验。那个号

---

① Causae certitudinis in philosophia sunt experientia universalis, principia et demonstrationes. — Demonstravia methodus progreditur ab iis quae sensui subjecta sunt et a primis notitiis, quae vocantur principia. — Philosophia docet, dubitandum esse de his, quae non sunt sensu comperta, nec sunt principia, nec sunt demonstratione confirmata. （哲学里的确定性来源于普遍经验、本原和证明。证明的方法是从主观感觉和原初观念出发，而这些观念被称作本原。哲学教导我们，那些不能通过感觉而验证的东西，那些不是本原的东西，还有那些没有经过证明就断定的东西，都是应当怀疑的。）以上是从梅兰希顿为《神学基要》（*De Locis theologicis*）撰写的前言里摘录出来的几句话，它们足以表明，旧的形而上学的联系是以什么为基础的。——谢林原注（译者按，梅兰希顿 [Philipp Melanchthon, 1497—1560]，德国神学家，是除马丁·路德之外最重要的宗教改革家和政治活动家。他为之撰写前言的《神学基要》，其作者是西班牙神学家梅尔希奥·卡诺 [Melchior Cano, 1509—1560]，天主教基要神学的奠基人。）

称绝对真实的论证,即从上帝的理念或**所是**出发推论出上帝的存在或"上帝存在"**这件事情**,那个因此被称作"本体论论证"的论证,即便仰仗著名的安瑟尔谟教父①的巨大声望,也没能够进入当时占据统治地位的形而上学。托马斯·阿奎那②等伟大的经院哲学家拒斥本体论论证,仅仅信任那些包含着经验要素的论证,但后来的哲学家——最早不是加布里尔·比尔③,而是奥康④——却宣称,这些论证只能提供或然性,并不提供绝对真实的确定性。如果说形而上学的经院科学即便如此仍然被称作"理性神学",那也是因为理性被看作启示的对立面,被看作人类的自然认识的整体,就此而言也包含着经验。理性作为认识的一个特殊源泉,在形而上学里同样只具有形式上的或工具的意义,随之被看作单纯的推论能力,正因如此,它在真正的、倚靠启示权威的神学里面除了扮演一个纯粹**服务性的**角色之外,别无他法;但假若人们企图针对基督教神学指派给理性的这个地位而指责理性,那么这只不过是无知的表现。⑤

---

① 安瑟尔谟(Anselm von Canterbury, 1033—1190),中世纪哲学家,号称"经院哲学之父",在哲学史上首次提出"本体论论证"(从上帝的概念本身推导出上帝的存在)。——译者注

② 阿奎那(Thomas von Aquin, 1225—1274),中世纪经院哲学家,代表作为《神学大全》和《反异教大全》。——译者注

③ 比尔(Gabriel Biel, 1410—1495),中世纪哲学家,德国图宾根大学(建于1477年)的筹办者之一。——译者注

④ 奥康(William of Ockham, 1288—1347),中世纪唯名论哲学家。——译者注

⑤ Ratio, quatenus facultatem ratiocinandi infert, fidei saltem est ancilla et religionis instrumentum, non principium. [**理性**,就其具有推论的能力而言,至少是**信仰的婢女**和宗教的工具,但不是信仰和宗教的本原。]普法夫:《神学教义》(*Institutiones theologiae*),第26页。——谢林原注(译者按,普法夫 [Christoph Matthäus Pfaff, 1686—1760],德国神学家。)

　　因此，人们只有领会和理解了中世纪形而上学的这个意义，才能够理解向着随后的时期亦即近代时期的过渡。也就是说，正如意识过去应当（至少在形式上）摆脱启示，如今它应当摆脱**自然的**认识。换言之，我们此前把认识的不同源泉称作不同的**权威**，这不是没有缘由的。我们都相信感官提供的证据，而且我们的绝大部分经验知识都是以之为依据，因此它是每一个人都不假思索地服从的权威，甚至是一个让任何别的权威都立即住嘴的权威。但我们的内心也服从一些普遍的、规定着我们的判断活动的原理（比如因果律），好比物体服从重力的规律一样①；我们之所以遵循它们而作出判断，不是因为我们愿意这样或有什么独特的见解，而是因为我们只能这么做。同样，理性推论的规律也把一种完全盲目的暴力施加在我们身上，哪怕我们对此毫无意识。培根第一个站出来否认三段论的威望——不是否认三段论的使用，而是否认它能够探究本原和原因——，在认识的三个源泉里面，把感官经验当作唯一合法的源泉，而他唯一承认的普遍者就是通过这种意义上的归纳而获得的普遍者。与此相反，笛卡尔剥夺了形而上学推论本身的材料，因为他恰恰对那种推论的终极基础亦即感官表象的实在性感到怀疑，甚至不愿意直接相信许多普遍真理的客观有效性。但这样一来，形而上学精心编织的整张大网就被完全撕裂了。实际上，这个撕裂只不过是把宗教改革在迄今有效的知识体系里面制造出的断裂推到极致。因为宗教改革本身主要是起源于内心深处的宗教激励和伦理激励，而不

XI, 264

――――――――――

① 这里有一个问题，即从这个角度来看，因果律和纯粹的理性认识的区别在哪里呢？——谢林原注

是起源于科学精神，所以它并没有触及旧的形而上学，从而在这个意义上始终是不完满的。青年笛卡尔是在一种晦暗渴望的驱使之下，来到德国的宗教改革必须经历的伟大政治斗争的战场，来到它的反对者的营地，而且他无疑是在德国发现了他的思想体系的第一块基石。①尽管笛卡尔宣称自己愿意接受教会对他的全部哲学定理的审查，而且持续不断地重申自己对教会的忠诚，但他还是需要在荷兰寻找一个避难所。而他之所以离开荷兰，仅仅是为了在最偏远的北欧，在那位重振德国宗教改革事业大旗的英雄的女儿那里②，寻找最后一处安身立命之地，正如他当初也曾经赢得那位不幸的选帝侯的妻子③成为他的哲学的热心拥趸（虽然他曾经参加了与那位选帝侯作战的白山战役④）。恰恰是这样一位始终独立于宗教改革本身的伟人，命中注定要给完满的解放带来第一个激励，而我们的时代

---

① 笛卡尔曾经于1619—1620年间参军入伍，跟随天主教联军参与了"三十年战争"（1618—1648），期间游历了德国的很多地方，这其中最著名的经历是1619年11月10日深夜至11日凌晨他在乌尔姆做的三个堪称改变其人生道路的梦。——译者注

② 这里所指的是瑞典国王古斯塔夫二世（Gustav II. Adolf, 1594—1632）及其女儿克里斯蒂娜（Christina von Schweden, 1626—1689）。古斯塔夫二世于1630年出兵介入"三十年战争"，挽救了此前在战场上节节失利的宗教改革联盟，确保新教从此以后在德国站稳足跟。他的女儿克里斯蒂娜（后继位瑞典国王）是笛卡尔的崇拜者，邀请笛卡尔去给她讲学，而笛卡尔因此冻死在瑞典。——译者注

③ 这里所指的是普法尔茨选帝侯兼波希米亚国王弗里德里希五世（Friedrich V. von der Pfalz, 1596—1632）及其女儿（谢林在这里误写为"妻子"）伊丽莎白公主（Elisabeth von der Pfalz, 1618—1680）。伊丽莎白公主也极为崇拜笛卡尔，而笛卡尔则是专门为她撰写了《论灵魂的激情》（Les Passions de l'âme）一书，在其中讲解自己的哲学思想。——译者注

④ 1620年在布拉格附近爆发的白山战役（Schlacht am Weißen Berg）是"三十年战争"的第一次大型军事冲突。在这场战役中，支持宗教改革一方的弗利德里希五世遭到惨败，被迫放弃波希米亚王位，史称"冬天国王"（即在王位上只待了一个冬天）。——译者注

只能迎接这个激励。

迄今为止，当人们在一般的意义上谈到**理性**时，都是把它理解　XI, 265
为一种纯粹自然的认识能力，其各项功能不是自由行使的，而是依
赖于某些没有被它自己意识到的前提。如果人们已经意识到了这些
前提，同时却没有理解它们，好比在数学里一样，那么就会产生出**一
种**没有让理性完全安然于自身的科学，因为正如柏拉图指出的，这
种科学允许作出假设，预先承认奇和偶、全部形状、三种角以及另
外一些东西，而那些掌管这种科学的人却既不对自己，也不对别人
做出解释。在柏拉图看来，即使在这些训练或技艺里(他不愿意把
它们称作科学)，理性也不是主宰者，不是直接发挥作用的努斯，而
是一种仅仅间接发挥作用的努斯，即**理智**(Dianoia)。[①]诚然，这些
训练或技艺能够导向那个只有**理性本身**才能够触及的理知世界，它
们强迫灵魂或让灵魂养成习惯去依靠**思维本身**[②]而达到真理，但它
们本身却绝不可能触及真理。因为，只要它们满足于各种前提，而
不是把自己提升到那个不是前提，毋宁是本原本身的东西，那么即
便它们能够**梦到**本质(真正的理知世界)，也不可能用清醒的眼睛**看**

---

① Νοῦν οὐκ ἴσχειν περὶ αὐτὰ δοκοῦσί σοι, καίτοι νοητῶν ὄντων μετὰ ἀρχῆς. διάνοιαν
　δὲ καλεῖν μοι δοκεῖς τὴν τῶν γεωμετρικῶν τε καὶ τὴν τῶν τοιούτων ἕξιν ἀλλ᾽ οὐ νοῦν,
　ὡς μεταξύ τι δόξης τε καὶ νοῦ τὴν διάνοιαν οὖσαν. [尽管从本原出发，事物本身同样是
　可以认识的。但在我看来，你把几何学家和他们的同类人的技能称作理智，而不是理
　性，因为知性是某种介于单纯的意见和理性之间的东西。]柏拉图：《理想国》第六卷，
　511D。——谢林原注
② Ἄγουσαι πρὸς τὴν νόησιν, ἑλκτικαὶ πρὸς οὐσίαν. [依靠思维，与存在相关联。]柏拉图
　《理想国》第七卷，522；προσαναγκάζον αὐτῇ τῇ νοήσει χρῆσθαι τὴν ψυχὴν ἐπ᾽ αὐτὴν
　τὴν ἀλήθειαν. [强迫灵魂使用思维，以达到真理本身。]柏拉图：《理想国》第七卷，
　526B。——谢林原注

到这个世界。[①]只有当努斯完全自主地制造出质料和形式，而不是受制于外在的陌生东西，才会产生出**知识**（Episteme），即那种真正意义上的、达到了理知世界和本原本身的科学。因此"知识"是直接位于努斯之后的东西，而"理智"则是位于知识之后；诚然，努斯也包含在"理智"中，只不过已经失去了纯粹性。[②]与努斯相对立的是单纯的"意见"（δόξα），后者又包含着"信念"（πίστις）和"想象"（εἰκασία），而在这种情况下，"信念"与"知识"相对立，"想象"与"理智"（一种生产出所谓的必然科学的认识方式）相对立。[③]

XI, 266

经过这些解释，我想大家应该已经明白我的意思。也就是说，我们必须拒绝把古代的和近代的形而上学归属于柏拉图意义上的"理智"，毋宁说，鉴于它的各种论证只能提供一些或然性，我们将不得不把它归属于"意见"的领域，而且在这个领域里一方面归属于**"信念"**（即对感官提供的材料和普遍原理深信不疑），另一方面归属于**"想象"**——我想说的是，这种形而上学之后必定会出现一种努力，希冀超越这种形而上学所依靠的那些权威（它们本身只不过是柏拉图所说的那种未经理解的前提），以达到那样一种科学，它是**理性本身**的产物，而这里所说的理性是指一种原初的，无需借助任

---

① ὡς ὀνειρώττουσι μὲν περὶ τὸ ὄν, ὕπαρ δὲ ἀδύνατον αὐταῖς ἰδεῖν, ἕως ἂν ὑποθέσεσι χρώμεναι ταύτας ἀκινήτους ἐῶσι, μὴ δυνάμεναι λόγον διδόναι αὐτῶν. [它们只能梦到存在，只要它们还在原封不动地使用它们所用的前提而不能给予任何论证，它们就还不能清醒地看到存在。]柏拉图：《理想国》第七卷，533C。——谢林原注

② 在《斐多》里，柏拉图的用词同样是清晰明确的；他在那里先后使用了αὐτῇ τῇ διανοίᾳ [理智本身]（65E）、αὐτῇ καθ' αὑτὴν εἰλικρινεῖ τῇ διανοίᾳ [仅仅借助于理智本身]（66A）、αὐτῇ τῇ νοήσει [思维本身]等说法，并且在《理想国》第七卷532A也谈到了αὐτῇ νοήσει [思维本身]。——谢林原注

③ 柏拉图：《理想国》第七卷，533E以下。——谢林原注

何外物,能够从自身出发而进行的认识活动。

　　理性在神话宗教里曾经服从于一个陌生的法则,同样,它在信仰里是依附于启示这一单纯外在的权威,而毫无疑问,宗教改革最终也沦为这样的外在权威。另一方面,当理性追随未经理解的自然知识时,同样也是不自由的,因此它必须起来反对这种知识,这样才能够赋予自己以自由。但如果理性在回归自身的时候不是沉迷于自己的纯粹性、单纯性和完满的自律,而是也产生出科学,那么这种科学就不可能仍然是一种特殊的科学,比如数学之类,而从根本上说,形而上学也是一种特殊的科学;科学作为**理性本身**的产物,只能是**科学本身**,即柏拉图意义上的科学,而在这种情形下,柏拉图把科学称作智慧(Sophia);但因为科学的概念以及科学本身都不是现成已有的,所以我想说的是,人们从此开始**寻求**一种作为智慧的科学;"**哲学**"或"**爱智慧**"这个说法对于形而上学之后的那个层次(即形而上学所依靠的那些权威开始失去其无条件的威望)而言是很贴切的,而第一个寻求这种意义上的科学的人是笛卡尔。这种寻求同时是一种努力,希冀超越一切单纯的前提,达到那个本身确定的开端,并由之出发稳妥地产生出所寻求的那种科学;就此而言,笛卡尔同时也是第一个寻求这种意义上的**本原**的人。古代形而上学不具有任何共同的中心点,不具有一个由之推导出一切东西的本原,因此和数学一样是通过偶然性而向前推进;哪怕它始终立足于一些先行的前提,但在根本上总是伴随着每一个新的对象而从头开始。

　　很显然,这种寻求在实现自由宗教(freie Religion)的道路上迈出了新的一步,而我们已经把这种宗教预先称作哲学宗教。同样,我想预先指出,相比那种仅仅止步于后续事物的科学,这种独立于

XI, 267

全部单纯的前提、完全从头开始的科学——我们可以借用基督教的一个术语将其称作ἐπιστήμη ἄνωθεν γεννηθεῖσα [来自远祖的知识]——，是更加可信的，而且比那种科学更能够促进我们对于基督教的理解。基督教同样要求超越理性，但不是超越理性本身（否则**全部**理解都将是不可能的），而是超越单纯自然的理性。基督赞

XI, 268 美父亲，说他将某些事情向聪明通达的人就藏起来，向婴孩就显出来（ὅτι ἔκρυψας ταῦτα ἀπὸ σοφῶν καὶ συνετῶν καὶ ἀπεκάλυψας αὐτὰ νηπίοις）。①但还有谁能够比那些无知的人，那些在进行认识时完全返回到原初的单纯性的人（纯粹的思维里面还谈不上什么知识），比如无知的苏格拉底，更像这些婴孩呢？使徒保罗用同样的话祈求一切**属灵的**聪明通达的人（πᾶσαν σοφίαν καὶ συνέσει πνευματικὴν）满心知道上帝的旨意②，既然如此，基督所说的"聪明通达的人"（σοφοὶ καὶ συνέτοι）只能是指一些仰仗单纯自然的理性的人。基督教神学家在其关于理性的论述中已经区分了"模糊的理性"和"明确的理性"。但对柏拉图而言，单纯的理智中的努斯同样是模糊的；因为他说：必须找到某个比科学**更模糊**，但比单纯的意见更明确的东西，用来指代数学——他出于单纯的习惯经常也把数学称作科学——，而这个东西恰恰是理智③，因为理智使用的是一种虽然现成的，但属于理知世界，且对于理性而言清楚明白的质料，这种质料允许理性直接发挥作用。同样，当《新约》以贬损的口吻谈到理

---

① 《新约·马太福音》11, 25。——谢林原注
② 《新约·歌罗西书》1, 9。——谢林原注
③ 柏拉图《理想国》第七卷，533D: Ἐναργέστερον μὲν ἢ δόξης, ἀμυδρότερον δὲ ἢ ἐπιστήμης. ["比意见更明确些，比知识更模糊些。"]——谢林原注

性时，其所指的也是理智①，绝不是指**理性本身**（λόγος）；此外《新约》也经常谈到推理（λογισμοί）②，而这些东西同样属于自然知识。保罗之所以宣称上帝的平安高于全部理性③，因此也高于那个不包含任何模糊东西的理性本身，并且把基督的爱描述为一种超越全部知识的东西④，可能是因为对他而言，确实存在着某种更高的，XI, 269因而**真实的**，能够理解基督教的整个真理的知识，即**伟大的事实本身**；换言之，保罗最关心的是，这个**事实**会保持常驻，而不是转变为单纯的表象，ἵνα μὴ κενωθῇ ὁ σταυρὸς τοῦ Χριστοῦ [免得基督的十字架落了空]⑤。当然，我们并没有说那种由纯粹理性生产出的科学是绝对终极的和不可超越的东西。至于事情究竟会怎样，只有当我们引导理性达到它的目标，发现它在那里不能再前进一步，我们才会相信我们自身之内有某个超越全部理性的东西，然后才会谈到这个东西。这个引导恰恰是我们的第一个任务。摆在我们面前的是一条悠远的道路，我之所以强调这一点，是希望那些有志于追随我们的人提前准备好必要的精力和耐心，同时让另外那些没有意愿或没有能力追随我们的人趁早歇息。因为和在生活中一样，科学里面也有

---

① 比如《新约·歌罗西书》1:21以及《新约·以弗所书》2:3（这里使用了复数形式的"理智"）。二者对于使徒保罗而言都是ἐσκοτωμένοι τῇ διανοίᾳ [心地昏昧]。参阅《新约·以弗所书》4:18。——谢林原注

② 《新约·哥林多前书》10:5。——谢林原注

③ 《新约·腓立比书》4:7: ὑπερέχουσα πάντα νοῦν ["高于全部理性"]。——谢林原注（译者按，中文版《圣经》将此处译为"出人意料"。）

④ 《新约·以弗所书》3:19: ὑπερβάλλουσαν τῆς γνώσεως ἀγάπην τοῦ Χριστοῦ. [基督的爱不是人能测度的。]在这里，τοῦ Χριστοῦ显然是指"基督对人的爱"，而不是指"人对基督的爱"。——谢林原注

⑤ 《新约·哥林多前书》1:17。——谢林原注

怯弱无能的人和勇于决断的人，而且在攀登每一个艰难的高峰时，那些软弱无力的人总是会筋疲力尽地停留在半山腰。

现在我们回到笛卡尔，是他第一次激励我们走向那种由理性本身生产出来的科学，也是他从一开始就寻求一个本身与前提无关，而且超越了任何前提的开端。他的走向本原之路是——**怀疑**。但因为一切怀疑都以某种东西（亦即它所怀疑的东西）为前提，所以这个手段看起来还不足以促成完满的解放。"我思故我在"，这就是笛卡尔的著名的开端，而他认为自己借此掌握了一种不能通过外物而获得的确定性。但是，"我怀疑外物的存在，因此外物**存在着**"，这同样是一个有效的推论。因为人们不可能去怀疑某种无论如何都绝不存在的东西。换言之，我们确实能够通过这个推论而得知事物**以某种方式**存在着；但"我存在"同样无非意味着我以某种方式存在着；这个方式甚至被看作一个明确的方式，而由此只能推出，我是在思维的活动中，而不是在这个活动之外存在着，——不是无条件的"我存在"（Sum），毋宁只是"我作为思维者而存在"（Sum res cogitans, je suis une chose qui pense）。在哲学的开端，怀疑既可能说出太多的东西，也可能说出太少的东西，这取决于人们怎么看待它。正确的做法是，拒绝把任何不是由**理性本身**所设定的东西看作存在着，除非这个东西已经是理性所认识和理解的。但这个拒绝必须同等地适用于事物的存在和我的存在。因为现在被悬置起来的，不只是一种对**我**而言可怀疑的存在，更是一种**自在地看来**可怀疑的存在，——不是永远悬置起来，而是要等到它来临的时候。但自在地看来，任何东西，只要它是可能存在也可能不存在，就都是可怀疑的。实际上，笛卡尔唯一仰仗的就是这个心理事实，就像最近一段

XI, 270

时间那些对他歌功颂德的法国同胞所说的。笛卡尔认为，那个通过"我存在"而表达出来的存在是**真实的**，但他又指出，这个存在的真正的确定性必须和另一个东西联系起来，而这个东西的存在既不立足于经验，也不立足于推论（因为他宣称一切经验和推论都是可怀疑的），而单凭**被思考**就已经存在着，亦即在纯粹的思维中存在着，而思维不会超越自身，而是仅仅遵循思维本身的普遍原理（所谓的矛盾律）。对笛卡尔而言，这个如此确定的东西就是上帝，因为他在"上帝"那里所思考的是一个绝对完满的存在者，而假若上帝**不存在**，那么就不是这样一个绝对完满的本质。

很显然，笛卡尔认为上帝的存在是一个在**纯粹思维**里面被设定的存在。但这个想法是错误的，因为他在这里插入了一个中项（"存在是一种完满性"①），从而制造出一个**推论**。也就是说，这个存在不是柏拉图所说的**理性本身**触摸到的对象。②此外，关于"绝对完满的存在者"这一内容最为丰富的概念，笛卡尔似乎觉得唯一重要的就是从它那里推论出存在，却忘了"上帝在自身之内包揽着其他存在者的全部实在性和完满性"，也忘了他真正的目标是**科学**。如果上帝是一个将全部实在性和完满性都包揽在自身之内的存在者，那么我们必须要表明，我们在经验里遭遇到的这个充满限制和否定的世

XI, 271

---

① 马勒布朗士对此有一个最简洁的表述：l'existence étant une perfection, elle est nécessairement renfermée dans celui qui les a toutes. II suffit de penser (à) Dieu pour savoir qu'il existe. [存在是一种完满性，它必然包含在一个拥有所有这些的人里面。只要想到上帝，就能知道他的存在。]《形而上学沉思集》，巴黎1847年版，第57页。此外还有多处地方提到这一点。——谢林原注

② 柏拉图《理想国》第六卷，511B：οὗ αὐτὸς ὁ λόγος ἅπτεται [理性本身直接把握到的东西]。——谢林原注

界如何能够从那样一个存在者里显露出来。但笛卡尔在这里戛然而止,放弃去理解那些可怀疑的存在者(真正说来,正是因为这些东西的缘故,我们才去寻求一个毋庸置疑的存在者),认定事物和那些永恒真理(尤其是数学真理)都是真实的东西,而其理由竟然是这样一个信念,即上帝作为最完满的存在者必然也是最真实的存在者,所以不会欺骗他。当笛卡尔完全过渡到专门的物理学,甚至假定了这样一个公设①,亦即上帝不但创造了物质,而且从一开始就尽可能让物质是彼此等同的,但上帝没有把物质制造为圆形的(因为这样就不能持续地充满空间),而是将其分割为**其他形状且大小均匀的**微粒——话说到这里,已经没有科学的丝毫痕迹。人们简直难以相信,说出这些话的人和前几篇沉思集的作者是同一个笛卡尔。

在笛卡尔的直接后继者马勒布朗士那里,事情差不多也是如此。也就是说,马勒布朗士既然宣称"上帝包含着一切可能的东西"②,就必须一方面指出上帝以何种方式具有全部可能性,另一方面指出全部可能性如何过渡到现实性。尤其是,马勒布朗士既然敢于宣称"物质也和上帝之内的完满性有关"(对已经熟悉他的思维方式的人而言,这个说法真的是很勇敢的),就必须去证实和探究这个关系。然而他根本没想到这些问题。此外,虽然他在事物那里看到了事物对于神性存在者的**分有**(participation)和**不完满的**模仿,但他从来没有尝试去解释这件事情是如何发生的。

尽管如此,马勒布朗士还是迈出了重要的一步,哪怕他自己都还

XI, 272

---

① 这件事情至少在斯宾诺莎那里得以完成,因为斯宾诺莎在他的《形而上学思想》(*Cogitatis Metaphysicis*)里试图赋予笛卡尔体系一个科学的形态。——谢林原注
② 马勒布朗士:《真理的追求》,第三卷,第9章。——谢林原注

没有认识到这个进步的意义。也就是说,当他按照笛卡尔的方式宣称上帝在自身之内包揽着事物里的全部完满性时,突然停了下来,然后说:"一言以蔽之,上帝是**存在者**(il est en un mot l'Etre)。"[1]这个果断的语气似乎表明,他不是在种属的意义上说到"存在者",尽管他在不经意之间也把上帝称作"一般性"(la généralité)和"一般的存在者"(l'être en général),而且至少有一次称作"普遍的存在者"(l'être universel)。他的这些表述很可能是受到了经院哲学家所说的Ens[存在者]的误导,因为后者把Ens[存在者]看作genus generalissimum[最一般的种],看作开端,并且宣称它是一个在任何情况下都无规定的东西(ens omnimodo indeterminatum)。经院哲学对马勒布朗士的影响也体现于字面上的契合,比如他认为我们的心灵始终具有Idée vague de l'être en general[关于"一般的存在者"的模糊观念][2],而托马斯主义者完全是以同样的方式谈到ens in genera[一般的存在者][3]。同样属于这类情况的还有,马勒布朗士虽然经常用一些否定的说法,比如l'être indeterminé[无规定的存在]、l'être sans restriction[不受限制的存在]等等,来表述一个最肯

---

① 参阅马勒布朗士《一位基督教哲学家与一位中国哲学家的访谈》(*Entretien d'un philosophe Chrétien avec un philosophe Chinois*)开篇。真正需要指出的是,对我们来说,后面谈到的"**存在者**"(das Seyende)无非就是法文的l'Etre;因此严格说来,凡是谈到"存在者"的时候,都必须使用这个法文词语。——谢林原注

② 马勒布朗士:《真理的追求》,第三卷,第8章。这个说法不仅出现在标题里,而且也出现在正文中。——谢林原注

③ 参阅伦兹:《托马斯·阿奎那的心灵哲学》第三卷,第4章,尤其是开头的几节。——谢林原注(译者按,伦兹[Placidus Rentz, 1692—1748],德国神学家,其著作的准确名称是《天使博士托马斯·阿奎那的心灵神学》[*Theologia ad mentem Angelici Doctoris D. Thomae Aquinatis*]。)

定的概念，但他同时又宣称，上帝不是这个或那个存在者，而是远远超越了**任何一个**存在者，il est bien plutôt tout être [毋宁说是全部存在者][1]，而他本人认可的拉丁文译本也采用了"全部存在者"（omne ens或omnia entia）这一表述。

XI, 273

基于正确而全面的理解，可以说，当人们提出"上帝是存在者"，就迈出了最重要的一步，获得了最伟大的一个洞见。这确实构成了一个转折点，因为人们已经不再把上帝看作**单纯的**个别东西，而以前的形而上学的证明却是满足于这样一个东西。上帝**不可能**是单纯的个别东西，假若上帝不是存在者，那么他也不可能是上帝；单纯的个别东西不配享有任何科学。如果真理就在上帝之内，那么上帝只有作为**普遍的**存在者，才会和科学乃至情感有一种关系。当然，他不是抽象的、无规定的存在者，而是具有最丰富的规定的存在者，这个存在者拥有一切属于存在的东西，是**完满的**存在者，即柏拉图所说的 τò παντελῶς ὄν [整全的存在者]。[2]

笛卡尔**希望**把一个在纯粹思维里面被设定的、就此而言独立于推理式科学的存在当作开端，但这个含糊的开端不能让我们找到真正的推进过程，并且对于科学本身而言始终是没有后续的。真正说来，即便上帝是（刚才所说的那种明确意义上的）存在者，也并不意味着上帝**存在着**（Ist）；正如你们看到的，这不是一个存在命题，而是一个单纯的属性命题。但"**是存在者**"（das-Seyende-Seyn）也是一种存在，只不过不是笛卡尔以为通过所谓的本体论论证就已经证

---

① 马勒布朗士：《真理的追求》第三卷，第9章。此外参阅他的《一位基督教哲学家与一位中国哲学家的访谈》中的那几处地方。——谢林原注
② 柏拉图：《理想国》第五卷，477A。——谢林原注

明的上帝的**一般意义上的**存在,而是一种仅仅在纯粹思维里面被设定的存在;我们也可以把这种存在称作"纯粹的理性存在"或"上帝的包含在**理念**中的存在",因为存在者作为绝对普遍的东西不是一个理念,而是绝对的理念,亦即**理念本身**;因此,只要上帝仅仅是存在者,那么他就仅仅在理念中存在着——永恒地存在着,但这个"永恒"的意思,无非就是我们把那些在纯粹思维里面被设定的真理称作"永恒的"所指的意思。换言之,"**是存在者**"也是一种存在,但这种存在不是上帝自身之内的某一个完满性,而是上帝的完满性本身,因为"**是存在者**"恰恰意味着"**是完满的或圆满的东西**"。这里　XI, 274
也谈不上什么**证明**,因为这是一种由理性直接设定的存在,而全部证明都包含着一个前提;对于上帝的存在的证明也不例外,而迄今为止人们普遍以为能够证明上帝的一般意义上的存在。实际上,根本没有对于上帝的一般意义上的存在的证明,**因为根本就没有上帝的一般意义上的存在**。上帝的存在从一开始就直接地是一个已规定的存在;从上帝的无规定的存在出发是寸步难行的。正因如此,无论是笛卡尔还是他的后继者,都未能达到**科学**。我们起初主要是暗示出这个观点,而现在则是将其明确地说出来,因此情况也不一样了。伴随着这个观点,立即出现了一个推进过程,即从之前的那种存在(上帝在其中还不是他自己,而是一个绝对普遍的东西)推进到现在这种存在(上帝在其中是他自己),从内敛于存在者中的上帝推进到走出存在者的上帝, a Deo implicito ad Deum explicitum [从内敛的上帝推进到绽放的上帝]。对于现在这个上帝,我们再也不能说他是存在者,而是必须说,他是那个"**是存在者的东西**"(was das Seyende Ist)。

　　以上区分的最终结果仍然位于遥远的地方，因此暂时只能以克制的态度言说出来。尽管如此，我们已经可以在理念里把"上帝"和"存在者"区分开（虽然这不是一个实在的区分），把二者分别看作主体和属性。就此而言，我们必须把那个"**是存在者**"的上帝思考为一个能够单独存在的、特别的东西，即亚里士多德意义上的χωριστòν［分离的东西］。这个起初单纯可以理解的区分在笛卡尔那里是无迹可寻的，但在马勒布朗士那里至少留下了一个不痛不痒的、哪怕很快消散的痕迹，因为他曾经有一次区分了"绝对看来的神性实体"和"与受造物相关联，并且能够被它们分有的神性实体"（La substance divine prise absolument et en tout que relative aux creatures et participable par elles.）。[①]在我们德语里面，这个观点也只能意味着，事物虽然能够分有存在者，但不能分有那个**是存在者**的东西，因为这个东西是绝对不可分有的。无论如何，马勒布朗士毕竟做出了一个区分，否则他不会理直气壮地把笛卡尔的另一位后继者斯宾诺莎称作"可怜虫"，并且宣称斯宾诺莎的上帝是l'épouvantable chimère ［可怕的幻觉］，因为斯宾诺莎认为上帝**无非**是绝对实体。当然，马勒布朗士的这个区分既没有带来任何后果，也不能帮助我们理解世界。他一方面说上帝是全部存在者，另一方

XI, 275

---

① 马勒布朗士：《真理的追求》第三卷，第6章。其实托马斯·阿奎那已经做出了这个区分，因为他说：Potest cognosci Deus non solum secundum quod est in se, sed etiam secundum quod est participabilis, secundum aliquem modum similitudinis, a creaturis.［上帝不仅可以根据他在自身之内的样子加以认识，而且还可以根据那些分有他的东西，根据某种与他相似的东西亦即受造物加以认识。］亦参阅《真理的追求》第四卷，第11章。至于托马斯如何解释这个"相似性"（即马勒布朗士所说的"不完满的模仿"），不在这里的讨论范围之内。——谢林原注

面又问自己，这个在某种意义上**是全部事物**的东西如何能够与神性本质的绝对单纯性不矛盾？而他对此的答复是：**这是任何有限的心灵都不能理解的**。[①]但是，既然上帝毕竟**在某种意义上**应当是全部事物，那么我们至少可以追问：**在什么意义上**？马勒布朗士对此有一个著名的答复：**我们仅仅在上帝之内看到全部事物**，也就是说，事物在上帝之外根本就不存在。

　　至于斯宾诺莎，则是完全回避了笛卡尔和马勒布朗士尚且敢于面对的挑战。现在我们希望澄清一下斯宾诺莎采取的办法，因为他的思想绝不像如今的很多人想象的那样容易理解。

　　斯宾诺莎说"上帝是普遍的、无限的实体"；这和我们说"上帝是存在者"仿佛完全是一回事。假若人们在这里没有想到任何区别，那么他们大概也认为"上帝"这个特殊的名称是可有可无的。尽管如此，人们必须假设斯宾诺莎那里有一个区分。然而当斯宾诺莎说"上帝只有作为无限的实体才存在着，上帝除了其作为实体的存在之外不具有任何特别的存在"，这就使得任何区分都是多余的，因为从字面的意思来看，在上帝那里，本质和存在是合为一体的。[②]既　　XI, 276

---

① C'est une propriété de l'Etre infini, d'être un et en un sens toutes choses, c'est à dire (d'être) parfaitement simple, sans aucune composition de parties, de réalités, et (d'être) imitable ou imparfaitement participable en une infinité de manières par differents êtres. C'est ce que tout esprit fini ne saurait comprendre.[这是无限的存在者的一个属性，即它在某种意义上是全部事物，也就是说，它是完全单纯的，而不是由任何部分和实在性组成，同时又可以由各种事物以无限的方式加以模仿或不完满地分有。这是任何有限的心灵都不能理解的。]马勒布朗士：《一位基督教哲学家与一位中国哲学家的访谈》，第367页。——谢林原注

② In Deo Essentia et Existentia unum idemque sunt.[在上帝那里，本质和存在是同一个东西。]——谢林原注

然如此，根本就没有必要做什么区分。哪怕假设一个区分，斯宾诺莎心目中的上帝也**无非**是永恒的存在或理性存在（作为无限实体的存在）。一切都是永恒的。从永恒的、纯粹的理性存在那里也只能派生出永恒的真理，而事物则是从上帝的**本性**（本质）那里流溢而出，其情形无异于从三角形的本性里推导出"三个内角之和等于两个直角"这一真理。上帝被封锁在永恒的存在里面，仅仅作为**本质因**，而不是作为动力因，与世界和事物发生关系。除此之外，斯宾诺莎只是断言有这个纯粹的逻辑秩序，而不是将其展示出来。"无限实体"这个概念根本没有像人们期待的那样由一种**通过纯粹思维**而赢得的**内容**加以充实，"**最完满的存在者**"的概念也消失了，只剩下"无穷多的神性属性"这一含糊的说法，而在这些属性里，我们**通过经验**只知道两个属性，即无限思维和无限广延。严格的唯理论哲学的发展在这里出现了一个彻底的断裂，一个极为刺眼的 μετάβασις εἰς ἄλλο γένος [类型转换]。如果到头来仍然要重新落入经验，我们又何必辛辛苦苦把自己提升到纯粹的理性立场呢？

但是——我们不要忽视这一点——，笛卡尔首先揭示出来，然后由病态虔诚的马勒布朗士仅仅勉强继承下来的那个伟大规定，即上帝是普遍的存在者，必须——这就是人间事物的进程——通过斯宾诺莎而被提升为一种扼杀了一切东西，把科学和宗教都同样吞噬了的独断论，以获得其完全的重要性和持久的影响力。

第十二讲　什么东西"是"存在者

正如我们已经看到的,那个发源于笛卡尔的运动并没有超越开 端,而是止步于此岸的科学道路,而当斯宾诺莎宣称本原是静止不动的,其实就没有给任何别的体系留下余地,毋宁只剩下一种绝对的科学意义上的寂静主义(Quietismus),这种寂静主义虽然似乎能够抚慰一种徒劳挣扎的思维的盲目追求,但同时也让思维放弃了努力,而这并不符合思维的本性。

这个阻塞既然已经出现,并且不能被立即克服,就只剩下两条道路摆在我们面前:要么放弃一切形而上的东西,承认经验是唯一的源泉,并且从经验本身推导出那些对任何知识而言都必不可少的概念,要么重走早先的形而上学已经走过的知性道路。前一条路线的先行者是英国,后继者是法国。在此期间我们也知道,在笛卡尔的祖国,少数勇气可嘉的人士又开始推崇形而上学,哪怕他们仍然坚持以经验为出发点。至于这一次英国会不会追随法国,目前还难说。在英国,虽然从来不缺乏对于形而上学的倡议——我只举柯勒律治①这个例子——,但得到的答复始终是:"我是富足,已经发了

---

① 柯勒律治(Samuel Taylor Coleridge, 1772—1834),英国诗人和文艺评论家,"湖畔诗人" (Lake Poets)之一,曾于1798年赴德国学习哲学,深受谢林、康德和席勒的影响。——译者注

财，一样都不缺。"① 全球贸易、加工业的巨大发展，还有政治生活中的那种持续不断的，但如今已经变得有规律的运动，加上一种莫名其妙的、野蛮的对于法律的执拗和一种僵化的教会制度，一方面让如此之多的英国人沉迷其中，另一方面也赋予全部社会关系一种如此强大的稳定性，以至于人们不但没有兴趣去关心那些偶然出现的、似乎不可避免与最高科学的研究结合在一起的事例，甚至对它们的缺失感到欣喜满意，而这些情况在很长一段时间里都让德国人推崇备至。

XI, 278

德国开辟了另一条道路：它继承了形而上学的遗产，同时也继承了那个很少得到羡慕的在科学的哲学里的领导地位。但因为这种继承过来的形而上学不得不接纳笛卡尔带来的全新要素，所以它起初必定会转化为一种漫无边际的、无规定的折中主义，正如在证明上帝的存在时，除了那些通行的基于经验的证明之外，笛卡尔所确立的本体论论证也拥有了一席之地；另一方面，英国和法国的经验论哲学已经指出一条决定性的主观路线，亦即去研究那些必然的概念的起源；洛克动摇了"实体"概念，休谟动摇了"因果性"概念，而他们由此带来的影响，就是这些概念再也不能够像在旧的形而上学里一样被简单地当作前提：它们本身必须被理解，并且和其他东西一样是**对象**，不再是**本原**。正因如此，尤其关于天赋概念的讨论成为近代形而上学的一个主要篇章。

基于我们的同胞莱布尼茨的一些发明或猜想，形而上学获得了另外一个更多偏于外在的拓展。或许这位发明家的意图不是在于立

---

① 不需要任何东西。参阅《新约·启示录》3:17。——谢林原注

一家之言，而是希望将那个根本问题推延到更遥远的地方：他本人曾经毫不掩饰地对一位著名的神学家说，他至少在对待《神义论》的时候，更多的是带着游戏而非严肃的心态。[①]　不管怎样，我更愿意相信，诸如**单子论**、**前定和谐**之类思想才是莱布尼茨所说的机智游戏和次要发明，而这些东西也确实达到了它们的目的（大家只需想想，有多少人花了多少时间围绕它们徒劳地争吵不休！），反之《神义论》却是这位杰出人士的真正的哲学著作，哪怕这部著作里的体系确实不能让这位如此全能的天才感到满意，而且他时不时地也表露出这种不满。[②]　任何懂得哲学术语的重要性的人都会重视我指出的这个情况，即莱布尼茨放弃了"最完满的存在者"或"无限的存在者"之类说法，而是引入了"绝对的存在者"这个新的说法；诚然，这个说法可能至少暗示着一种完满的，因而**封闭**的存在，随之暗示着那个广为人知的明确内容，但莱布尼茨是从"绝对空间"那里借来这个比喻，因此重新推翻了这个暗示。在这件事情上，乔达诺·布鲁诺无疑是他的先驱；但我们当前的这个研究不是文献研究，正如我们也没有追问笛卡尔在哪些方面和在多大程度上受惠于这位悲惨的人士。众所周知，布鲁诺是在笛卡尔出生的前几年，在柴堆的大火中

XI, 279

----

① 参阅德梅佐《杂文集》(*Recueil de diverses pièces*)第一卷第三版的广告，第XXII页。——谢林原注（译者按，德梅佐[Pierre des Maizeaux, 1666—1745]，法国作家。）

② 参阅德梅佐《杂文集》第二卷第133页记载的莱布尼茨在给雷蒙的信中表达的对《神义论》的看法，比如：j'ai eu soigneux, de tout diriger à l'edification. [我很小心，把一切都安排好了。]——谢林原注

结束了自己颠沛流离的一生。①

只要旧的形而上学仅仅关心对于上帝的**存在**的证明（而它是从传统中拿来上帝的**概念**），那么Existentia est singulorum [存在是个别东西的存在]②这一古老的公则就必定会让我们把上帝看作个别东西。笛卡尔那里出现了这样一个转折点：**因为**上帝是最完满的存在者，所以他应当存在。但是，如果只因为上帝是最完满的存在者，或者像在马勒布朗士那里一样，如果只因为上帝是普遍的存在者，所以上帝就存在着，那么即便他存在着，我们也不能用存在去谓述他。如果上帝要成为开端，也就是说，如果上帝要成为Terminus a quo [出发点]，那么他除了是存在者之外，必须还是别的什么东西。然而在斯宾诺莎看来，上帝不但是普遍的存在者，而且**不是别的任何东西**，因此上帝**仅仅**是存在者。就此而言，这个观点确实是无神论。当然，仅仅在某种意义上是无神论，因为斯宾诺莎至少拯救了宗教的实体；与此相反，一方面，过去对于启示的依赖已经荡然无存了，另一方面，自由的思考至少已经赢得一项权利，可以不再通过三段论而把"理智的创世者"之类荒诞离奇的表象当作一种必须俯首

XI, 280

---

① 莱布尼茨在一篇文章里面表达了对马勒布朗士的质疑：Ce Père disant que Dieu est l'Etre en général, on prend cela pour un Etre vague et notional, comme est le genre dans la Logique, et peu s'en faut, qu'on ne l'accuse d'Athéïsme; mais je crois, que ce Père a entendu non pas un Etre vague et indéterminé, mais l'Etre absolu, qui diffère des Etres particuliers bornés, comme l'Espace absolu et sans bornes diffère d'un Cercle ou d'un Quarré. [虽然这位神父说，上帝是一般的存在者，一个模糊的和名义上的存在者，就和逻辑中的种属一样，但他不可能因此被指控为无神论；但我相信，这位神父所指的不是一个模糊的、无规定的存在者，而是一个绝对的存在者，它不同于特定的、有限的存在者，正如绝对的和无限的空间不同于一个圆或一个正方形。]参阅德梅佐：《杂文集》第二卷，第545页。——谢林原注

② 普遍者不存在；存在是个别东西的存在。——谢林原注

听命的外在权威——到最后,当一个存在已经失去全部价值和全部
意义,那么将其完全抛弃也不会有任何损失。这样就产生一种形式
上的无神论——我们可以把它称作群氓的无神论——,相比之下,斯
宾诺莎实质上的无神论反而是宗教。

　　人们必须搞清楚这个区别,才能够明白为什么像歌德这样的伟
人终其一生都对斯宾诺莎尊敬有加。这也解释了赫尔德对斯宾诺莎
的偏爱,以及雅各比为什么要把莱辛的斯宾诺莎主义公之于众。雅
各比本人对于三段论科学是一窍不通的,因此他只能把他对于上帝
的信仰建基于他的个人情感之上(众所周知,他把情感当作本原,亦
即当作某种普遍的东西)。他的上帝是一位与人窃窃私语的上帝,用
哈曼①的话来说,一位仿佛能够与人以"你"彼此称呼的上帝,简言
之,一位能够与人形成私密关系的上帝。这些说法用在雅各比身上
是完全正确的,因为他唯一知道的科学就是旧的形而上学或斯宾诺
莎意义上的明证科学。虽然这种诉诸情感的做法对于科学是毫无
用处的,但它至少可以让我们明白,为什么雅各比既不像摩西·门德
尔松那样是一位坚定的沃尔夫主义者,也不像莱辛那样是一位斯宾　XI, 281
诺莎主义者。后来,当另一位伟人②走上时代的舞台,当一种能够为
自己立法的理性更明确地站出来取代了那种单纯进行证明的理性,
雅各比也开始谈论一种直接的关于上帝的"理性知识",而这显然只
不过是一种顺应时代潮流的做法。因为他根本不具备思辨的精神,
而且他的这种直接的理性知识既非来源于理性的本质,也非来源于

----

① 哈曼(Johann Georg Hamann, 1730—1788),德国哲学家。——译者注
② 指康德。——译者注

上帝的本性，而是仅仅来源于"只有人知道上帝"这个外在的情况。假若雅各比真的理解这种直接的理性知识，那么他立即就会发现，人在这种知识中所掌握的上帝本身必定被封闭在理性之内，就此而言仅仅是一个普遍的存在者，但不可能是一位人格性的上帝。因为我们只会把那样一个存在者称作"人格性的"，它能够摆脱普遍者而**独自**存在着，因此除了按照理性之外，也按照自己的意志而存在着。现在唯一可说的是，科学将会完成那种直接的理性知识所不能完成的任务，因为科学的使命就在于引导那位被封闭在理性知识之内的上帝走出这种知识，进入他自己的本质，亦即进入自由和人格性。遗憾的是，雅各比在大谈直接的理性知识之后，立即补充一句毁灭一切的话："但这种知识不可能转化为科学。"其理由是，直接知识在本性上就注定不能以科学为中介。既然如此，这种含糊不清和自相矛盾的言论充其量只能获得一种插曲的意义，也就不足为奇了。简言之，站在一个更高的立场上来看，自从笛卡尔的尝试之后，所有方面都没有什么进步，而是止步不前。

笛卡尔仅仅动摇了旧的那种借助自然理性而搭建起来的形而上学，而且这个影响也是短暂的。因为在他看来，只要上帝为感官世界的现实存在和普遍原理的有效性提供了保障，那么形而上学就可以在这片坚实的土地上重新从头开始展开自己的工作。换言之，形而上学的立场并没有被推翻。而要超越这整个立场，带领理性摆脱单纯自然的，亦即不自由的认识活动的自身异化，返回**自身**，这项工作还得留待一种深入内核、在根本上探究自然知识及其源泉的整个体系的批判，而那个实施这项伟业的男人当然远远不止是第二个笛卡尔。

XI, 282

　　任何研读康德《纯粹理性批判》的人都会立即按照由低到高的秩序遭遇我们此前指出的旧的形而上学的三个权威：经验（在康德那里是感性）、知性和理性。康德虽然不再认为理性仅仅是一种进行形式推理的能力，而是宣称它除此之外还能够生产出理念，但理性作为推理的能力，仍然一方面从经验那里，另一方面从知性和普遍原理那里获取自己的前提，就此而言，它即便能够生产出理念，也不是康德所称的**纯粹**理性，而是以感性和知性为前提。因此很自然地，当理性超越这些前提的范围，就只能得出单纯的**理念**，这些理念虽然能够把直观材料统摄到思维的最高统一体之下，并且为知性提供经验的最高**规则**，但本身不能提供任何知识。在这种情况下，总的说来只有经验知识和知性知识，但根本没有理性知识。诚然，在这些理念里，笛卡尔只谈到了那个最高的理念（上帝），使其为自然知识提供保障，但他毕竟希望把这个理念当作**本原**来看待。近代的、如前面指出的折中主义的形而上学当然不可能无视笛卡尔的本体论论证，但它在这个论证里只看到对于上帝的存在的证明，所以它给予上帝的地位无非就是自然神学给予上帝的地位，也就是说，上帝从科学的开端来到科学的终点。康德恰恰是在这里发现了上帝，而他的批判也和这种科学的进程最紧密地衔接在一起。正是这个概念最终应当搭建起一座桥梁，让科学摆脱那种单纯服务性的，且在康德看来只能担当工具的理性的限制，进入自由的、自身立法的、 XI, 283 仅仅听从自己的理性的王国。康德在这方面尤其做出了贡献，他之所以理应获得我们的赞誉，是因为他勇敢而正直地宣称，我们所追求的上帝是**个别的对象**，不是单纯的理念，而是理性的**理想**。也就是说，正是康德带着最透彻的敏锐和细致去探究了他的先行者完全忽视了的概念方面，即从概念来说，最完满的存在者同时应当包含着一切可能的和现实的存在的**材料**和**质料**。通过他的工作，那个"规定着一切东西的概念"（康德语）的整个意义也显示出来。①

笛卡尔在引入"最完满的本质"这一概念时，翻来覆去永远都是这样一些话：**我们全都**具有关于一个最高的、绝对完满的本质的**表象**，而从这个本质的概念可以得出它存在着。问题在于，虽然本质的存在的必然性是从概念得出的，但这并不能扬弃概念的原初偶然性。反之康德指出，有一个从理性本身的本性派生出来，并且对于事物的合乎知性的规定而言必不可少的理念，这个理念进而不由自主地把自己规定为"最完满的本质"的概念，而在这种情况下，虽然这个本质的存在并不是必然的，但至少它的表象能够成为一个必然的，并且对于理性而言自然的表象。

XI, 284

康德这样展开他的思路：对任何事物而言，它的概念首先应当是一个一般地可能的概念，一个不自相矛盾的概念。这个可能性立

---

① 歌德在他的那篇著名的评论温克尔曼的文章中曾经说过："没有人能够从康德引发的科学世界的运动中全身而退，大概只有语文学家是个例外。"毫无疑问，任何看到"语文学家"这个名称的人都会想起Fr. A. 沃尔夫树立的伟大模版。但我在这里不打算细究这句或许完全是随口而出的话的可能意义，而是希望借此指出一个不可否认的事实，即自从康德通过各种尝试去推进或改造哲学以来，如果一个人和康德之间没有传承的关系，那么他绝不可能指望得到一种更为普遍的认可，另一方面，任何自以为能够脱离这个发展的延续性的人，都会陷入孤立，而他的立场也至多只能获得零星的承认，但在整体上不可能带来任何影响。但有许多历史学家，他们在审视最近一段时间以来的哲学的发展时，根本搞不清楚我刚才提到的那种传承关系。且不说有些人把所有后来的哲学都想象为对于康德的单纯偶然的、任意的和蛮横无理的超越，即便是那些比较慎重地下判断的人，至少也没有能力指出，在康德的批判哲学的大厦里，究竟是哪一个明确的要点与后来的发展衔接在一起，使之成为一个必然的推进。在我看来，这个要点就出现在康德的关于理性的理想的学说里。——谢林原注

足于一个单纯的逻辑原则, 即对任何事物而言, 两个相互矛盾的谓词里只有一个能够归属于它; 因此这仅仅是一个形式上的可能性。与此相反, 一个事物的实质上的可能性是基于它的通盘的规定性, 也就是说, 它是一个通过全部**可能的**谓词而得到规定的东西, 因为在任何两个相互对立的谓词里, 总有一个**必定**归属于它。任何事物要么是有形体的, 要么是无形体的; 如果是有形体的, 那么或者是有机的, 或者是无机的; 如果是无机的, 那么或者是僵化的, 或者是流动的; 如果是僵化的, 那么其基本形态或者是有规则的, 或者是无规则的; 如果是有规则的, 那么它必定是以五个规则形体中的一个为基础, 比如要么以棱锥体为基础, 要么以立方体为基础; 但无论如何, 任何归属于它的规定性都会排斥别的规定性。因此在这里, 并非一些概念仅仅在逻辑上相互比较, 而是**事物本身**和**全部可能性**与全部谓词的总括(Inbegriff)进行比较, 而这个总括是每一个规定的必然前提。又因为进行规定是知性的事务, 所以这个总括只能作为**理念**而存在于理性中, 而理性则是通过这个理念而颁布知性的完整使用规则。①

在这里, 康德所关心的仅仅是现实的存在而非单纯的表象, 而我们对此必须指出, 全部可能性的这样一个总括绝不是什么能够单独**存在**的东西; 用康德自己的话来说, 这个总括是全部特殊可能性 XI, 285 的单纯质料或单纯**材料**, 而在亚里士多德看来, 这种材料绝不可能

---

① 康德:《纯粹理性批判》, 第一版, 第571—573页(A571-573); 后来的版本在这里没有体现出任何偏差。——谢林原注

单独存在，而是只能由一个他者谓述出来。[1] 假若它能够**存在**，那么必须存在着某东西，将它谓述出来，而这个某东西不可能仍然是单纯的可能性，毋宁就其本性而言必须是现实性，因此也只能是一个个别东西。然而康德根本就没有假定全部可能性的这个总括**存在着**。他说，理性的原初意图仅仅是去**表象**事物的必然的、通盘的规定；但"全部实在性"的**概念**就足以达到这个目的，而我们没有权利去要求所有这些实在性都是客观给定的，甚至构成一个物；后面这个看法是一个单纯的**虚构**，通过这个虚构，我们在没有任何依据的情况下把我们的诸多理念统摄为一个理想，把它当作一个特殊的本质，但我们根本没有权利去接受这样一个作为**猜想**的本质。诚然，从理念到理想的推进过程不是随意发生的；因为我们通过进一步的考察发现，理念**凭借本身**就产生出诸多谓词，这些被推导出来的谓词已经是通过另外一些谓词而被给予的，或者说它们之间不可能是并列的关系；又因为推导出来的谓词主要是指所有那些立足于一个限制，从而表达出一个单纯的非存在的谓词，所以按照刚才的解释，理念在自身之内保留下来的无非是实在性、纯粹的完满性、纯粹的肯定之类东西；相应地，理念不多不少恰恰被理解为**一切属于存在的东西**，而任何属于存在的东西，只要一般的是可规定的，就必须先于**存在**，亦即先天地被规定，因此在这种情况下，理念收缩为一个通盘地、先天地已规定的概念，这个概念按照一个著名的定义——个体是一个全面地已规定的物（res omnimode determinata）——，

---

[1] Τὸ ὑλικὸν οὐδέποτε καθ' αὐτὸ λεκτέον. [质料性东西本身绝不可能被标示。]亚里士多德：《形而上学》VII, 10。——谢林原注

转变为一个**个别对象**的概念，而由于现在这个概念可以说包含着   XI, 286
事物的全部谓词的整个储备材料，所以它不是仅仅像一个普遍概
念那样将谓词包揽在自身**之下**，而是作为个体把它们包揽在自身**之
内**。这样一个仅仅通过理念而被规定的物有理由被称作**纯粹理性
的理想**，并且不需要进一步的解释，因为它本来就同时也可以被称
作最实在的和最完满的本质。①这个走向理想的持续规定至少看
起来是在理念自身之内发生的。但真正说来，这仅仅是我们的作
品。我们在本性上就倾向于去实现全部可能性的总括这一表象，也
就是说，倾向于把这个总括想象为存在着的，接下来将其实体化，
亦即"拔高为"个别东西，最后通过人格化而将其一直提升到最高
的理智，因为现象的现实的统一体毕竟只有在一个知性里才是可
思考的。②

    这个推进过程是一个自然的进程③，但它本身毕竟不具有任何
客观性，而且我们根本不知道一个本质的**存在**如何能够具有如此例
外的优先权。④

    尽管是这个结局，但康德并没有停下脚步，而是继续指出，假若
我们有权利"接受那个猜想"，那么我们能够通过这样一个本质而
获得什么东西。首先毫无疑问的是，从通盘的规定的无条件的总体
性可以推导出受限制的本质里的有条件的规定。因为一切东西都
以本质为条件，位于本质之下，所以本质是**原初本质**（Urwesen），又

---

① 康德：《纯粹理性批判》，第573—575页。——谢林原注
② 康德：《纯粹理性批判》，第583页注释。——谢林原注
③ 康德：《纯粹理性批判》，第581页。——谢林原注
④ 康德：《纯粹理性批判》，第579页。——谢林原注

因为本质包揽着一切东西，所以也可以被称作**全部本质之本质**。在这种情况下，原初本质表现为**原型**（Prototypon），那些被推导出来的本质表现为**摹本**（Ectypa），它们可以从原型那里获得它们的可能性的材料，以便在不同的层次上愈来愈接近原型，但永远都不能够将其完全表达出来。它们只能通过一系列否定而区别于原型，正如一切形状都仅仅是以不同的方式去限制无限的空间（莱布尼茨的比喻）。但杂多性不应当是通过限制**原初本质本身**而产生出来的，只有理念的质料性才可以被看作限制的基体。这就以一个区分为前提，而正如我们早先看到的，马勒布朗士已经暗示出这个区分，只不过他没有明确地将其说出来。但康德同样不认为全部实在性的总括（限制的质料）和上帝之间有一个现实的区别，前者仅仅在我们的表象里收缩为一个通盘地已规定的物，一个个体。而且康德似乎也不认为那种机械地通过限制——类似于几何形状对无限的空间的限制——而做出的解释是充分的，因为他随后又说：原初本质（很明显是指原初本质本身）真正说来并不是作为总括或质料而担当事物的根据，毋宁说，事物的杂多性必须被看作原初本质的完整的**派生物**，而整个感官世界可以算在派生物里面，但不能作为一个成分而属于最高本质的理念。无论如何，只要全部可能的谓词的材料能够在唯一的物的理念里联合起来，就通过根据的同一性（亦即通盘的规定）证明了全部可能的和现实的东西的一种**亲和性**。[1]

你们中间有些熟悉康德之后的哲学发展的人，大概会认为自己在这里轻松地看到了一些后来现实地显露出来的思想的萌芽。但

左侧页边：XI, 287

[1] 康德：《纯粹理性批判》，第578—579页，以及第572页注释。——谢林原注

在康德这里，这一切都仅仅是以猜想的方式说出来的，还需要经历非常之多的环节，我们才能够设想一个现实的推导，并且获得这样一个推导所需的材料。因为单纯的"全部可能性的总括"始终是一个过于宽泛的概念，以至于我们不可能以它为开端，以达到某种明确的东西。接下来的第一个环节大概应该是这样：我们把现实存在着的事物看作这些可能性的关联物，并且宣称它们能够作为它们在 XI, 288 自身之内所表达出的不同类型而存在；因为无机物的存在是一个类型，有机物的存在又是另一个类型，而在有机物的范围内，植物的存在是一个类型，动物的存在又是另一个类型。但谁不会察觉到，作为这些类型而存在不可能等于作为原初类型而存在呢？毋宁说，我们必须假设，这些在经验中被给予的类型，不管经历了什么中间环节，最终都是从一些原初的区别里推导出来的，这些区别不再是偶然的，而是属于**存在者**本身的本性。这样一些区别甚至从一开始就呈现在我们眼前。比如，任何人都不能**否认**存在的单纯而纯粹的**主体**是存在者，而是必须承认，对存在者而言，第一件可能的事情恰恰是作为主体而存在。因为无论客体是什么东西，都总是以那个使得它是客体的东西为前提。诚然，即便是主体，也不可能在同一个思想中**存在着**，或如人们经常说的那样，不可能同时作为可谓述的意义上的存在者而**存在着**，而是通过一个褫夺（Beraubung）而被设定的；但它只是被剥夺了一个特定**类型**的存在，而不是被剥夺了整个存在，否则的话，一个完完全全不存在的东西怎么可能是主体呢？主体的存在是一个类型，客体的存在又是另一个类型；如果我们乐于接受一些非常规的表述，那么我们可以把主体的存在称作单纯的"本质式"（wesendes）存在；此外，有些人可能也不太适应我们把其中一种存在称作"对象式"（gegenständliches）存在，把另一种存在称作"原初状态式"（urständliches）存在；但如果我们说，其中一种存在者是单纯的"**自身**"（Sich），另一种存在者是"**自身之外的存在者**"，那么人们就懂我们的意思了。

也就是说，褫夺是和单纯的主体一起被设定的；但褫夺绝不是无条件的否定，而是始终在自身之内包含着另外一个类型的肯定，而我们在合适的时间会更详细地解释这一点。"**非存在**"（μὴ εἶναι）不是"**不存在**"（οὐκ εἶναι），因为希腊语有一个优势，能够用独特的小品词分别表达出矛盾性质的否定和单纯差异性质的否定。存在的单纯褫夺并不排斥"能够存在"。我们不妨把单纯的主体规定为纯粹的"**能够**"，而它并不是"不存在"①。主体，作为被设定为A的存在者，虽然不是+A（即可谓述意义上的，因而肯定意义上的存在者），但绝非不是A，毋宁是-A，而我们后面也会用这个符号来标示它。它不是我们所想要的东西，毋宁仅仅是**某一种**意义上的存在者。因此我们必须说，它既作为存在者而**存在着**，也**并非**作为存在者而**存在着**，在某一种意义上存在着，在另一种意义上并非存在着，因此真正说来，它仅仅**能够**作为存在者而**存在着**，仅仅是存在者的一个潜能阶次，因为它虽然包含着那个属于它的、不可或缺的东西，但没有包含着那个位于它之外、属于完满的存在的东西。它不是我们所想要的东西，因为我们想要的是一个在**任何**意义上都是存在者的东西；但我们不能因此就将它抛弃，因为否则的话，我们将不

---

① Δυνάμει ὄν = μὴ ὄν.［潜在的存在=非存在。］亚里士多德：《形而上学》IV, 4。——谢林原注

得不始终重新这样开始;它在整个思维里面是绝对无前提的东西,它是绝对地第一个可思考的东西(primum cogitabile);因此我们必须把它保留下来,把它当作走向完满的存在者的一个层次,而紧接着它的首先是一个无主体的存在者(+A),但这个存在者同样不可能单独存在着(正如一个谓词不可能脱离那个承载着它的主体而存在着),而是把前一个存在者当作主体(这个主体本身并非**存在着**,但不是完完全全不存在,而是在刚才所说的那种意义上并非**存在着**)。简言之,我们不可能在眨眼之间同时设定单纯的主体和它的对立面(那个**单纯的**,亦即无主体的存在者);我们只能首先设定第一个存在者(-A),然后设定第二个存在者(+A),也就是说,我们只能把二者设定为存在者的**不同环节**。

　　之前直接不可能的事情,现在已经成为可能;也就是说,如果我们思考二者之外的一个第三者,那么这个第三者就既不可能是纯粹的主体,因为主体的位置已经被占据了,也不可能是单纯的客体(这里使用了一个最简洁的术语),因为这个位置也被别的东西抢了先;但由于第三者毕竟被设定下来,所以它作为除了主体之外(praeter)的东西只能是客体,作为除了客体之外的东西只能是主体,从存在的角度来说此外没有别的对立关系,而在这种情况下,只剩下一个选项,即它不但是主体,**而且**是客体,但这是就**不同的**角度而言,而不是就一个部分而言是主体,就另一个部分而言是客体,毋宁说,它以直接的方式既是主体也是客体,亦即**完全**是主体,也**完全**是客体,不是同时是二者,而是以同样的方式是二者;换言之,假若第三者是由二者混合而成、仿佛共同生长在一起的东西(即具体的东西),那么它就只能是**一个存在者**,从而不再属于这个层面,因为在这里,

XI, 290

每一方都不是**一个**存在者，而是虽然仅仅在同一个意义上，但毕竟在这个意义上，是**存在者本身**，因此每一方作为单独的类型都是无限的。也就是说，第三者同样必须是这种情况，而它自身之内的每一个要素都不会限制别的要素。现在，正因为对第三者而言，"**自身内存在**"并不扬弃"**自身外存在**"，"**自身外存在**"也不扬弃"**自身内存在**"，所以它只能被称作"**安然于自身的存在者**"（das bei-sich-Seyende），即一个占有着自身、掌控着自身的东西，而恰恰是通过这一点，它有别于那两个先行者，因为二者都只能被思考为处于完全的自暴自弃状态（Selbstentschlagung）：主体并不关注"能够"，客体也不关注"存在"。——如果说单纯的主体第一个有理由要求成为存在者，那么这个第三者毫无疑问有最高的理由要求成为存在者。但第三者只有以-A和+A为前提才是这样的东西，因此它只能是**被排除的第三者**（我是不惮于使用这个术语的，它在矛盾性质的对立那里固然意味着否定，并且表明居间者或第三者是不可能的[①]，但是在单纯差异性质的对立那里，"**排除**"无非是指"**设定在自身之外**"，因而具有肯定的意义）；总而言之，因为第三者（我们希望用±A来标示它）并非单独地就是这样一个东西，而是只能与-A和+A共同存在，所以我们同样只能说，它是存在者的一个环节或一个潜能阶次。话已至此，全部可能性都已经被穷尽了，但我们直到现在为止都还没有找到一个东西，能够说它就是存在者。

---

① Ἀντιφάσεως μηθέν ἐστι μεταξύ, τῶν δ᾽ ἐναντίων ἐνδέχεται. [矛盾那里没有居间者，但对立那里却可能有居间者。] 亚里士多德：《形而上学》X, 4和《解释篇》C, 12。——谢林原注

　　现在看来, 如果1(这里我们同样可以用数字来标示相应的环　XI, 291
节)不是存在者, 2不是存在者, 3不是存在者, 那么本身就产生出一
个问题: 究竟什么东西**是**存在者? 我们不可能放弃存在者, 更何况我
们已经验证了全部可能是存在者的东西(这里可以看出, 通过限制
康德提出的"**全部可能性的总括**"这一不确定的概念, 我们有何种
收获)。针对"什么东西是存在者"这个问题, 或许人们可以这样回
答: 既然每一方单独地都不是存在者, 那么它们全部加起来就是存
在者了。这个东西确实是存在者——我们也可以说, 是绝对者(quod
omnibus numeris absolutum est [那超越了全部数目的东西]), 在它
之外没有任何东西是可能的①——, 但像亚里士多德区分的那样②,
这仅仅是**质料意义上的**、就材料而言的存在者, 或者说仅仅是筹划
之中的存在者, 亦即存在者的单纯样式或理念, 不是存在者本身(请
你们多加留意"**理念**"这个常用的乃至被滥用的词语的原初的、真
正的意思)。而这样的后果就是, 没有任何东西真正是存在者——
这个矛盾完全不同于笛卡尔那里的矛盾, 因为笛卡尔认为, 最高本
质的存在仅仅是它的各种完满性之一。当我们认为每一个潜能阶
次都是单独如此时, 它们可以被看作自主地存在着; 但是, 当它们合
在一起呈现出存在者, 这个自主存在(Selbstsein)就被扬弃为存在者
(亦即普遍者)的**质料**, 正如亚里士多德在谈到一般意义上的潜能

---

① Τέλειον, οἳ μὴ ἐστιν ἔξω τι λαβεῖν. [最终是那个东西, 在它之外没有任何东西是可能
　　的。]亚里士多德:《形而上学》V, 16; X, 4。——谢林原注
② Διττὸν τὸ ὄν, τὸ μὲν ἐντελεχείᾳ τὸ δ' ὑλικῶς. [存在者分为两类, 一类是现实的, 另一类
　　是质料意义上的。]亚里士多德:《形而上学》XIII, 3。——谢林原注

（Dynamis）时指出的那样①；它们既然本身并非存在着，那么也只能产生出我们不能用"**是**"（Ist）去谓述的一个存在者，因为没有任何东西能够谓述"是"，只有"是"本身能够谓述别的东西。② 因此，

如果没有任何东西是存在者，而我们又绝不可能接受这一点，那么存在者、绝对的普遍者、理念本身就需要某一个东西，而且我们能够说这个东西是**存在者**的存在的原因（αἴτιον τοῦ εἶναι），并在这个意义上是存在者，而这个东西**只能**是现实的，只能是全部普遍者的对立面，亦即一个个别的东西，——或者说一个现实的**物**，它虽然是由理念所规定的，但又不受理念控制，而是独立于理念。康德也谈到了这种意义上的物，但没能将其掌握。

这里我们暂时回顾一下迄今的思路。我们已经一般地指出，在"绝对完满的本质"或康德所说的"理性的理想"这一概念里，如何获得一个比早先的哲学家（包括康德在内，尽管他在探讨这个概念时远远超出了他的前辈们）所指出的更明确的内容。同时需要指出的是，迄今的发展过程主要仍然是一种历史的考察，不是独立的考察，因此目前只能**预先展示出**我们在整个研究中将要讨论的那个对象。这就好比如果一个人还不了解一个重要的自然对象，那么我们必须首先给他预先展示出这个对象，直到他理解了它，最终或许能够深入考察它的产生方式乃至无穷无尽的细节。这里我们希望再补

---

① Ἡ δύναμις ὡς ὕλη τοῦ καθόλου οὖσα καὶ ἀόριστος τοῦ καθόλου καὶ ἀορίστου ἐστίν, ἡ δ᾽ ἐνέργεια ὡρισμένη καὶ ὡρισμένου, τόδε τι οὖσα τοῦδέ τινος. [潜能和质料一样是普遍的和无规定的，因此也指向普遍的和无规定的东西，而现实性作为有规定的东西则是指向有规定的东西，作为个别的东西指向个别的东西。]亚里士多德：《形而上学》XIII, 10。——谢林原注

② 参见本书第285页（边码XI, 285）注释。——谢林原注

充一些历史的、就此而言具有过渡性质的评论, 而这些评论都是局限于潜能阶次的问题。

按照之前的结论, 存在者的各个潜能阶次能够共享一个存在, 而这个存在的可能性恰恰在于, 其中一个要素**不是别的**要素。正因如此, 我们只能这样规定或设定这些潜能阶次, 即-A代表着缺乏任何存在的"**纯粹能够**", +A代表着**缺乏任何能够**的"纯粹存在", ±A代表着**被二者**同时和单独排除的东西, 而"排除"在这里是就其肯定的意义而言。只有当它们三个都是存在者, 才会在否定的意义上相互排除。但实际上并非如此, 毋宁说, 它们以彼此为中介, 成为存在者的环节。第一个环节在被设定的时候就已经预见到了第三个环节, 它们不是一些仅仅能够彼此共存的东西, 不是康德之前的形而上学所说的那种最完满的本质, 在自身之内统一了全部realitates XI, 293 compossibiles [可结合的实在性]。毋宁说, 它们需要彼此, 并且是真正的consentes [共存者](这个词来源于con-sum [共同存在], 正如praesens [临在]来源于prae-sum[眼前的存在])。伊特鲁里亚人①就是把某些神称作"共存者", 这些神只能够一起产生和一起毁灭。②

康德把全部可能性的总括称作上帝, 尽管他从来没有明确谈到这些可能性, 但他心里面想到的只能是一些**及物的**, 亦即超越了上帝的可能性, 它们应当或至少能够成为上帝之外的现实东西。而这意味着, 上帝的最初概念里已经设定了一个与上帝之外的本质世界的

---

① 伊特鲁里亚人(Etruske)是公元前9世纪前后生活于意大利中部地区的一个民族。——译者注
② 谢林:《论萨摩色雷斯岛诸神》, 第115页。——谢林原注

关联。或许我们并不能由此得出上帝在本性上就要实现这些可能性，但对思想而言，根本就没有这样一个环节，在其中上帝摆脱了世界，并且仅仅存在于自己的本质之内。就上帝是存在者而言，我们在他自身内设定的区别也降格为单纯的可能性，但由于上帝就是这些可能性，所以它们本身就得到了充实和满足。如果这些可能性获得了与上帝之外的某东西的关联，那么这只能是事后（post actum）发生的，不可能是一个已经伴随着上帝的永恒存在（即"上帝是存在者"）这一本质上的行动而被设定下来的规定。至于它们如何获得这个规定，现在我们还一无所知，因为我们尚且不知道它们是否具有这个规定。对我们来说，这里的关键在于，只要上帝**是**存在者，亦即处于他的永恒存在中，不与他之外的任何东西相关联，那么他就是一个完全封闭在自身之内的东西，并且在这个意义上也是绝对者。

按照康德也认可的那个观点，通常所说的"最实在的本质"的表象也包含着一点，即在它之内没有任何东西会遭到否定。但很显然，这个本质并不排除否定本身，因为否定和肯定一样都是无限的，亦即都能够摆脱否定。单纯的"非**存在**"亦即"纯粹的能够"并未包含着一个否定，正如人们也不能说一个无所欲求，从而仿佛不存在的意志是通过否定而受到限制，因为这个意志毋宁是一种无限的权力，且正因如此对人来说恰恰是值得珍惜的神圣东西，是一件不可挥霍的瑰宝，与此相反，那个伴随着意愿而崛起到存在里的意志却必然是一个受影响的和受限制的意志。纯粹的能够与纯净的存在并不矛盾，正相反，前者愈是纯粹，其吸引力就愈是比后者强大。恰恰通过这个吸引力，意志才是开端。针对一个起初仍属未来的存在的可能性的序列，我曾经有一段时间敢于仅仅用形象生动的语言借助另一个——如我过去和直到现在都仍然坚信的——完全平行的序列来加以阐述①，并且提出了这样一个命题：一切开端都是基于缺陷，而这个将一切东西挟裹在自身之内的最低潜能阶次是"非存在者"（das Nichtseyende），是对于存在的渴求。令我感到耻辱的是，这些言论在我们德国人里面不但没有找到知音，反而遭到嘲笑。②但我注意到，反而是德国之外有一个天赋异禀的人，他非常清楚地认识到，甚至可以说体察到了我的那个思想（一个否定的潜能阶次作为开端）的深远意义。这个人就是刚才已经提到的柯勒律治。

---

① 指谢林的"世界时代哲学"（Weltalterphilosophie）时期。——译者注

② 当然，我的错误在于使用了一些并非适合每一个人的口味的格言，比如"那些渴求和渴望正义的人是极乐的"。由于这里所指的是客体，所以不妨用另一句格言来表述："那些渴求精神（arm dem Geist, τῷ πνεύματι）的人是极乐的。"在这里，我希望把"精神"的第三格名词称作吸引意义上的第三格，亦即将其理解为"渴求精神"，而不是理解为"缺乏精神"。——谢林原注

第十三讲　纯粹思维里的"存在者本身"

XI, 295　　一种凌驾于全部科学之上的科学，在为了自身而存在着之前，首先是为了其他科学而存在着，——因为在这些科学里面，没有哪一个能够对自己的对象做出辩护，比如当人们要求物理学首先证明物质的存在时，物理学基本不会做出回应，而是要求提问者在另一种科学里寻找答案；同样，任何别的科学也是遵循着某些普遍的和特殊的前提，但并不去讨论这些前提或追究它们的最终根据；正因如此，这些科学全都求助于一种正大光明地研究这些前提的科学，因此它们不仅把这种科学设定在自身之外，更把它设定在自身之上——也就是说，这种凌驾于全部科学之上的科学所寻求的同样是一个凌驾于全部对象之上的对象，而这个对象不可能仍然是**某一个存在者**（因为无论这样一个存在者是什么东西，都已经是另一种科学的研究对象），毋宁只能是这样一个对象，对它我们可以说，它是**存在者本身**（*das* Seyende）。[①]

[①] 自从思维成为"自由思考"并且仅仅以它自己为对象之后，它还能寻求和欲求什么东西呢？很显然不是那种彻底的非存在者，因为假若是这样，那么思维无论是在它自己那里，还是在任何别的东西那里，都找不到**某一个存在者**。换言之，那位于全部事物根基处的东西是存在者，但这个东西还不是纯粹的存在者，而是伴随着一个规定而被设定的存在者，因此也不可能是**纯粹思维**的对象。也就是说，纯粹思维所能欲求的仅仅是**存在者本身**，但我们目前只能这样规定它，即它有别于一切单纯的某一个存在者或非存在者（只有当我们在纯粹思维里找到**存在者本身**，我们才会知道，我们究竟是不是能够仅仅止步于这个东西）。——谢林原注

这个对象单凭它自身的缘故就已经是值得首先寻求的，因为一 XI, 296
般而言，人的本质在于追求知识，因此很自然地最愿意追求那种能
够提供最多知识的东西。正如亚里士多德所说，哪怕是那些通过单
纯的感官而获得的知识，我们之所以爱它们，也不是仅仅因为它们
能够满足我们的需要，而是为了它们自身的缘故，而在这些知识里
面，我们最爱的又是那些能够给我们提供更多知识的知识(一本古
老的书已经说过：眼睛永不知足地看，耳朵永不知足地听)。既然
如此，关于那个凌驾于全部对象之上，并且把全部对象包揽在自身
之内的对象的知识，单凭它自身的缘故就是最值得我们去追求的东
西，而这种追求已经配得上"哲学"的名称；换言之，哪怕关于那个
对象的知识孤立地摆在那里，没有带来任何后果，它也已经可以被
称作最高可能的智慧(σοφία)，而如果人们致力于掌握并在这个意
义上学习这种知识，那么正如柏拉图指出的，它本身就是"最伟大的
学习对象"(μέγιστον μάθημα)。

当然，我们并非仅仅为了这个对象自身的缘故而去寻求它，而是
为了**科学**，也就是说，我们的意图在于从它那里推导出一切别的东
西。在这个语境下，我们也把这个对象称作**本原**(Princip)。如果这
个推导能够成功，那么由此产生出来的科学就将是**最高意义上的**演
绎科学。至于一般意义上的**演绎**科学，也包括那些尤其以证明见长
的科学(数学)。但这些科学给自己划定了某些不可逾越的界限；它
们的出发点是一些**定义**(Definitionen)——其在字面上也意味着限
制(ὁρισμοί)——，而它们之所以给自己提出这些定义，仅仅是为了
回避那些不再能够进行演绎的东西。正因如此，这些科学没有掌握
对象的无条件的意义，而是仅仅从那些边界点出发去理解对象的意

义，相应地，内容的发展力量也不是发源于对象本身，而是仅仅落入主体，并且仅仅得出一种有条件的信念。与此相反，最高的科学是从一个更高的亦即无条件的本原出发进行推导。

XI, 297 至于这个推导是如何进行的，尚且是一个遥远的问题。首要的问题是：我们如何达到**本原**？我们将在最后一讲揭示答案，但绝不是以一般的方式将其宣布出来。比如我们没有说那个揭示本身究竟是不是一个科学的揭示，以及如果它不是科学，那又是什么，如此等等。但很显然，把这条走向本原之路本身又看作科学，这似乎是悖理的。人们可以从本原推导出一切东西，但不能从任何东西推导出本原，因为本原之上没有任何东西。如果所有别的科学都自愿地求助于一种最高的科学，那么后者就不可能像它们那样仍然是某一种科学，毋宁只能是绝对的科学，亦即**科学本身**。正因如此，这种科学不可能从某一个本原出发，而是只能从绝对的本原亦即一切东西的本原出发。就此而言，让这种科学本身又求助于某一种科学，如此以至无限，这是一个荒谬的想法。简言之，科学本身必定会出现，但我们不能认为在它之前有一种同样意义上的，甚至已经是从某一个本原那里推导出来的科学。①

但是，如果没有一种导向本原的科学，至少必须有一种导向本原的**方法**。但除了那种从本原（普遍者）推导出特殊东西的演绎方法，**另一种**方法只能是反其道而行之，从特殊东西走向普遍者，即通常所说的归纳方法。但现在的问题是，归纳方法怎么能够用在这里

---

① 这里适用亚里士多德所说的：ἀποδείξεως οὐκ ἀπόδειξις, ὡς οὐδ᾽ ἐπιστήμης ἐπιστήμη. [证明的出发点本身不是证明，科学的出发点本身不是科学。]亚里士多德：《后分析篇》II, 19。——谢林原注

呢? 换言之, 我们应当从哪里获得特殊东西, 以走向普遍者呢?

　　这里我们不妨回忆一下我们在前一讲里面对存在做出的区分, 虽然那里完全是基于一个历史发展过程, 并且是从康德提供的一个概念（"全部可能性的总括"）出发。这个区分表明, 某些东西仅仅在**某种**意义上是存在者, 因此并非**无条件地**是存在者, 毋宁既**是**也**不是**存在者, 在一种意义上是, 在另一种意义上不是, 因此仅仅有条件地、猜想式地是存在者, 也就是说, 仅仅**能够是**存在者, 反之, 只有那个在自身之内是存在的全部类型的东西, 才可以说**是**存在者。由此看来, 这里的道路是从那个仅仅以特殊的方式是存在者, 从而一般地仅仅**能够是**存在者的东西出发, 走向一个普遍地、绝对地是存在者的东西。既然如此, 这样一条道路岂不是恰恰可以被称作归纳吗? 当然可以。但按照人们通常与这个词语联系在一起的理解, 只有从经验中汲取各种要素, 才可以说这个归纳是名正言顺的。

XI, 298

　　当然, 一般而言, 我们完全可以设想, 虽然科学从无条件的本原出发, 逐渐下降到经验中给定的东西, 并且在这个意义上先天地产生出来, 但是本原本身却只有从经验和后天地给定的东西出发才能够被掌握。一般而言, 我们只能**这样**表述, 因为我们并没有追问一个人总的说来如何能够掌握科学, 而在这个意义上, 我们也不能借用亚里士多德的那个说法, 即人们只有通过归纳才知道最初的一些概念。无论如何, 没有谁会以为一个完全等同于白板（tabula rasa）的灵魂能够把自己提升到哲学, 毋宁说, 只有那个已经通过经验而熟悉对象的全部广度和深度的人, 才最有资格从事哲学研究。但即便这个人已经上升到这种从经验中派生出的科学的最高立场和

思想，也只能在经验的范围之内开启一个新的学派。个体的经验
只能以独白（Bekenntnisse）的形式被分享，当我相信自己没有犯错
的时候，我就认为自己没有犯错，以至于某些沉迷于独白，却不愿
意做专业哲学家的人，俨然更有教育别人的派头。阿拉伯哲学家伊
本·叶格坦（Ibn Joktan）曾经试图用一个著名的故事来呈现出个体
如何从最初的印象出发直到成为真正的哲学家的内在进程，这个
故事后来被爱德华·波科克①以《自我教育的哲学家》（*Philosophus
autodidactus*）为题予以发表。②然而凡是适用于个体的东西，也必
XI, 299　须适用于全体，而我们此前已经指出，近代哲学为了完成基督教交
给它的任务，已经超越了哪些层次，一直攀升到现在，——这个攀
升和尝试的过程完全等同于古代的那个过程，即在各种可能的立场
之间，从最早的哲学家在经验对象里认定的"气""火"等存在者出
发，一直发展到柏拉图带着明确的意识说出的"存在着的存在者"
（das seyend-Seyende, ὄντως ὄν），一种摆脱了全部质料的东西，——
我们既然知道哲学的这段真正的**历史**，当然不会否认，在这个主观
的意义上，哲学是一种经验科学。但现在我们要讨论的问题毋宁是
一个客观的问题，即我们究竟是否能够从经验中汲取出那种归纳
的诸多要素，以及归纳在确定下来之后，究竟是否能够成为唯一的
导向本原本身的方法？对于这些情况，我们至少也不会无条件地加
以反对，因为我们已经假设了存在者的某些必要的要素。换言之，

---

① 爱德华·波科克（Eduard Pococke, 1604—1691），英国东方学家。——译者注
② 这篇中篇小说的作者是12世纪的阿拉伯哲学家伊本·图斐利（Ibn Tufayl, 1100—1185），
　而小说的主人翁的名字叫作伊本·叶格赞（Ibn Jaqzan）。谢林在这里把本书的作者叫作
　"伊本·叶格坦"（Ibn Joktan），可能是记忆有误。——译者注

无论一个存在者是什么东西，只要它在一个独特的形式中或多或少地被谓述出来，就一定包含着某些要素，这些要素虽然相对于本原本身而言不是本原，但相对于推导出的东西而言却是本原，并且至少能够充当通往本原本身的路径。在这个意义上，不可否认，一种以本原为目标的研究**可以**从经验出发，而且我在另外一些公开讲座里甚至已经亲自奠定了这条道路，虽然这个做法主要是出于辩证的而非科学的意图。因为我考虑到，正如亚里士多德所说的①，从某些距离我们更近的东西和熟知的东西（πρὸς ἡμᾶς προτέροις καὶ γνωριμωτέροις）推进到那些虽然就其本身说来更容易认识，但距离我们更为遥远的东西，乃是一条更为自然的道路。但这并不意味着我们赞同那样一些人的做法，他们之所以从经验出发，根本不是为了寻求一些特定的本原，而是为了寻求某些"最高事实"，然后借 XI, 300
助**推论**从这些事实过渡到"最高原因"这一普遍的概念，同时却说不出这个原因究竟如何发挥作用，所以这个东西对他们而言也不是**真实的本原**。除此之外，因为单纯的个别命题不可能构成推论，而是需要一些普遍的原理，所以他们也把"我们的意识是由这样一些普遍原理所规定的"假定为单纯的事实；在这种情况下，他们不妨想想自己如何能够反驳诸如大卫·休谟等人的论证；如若不然，他们就必须假定除了经验之外，知识还有另外一个源泉，而这样的话，那些不承认普遍真理，从而不承认科学，而是仅仅承认个别事实的人，看起来反而比那些企图依据各种事实来做哲学的人更能够做到前后一贯。也就是说，为了找到一些特定的本原，进而通过它们

---

① 亚里士多德：《后分析篇》I, 2。——谢林原注

找到本原本身, 我们看起来不应当以三段论的方式不可避免地飞跃到另一个领域里 (所谓的 μετάβασις εἰς ἄλλο γένος [类型转换]), 而是必须对包含在经验中的东西进行**纯粹的分析**, 仿佛那些特定的本原和本原本身都没有超越经验中的东西, 而是**寓居在它们之内**。此外我们再补充一点, 即那些依据各种事实的人以为只有**心理学**事实才是适合于他们的目的, 而这就表明, 他们对于自己的任务的理解是何其狭隘。因为, 如果他们在事实中所寻求的是本原, 亦即**最普遍的东西**, 那么就算是一个纯粹的心理学事实, 他们也不应当把它**当作**心理学事实来看待, 而是应当按照它的普遍的和客观的方面去考察它。如果我们不把心理学事实当作主观的东西, 而是依据它的建构性本原去考察它, 那么它所具有的客观内涵可以说不亚于任何别的事实, 但我们所关注的恰恰只是这个客观内涵, 而不是这个事实的特殊方面。心理学是一门单独的科学, 而且本身是一种哲学科学, 有着自己的重大使命, 正因如此, 它不可能顺带地充当哲学的基础。

现在我们把这些误解放到一边, 假定我们所要求的那种归纳已经获得最开阔的根基, 并且通过最纯粹和最精确的分析真的达到了那些特定的本原, 然后通过它们达到了本原本身; 这样一来, 人们岂不是必须把这个攀升过程本身称作哲学? 而如果人们还想要过渡到演绎的话, 岂不是沿着相反的方向再走一遍同样的道路就行了? 也就是说, 假若这种归纳就已经是整个哲学, 那么这个想法如何能够与 "绝对科学" 的概念协调一致呢 (这个概念在我们看来是必然与哲学结合在一起的, 并且不允许哲学把自己的声誉诉诸任何单纯基于信仰, 乃至本身就可疑的权威)? 因为哲学思想之所以产生出来,唯一的原因在于，人们不可能把单纯的经验看作本身就稳妥的根基，而是相信经验的真理本身需要得到论证。在最好的情况下，即使经过了最细致的探讨，根据也仍然是动摇不定的，因为它不仅显现为一个单纯假设的东西，而且显现为一个本身就偶然的东西，亦即一个"既能够存在也能够不存在"的东西。甚至笛卡尔的"我存在"也属于这种情况，因为它所表达出的存在虽然对说出这句话的"我"来说是毋庸置疑的，但**自在地看来**却是可疑的。哲学意识和敏感的眼睛有一个相似之处，就是不能容忍任何异物。因此，不但这种归纳本身不是科学，而且就算人们以为能够从这个找到的本原过渡到演绎，也绝不会产生出某种对于科学而言具有绝对完满的和无条件的意义的东西，而我们认为哲学却应当具有这样的东西，也就是说，假若哲学不是一种完全自主的科学，那么我们宁愿放弃哲学思想。

但到目前为止，我们所讨论的仅仅是特殊意义上的归纳，即它以之为条件的那些要素是从经验中汲取来的。现在的问题是，这个限制究竟是不是包含在方法本身的概念里，还是说只要给定了个别东西，这个概念看起来就足以让人们通过这个个别东西而达到普遍者。至于说个别东西只能是通过经验而给定的，这一点暂时只是一个无根据的假设。在前一讲里，我们起初主要是以尝试 XI, 302 性的而非斩钉截铁的方式开辟了一条道路，即依次穿越存在的各个类型（-A、+A和±A单独而言都是个别东西= καθ᾽ ἕκαστα；它们还不是普遍者本身），穿越了那些单纯以可能的和特殊的方式是存在者的东西，以达到那个以现实的和普遍的方式是存在者的东西；诚然，这个过程的环节不是从（通常意义的）经验中汲取来的，而是如我们现在意识到的那样，在**纯粹的思维**里找到的，但这个过程因此就不应当被称作归纳吗？难道我们不是恰恰通过这个方式确保了一种完整性，而另外那种[从经验出发的]归纳却永远做不到这一点？

实际上，只要我们回想一下我们是如何达到存在者的各个要素，就会发现，我们在这个过程中**仅仅是由思维里面可能的和不可能的东西**所规定的。因为在追问 "**什么东西是存在者**" 时，我们不应当按照自己的喜好去设定首先哪个东西能够是存在者，然后哪个东西能够是存在者。为了知道什么东西是存在者，我们必须尝试去思考它（当然，这个思考对任何人而言都不可能是强迫的，这和他必须去表象那些蜂拥出现在感官面前的东西是两码事）。只要有谁尝试去思考，很快就会发现，第一个有理由要求是存在者的东西仅仅是存在的纯粹主体，而且思维拒绝在这个主体之前设定任何别的东西。第一个可思考的东西（primum cogitabile）**仅仅**是这个主体。斯宾诺莎的另一个已经成为经典的表述，id, cujus conceptus non eget alterius rei [它的概念无须借助于另一个东西的概念]，同样**只有**对于那样一个存在者而言才是真实的，这个存在者不是对象意义上的（因为一切对象性东西都预设了某个东西，并且相对于这个东西而言是对象），而是原初状态意义上的，或者也可以说是**自在的**存在者。这里包含着一个褫夺（στέρησις），它让我们不得安宁，毋宁说，只要设定了**这个东西**（纯粹自在的存在者），我们就**必须**设定另一个东西；这是因为，整全而完满的存在者同样包含着那个**仅仅**作为对象、在非主体的意义上存在着的东西，或者说那个在**自身之外**存在着的东西；只不过，正如我们说过的，我们不可能在转眼之间同时把

存在者设定为前者和后者，而是只能首先把存在者设定为前者，然
后把它设定为后者，也就是说，现在我们也可以把二者规定为存在
者的**环节**。很显然，通过这个方式，褫夺也被设定在二者之内，因此
这里仍然停不下来；但正因为有这两个先行的东西，所以之前直接
不可能的事情，现在已经成为可能；也就是说，存在者在第一个位置
只能是主体，在第二个位置只能是客体，因此它既包含着客体（这时
它是主体），也包含着主体（这时它是客体），以至于它能够是二者，
同时又能够始终是位于自身之内的单一东西，而在这种情况下，就
出现"掌控着自身的东西"或"安然于自身的存在者"（das bei sich
Seyende）等概念，因为"安然于自身的存在"既包含着"自身之内的
存在"，也包含着"自身之外的存在"。因此，这个东西才是第三个可
能性。这个意义上的存在者（安然于自身的存在者）只有作为"被排
除的第三者"才是可能的。这个术语在针对矛盾性质的对立时意味
着否定，即否定了第三者的可能性，但我们是在肯定的意义上使用这
个术语，也就是说，"排除"意味着"**设定**在自身之外"。

我们对于这些与众所周知的逻辑原理有关的术语的使用并不
是随心所欲的，而这本身就表明，我们现在置身于怎样的一个领
域。也就是说，在这里，思维的规律就是存在的规律，不是像康德
以来的广大民众相信的那样仅仅是一些形式，而是规定着知识的
内容。这个领域是**那样一种**科学的前院，这种科学不是又以科学
为本原，而是如亚里士多德所说的那样以**理性**为本原，理性在这
里也不是指**某一种**思维，而是指**思维本身**，它所拥有的自足王国是
任何别的知识都不能**分享**的；关于这种思维，亚里士多德（在《后
分析篇》第二卷著名的结尾处）指出，它在**真理**和**敏锐**方面超越了

XI, 304　科学①，也超越了我们所说的证明；比如"思维里面没有任何东西能够**先于主体**"，这个真理不是被意识到的，而是被感觉到的，并且通过这个直接性在清晰程度上超越了任何经过中介的（起初封闭起来的或通过发展才发现的）真理。最糟糕的做法莫过于企图以同样的方式依样画葫芦在科学里寻求特定的本原和本原本身。但关于这一点，我们最好是在后面再加以讨论。——正如此前所述，思维具有自足的内容，而这个内容是理性完全从自己那里，而不是从别的什么地方获得的。这个内容在一般的情况下只能是**存在者本身**，在特殊的情况下只能是那些**环节**，其中每一个环节单独而言都仅仅**能够是**存在者（即如果其他环节加入进来的话），因此仅仅是存在者的一个可能性或潜能阶次。但**这些**可能性不但和别的可能性一样是能够被思考的，更和存在者一样是不能**不**被思考的（因为一旦拿走存在者，也就拿走了全部思维），也就是说，这不是一些仅仅能够被思考的可能性，而是一些不能不被思考的，亦即必然被思考的可能性，因此它们以自己的方式在理性的王国里**存在着**，正如经验中的现实东西以**自己的**方式在**自己的**王国里存在着：这些可能性是最初的可能性，并且能够从自身推导出所有别的可能性，也就是说，它们在我们看来有可能成为全部存在的特定本原。

　　虽然从感觉出发，我们只能把上述位置指派给这些可能性，但

---

① 亚里士多德在《后分析篇》II, 19多次指出：ἧς ἀρχὴ οὐκ ἐπιστήμη, ἀλλὰ νοῦς. — Οὐθὲν ἀληθέστερον ἐνδέχεται εἶναι ἐπιστήμης ἢ νοῦν — οὐθὲν ἐπιστήμης ἀκριβέστερον ἄλλο γένος ἢ νοῦς. [科学的本原不是科学，而是努斯；除了努斯，没有任何东西比科学更可靠；除了努斯，没有任何别的种类的知识比科学更正确无误。]最后他还说：Νοῦς ἂν εἴη ἐπιστήμης ἀρχή. [努斯必定是科学的本原。]人们打算如何调和这些文本与通常所说的亚里士多德的经验论观点呢？——谢林原注

如果我们希望把这个感觉作为一个规律说出来，那么这个规律除了是那个得到普遍认可，并且在任何时代都作为纯粹的和真正的理性规律而发挥作用的规律之外，还能是别的什么规律呢？正如亚里士多德所说，这个规律并非规定着存在者的一个特殊类型，而是规定着存在者本身及其在理性中的表现。但这个规律的完整的或肯定的意义在后世遗失了，因为它被限制在矛盾性质的对立上面，并且被咒骂为不能 XI, 305
带来任何成果，而康德确实认为它作为原理仅仅适用于他所说的分析命题（其实是同语反复的命题）。与此相反，亚里士多德至少认为它适用于那些单纯对立的东西（亦即那些仅仅作为相反的情况而彼此对立的东西），也就是说，只有当对立双方被**同时**设定下来，它们才是相互矛盾的，才适用于矛盾律，但如果一方是先行者，而另一方是后继者，那么这里就没有矛盾，因此二者确实能够是同一个东西。这样一来，这个原本只具有否定意义的规律就获得了肯定的意义，由此也不难理解，为什么亚里士多德把它称作**全部**存在者的规律，即全部规律里面最富有成果和内容的一个规律。[①]当然，我们要到后面才能完整地认识到这一点，但现在已经很清楚的是，假若不这样理解那个规律，就只会剩下一些不知所谓、虚张声势的命题，也就是说，它们不可能现实地谓述出任何东西。因为，当我们去谓述一个明亮的东西或一个生病的东西时，除了说它是自在的黑暗东西（因此能够变得明亮）或自在的健康东西（因此能够生病）之外，还能说什么呢？

关于原理的这个拓展，我们不妨听听亚里士多德本人的说法，

---

① Τοῦ ὄντος ἐστὶν ᾗ ὄν — ἄπασιν ὑπάρχει τοῖς οὖσιν, ἀλλ᾽ οὐ γένει τινὶ χωρὶς ἰδίᾳ τῶν ἄλλων. [适用于存在者本身；适用于全部存在者，而不是专门适用于某一种与其他类型的存在者分离的存在者。] 亚里士多德：《形而上学》IV, 3。——谢林原注

而这些话或许在别的方面也能够给我们提供教益。他说："由于相互矛盾的东西不可能同时被谓述为真，所以很明显，相互对立的东西也不可能同时是同一个东西。因为对立双方之一是褫夺，而褫夺也具有否定的意义，也就是说，它所否定的是一个特定类型（比如**存在**的一个特定类型，而不是全部存在）。因此，如果人们不可能同时肯定和否定某东西，那么对立双方也不可能同时是同一个东西，否则人们就必须把二者分别限定在一个特殊的位置，或用其中一方

XI, 306

（比如**黑**）去谓述一个特定的部分（比如眼睛），用另一方（**白**）去谓述整体。"① 值得注意的是，"**不在同一个位置**"在这里如何替代了"**不是同时**"，而亚里士多德很容易想到我们（以及阿芙罗迪西

---

① Ἐπεὶ δ' ἀδύνατον, τὴν ἀντίφασιν ἅμα ἀληθεύεσθαι κατὰ τοῦ αὐτοῦ, φανερὸν ὅτι οὐδὲ τἀναντία ἅμα ὑπάρχειν ἐνδέχεται τῷ αὐτῷ· τῶν μὲν γὰρ ἐναντίων θάτερον στέρησίς ἐστιν, οὐχ ἧττον [οὐσίας δὲ στέρησις ἡ] δὲ στέρησις ἀπόφασίς ἐστιν ἀπό τινος ὡρισμένου γένους· εἰ οὖν ἀδύνατον ἅμα καταφάναι καὶ ἀποφάναι ἀληθῶς, ἀδύνατον καὶ τἀναντία ὑπάρχειν ἅμα, ἀλλ᾽ ἢ πῇ ἄμφω ἢ θάτερον μὲν πῇ θάτερον δὲ ἁπλῶς. [既然矛盾不可能关于同一个东西同时被谓述为真，那么很明显，对立也不能同时出现在同一个东西那里。因为对立双方之一同样是褫夺（即一个存在的褫夺）。但褫夺是关于一个特定类型而谓述出的否定。因此，如果对于某个东西的肯定和否定不可能同时为真，那么对立也不可能同时出现在同一个东西那里，毋宁说，要么二者仅仅意味着某种限制，要么其中一方意味着某种限制，要么另一方意味着绝对的限制。] 亚里士多德：《形而上学》IV, 6. 在这段话里面，括号里的"即一个存在的褫夺"显然是一个笨拙的编者从该书VII, 7那里拿过来的，并且在任何意义上都说不通。假若把它们留在那里，人们就必须在οὐχ ἧττον [同样]那里断句，并且脑补一句 ἢ τῶν ἀντιφατικῶς λεγομένων [或在矛盾的谓述里]，而这样一来，这句话的意思就成了："**和在矛盾里一样**，在对立里，其中一方是**褫夺**。"但这完全违背了亚里士多德的意思，因为他在这里真正想说的是，ἐναντίωσις [对立]所具有的否定意味丝毫不亚于 ἀντίφασις [否定]，只不过它是另一种否定而已，亦即 στέρησις [褫夺]，就此而言，褫夺是对立的独特表现，而不是对立和矛盾共有的东西。——谢林原注

亚的亚历山大①)补充的一些感性例子。因为他的这些话在形式上
是一概而论的,因此感性东西也没有被排除在外。即便是对于最纯
粹的理知东西,也只能用对立双方中的一方去谓述它,尤其当人们用
拉丁语来表述的时候,non edoem loco [不在同一个位置]无非是指
"不具有同等的效力"。换言之,对于后继者而言,先行者同时也是
它的从属者(ὑποκείμενον),而存在者的各个环节彼此之间的关系
完全相当于那样一些层次之间的关系,它们既不可能**同时**出现,也
不可能占据**同一个位置**。

亚里士多德在这里说,褫夺**也**是否定,但他又在别的地方做出
了区分,指出这不是那种无条件的否定,即**完全**剥夺了对象身上被否
定的那个东西。比如在"声音不是白的"(οὐ λευκὸν ἡ φωνή)②这
个命题里,谓词"白"就完全不适用于声音,或者说"白"根本不可
能是声音的谓词。与此相反,一张被太阳晒黑的脸就其本性而言能
够是白的,只不过**现在不是**白的(μὴ λευκὸν),因此这个否定仅仅使 XI, 307
它成为一个特殊**类型**的白脸;同理,那个仅仅不是肯定地存在着的
东西并非"**不存在的东西**",毋宁说,通过这个否定,它仅仅成为一
个特殊类型的存在者,即μὴ ὄν [非存在者]。③正如亚里士多德在另

---

① 阿芙罗迪西亚的亚历山大(Alexander von Aphrodisias),活跃于公元2世纪末和3世纪初
的逍遥学派哲学家,为亚里士多德的著作撰写了大量重要评注。——译者注
② 亚里士多德:《形而上学》XII, 2。——谢林原注
③ 亚里士多德:《形而上学》IV, 2。无条件的否定(ἡ ἀπόφασις ἡ ἁπλῶς λεγομένη)仅仅
表明:ὅτι οὐχ ὑπάρχει (ἐκεῖνο) ἐκέινῳ [那个东西根本不存在]。在某些抄本里,ἐκεῖνο
似乎是指代ἐκέινῳ,而我把它放到括号里,这个做法是以事情本身为依据的,而且也是阿
芙罗迪西亚的亚历山大所认可的。与此相反,有条件的否定则是表明:ὅτι οὐχ ὑπάρχει
(ἐκεῖνο) τινὶ γένει [某个类型不存在],因此它是στέρησις [褫夺],而按照《形而上学》
XI, 3,它并不是否定了全部概念(τοῦ ὅλου λόγου),而是否定了一个特定的概念(τοῦ
τελευταίου λόγου)。——谢林原注

一处文本指出的[①]，"不"要么是完全的(ὅλως)褫夺，要么仅仅是某种方式的褫夺，比如仅仅否定一个东西在现实中**是**等同的，但没有否定这个东西能够是等同的。那不是A的东西，要么根本就不可能是A(τὸ ἀδύνατον ὅλως ἔχειν)，要么虽然能够是A，但现在不是A(τὸ πεφυκὸς ἔχειν μὴ ἔχῃ)。如果褫夺是对于"**具有**"的否定，那么它要么设定了一种绝对的"不能够具有"(ἀδυναμία διορισθεῖσα)，要么预先设定了一个"能够具有"的主体(συνειλημμένη τῷ δεκτικῷ)，而只有后面这种情况才是严格意义上的褫夺。诚然，一切东西要么是等同的，要么是"不等同的"(οὐκ ἴσον)，但并非一切东西都要么是等同的，要么是"非等同的"(ἄνισον)，毋宁说，后面这种情况仅仅适用于那些能够量化的东西。[②]

这里我要打断一下，主要是想指出，即便在日常用语里，希腊语或许相对于**所有**别的语言而言都有一个优势，即它的两个否定小词能够以不同的方式进行否定。简言之，正如我此前在另一个讲座里已经证明的，这两种否定完全类似于哲学上的区分，即一种仅仅否定现实性，另一种进而否定了可能性。第三种否定方式是通过"a-"（我们德语的"un-"）而表达出来的褫夺。在刚才引用的那个文本里，亚里士多德把"不等同的"(οὐκ ἴσον)和"非等同的"(ἄνισον，

---

① 亚里士多德：《形而上学》X, 4。——谢林原注

② 此前他在《形而上学》V, 22也已经指出：ἄνισον τῷ μὴ ἔχειν ἰσότητα, πεφυκὸς (ἔχειν) λέγεται. [因此人们把非等同的称作褫夺，因为它不具有等同。] 就事情本身而言，人们究竟是把重点放在"不具有"上面，还是利用紧接着的ἀόρατον λέγεται τῷ ὅλως μὴ ἔχειν χρῶμα [把不具有任何颜色的东西称作不可见的]去为"具有"进行辩护，这都是无关紧要的。——谢林原注

μὴ ἴσον)完全对立起来。①无论如何，这两个说法并非在任何地方
都是通用的。比如，当我们拿出一个图形的原型，要求某人照此画
出或剪出另一个图形，如果他做得很糟糕，而我们不仅想表达两个
图形"非等同"这个事实，而且想表达出失望的心情，那么仅仅说它
们"**非等同**"就是不够的，而是必须说：摹本根本不同于（μὴ ἴσον）
原型。以上评论可能看起来都是些鸡毛蒜皮之事，但由于它们关涉
思想的现实内核，所以是不应当被忽视的。诚然，德语尤其致力于
在这些方面进行区分，但如果它不希望以文雅的或笨拙的方式用拉
丁语来进行表达，就只能求助于重音的区分，反之在拉丁语里，大概
没有谁会搞不清楚est indoctus [是不学无术的]、est nondoctus [是
不可教的]和non est doctus [不是有学识的]之间的区别。无论是第
一个说法还是第二个说法都不适用于一个刚出生的婴儿；第一个说
法之所以不适用，是因为婴儿尚且没有上学的可能性，第二个说法之
所以不适用，是因为婴儿并非不能学习东西；但我们承认第三个说
法是适用的，因为它仅仅否定了婴儿作为学者的现实性，同时却设定
了这件事情的可能性。

　　虽然无论是从日常的希腊用语来看，还是从亚里士多德的用语
来看，那两个小词的区别都是毋庸置疑的，但就前者而言，人们必定
会拿出柏拉图《智者篇》的一处文本，用它来反驳我们，而我在后面
还会讨论这处文本。尽管如此，我们不能，也不可以无视一个事实，
即亚里士多德每次提到"同一个东西不可能同时存在和不存在"这

---

① 同样的情况也适用于 ἄδικος [非正义的]。参阅亚里士多德：《形而上学》XI, 3。有多少
　通过 "a-" 而做出的否定，就有多少褫夺。亦参阅《形而上学》V, 22。——谢林原注

一伟大的原理时，都仅仅说εἶναι καὶ μὴ εἶναι [存在和非存在]，但从来不说εἶναι καὶ οὐκ εἶναι [存在和不存在]，而假若他认为这个原理仅仅具有近代人唯一知道的那种形式上的意义，那么他就必须采用后一个说法。很显然，当亚里士多德必须在两个小词里面挑选一个时，他倾向于选择那个能够在更大的范围内与原理相契合，而不是将原理限制在矛盾性质的对立上的说法。这个解释大概也适用于"**不是同时**"这一说法，简言之，亚里士多德只不过是把他认为对于实质上的情况而言不可或缺的东西沿用于形式上的情况，而这严格说来是不允许的，因为这个东西只有对于矛盾而言才有意义，而矛盾是在用对立双方同时谓述同一个东西的时候才会**产生出来**。①

XI, 309

比如，"所有的人在本性上都是白的"这一全称肯定命题和"有些人在本性上不是白的"这一特称否定命题是相互矛盾的，与此相反，全称肯定命题和全称否定命题之间只具有差异性质②，不具有矛盾性质；也就是说，差异性质的**两个**命题有可能都是错的，但矛盾性质的命题里一个必定是错的，另一个必定是真的。差异性质的两个命题绝不可能在不同的时间里都是真的。与此不同的是在没有区分量的情况下单纯产生的肯定和否定的对立，比如"太阳围绕地球运动"和"太阳不围绕地球运动"。在这里，我们绝不可能说太阳既围绕着也不围绕着地球运动，仅仅不在同一个时间里而已。但"彼得写字"和"彼得不写字"又是另一回事。这两种情况都是可能的。我们可以用"不写字"去谓述一个根本没有学过写字，亦即完全没有这

① 亚里士多德：《解释篇》，第6章。——谢林原注
② 亚里士多德：《解释篇》，第7章。——谢林原注

个能力的人。在这里，"写字"是**不可能的**,因此这是一个矛盾。但我们同样可以用"不写字"去谓述一个能够写字的人。在这里，"写字"不是不可能的,也就是说,这与他写字并不矛盾,只不过是**在另一个时间里**而已。换言之,亚里士多德所说的"**不是同时**"仅仅适用于单纯的对立。另一方面,康德把那个原理仅仅理解为一个形式上的原理,因此当他谴责这个词语的插入时,他是完全正确的,而当他把这个插入之不可避免仅仅归咎于表述不够精确时,他就是错的。在他看来,如果我们说"一个无知的人不是博学的",就没有必 XI, 310 要再补充"同时"这一条件,仿佛想说这个人虽然在一个时间里是无知的,但完全有可能在另一个时间里是博学的。[①]因为首先,没有人会这样说话,因为没有人喜欢说某种不言而喻的事情,以至于这样说出的命题成为一种可笑的东西;其次,假若有人这样说话,那么这是因为他仅仅想表明,这个无知的人**不是博学**的,而非这个无知的人能够是博学的,因此"同时"完全是多余的。康德认为正确的表述应当是这样:"无知的人不是博学的。"按照他的说法,这是一个分析命题,因为特征("无知")现在也构成了主词的概念,所以这个否定命题是直接地从矛盾律里产生出来的,不需要再补充"不是同时"这一限制。然而这同样只是一个字面上的区别,因此没有任何人或思想者会这样说话,因为他不可能认为这仅仅是一个偶然的情况;他毋宁会说"无知的人**不可能是博学**的",而这里立即就可以看出"不是同时"是一个不可或缺的补充。也就是说,如果一个人仅仅在偶然的情况下是无知的,那么他确实有可能在另一个时间里

---

① 康德:《纯粹理性批判》,第153页。——谢林原注

是博学的；这里只有单纯的对立，因此"不是同时"是必不可少的。反之，如果一个人并非仅仅偶然地不是博学的，而是经过多年的学习之后仍然不是博学的，那么博学对他来说就成为一件不可能的事情，亦即成为矛盾，而"不是同时"这个补充就是完全多余的。

　　康德时不时地透露出一个观点，即自从亚里士多德以来，逻辑没有取得任何进步——近代人或许会非常满意地听到别人评价他们仅仅忠实而完整地保留了亚里士多德逻辑的抽象内容，至于亚里士多德除此之外首次就各种逻辑关系做出的形而上学论述，他们至少在这些方面没有退步。相应地，康德在反对把"不是同时"当作矛盾律的补充时，进而提出了一个特殊的理由，即这个补充会导致矛盾律这一必然确定的原理（实则这个原理既不能提供必然性，也不需要提供必然性）受到时间的影响，而它作为单纯的逻辑原理根本就不应当受到时间关系的限制，因此这样的补充是与目的完全相悖的。①我们同意康德的一个看法，即一般而言，原理只具有形式上的意义；但我们不能同意他的另外一个看法，即纯粹的思维里不容许区分"先"和"后"，因为这意味着极其严重地限制思维，甚至推翻思维。不言而喻，不可否认，单纯的思维里的顺序仅仅是一个思想上的（noetische）顺序，但作为这样一个顺序，它是永恒的，因而不可推翻的顺序。正如存在者本身的三个要素是单纯的潜能阶次（它们作为期待着现实性的东西而**存在着**），"先"和"后"也是单纯的潜能阶次。其中已经包含着时间，但只有当单纯的思维已经被现实地超越，时间才是时间，甚至可以说，现实的时间里面之所以有一个

XI, 311

──────────

① 康德：《纯粹理性批判》，第152页。——谢林原注

顺序, 只因为它原初地是一个理知的、思想上的, 亦即永恒的顺序,
正如我们假定, 自然界里面的先后顺序必定已经预先——如人们所
说的, 在理念里——被规定: 先行者的使命在于先行, 后继者的使命
在于后继, 最末者的使命在于成为目的和终点。事情不可避免会**同
时**牵涉**一切东西**, 而亚里士多德也承认, 从大全一体的观点来看,
那些让对象预先包含着"非存在"和"存在"的人是有道理的。[①]当
然, 存在者的那三个环节是唇齿相依的, 它们在这里就像在一个有
机的整体里一样规定着彼此、受彼此规定; 非存在者是纯粹存在者
的根据或充足理由(ratio suffciens), 反过来, 纯粹存在者是单纯的
自在存在的规定性原因(ratio determinans); 第三者作为中介, 使
前二者成为存在者的环节, 正如存在者以前二者为中介, 使第三者
成为第三者; 正因如此, 要么一切东西必须是能够被设定的, 要么没
有任何东西能够被设定。因为每一个区分开的东西都绝不可能脱 XI, 312
离他者而单独是存在者, 所以它们之间有一个自然的关联, 而除非
完满的理念**同时**产生出来, 否则这是不可能的。所谓"理念里面的
一切东西都是同时的", 就是这个意思。但这个"同时"并不妨碍一
个环节在思想上先于另一个环节。因此, 就本性而言(亦即在思想
中), 最初的东西恰恰是最初的东西, 第三者恰恰是第三者; 主体和
客体的合一不可能在一个环节里完成, 而是只能通过不同的环节,
由于我们关于这些环节的思想是相继式的, 所以这个合一也不是伴
随着同一个时间而被设定的[②], 也就是说, 凡是这里单纯在思想上

---

① 亚里士多德:《形而上学》VI, 4。——谢林原注
② κατὰ τὸν αὐτὸν χρόνον [伴随着同一个时间]。亚里士多德《形而上学》XI, 5。此外《范
　畴篇》12的说法是: ἐν τῷ αὐτῷ χρόνῳ [在同一个时间里]。——谢林原注

所指的东西，都必须成为一个实在的过程。

我们甚至用**数**来标示这些环节①，并且预料到会有人发问：为什么在哲学的开端这里就已经可以使用数？关于这个问题，我们会在后面的适当地方再给出专门的回答，而在这里只是满足于指出，凡是可以区分不同环节的地方，就有某种可计数的东西。康德首先强调全部概念里面都有正题、反题和合题的类型，然后一位模仿者把这个类型的区分应用到了极致，从此以后，所谓的三分法仿佛成了一个固定的形式，没有任何人敢说哲学不是必须以三个（哪怕如此扭曲的）概念为开端；至于人们是否对这些概念进行计数，并且指出是三个概念，这对于事情本身来说是无关紧要的。某些人既然想象着一种无前提的开端，就必须同样不以思维本身为前提，并且应当首先演绎出他们用以表述的语言，如此等等；但由于这一切不可能在没有语言的情况下发生，所以只剩下一种沉默，而这些人竟然以语言的无能和模糊为借口，企图真正达到那种沉默，于是开端必须同时也是终点。

现在让我们回到对于事情本身的逻辑论述。正如我们已经看到

XI, 313 的，第三者最有权利要求成为存在者。但是，由于它不可能单凭自己就成为第三者，毋宁只能在和前二者的共同体中才是第三者，所以它单独而言只不过**能够**成为存在者，亦即仅仅是存在者的一个潜能阶次。既然如此，或许那个在思想里必然产生出来的整体就是存在者？是的，但这个整体仅仅是一个筹划，仅仅位于理念中，不是现实的。正如每一个个别要素仅仅**能够是**存在者，同样，整体虽然**是**

---

① 参见本书第十二讲。——谢林原注

存在者**本身**，但这个存在者也并未**存在着**，而是仅仅能够存在着。它是存在者的形象，不是存在者本身，是现实的理念的**材料**，不是理念本身或现实的理念，正如亚里士多德一般地谈到"潜能"时指出的：它仅仅是普遍者的材料。①只有当"某一"或"某东西"**存在着**，并且就是这些可能性（迄今为止，它们仅仅在思想中表现为纯粹被思考的东西），整体才被提升为现实性。不言而喻，那个**是**这些可能性的东西，不可能本身又是一个可能性。因为全部可能性都封闭在（fini）我们所说的那个形象里，所以唯一剩下的就不再是可能性，只是现实性，而现实性则表现为那个**是**这些可能性的东西。换言之，可能性的整体（或者说存在者的形象）作为绝对的普遍者不可能本身又存在着，而是需要"某一"，在这种情况下，它作为无自主体的东西把"某一"当作它的自主体；它既然本身并未**存在着**，那么"某一"对它而言就是存在的原因（αἴτια τοῦ εἶναι），如亚里士多德所说的那样。这个原因，这个"是存在者的东西"（后面我们将会看到，这同样是亚里士多德使用的一个术语），作为存在的原因，本身不是存在者的一个种类或潜能阶次，不是位列前面三个要素或本原之后的一个第四者；它作为存在的原因，不可能和那些东西相提并论，而是属于另一个完全不同的秩序（因此也不能再用数来标示）。只有当原因是那些要素，它们才成为存在者；但正因如此，它在自身　XI, 314

---

① 存在者的要素是潜能（亦即"能够存在者"的王国），而亚里士多德对此指出：ἡ δύναμις, ὡς ὕλη τοῦ καθόλου οὖσα καὶ ἀόριστος (τοῦ καθόλου καὶ ἀορίστου ἐστίν), ἡ δ᾿ ἐνέργεια ὡρισμένη καὶ ὡρισμένον, τόδε τι οὖσα τοῦδέ τινος. [可能性和质料一样是普遍的和无规定的（因此也指向普遍的和无规定的东西），而现实性作为有规定的东西则是指向有规定的东西，作为个别指向个别东西。]《形而上学》XIII, 10。——谢林原注

之内不可能仍然是存在者, 毋宁是**存在者本身**（αὐτὸ τὸ ὄν）, 而这就表明, 存在在这里不是谓词, 而是本质本身（即相互对立意义上的存在和本质的统一体）。由于原因是在它所是的东西里具有全部普遍者, 所以它本身（在自身之内）不是普遍者, 不是事物的 "**什么**" 或 "**所是**"（Was）, 而是一种超越了全部思维的现实性, 相比这种现实性, 原因的 "**是存在者**" 看起来仅仅是一个后来的东西①, 一个与它偶然相遇的东西（συμβεβηκός [属性]）, 一个附加进来的东西。用亚里士多德的铿锵有力的术语来说, 这个原因的本质立足于现实的存在, 是οὗ ἡ οὐσία ἐνέργεια [一个立足于现实性的本质]②, 而那些不太熟悉这个问题的人如果要搞清楚这个术语的意思, 最好的办法是设想一个与此相反的情况, 比如, 假若现实性对于（亚里士多德意义上的）质料而言是一个偶然的、仅仅作为谓词而附加进来的东西, 那将会是怎样的情形。

那**是**存在者的东西, 可以被看作完全摆脱了本质或理念（亦即在存在者之外独自存在着）。它绝不是 "**一**" 本身（das Eine）, 毋宁只是 "**某一**"（Eines, Ἕν τι）, 而在亚里士多德看来, 它和 "**这一个**"（亦即 τόδε τι ὄν [这一个存在者]）③、"能够独自存在者" 或 "分离的东西"（χωριστόν）④是同样的意思。它排除了全部普遍者, 随之排除了全

---

① 那些对于上面所说的 "纯粹思维"（他们就是这样称呼的）之类表述感到焦灼不安的人, 可以满足于柏拉图在《理想国》第六卷509B所说的πρεσβεία ὑπερέχον [更为尊贵的东西]。这是柏拉图在谈到同一个对象时偏爱的表述方式。参见《法律篇》第十二卷966D所说的πρεσβύτατον [最尊贵的东西]。——谢林原注

② 亚里士多德：《形而上学》XII, 6。——谢林原注

③ 参见亚里士多德：《形而上学》V, 13。——谢林原注

④ 参见亚里士多德：《形而上学》V, 8。而在《形而上学》VII, 3, "分离的东西" 和 "这一个" 是被放在一起讨论的。——谢林原注

部质料性东西, 因此它既非就本质而言是一个存在者, 也非在自身之内是一个存在者, 而是只能被称作**存在着**, 如亚里士多德在谈到实体(οὐσία)时指出的: οὐ τὶ ὄν, ἀλλ' ἁπλῶς ὄν [它不是某一个存在者, 而是整个存在者]①, 不是某东西(无论什么东西), 而是单纯存在着。只有当它与存在者发生关系, 它才获得那些随后附加进来的东西。

　　如果你们理解了这一点, 就很容易区分我们这里所说的纯粹地"**存在着**"和此前那个在"要素"或"潜能阶次"的名义下纯粹地(亦即无主体地)存在着的东西。因为后者完全是一个普遍者, 亦即δύναμις τοῦ καθόλου [普遍者的潜能](虽然也是一个特殊类型的普遍者, 但眼前还不能加以讨论); 它仅仅在质料的意义上**存在着**, 但不是作为现实的东西, 而是在本质上潜在的东西。

　　但这里也有一个困难, 即我们不能说, 对于**一般意义上的现实性**而言, 没有一个概念。诚然, 亚里士多德在谈到现实性时曾经**随口说道**: 人们不要企图给一切东西下定义, 而是也应当满足于类比(οὐ δεῖ παντὸς ὅρον ζητεῖν, ἀλλὰ καὶ τὸ ἀνάλογον συνορᾶν)。② 但他主要指的是他不能加以解释, 而是只能通过一些例子来予以澄清的那种现实性。如果事情的关键仅仅在于揭示出什么是一般意义上的**现实性**, 那么费希特的做法就是不无道理的, 即马上指出那个对**我们**而言最切近的东西, 那个持续的行动, 或用他自认为的更强有力的术语来说, 我们的自我意识的**本原行动**(Thathanldung)。但真正说来, 一般意义上的现实性不是出现在概念里, 而是出现在经

XI, 315

① 亚里士多德:《形而上学》VII, 1。——谢林原注
② 亚里士多德:《形而上学》IX, 6。——谢林原注

验中。现实性也不会像潜能阶次那样转变为属性。只有刚才提到的那些必须保持沉默的人才会企图把说出来的话当作一个现实的实例。因为任何一个深明事理的人都不会认为，如果科学不是从经验中汲取而来的，人们就因此能够脱离科学而去研究一件事情，更不会认为这样的人有资格去从事哲学研究。

XI, 316　　实际上，那个**是**存在者，并且只能是纯粹现实性的东西，不可能借助概念来理解把握。但思维只能走到这里。那个仅仅是现实性的东西，摆脱了概念。如果灵魂希望探究这个东西，也就是说，如果灵魂企图把那个**是**存在者的东西设定为存在者之外的自在且自为的东西，即亚里士多德所说的 κεχωρισμένον τι καὶ αὐτὸ καθ᾽ αὐτὸ [某种分离的、独自存在着的东西]①，那么灵魂就不再处于思维状态，而是处于直观状态（因为一切普遍者都被移除了）。②

　　但刚才的那些论述很容易引发另一个争执，而这涉及我们此前对于本体论论证的规定。无疑，在本体论论证的拥趸里面，哪怕不是绝大多数人，至少也有很多人认为，这个论证只不过是对于亚里士多德的 οὐ ἡ οὐσία ἐνέγεια [一个立足于现实性的本质]这一概念的发挥。但这里有一个巨大的区别。严格说来，亚里士多德的这个概念所谈论的根本不是**本质**，毋宁说，现实性取代了本质，并且在这

---

① 这句话出自亚里士多德《形而上学》VII, 10, 1075a 11-12。——译者注

② 柏拉图虽然说这是 μόγις ὁρᾶσθαι [艰难地看见]，但他说的毕竟是 ὁρᾶσθαι [看见]，而不是 νοεῖσθαι [思考]。后一讲也会指出，柏拉图在这里谈论的是同一件事情。参见《理想国》第六卷，506B，《蒂迈欧篇》28A，《斐德罗篇》248A。《斐多篇》66D所说的 αὐτῇ τῇ ψυχῇ θεατέον αὐτὰ τὰ πράγματα [只有灵魂的眼睛才看见真实的事物本身]以及65C所说的 ζητεῖ αὐτὴ καθ᾽ αὐτὴν γίγνεσθαι (ἡ τοῦ φιλοσόφου ψυχή) [(哲学家的灵魂) 努力保持自身的独处]同样属于这种情况。亦参见勃兰迪斯：《希腊罗马哲学史》第二卷，第222页。——谢林原注

个意义上完全消除了本质。与此相反，近代人在使用"存在和本质（在上帝之内）的统一体"这一普遍公式时，却是这样论证的：因为上帝是通过其本质而被规定为存在，或者说，因为上帝的本质包含着存在的充足理由，所以上帝的存在是必然的——这是莱布尼茨频繁使用的一个表述，因为在他看来，上帝的**存在**只有借助充足理由律才是可证明的，也就是说，本体论论证离开了充足理由律就没有证明的力量。[①]所有这些表述都是把本质设定在存在之前，殊不知亚里士多德的那个概念的意思是，本质本身仅仅立足于现实性。任何对于上帝的必然存在的证明也只能达到这个地步，即只能证明上帝是一个必然的存在者（necessario Existens），而最终仅仅证明了上帝是natura necessatia [一个必然的本性]。诚然，上帝的必然的存在是基于他必然（亦即无须他的意愿和附加行动）"是存在者"。但上帝只有借助于一种独立于他的"是存在者"的存在，才是natura necesaria [一个必然的本性]，而在这种情况下，他才相对于那个必然的存在而言是自由的，并且能够在**自身之内**存在。

XI, 317

现在是时候回顾一下存在者本身及其各个要素相互之间的关系了，因为我们已经指出"某一"就**是**那个是这些要素的东西。简言之，这些要素之间的区别就是这个已规定的"某一"本身包含着的区别，按照这些区别，它是它自身的开端、中介和终点，即**走出**自身（成为"自在存在"）、**通过**自身（成为"自身之外的存在者"）、**回到**自身（成为永恒的"安然于自身的存在"）。"安然于自身的存在"是"自在存在者"和"自身之外的存在者"的居间者，只有位于自身

---

① 参阅莱布尼茨给克拉克的第五封信。——谢林原注

之外的东西才是安然于自身（bei sich）。那**存在着**的，不是主体，不是客体，也不是主体–客体，毋宁说，这个已规定的"某一"是主体，是客体，也是主体–客体，也就是说，这些要素虽然看起来能够是本原，但已经降格为"某一"的单纯属性，而"某一"在它们之内是一个完完全全占据着自身的东西，而由此并不能得出，它在它的单独存在里却不是这样一个东西。换言之，那个在它的"是存在者"里以质料的方式存在着的东西，在它自身之内也是如此，只不过是以**非质料的**方式（即亚里士多德所说的 ἀσυνθέτως [单独地]）存在着：在各个要素里面，统一体仅仅以前一种方式存在着，反之在"**某一本身**"之内（我们既然已经把它称作**存在者本身**，那么也可以这样称呼它）却是以后一种方式存在着，并且是不可毁坏的，因为它根本不可能包含着任何可能性，因为它是不可克服和不可瓦解的个别性，是独一无二的个别东西；唯有个别性是常驻的，反之一切别的东西都是可瓦解的。"某一本身"的统一体不会伴随着那个在全体性里面被设定的统一体而消失，毋宁说，它作为凌驾于全部可能性之上的现实性，比那个统一体更为恒久。各个要素不会相互干扰；这仅仅意味着，当

XI, 318　某一方希望成为另一方（比如-A希望成为+A），由于它们的区别以及它们在统一体里具有的存在**仅仅**基于这一点，即其中一方**不是**另一方（不在同一个位置），所以我们也只能这样规定它们，比如把-A称作**缺乏任何存在**的"纯粹能够"，把+A称作**缺乏任何能够**的"纯粹存在"，把±A称作仅仅**被二者**（同时和单独）**排除的东西**。它们之间的区别不是相互矛盾的东西之间的区别；它们仅仅是通过单纯的褫夺（κατὰ στέρησιν）而区分开，也就是说，无非是其中一方缺乏另一方所是的那个东西。虽然我们此前已经谈到了排除，但这仅仅

是指思想中的排除; 只有当某个东西希望独自存在着, 才会有一种现实的排除; 但在当前的情况下, 毋宁说每一方都不关注**自己**, -A不是它自己的可能性, 毋宁仅仅是+A的可能性, 二者合起来是±A的可能性, 然后三者合起来是那个唯有它本身是存在者的东西的可能性(它们不会相互排除, 正如在一个可以被看作潜在的圆圈的数学点里①, 圆心、圆周和直径不会相互排除)。它们不会相互排除, 因为它们**不是三个存在者, 没有谁独自要求具有一个存在**, 毋宁说, 存在仅仅是某一个东西的存在, 而它们是这个东西的属性, 表现为这个东西的单纯谓词, 因此它们自己的存在始终处于单纯的潜能阶次中。

在这里, 我们既然使用了"谓词"这个词语, 就很容易遭到那些不熟悉这个思想的早先发展过程的人的质问, 即我们为什么不干净利落地把那个**是**存在者的东西称作"主体"乃至"绝对主体"? 也就是说, 它不会成为任何东西的属性, 反之所有别的东西都只能成为它的属性。诚然, 如果存在者包含着某种相继性, 以至于每一个先行者——它在一个更高的意义上独自存在着, 并且在这个意义上显现为**主体**——成为后继者的谓词, 那么, 那个凌驾于一切之上的东西, 那个**最终**是**最初**的-A的东西, 就是**主体**; 再者, 如果这里单 XI, 319纯在思想上所指的东西成为一个实在的过程, 那么诸多主体(在一个愈来愈高的秩序里)的相继性就终究会导向一个绝对主体。也就是说, 从事情本身和概念来看, 就是这个样子。但有一件事情阻止我们这样去表述, 即我们预先已经设定, 在这个呈现里(而按照呈现的方式, 总是能够并且应当有一个持续不断的、趋于完满的进

---

① 因为直径的**大小**是无关紧要的, 所以我们也可以把直径设想为无穷小。——谢林原注

步），我们必须尽可能在最严格的独特意义上使用各种表述。原本说来，我们由之出发的-A可以叫作主体，因为它处在第一个位置，是真正"摆在下面的东西"，亦即"载体"（sub-jectum, ὑποκείμενον, ὑποτιθέν），但最末的那个东西只能在非本真的、违背真实意义的情况下被称作主体，因为它并不从属于任何东西，而为了挽救它相对于-A而言的伟大意义，我们又希望仅仅把它称作主体。在这里，我们确实置身于语言的钳制之中，但不是只有我们才这样，因为亚里士多德——经院哲学的拉丁术语Subjectum和我们德语的Subjekt都是来自他所说的Hypokeimenon①——在谈到实体（οὐσία）的时候也说，实体是不能由一个主体谓述出来的东西，而他尽管由此完全可以得出实体本身是绝对主体，却从来没有把第一本质称作第一载体，反而是在第一次提出四因说的时候，把质料（最低的东西）称作第一载体②；尤其在关于实体的一个特殊章节里，当亚里士多德必须讨论"质料是不是上述意义上的（不能由任何别的东西谓述出来的）实体"这个问题时，他的尴尬完全溢于言表，而且这种愈来愈强烈的感觉几乎导致他要拒绝这个定义。③

　　主体、客体、主体-客体：这就是存在者的原初材料。但并非存在者，毋宁说，那个是存在者的东西，才是我们的对象，才是我们所欲求的目的，才是**本原**，即那个现实地是存在者（其他东西仅仅是可

XI, 320

---

① 这里的Subjectum, Subjekt和Hypokeimenon等词语都是"主体"和"载体"的意思。——译者注

② 亚里士多德：《形而上学》I, 3。——谢林原注

③ τύπῳ εἴρηται τί ποτ᾽ ἐστὶν ἡ οὐσία, ὅτι τὸ μὴ καθ᾽ ὑποκειμένου ἀλλὰ καθ᾽ οὗ τὰ ἄλλα· δεῖ δὲ μὴ μόνον οὕτως· οὐ γὰρ ἱκανόν. [本质是那样一个东西，它本身并不谓述一个载体，而是由别的东西谓述出来。]亚里士多德：《形而上学》VII, 3。——谢林原注

能的存在者）。因为它只有**借助于**一个存在才**是**存在者，而这个存在独立于它的"是存在者"，于是本身也独立于存在者；这是存在者在**自身之内**，从而在独立于那些前提（亦即那些仅仅在思想中先行，仅仅是λόγῳ πρότερα [先行理由]的东西）的情况下具有的存在；只有借助于这个存在，存在者才是最初的存在者（πρώτως ὄν），因此，这个存在之前没有任何别的先行者，所以它已经是一个特殊的东西；这个存在是思维的**目标**：当我们来到它身边，思维就达到完满，并且得到完全的满足；凡是借助于思维而可能的东西，凡是可以思考的东西，都**存在于思想中**，而在这个存在**之上**，我们不可能再思考什么，也不可能再怀疑什么，因此它是一个**绝对不可怀疑的**存在；只有伴随着这个存在，人们才真正拥有了一个能够当作开端的东西。

简言之，这个以如此方式存在着的存在就是从笛卡尔以来人们一直寻求的，但没有找到的那个**对象**，就是康德所说的那个完全通过理念而被规定的物。正因如此，它是在纯粹的思维里，在全部科学之前就被找到的，于是直接的思维把它当作自己的目标，科学也把它当作自己的前提。正如我们将要看到的，理性需要这个存在，但不是为了止步于它，而是首先为了从它出发而达到所有别的东西，并且把这些东西当作同样是由思维所规定的。通过一种伟大的"聆听"（Verhör）或"倾听"（Vernehmen）——"理性"（Vernunft）就是得名于此——，理性力图把一切可思考的和现实的东西带入其中，而如果有任何东西不是从那个存在出发并在纯粹的思维里达到的，就绝对不予认可，亦即不承认其效用。这样一来，在排除了一切异质的东西之后，知识才能够达到完全的明晰性，至少为那种绝对地照亮自身的科学开辟出一条道路。

第十四讲　柏拉图的走向本原之路

　　必须有一条特殊的道路，可以无须从经验出发而把**本原**当作自己的**目标**；因为除了本原之外，看起来只有经验能够提供一个稳妥的出发点。严格说来，我们迄今遵循的方法只能以如下方式加以界定。它不是演绎的方法，因为演绎以本原为前提。既然不是演绎的方法，那么就是归纳的方法；实际上，我们既然贯通了各种前提——它们作为单纯的可能性，包含着那些起初在本原里面被设定为现实性的东西——，那么这个贯通当然可以叫作归纳，但不是通常与这个词语联系在一起的那个意义上的归纳；我们的归纳方法之区别于通常所谓的归纳方法的地方在于，前者仿佛当作前提来使用的那些可能性是在纯粹的思维里找到的，因此这个方式同时能够让我们确保前提的完整性，而这个情况在那种从经验出发的归纳那里是绝不可能发生的。因此，假若人们坚持认为，只有演绎（包括证明）和归纳这两种方法，那么他们就必须同时在两种意义上思考归纳（实际上，亚里士多德在**一般地**解释归纳时根本没有谈到经验），亦即明确指出归纳在自身之内包含着两个类型：其中一个类型是从经验中汲取要素，另一个类型是从**思维本身**里汲取要素，而只有通过后面这个类型的归纳，哲学才能够达到本原。

但我们始终期望着,这个类型的归纳方法能够获得其独有的名 _{XI, 322}
称,而把它称作"哲学方法"显然是不够的。因为演绎方法也是哲学
方法,而哲学在找到本原之后,就要过渡到这种方法。为了找到一
个恰当的术语,我们首先会在古人那里加以搜寻。古人为某些哲学
概念和哲学方法而发明出的名称虽然已经轻易地沿用到后世,但其
真实的含义却没有那么轻易地流传下来;任何人都可以将这些名称
信手拈来加以使用,而他们或许只是为了用这些如此著名的术语来
装点门面,跟事情本身几乎没有任何关系。这甚至比篡改词义更容
易让人声名卓著。但如果我们说,我们开辟的走向本原之路和柏拉
图的一个描述是完全一致的,这却不是什么无稽之谈,因为这个一
致就摆在光天化日之下,不容忽视:在那个描述里,柏拉图不仅指出
如何达到本原,而且赋予了这种方法一个贴切的名称。尽管如此,
为了理解这个著名的文本(《理想国》第六卷的结尾),我们必须首
先揭示出它是在什么语境里出现的。

简言之,柏拉图区分了双重的理知东西(νοητόν),针对其中一
种,理性仍然使用某些可以通过感性而直观到的形象,比如在几何
学里就是如此。但几何学所关注的不是这些形象,而是那个与它
们相等同的原型,比如它所关注的不是画在黑板上的三角形或四边
形,而是那个只有借助于理性才被看到的三角形或四边形本身。正
是在这里,柏拉图把早先谈论过的那个功能赋予数学规则,也就是
说,它们导向理知世界,强迫灵魂使用**纯粹的思维**,但它们不能达到
真实的存在者或纯粹的理知东西,而是只能梦到这个东西。[①]

① 参见本书第十一讲的相关文本(XI, 265)。——谢林原注

XI, 323　　　柏拉图解释了这种理性科学之后，就过渡到另一种理性科学。这里没有任何异质的、感性的东西，毋宁只有纯粹的思维与纯粹的理知东西打交道。而他在这里说了如下这番话：

> 至于理知东西的另一部分，你要明白，我指的是**理性本身**触及的那个东西（οὗ αὐτὸς ὁ λόγος ἅπτεται），也就是说，理性**凭借辩证的能力**（τῇ τοῦ διαλέγεσθαι δυνάμει）而为自己塑造出一些前提（ὑποθέσεις）——这些前提**不是**本原，**真正说来**（τῷ ὄντι）仅仅是前提，好比通道和路径（οἷον ἐπιβάσεις καὶ ὁρμάς）——，一直上升到那个不再有前提的东西（μέχρι τοῦ ἀνυποθέτου），上升到一切的开端或万物的**本原**（ἐπὶ τὴν τοῦ παντὸς ἀρχὴν ἰών），并且在达到这个本原之后，回过头来把握那些依附于开端的东西（ἐχόμενος τῶν ἐκείνης ἐχομένων），如此一直下降到终点，并且在这个过程中不使用任何感性东西，而是仅仅从那些纯粹的概念出发，历经各个概念而终结于概念。[①]

伴随着这段话的后半部分，柏拉图过渡到（从本原出发的）推导；关于这个推导，我们在这里暂时略过不谈，而是到后面涉及相关问题时再来考察它。对于一个不是从经验出发而了解这条道路的人而言，这段话无疑包含着许多谜团，但即便对于我们这些自认为熟悉这条道路的人，也有各种问题需要加以探讨。目前看来，至少有三点是清楚的：1）柏拉图所描述的方法是一般意义上

---

① 柏拉图：《理想国》第六卷，511B。——谢林原注

的归纳（因为它贯通了各个前提）；2）这也是特殊意义上的归纳，因为是理性亦即思维本身构造出这些前提；3）活跃在这种方法中的是辩证的能力，因此方法本身在柏拉图看来必须被称作**辩证方法**。

首要的问题大概是，**在一般的意义上**，柏拉图心目中的"前提"(ύποθέσεις)所指的是什么？这个问题对我们来说是不难回答 XI, 324 的。因为我们同样把那个仅仅能够是存在者的东西，或者说那个仅仅以某种方式，因而以有条件或有前提的方式是存在者的东西，当作路径来加以使用，以达到那个**是**存在者的东西，亦即存在者本身。我们同样贯通了**全部可能的东西**。**第一个可能的东西**或prima hypothesis [第一个前提]是纯粹的主体，第二个可能的东西是纯粹的客体，第三个可能的东西是纯粹的主体-客体。

相对不那么容易回答的是另一个问题（至少目前看来是如此），即在特殊的意义上，柏拉图心目中的"前提"所指的是什么？有些人认为，柏拉图是指**理念**。但是，根据勃兰迪斯①的发现以及亚里士多德的某些残篇的证实，**"大和小"**（用亚里士多德的术语来说即"质料"）也参与了理念的塑造，因此柏拉图心目中的特殊前提不可能是指理念，毋宁必定是指某些绝对单纯的要素。②更不可靠的是另一些人的轻率断言，即认为这是指一种非哲学的思

① 勃兰迪斯(Christian August Brandis, 1790—1867)，德国哲学史家和古典学家。——译者注

② 关于柏拉图使用的"前提"这个词语的意义，参阅亚里士多德：《欧德谟伦理学》II, 11: ὥσπερ γὰρ ταῖς θεωρητικαῖς αἱ ὑποθέσεις ἀρχαί, οὕτω καὶ ταῖς ποιητικαῖς τὸ τέλος ἀρχὴ καὶ ὑπόθεσις. [正如在理论科学中，前提是本原，所以在生产活动中，目的是本原和前提。]——谢林原注

维的前提, 而柏拉图的辩证方法则是从这些前提出发。因为柏拉图明确指出, 这些前提是"理性为自己塑造出的"(αὐτὸς ὁ λόγος - ποιούμενος), 因此它们只能是以哲学的方式被设定下来; 但最不靠谱的还是那样一种观点, 即依据"为自己制造出或塑造出"的字面意思, 或者按照"Hypothese"这个词语的当代用法, 习惯性地把"前提"理解为"假设"乃至"**随意的假设**"; 因为, 当思维达到这些前提, 就摆脱了一切偶然的东西, 立足于自己的本质, 并且仅仅服从自己的必然性, 因此**不会出错**, 而不是一旦混入异质的东西(Heteronomisches)就**可能出错**。当然, 并非所有的人都能够达到**思维本身**, 而我们几乎可以断言, 常常是那些口号叫得最响的人以

最无耻的方式谈论思维, 但他们从未超越偶然的东西(亦即那些矫揉造作的、仅仅看上去必然的东西)而达到思维本身; 因为思维本身所服从的是一种内在的必然性, 所以正如亚里士多德指出的, 它不需要耗费多大力气, 就能够在真实性和敏锐性方面胜过科学。之所以在真实性方面胜过科学, 是因为如果科学(比如柏拉图所描述的数学学科)一方面不满足于单纯的未经辩护的假设, 另一方面对**开端**漠不关心, 只管向着**目标**前进, 那么它是可能出错的; 相应地, 数学只有在某些条件和前提下, 亦即在偶然的情况下, 才是不会出错的, 反之思维本身是通过它自己的本性就摆脱了谬误。而之所以在敏锐性方面胜过科学, 是因为思维为了**作为思维而存在着**, 必须亲自做出一个决断, 即以前后相继的方式设定那不能以同时的方式设定的东西, 以达到那些绝对**单纯的**要素, 在那里, 思维不可能再有任何波动, 反之那些要素要么不被思考, 要么以敏锐的和正确的方式被思考, 而在与这些要素的关联中, 不会有任何错觉(ἐν οἷς οὐκ ἔστι ψεῦδος）。——关于亚里士多德的这番话，我们后面还会谈到（只有当思想不是"复合的"，而是"纯粹的"，才可以说是敏锐的）。①

　　第三个需要回答的问题是：理性本身**如何制造出**那些前提？这同样是凭借辩证的能力而完成的。但我们在这里必须提醒读者，逻辑因素就包含在辩证因素之内，因为在柏拉图看来，逻辑方法是辩证方法的一个方面；也就是说，那些前提是凭借辩证的能力而被发现的，哪怕在对它们做出规定时，依据的仅仅是**逻辑上的**可能性和不可能性，即人们现在所说的那种最纯粹的、**没有任何人会搞错的形式上的**思维必然性。至于这种必然性如何成为实质上的必然性（对内容做出规定），我们在上一讲已经予以揭示，但也是出于这个原因，关于那些前提如何获得逻辑公理本身包含着的那种　　XI, 326
明晰性，正如亚里士多德详细阐明的②，这一点只能间接地以反驳（ἐλεγκτικῶς）的方式加以证明。"纯粹主体(-A)不可能有任何前提"——这不是**被证明的**，而是必须被经验到的。我再强调一下，
"**经验**"（erfahren）！有许多堪称深思熟虑的人，却像着魔一般反对哲学里的纯粹思维的专断力量，这里面的绝大多数人是因为他们的出发点是那个迄今为止在学校里唯一得到教导和学习的偏狭的"归纳"概念，而另一些人则是因为他们通过一种总是伴随着鼠目寸光的夸张言辞，萌生出一些完全错误的观念。当然，确实有这样一些人，他们把思维看作**全部**经验的对立面，殊不知思维本身也是

---

① 潜能和现实性的"复合"是可能造成错觉的。因为关于那个是纯粹的现实性的东西，错觉是不可能的。但谓词仅仅是潜能。——谢林原注
② 亚里士多德：《形而上学》IV, 4。——谢林原注

一种经验。人们必须**现实地**思考，这样才能够**经验**到：自相矛盾的东西是不可思考的。人们必须尝试着同时思考一些不能结合在一起的东西，这样才能够**经验**到：必须把那些东西设定在**不同的**环节里，而不是**同时**设定下来，并且以这个方式获得一些绝对单纯的概念。正如有两种归纳，也有两种经验。其中一种指出什么是现实的，什么不是现实的：这是通常所谓的经验；另一种指出什么是可能的，什么是不可能的：这是在思维中获得的经验。此前当我们寻求存在者的要素时，我们所依据的仅仅是那种在**思维**里可能的和不可能的东西。存在者有哪些环节，这些环节遵循着什么秩序，这两点都不取决于我们的偏好，毋宁说，在思考那个**是**存在者的东西时，我们只能现实地去尝试，亦即去经验，什么能够被思考为存在者，尤其什么是primum cogitabile [第一个可思考的东西]。简言之，思维也是一种经验。恰恰对于这种在思维里获得的东西，不可能提供任何证明，而是只能ad hominem [诉诸个人]①。我们在这样思考的时候，仿佛

XI, 327

始终面对着另一个人，并且让他自己去试试，看能否把什么东西放在纯粹主体之前，而他肯定不能找到这类东西，因此不能给出答案。这个方法也可以不需要外在的形式，仅仅以**交谈的方式**进行，而"辩证知识"也是得名于此。但亚里士多德极其坚决地把这种知识和那种提供必然性的科学对立起来。

　　但把那些前提制造出来或予以设定，只是先行的工作，因此仅仅是辩证方法的一个方面；实则另一个方面也清楚地蕴含在迄今一

---

① Περὶ τῶν τοιούτων ἁπλῶς μὲν οὐκ ἔστιν ἀπόδειξις, πρὸς τόνδε δὲ ἔστιν. [关于这些公理，虽然有一种诉诸个人的证明，但没有绝对的证明。]亚里士多德：《形而上学》XI，5。——谢林原注

直讨论的那个柏拉图文本里。柏拉图虽然从一开始就谈到了前提，但这些说法很显然只是一个初步界定，因为他随后指出，那些前提**真正说来**（τῷ ὄντι）仅仅是前提，**不是**本原；至于这些前提真正说来是什么东西，恰恰只有通过辩证方法才得以揭示。也就是说，它们**直接地被设定为**本原（总的说来，只有那种能够是本原的东西才可以直接地被设定），确切地说，它们被设定为可能的本原①，但只是为了通过辩证法的力量而降格为非本原（Nichtprinzip），降格为单纯的前提，降格为一些仅仅用来导向唯一的无条件者的层次。甚至可以说，我们虽然假设有诸多层次，但其实根本就不需要它们，除非第一个被设定的东西——自在地看来，这个东西必须比每一个后继者更具有本原的本性——被设定为非本原，也就是说，被否认为本原，而且每一个后继者都是如此，一直到最顶端的那个东西，这个东西不再有任何前提，而是仅仅被设定（它是现实的本原，不能再被当作单纯的前提）。换言之，辩证方法的肯定方面和否定方面是不可分割的，如果说从第一个环节来看，**设定**在本性上先于否定，那么反过来可以说，每一个后继者的设定都是通过否定先行者而做到的。

在刚才提到的那个文本里，我们仅仅间接地证实了否定的方面，而一个明确的解释是后来才出现的，也就是说，柏拉图在那 XI, 328
里再一次谈到了几何学及其相关学科，并且重复了他之前已经说过的观点，即这些学科在使用前提的时候默认它们是**静止不动的**（ἀκινήτους ἐῶσιν），也不进行任何论证；针对这个情况，他接着说：如果开端始终是未知的，而终点和中介（结论命题和中介命题）

① 我们同样谈到了第一个可能的东西，以及第二个和第三个可能的东西。——谢林原注

也是立足于未知的东西，这样的组合能够成为科学吗？被提问者回答道，这是绝不可能的。于是柏拉图说：因此，唯有辩证方法能够穿越这条道路，即通过**扬弃**（ἀναιροῦσα）各种前提而一直推进到**开端本身**（ἐπ᾽ αὐτὴν τὴν ἀρχήν），即那个并非仅仅看上去像本原，毋宁就是本原的东西①。——当然，那些前提作为前提并没有被扬弃，毋宁说，它们始终是前提，但作为起初被设定的本原，它们被扬弃了。因此，如果人们希望区分辩证因素和逻辑因素，那么可以说，真正的辩证因素就在于这种**扬弃**（因为正如我们看到的，设定所服从的是纯粹的逻辑规律）。但即便如此，二者看起来也是不可分割的，而且逻辑因素仅仅是一个与辩证因素始终形影不离的工具。②

那不再能够是本原的东西，成为一个**层次**，一个通往本原的层次，而本原则是那个真实的、常驻的、不再包含着任何前提的东西。③因此真正说来，每一个要素都仅仅是以**尝试的方式**（hypothetisch）被设定的，而柏拉图的"前提"（ὑποθέσις）这个术语本身就带有这个意思。毫无疑问，任何东西都只有伴随着本原才被设定，而本原不再仅仅能够是存在者，毋宁就**是**存在者；用

---

① 柏拉图：《理想国》第七卷，533C。关于辩证法家，此外可参阅《理想国》第七卷，第167页。——谢林原注

② 参见菲利克斯·拉维森：《论亚里士多德的形而上学》（*Essai sur la Metaphysique d'Aristote*），巴黎1837年版，第一卷，第247页下方，注释2，以及第248页，注释1。——谢林原注（译者按，拉维森[Felix Ravaisson, 1813—1900]，法国哲学史家。）

③ 就此而言，柏拉图所说的"无前提者"并不是无前提的东西，因为思维是通过各种前提才达到它。因此人们必须说：它是**在自身之内**无前提的东西。但从语法上来看，"无前提者"确实是一个本身不可能再以别的东西为前提的东西，而且反过来是所有别的东西的前提。亚里士多德虽然继承了柏拉图的这个术语，但对他而言，"无前提者"不是一个东西，而是意味着"不需要前提"。亚里士多德：《形而上学》IV, 3。——谢林原注

亚里士多德的话来说，一切东西都**依附于**这个本原（ἐξ οὗ τὰ ἄλλα ἤρτηται）①，而他是站在后期的立场上在一处慷慨激昂的文本里说的这番话，即天空和自然界都依附于**这样一个**本原。由此也可以看出，一方面，当辩证方法被用于探究本原，就和归纳方法属于同一个类型；另一方面，如果辩证方法不是仅仅服务于那个用途，而是去探讨历史事实的意义等等（当前这个研究的整个第一部分已经被我们称作"历史的–辩证的"部分），那么它就是一个普遍的、对于任何类型的研究而言都不可或缺的工具，在这里，全部可能性都以**尝试的方式**被提出来，在各个层次上争奇斗艳，最终把自己扬弃在那个唯一真实的可能性之内。在通常独享"归纳科学"之名的物理学及其相关学科里，我们还能更清楚地看到这种一致性。辩证方法的特征在于，让那些并非随意提出，而是由思维本身列出的假设仿佛服从于一个**尝试**。在物理学里，同样有某个东西介于思维和经验之间，这就是**实验**，而实验始终具有一个先天的方面。一位深思熟虑的实验者是自然科学领域里的辩证法家，他同样贯通了许多前提或一些起初只能存在于思想中，并且遵循着单纯的逻辑规律的可能性，而他的目的同样是要扬弃这些可能性，直到找到那样一个可能性，它通过自然界本身给出的最终的决定性答案表明自己是现实性。有一位自命为物理学家的德国学者，曾经把奥斯特②的发现称作偶然的发现，也就是说，按照他的意见，这样一个发现真正说来是不应当发生的；为什么呢，因为他和那些跟他想法一样的人根本就没有预先想到这

---

① 亚里士多德：《形而上学》XII, 7。——谢林原注
② 奥斯特（Hans Oersted, 1777—1851），丹麦物理学家和化学家，1820年首次发现通电的导线能够作用于磁针，使磁针改变方向。——译者注

个发现的可能性；对这位学者而言，奥斯特的发现是一个"意外事件"。一个人如果根本不相信伟大发现的可能性，就不可能做出伟大的发现；一个人如果在找到某东西之前就断定它是不可能的，也不可能找到这个东西；一个人如果没有能力预先思考某东西，那么除非亲眼所见，否则他也很难认为这个东西是可能的。①

　　因此，即便是那种发挥着最高功能的辩证法，我们也可以借用亚里士多德的说法，把它称作一种尝试性的科学（πειραστική）②。这种尝试性方法的典范杰作是柏拉图的对话录，在那里，柏拉图总是先提出一些假设（设定、论题），然后在讨论过程中将它们扬弃；一旦达到这个类型的最完满的东西（当然，人们没有必要在柏拉图的全部对话录里寻求这个东西），这些假设最终就汇集到唯一真实的、常驻的存在者里面，转化为这个存在者的环环相扣的前提。柏拉图也尝试过以对话的方式（辩证法就是得名于此③）去模仿辩证方法的迂回性，让研究一直在肯定和否定之间摇摆不定，直到在那个最终的、无往不胜的肯定里，全部怀疑都扬弃自身，呈现出那个作为万物的目标，并且为万物所期待的东西（e quo omnia suspensa erant［一切迂回都是为了它］）。辩证方法和对话方法一样，不是证明式的，而是生产式的；正是在这个方法里，真理被生产出来。反之在以证明为目标的科学里，尝试的方法是被排除的，或者说仅仅在极为次要的情况下被允许。但正如我们已经说过的，为了认识那个是存在者的东西（最终说来这是唯一的关键），我们必须现实地**尝**

---

① 参阅柏拉图在《理想国》第七卷，532A中的言论。——谢林原注
② 亚里士多德：《形而上学》IV, 2。——谢林原注
③ 这种方法也叫作ἐρωτητική［问答法］。——谢林原注

试着去思考，这样我们才能够**经验**到它是什么东西。Tentandum et experiendum est. [它是必须被尝试和被经验的东西。]

接下来的问题是，刚才所说的那种扬弃是如何进行的，以及那些起初显现为本原，但随后降格为非本原的要素，将转化为什么东西。

这里仍然需要借助柏拉图的那个文本。我们发现，除了理性已经把握和接触到的**本原本身**之外[①]，还有一些**依附于本原**（ἐχόμενα αὐτῆς），与之不可分割的要素。这些要素只有可能来自那些起初显现为本原的前提，但现在通过辩证法的力量已经转化为本原的前提（ὑποτιθέντα），或用亚里士多德的话来说，转化为ὑποτιθέντα τῇ ἀρχῇ αὐτὴν ὑπάρχοντα [本原本身所具有的东西]，亦即本原的**属性**。在这种情况下，理性把握着这些要素（把它们当作工具来使用），直到生产出科学本身，并且在这个过程中不使用任何来自感官的东西。[②]诚然，思维中的第一个东西（-A）不是**一个存在者**，但真正说来也不是**存在者本身**，而是既存在着也不存在着（在一种情况下**存在着**，在另一种情况下**不存在着**）。这样一来，-A就转变为某东西，这个东西仅仅偶然地（συμβεβηκότως），而不是原初地（πρώτως）是存在者或主体，并且**依附于**那个**是**存在者的东西，也就是说，它成为属性，而另外几个要素也是如此。这里很有必要再一次提醒读者注意康德谈到的全部**谓词**的一个总括。

XI, 331

---

① ἀφάμενος αὐτῆς [在达到本原之后]。柏拉图：《理想国》511B。——谢林原注

② ἐχόμενος τῶν ἐκείνης ἐχομένων οὕτως ἐπὶ τελευτὴν καταβαίνῃ, αἰσθητῷ παντάπασιν οὐδὲν πρὸς χρώμενος. [回过头来把握那些依附于本原的东西，如此一直下降到终点，并且在这个过程中不使用任何感性东西。]柏拉图：《理想国》511B-C。——谢林原注

　　通过这个方式，这些被设定为属性的要素就继承了它们所**依附**的那个东西的存在。它们能够像属性一样存在着，**这件事情**归功于那个**是**它们的东西（本原）；但是——这是一个极为重要的关键——，它们的"**什么**"或"**所是**"（Was）却不是同样由本原规定；就"**所是**"而言，它们是一些独立的、自主的力量。那个东西（本原）本身具有**存在**的永恒性和必然性，而要素本身则是具有**本质**或**思想**的永恒性和必然性。真正说来，只有这些要素才是人们通常所说的 essentiae sive veritates rerum aeternae [事物的永恒本质或永恒真理]，而莱布尼茨在其哲学里大谈特谈的就是这些东西，虽然他始终只是以抽象的方式谈论它们。①它们独立于那个**是**它们的东西，因此它们是先天**可能的**本原，而哪怕它们事后（post actum）——这个术语和时间上的先后当然没有任何关系——被设定为属性，也仍然保留着一个可能性，即能够是本原，进而能够作为本原而显露出来。只有一个区别，即它们仅仅在思维里独立于本原，而当它们和本原**一起**出现，就是柏拉图所说的 τῷ ὄντι ὑποθέσεις [真正意义上的前提]，即一些**现实地**可能的本原。

　　可能有人早就按捺不住想要反驳我们了：如果那些要素具有我们赋予它们的那种意义，既然全部发展都是循序渐进的，那么它们在哲学里，尤其在整个人类的意识里，也必须以历史的方式作为本原显露出来。但刚才的时机并不适合讨论这个问题，而现在我们也只希望简单指出，在那些可能的本原里面，只有一个（确切地说第一

XI, 332

------

① 参阅谢林：《论永恒真理的源泉》（*Abhandlung über die Quelle der ewigen Wahrheiten*）。——原编者注

个）能够独自发挥效用。实际上，这个本原已经在极为深远的程度上通过极为强大的力量展示出了自己的独立性！单凭它就已经能够产生出一个体系，一个从最古老的时代延续到中世纪，甚至在基督教的影响下也屹立不倒，或许在任何时代都不缺乏众多追随者的体系：我指的是所谓的**二元本原的体系**，它的基础是两种相互反对的力量的永恒持续的平衡，其中一种力量非常类似于一个仅仅**自在地**存在着，因此真正说来仅仅能够欲求**自己**的本原，而另一种力量则是非常类似于一个存在于自身**之外**，因此具有流溢和分享的性质，并且慷慨大方的本原。在那些可能的本原里，第一个本原是最难被忽视的，唯有它凭借自己的本性就能够反抗最高的本原，**能够**独立于真正的、真实的本原而永恒地存在着。但是通过理念的力量，它（在这个意义上永恒地）从属于下一个更高的本原，因此直到后世，埃及人还在哀叹它是一个**在时间之前**就已经消亡的东西。但站在哲学的角度，亚里士多德已经让我们注意到神话和哲学里的本原具有一种极为类似的相继性。但是，因为亚里士多德本人对一切神话都毫无兴趣，所以他在那个著名的章节里提出一个对立。在那里，他首先 XI, 333
问，如果**质料**或第一载体（πρῶτον ὑποκείμενον或 ὑποτιθέν）不是实体（自主存在者），又将是什么东西？然后他回答道，质料不可能是实体，因为实体的首要特征在于，它是一个特殊的东西（能够独自存在着），而质料却不是这样的东西。

实际上，迄今为止，那些可能的本原相继降格为属性的过程都被我们看作一个纯粹思想上的进程——这个纯粹思想上的进程是我们在自然界里知觉到的那种现实的逐级产生过程的原型。因为，如果不是这些力量能够作为本原而显露出来，但并未作为本原而存在着, 于是重新跌落到过程里, 降格为单纯的层次, 并且转化为一个东西的属性(这个东西首先凌驾于自然界之上, 最终凌驾于一切东西之上), 否则这个逐级上升过程还能够依赖于什么呢?

　　我们只需深入理解自然界, 就会对这样一个简单的思想深信不疑, 即在整个变幻莫测的自然界里面, 各种过程只不过是以**实在的**、**现实的**方式不断重复着我们已经了解的那个**思想**过程。我们此前已经指出, 在亚里士多德看来, 质料是一切东西的第一基础。反过来, 一切以质料为基础, 因而具有质料的东西, 都是一个复合物(σύνθετον), 而由于质料本身不具有质料, 所以它实际上是单纯的, 是**本原**。但质料只有在天体里才显现为本原, 因此在亚里士多德看来, 天体不是质料性存在者, 而是纯粹的ἐνέργειαι [现实性], 甚至是ψυχαὶ [灵魂]。也就是说, 在天体里, 那被规定为其他存在者的未来的基础的东西, 仍然是屹立着的, 并且作为本原乃是一个恒久的运动的源泉。在已经具有形式的形体世界里, 它不再是本原, 并且本身已经带有一个更高力量的印记, 但它至少在某种程度上仍然坚持着自己的独立性, 以至于这个力量的各种规定在它那里仅仅显

现为单纯的偶性(它把光、电等更高潜能阶次的作用仅仅当作偶性而接纳到自身之内)。但在有机自然界里, 质料已经失去全部独立性, 完全服务于一个更高力量, 而它自己则**完全**成了偶性, 在产生和消灭之间穿梭不停, 虽然还是属性(比如我们把动物称作一个"质料性存在者"), 但不再是主体; 动物自身内的真正的**存在者, 动物本身**, 不再是质料, 而是一个完全不同类型的存在者, 仿佛来自另一个世界。始终值得注意的是, 这个方法的推进过程有一个规律, 即那在起初的进程里显现为主体或本原的东西, 在随后的环节里降格为

客体或非本原，进而言之，这个方法不是局限于自然界，而是按照同样的规律延伸到精神世界，把一切东西都包揽进来。诚然，我们看到柏拉图已经使用了这个方法，但这个方法不是由他发明的，而是通过一种必然性直接显露出来的。我们几乎可以说，柏拉图是首先使用这个方法，然后才理解了它的最终根据，正如近代的哲学精神只有首先完全并且永远打破那具一直套在它头上的中世纪形而上学的枷锁，然后才有可能重新踏上古人的自由大道。至少人们不能否认，首先是通过这个方法，哲学作为一种现实的科学才是可能的。实际上，这种方法从来都不需要到处搜集材料和内容，因为它在自身之内就生产出它们，并且不是以零敲碎打的方式，而是在一个持续不断的顺序或一个自然的联系中处理各种对象，把每一个后继的对象看作从先行的对象里产生出来的。我再强调一下，哪怕这个方法很快又被一些擅长马后炮的（只知道追随**现成的**科学）、倒行逆施的人败坏了，并且掺杂了许多虚假的补充，它到目前为止仍然始终必须被看作康德之后的哲学的**唯一的**真正宝藏。诚然，随着经验的不断推进和拓展，一种卓有成果的哲学活动完全可以仅仅致力于更深刻地理 XI, 335 解经验及其愈加重要、愈加丰富和愈加强大的应用，但很显然，它几乎不可能从这个立场重新回到一种仅仅列举事实或事实规定的哲学，或者说不可能重新回到一种单纯的范畴学说或谓词学说。因为，就后者而言，如果有人仅仅以一个最初的，堪称最糟糕和最空无内容的范畴为开端，然后以一个最高的、最丰富的范畴为终点，那么他所获得的无非是各种谓词，唯独缺少它们所谓述的主体。人们实在是太过于信任那些有此主张的人，因为他们觉得，这些人可能真的希望通过这个方式而让哲学接近于数学。但亚里士多德已经指出，数学περὶ οὐδεμιᾶς οὐσίας [并不研究实体]，也就是说，数学研究的是这样一些事物，它们最终瓦解为单纯的谓词，没有留下一个真正的主体，而这一点在很大程度上确实提供了**数学独有的**那种明晰性。但实体或者说主体恰恰是哲学的目标，是专属于哲学的东西，而哲学仅仅是因为这个东西的缘故才存在着。甚至那些后来扬弃了自身的最初前提，其设定的也不是属性，因为没有哪一个属性能够直接被设定；只有主体才是直接被设定，或者用亚里士多德的话来说，只有主体才是καθ᾽ αὐτο [依靠自己]而被设定①，哪怕它在后来也成为属性。

那么，最后谈到的这些属性，原初地也是主体吗？这是如何可能的呢？须知我们毕竟对它们做出了区分，即其中一个（-A）仅仅显现为纯粹的主体，另一个（+A）显现为纯粹的客体。这是当然的；但我们的意思并不是说它们以这个方式**存在着**，因为它们只有和本原一起才获得存在，毋宁说，我们的意思是，它们是主体，是如此存在着的东西的潜能阶次。当它们纯粹先天地被思考（我们已经解释过，所谓"先天地被思考"，是指"先于本原而被思考"），就恰恰是单纯的主体或潜能阶次，是纯粹的ὑποκείμενα τῆς ὀντότητος [存在者的载体]；最后这个词语一看就不是纯粹的希腊发音，但它表达出了我们想要的那个东西，而我们是从值得尊敬的阿芙罗迪西亚的亚历山大（亚里士多德的评注者）那里借来这个词语。它们作为纯粹的主体，仅仅被**说出来**，但它们既不谓述某东西，也不谓述它们

XI, 336

---

① τὰ μὴ καθ᾽ ὑποκεμένον (λεγόμενα) καθ᾽ αὐτὰ λέγω. [不是依靠一个载体（而被谓述出来），而是依靠自己去谓述自己。]亚里士多德：《后分析篇》I, 4。——谢林原注

自己。本来，我们应当为它们找到一些**名称**，而不是将它们称作"自在存在者"和"自身之外的存在者"。正是这个尴尬的局面促使我们发明了那些独特的、省略了词语的符号(-A，+A，±A)，以便通过这些充当名称的符号而辨认出每一个潜能阶次。与此同时，每一个独特的符号都应当分别标示着唯一的本质。因为，虽然潜能阶次在自身之内呈现出存在的最高的和最普遍的种(summa genera)，但正因如此，它们本身却不是种(εἴδη)，不是κοινὰ καὶ πλείοσιν ὑπάρχοντα [许多东西所共有的]①，毋宁说，每一个潜能阶次都是一个已规定的主体，在自身之内纯粹地并且专门地呈现出存在的**这一个种**。正如恩培多克勒从来都没有把水、火以及其他原初材料看作事物的种，仿佛事物被统摄在它们之下似的，我们同样也没有把潜能阶次看作种。诚然，一切具体的东西都产生自它们的共同作用；就此而言，每一个可能的本原都不是一个具体的东西，而是一个普遍者，但这个普遍者不是一个种属概念(比如"人")，而是类似于物质、光，甚至在某种意义上类似于上帝那样的普遍者。如果人们说，每一个可能的本原都是一个种，那么这个种至少不是依赖于**外在存在者**，本身却不存在着，而是一个本身就存在着的种，但它当然不是一个个别东西，而是**如同**一个个别东西。亚里士多德提出的一个疑难问题，就是本原在本性上究竟是普遍的，还是如同个别东西(--καθόλου, ἢ ὡς τὰ καθ᾽ ἕκαστα τῶν πραγμάτων)②。尽管如此，我们在这里还不能深入讨论这个问题，而是必须留待后面再加讨论。

---

① 参阅亚里士多德：《论灵魂》644a 2。——译者注
② 亚里士多德：《形而上学》III, 1。——谢林原注

迄今为止，我们真正说来只是围绕着柏拉图进行讨论，把他当作

我们的证人，以便把"辩证法"这个名称指派给我们借以达到本原的
那种方法。即便如此，假若我们不敢进而用亚里士多德的尺度来衡
量一下我们的这个方法，或许人们还是会对此投来怀疑的目光。

因此我在这里首先指出，亚里士多德主要是在一种普遍的意
义上谈到辩证法，即辩证法可以应用于每一门科学和每一种研
究，而不是在特殊的意义上把辩证法当作达到本原的工具。在亚
里士多德看来，在探究本原的事情上，辩证法是不太重要的，因为
他虽然谈到了全部存在者的本原和原初者（ἡ ἀρχὴ καὶ τὸ πρῶτων
ὄντων）①，但又认为本原不是**现实的**本原，也就是说，不是科学
的现实的开端。在他看来，辩证法作为初步研究可以拓展到整个
πρώτη ἐπιστήμη [第一知识]或 πρώτη φιλοσοφία [第一哲学]，但
只有后者才包含着终点，并且包含着作为**终点**的推动因（κινεῖ ὡς
τέλος）；反之柏拉图却认为，本原也是现实的本原。实际上，亚里
士多德在《尼各马可伦理学》里有一个非常令人难以理解的说法：
"柏拉图曾经尝试过和怀疑过（ἐζήτει καὶ ἠπόρει），是否有走向本
原的道路或从本原出发的道路。"② 然而柏拉图根本就没有怀疑
过这些问题。因为如我们已经知道的，柏拉图在那个谈到向着本原
上升的文本里说，理性本身紧抓着本原和那些依附于本原的东西，
下降到终点（ἐχόμενος τῶν ἐκείνης ἐχομένων, οὕτως ἐπὶ τελευτὴν
καταβαίνῃ）。③ 总的说来，亚里士多德承认，辩证法能够掌握或认

---

① 亚里士多德：《形而上学》XII, 8。——谢林原注
② 参见亚里士多德：《尼各马可伦理学》I, 1095a-b。——译者注
③ 柏拉图：《理想国》第六卷，511B。——谢林原注

识全部方法走向**本原**的道路 (ἐξεταστικὴ οὖσα πρὸς τὰς ἁπασῶν μεθόδων ἀρχὰς ὁδὸν ἔχει)①，但他并不认为辩证法和哲学因此是研究不同的东西，仿佛前者是研究本原，后者是研究科学本身，毋宁说，同一个东西在他看来既能够以辩证的方式，也能够以哲学的方式加以研究，但在前一种情况下，研究止步于尝试。②辩证法**进行尝试** (πειραστική)，哲学进行认识，而诡辩术看起来是在进行认识，实际并非如此。③正如我们看到的，辩证法对柏拉图而言也是进行尝试，但在他看来，辩证法真的达到了无前提的开端，而理性则是从这个被完满认识的、通过本身就确定的东西出发，生产出真正的科学。关于辩证法的最高功能，柏拉图和亚里士多德的看法在某种程度上是相似的，但我们同时不应当忽视，哪怕就字面而言，两位哲学家对于辩证法的科学价值的评价也有着天壤之别。柏拉图认为，辩证能力是科学的最高力量，通过这种力量，科学掌握了处于巅峰的本原本身，并且唯有从它出发才能够下降到其他东西；反之亚里士多德认为，辩证法和诡辩术一样都不能达到**真理**，二者的区别仅仅在于：诡辩术**不愿**追求真理（它仅仅关注各种错觉），而辩证法**不能**达到真理。辩证法是通过本性的能力而区别于哲学，而诡辩术则是通过其设定的人生目标（亦即错觉）而区别于哲学（Αιαφέρει ἡ φιλοσοφία τῆς μὲν τῷ τρόπῳ τῆς δυνάμεως, τῆς δὲ τοῦ βίου τῇ

XI, 338

---

① 亚里士多德：《正位篇》I, 2。——谢林原注
② 辩证法家仅仅进行尝试 (πειρῶνται σκοπεῖν)。亚里士多德：《形而上学》III, 1。——谢林原注
③ 亚里士多德：《形而上学》IV, 2。——谢林原注

προαιρέσει）①。这种无能在于, 诡辩术和辩证法都是专注于主体和谓词之间的单纯联系, 亦即深陷于假象和可能错觉的王国; 也就是说, 二者都认为真理和谬误不是存在于事物中, 而是仅仅存在于理智中（οὐ γάρ ἐστι τὸ ψεῦδος καὶ τὸ ἀληθὲς ἐν τοῖς πράγμασιν - ἀλλ᾽ ἐν διανοίᾳ）②, 而理智就是一种把主体和谓词要么加以联系、要么加以割裂的活动。

XI, 339　　在我看来, 亚里士多德对于辩证法的这个毁灭性评价是需要加以澄清的, 因为他同样只有通过辩证方法才达到他的目的, 尤其在探究本原的时候更是如此。唯一的区别是: 柏拉图虽然也知道辩证方法的那种**更普通的**意义, 但他还是认为辩证法有一个巅峰, 可以从那里过渡到纯粹的理性研究; 与此相反, 亚里士多德走的是一条更为宽广的道路, 亦即致力于一种极为铺张的、万物皆可为我所用、不以任何东西为耻的归纳, 至于"苏格拉底和坐着的苏格拉底是不是同一个人"之类精雕细琢的、让人联想到后世的经院哲学的问题, 则被他算作只有哲学家才会研究的问题。③

---

① 亚里士多德:《形而上学》IV, 2。除此之外他在《正位篇》I, 14同样说道: πρὸς μὲν φιλοσοφίαν κατ᾽ ἀλήθειαν πραγματευτέον, διαλεκτικῶς δὲ πρὸς δόξαν. [哲学专注于真理, 辩证法家专注于意见。]——谢林原注
② 亚里士多德:《形而上学》VI, 1。——谢林原注
③ 亚里士多德:《形而上学》IV, 2。——谢林原注

第十五讲　亚里士多德对辩证法的批判

我们已经听说了亚里士多德对于辩证法的毁灭性评价。为了澄清这个评价，现在我们希望考察亚里士多德对于辩证法的主要指责，以便看看他的最终结论是不是恰恰把辩证法弄成了非柏拉图意义上的东西。他持续不断地指责诡辩术和辩证法，说它们仅仅关心某些主体是否具有某些谓词，因此完全专注于主体和谓词之间的单纯联系，亦即深陷于假象和可能错觉的王国，而不是去寻求主体本身，也不关心事情本身乃至"原初事情"或"原因"（Ur-sachen）。换言之，因为它们不能上升到那个**自在的**、仅仅包含在ἁπλοῖς [单纯事物]里面的真相，所以它们只能按照假象和普通人的**意见**去评判它们所研究的对象。这大概就是ἐκ τῶν ἐνδόξων [从公认的意见出发]①的正确意思，而按照人们通常对此的理解，仿佛辩证法所研究的完全是一些似是而非的东西。②当然，这个规定看起来距离思维本身（αὐτῇ νοήσει）借以设定各种前提的那个规定非常遥远。因为对柏拉图而言，没有什么东西比δόξα [意见]和 νόησις [思维]相距更

---

① 参阅亚里士多德：《论智者的辩驳》165b 5。——译者注
② 亚里士多德看起来同样需要一些"从公认的意见出发"的论证，以替代那些基于零星的归纳而不完整的论证。——谢林原注

为遥远的了。然而那些被辩证方法贬低为非本原的前提必须具有

XI, 341 这种特性，即它们能够**看起来**是本原，亦即是一种δοκοῦσα θέσις [被接受的设定]；当然，它们只有在意见里（κενῶς）才是**本原**。①辩证法家不怎么关心存在者本身——这是同一个指责的另一个极为重要的表述——，而是更关心存在者的συμβεβηκότα [偶性]②。这里我保留了希腊文原词，因为我们很难找到一个与它的内容完全相符的德文词语；因为"偶然的东西""偶遇的东西""添加进来的东西"等等全都不能表达出亚里士多德的这个词语的准确意思。也就是说，偶然的东西不属于概念的本质，因此在亚里士多德的意义上，就连"三角形的内角之和等于两个直角"也仅仅是三角形的一个συμβεβηκὸς [偶性]。诚然，在一般的表述里，τὸ συμβεβηκὸς [偶性]是仅仅依附于另一个东西而**存在着**的东西，它本身不是存在者，不能单独加以设定；但这个东西无非就是**属性**（Attribut）。此外亚里士多德也明确指出，凡是始终被用于谓述一个主体的东西（καθ᾽ ὑποκειμένου），他都将其称作συμβεβηκὸς [偶性]③。他尤其把辩证法家所研究的τἀναντία [眼前事物]称作偶性，指责他们企图把这

---

① 亚里士多德：《正位篇》I，14："辩证法所假设的东西，是假设的本原和被接受的设定。"关于κενῶς [意见]，参阅拉维森的《论亚里士多德的形而上学》，第一卷，第284页，注释1。——谢林原注

② 亚里士多德：《形而上学》XI，3：ἥ γε μὴν διαλεκτικὴ καὶ ἡ σοφιστικὴ τῶν συμβεβηκότων μέν εἰσι τοῖς οὖσιν, οὐχ ᾗ δ᾽ ὄντα, οὐδὲ περὶ τὸ ὂν αὐτὸ καθ᾽ ὅσον ὂν ἐστιν. [辩证法和诡辩术关心存在者的偶性，但不是把它当作存在者，也不关心存在者本身。]在后面的一处地方，他仅仅指出诡辩术是如此。此外在他的某些言论里，辩证法和诡辩术之间的区别看起来几乎已经消失了。——谢林原注

③ 亚里士多德：《后分析篇》I，4：Τὰ - καθ᾽ ὑποκειμένου συμβεβηκότα. [被用于谓述主体的偶性。]以及《形而上学》IV，4：ἀεὶ τὸ συμβεβηκὸς καθ᾽ ὑποκειμένου τινὸς σημαίνει τὴν κατηγορίαν. [偶性总是谓述出一个主体的谓词。]——谢林原注

些东西与唯一的科学结合起来, 却不关心**那存在着的东西**(was Ist, χωρὶς τοῦ τί ἐστιν)[①]。但这里仍然有一个区别。那被用于谓述一个主体的东西, 只能是偶然地(κατὰ συμβεβηκὸς)添加到主体身上。一个人的皮肤是白的, 这对**作为人**而言是偶然的: 即便他的皮肤是黑的, 也同样是人。三角形的内角之和等于两个直角, 这对**等边**三角形本身而言是偶然的; 因为其三个内角之和之所以等于两个直角, 不是因为它是等边的, 而是因为它是三角形。对**三角形**而言, 这件事情确实是一个添加进来的东西(συμβεβηκὸς), 因为正如亚里士多德所说, 它没有包含在实体里, 没有包含在一个东西的定义里。三角形的定义并未包含着直角, 一个三角形即使没有任何一个角是直角, 也仍然能够是三角形。尽管如此, 就整体而言, "具有两个直角之和"却不是偶然地, 而是**自在地**(καθ᾽ αὑτό)添加到三角形身上。因此诡辩家和辩证法家的错误不是在于研究事物的各种规定; 因为真正说来, 各种偶性或谓词在事情本身那里存在着或"临在着"(an-wesend)[②]——请允许我使用这个本身具有悠久历史的术语, 来指代希腊人通过ὑπάρχειν τινὶ καθ᾽ αὑτὸ [自在地具有][③]这个

XI, 342

[①] πάντα τἀναντία καθ᾽ ὑποκειμένου [全部眼前事物都被用于谓述一个主体], 亦即单纯的谓词。亚里士多德:《形而上学》XIV, 1和XIII, 4。与之相对立的是ἀρχαὶ οὐκ ἐναντίαι [那些不是眼前事物的本原]。——谢林原注

[②] 对诺特克尔而言, 所谓寓居在人之内的原罪, 就是对人而言"临在着的"原罪。参阅阿德隆对这个词语的解释。——谢林原注 (译者按, 诺特克尔 [Notker der Stammler, 840—912], 瑞士学者和音乐家。阿德隆 [Johann Christoph Adelung, 1732—1806], 德国语文学家。)

[③] πᾶσα οὕτινος οὖν ἐπιστήμη τῶν ἐκείνῳ καθ᾽ αὑτὸ ὑπαρχόντων ἐστὶν ἀποδεικτική. [任何一种科学, 无论其对象是什么, 都提供了对于该对象的各种自在具有的偶性的证明。] 阿芙罗迪西亚的亚历山大:《〈形而上学〉评注》, 第194页, 第20行。——谢林原注

说法而想要表达出来的意思——，这些本质上的偶性①对于证明而言是不可或缺的。在全部证明（ἀπόδείξεσι）里，人们所关注的都是συμβεβηκότα [偶性]，它们是证明的手段和工具。②

请你们注意，以上评论只不过是用另外一些说法复述我们在谈到科学时已经了解的柏拉图主义。柏拉图所说的ἐχόμενα [依附者]和亚里士多德所说的συμβεβηκότα [偶性]仅仅是同一个东西的不同说法，而且前者是后者的更加清楚的表述。因此，诡辩家和辩证法家的错误绝不在于研究事物的各种性质③；毋宁说，他们的错误在于没有超越这些性质并走向实体，根本不重视事情本身④，换言之，他们不是把事物**当作**ὄντα [存在者]，当作**那个**在各种性质中存在着的**东西**来加以考察，而是仅仅把它们当作谓词的主体。因为，哲学研究不应当关心那个仅仅被谓述出来的**存在**，而是应当关心所有那些**通过存在**而存在着，并且与首要的和真正的存在者（πρῶτος καὶ κυρίως ὄν）联系在一起的东西，这个存在者本身不可能再与任何别的东西相关联，反之任何别的东西都与它相关联，并且归结为它（πρὸς ὃ πάντα oder πρὸς ὃ πᾶσαι αἱ ἄλλαι κατηγορίαι τοῦ ὄντος

XI, 343

---

① 参阅亚里士多德本人在《形而上学》IV, 1的说法：τὰ ὄντι ὑπάρχοντα καθ᾽ αὑτό [存在者自在地具有的东西]。另一个说法见于《形而上学》IV, 2：τὰ ὑπάρχοντα αὑτῷ (τῷ ὄντι) ᾗ ὄν [它（存在者）本身就具有的东西]。——谢林原注

② Ἡ ἀποδεικτικὴ σοφία ἡ περὶ τὰ συμβεβηκότα, ἡ δὲ περὶ τὰ πρῶτα ἡ τῶν οὐσιῶν. [证明的智慧所关注的是偶性，但那种关注本原的科学才是考察实体的科学。] 亚里士多德：《形而上学》XI, 1。参阅其《后分析篇》II, 3。——谢林原注

③ οὐ ταύτῃ ἁμαρτάνουσιν … ὡς οὐ φιλοσοφοῦντες. [他们的错误……不是因为这些东西不属于哲学。] 亚里士多德：《形而上学》IV, 2。——谢林原注

④ περὶ ἧς οὐθὲν ἐπαΐουσιν. [对这个东西（实体）一无所知。] 亚里士多德：《形而上学》IV, 2。——谢林原注

ἀναφέρονται)①。简言之，"**存在着**"或"**是**"(Ist)虽然归属于一切东西，但不是以同等的方式，而是首先归属于一个东西，然后才归属于别的东西(τὸ ἔστιν ὑπάρχει πᾶσιν, ἀλλ᾽ οὐχ ὁμοίως ἀλλὰ τῷ μὲν πρώτως τοῖς δ᾽ ἑπομένως)②。——按照亚里士多德在《形而上学》第四卷开篇的一个说法③——我希望我的这个转述在实质上和字面上都符合他的意思——，那些寻找事物的单纯质料性元素的人，比如所谓的自然哲学家或爱奥尼亚哲学家，如果他们所寻找的是事物的真正本原(此处的原文是τάυτας τὰς ἀρχὰς ἐζήτουν [寻找同样的本原]，但由于这个τάυτας [同样]完全是莫名其妙的，所以我们不妨把这句话读作αὐτὰς τὰς ἀρχὰς ἐζήτουν [寻找本原本身或真正的本原]，而这也符合整个语境的要求)，换言之，如果他们所寻找的是本原本身(纯粹的ἁπλᾶ [单纯者])，那么我们所寻求的那些理知的、只有借助纯粹的思维才能够把握的存在者的要素同样不是偶然的，也就是说，不是既可能存在也可能不存在，而是作为**存在者**而存在着（不是作为谓词，而是作为事物），只不过在这种情况下，它们仅仅**存在着**，不是别的什么东西，亦即不是存在者本身的最初的区别和对立(αἱ πρῶται διαφοραὶ καὶ ἐναντιώσεις τοῦ ὄντος)④。因为哲学仅仅研究这个纯粹的存在者(καθόσον ὄν ἐστι)，而只要在纯粹的

XI, 344

----

① 亚里士多德：《形而上学》IV, 2。——谢林原注

② 亚里士多德：《形而上学》VII, 4。——谢林原注

③ Ἐι οὖν καὶ οἱ τὰ στοιχεῖα, τῶν ὄντων ζητοῦντες ταύτας (leg. αὐτὰς) τὰς ἀρχὰς ἐζήτουν, ἀνάγκη καὶ τὰ στοιχεῖα τοῦ ὄντος εἶναι μὴ κατὰ συμβεβηκὸς, ἀλλ᾽ ᾗ ὄντα. [如果那些寻找事物的元素的人所寻找的是同样的（真正的）本原，那么这些本原就必定并非在偶然的意义上，而是作为存在者，就是事物的元素。]亚里士多德：《形而上学》IV, 1。——谢林原注

④ 亚里士多德：《形而上学》XI, 3。——谢林原注

存在者的规定之外再添加一个规定，比如"服从运动"，哲学就过渡到另一种科学，比如物理学。[①]这就是那个经常被重复，但并非总是被理解的ἐπιστήμη τοῦ ὄντος ᾗ ὄν [以作为存在者的存在者为考察对象的科学][②]的意思，而亚里士多德甚至多此一举地补充道，οὐκ ᾗ ἕτερον [不是作为别的东西][③]。

亚里士多德反驳普通辩证法的方式，还有他对辩证法，或更确切地说对哲学提出的要求，这些都表明，关于走向本原之路这一最重要的问题，他和柏拉图在根本上是一致的。柏拉图当然已经认识到了走向科学本身的那个顶点的道路。这一点无可争议地体现在他那些清楚的，并且一如继往透彻的相关言论里。柏拉图在那些文本中所说的话，只能是基于现实的经验。但亚里士多德却不是如此。或许没有人会否认，亚里士多德忽视了辩证方法的科学意义（理论意义），哪怕他本人在无意识的情况下也应用了辩证法：他只懂得通过三段论而进行归纳，这对他而言是唯一的科学的证明方式。[④]在他看来，对于实体（以及本原）不可能做出任何证明，**但有另外一种将其澄清的方式**（ἀλλά τις ἄλλος τρόπος τῆς δηλώσεως）[⑤]。正

---

① 亚里士多德：《形而上学》XI, 3。——谢林原注

② τὴν δὲ πρώτην εἰρήκαμεν ἐπιστήμην τούτων εἶναι καθ᾽ ὅσον ὄντα τὰ ὑποκείμενά ἐστιν, ἀλλ᾽ οὐχ ᾗ ἕτερόν τι. [第一科学考察的是作为存在者的存在者，而不是作为别的东西的存在者。] 亚里士多德：《形而上学》XI, 4。比如在事物那里，"自身运动"作为一个添加到事物的单纯存在上面的规定，是"别的东西"（ἕτερον）。同理，"行走"相对于"是行走的"，也是"别的东西"。参阅亚里士多德：《后分析篇》I, 4。——谢林原注

③ 参阅亚里士多德：《前分析篇》II, 23。——谢林原注

④ οὐκ ἔστιν ἀπόδειξις οὐσίας. [没有对于实体的证明。] 亚里士多德：《形而上学》VI, 1。在这个地方，亚里士多德是在一个特殊语境下说出了他通常以足够普遍的方式说出的主张，对此可参见《形而上学》，XI, 1。——谢林原注

⑤ 亚里士多德：《形而上学》VI, 1。——谢林原注

如我们迄今为止已经看到的，在亚里士多德那里，当各种概念和规
定得到前后一贯的应用，同样会导向柏拉图意义上的辩证方法。　XI, 345
亚里士多德也区分了本身存在着的东西（主体）和本身不存在着的
东西（偶性或属性），区分了非本质的偶性和本质上的偶性，他不但
认为全部存在者的原因和本原——至少在一处文本里，他以非常果
断的方式谈到了它们的本性——和柏拉图所说的 ὑπόθεσις [前提]
大概是同样的东西[①]，甚至把这些前提称作存在者的**最初的**区别和
对立：——所有这些做法都包含着一种与柏拉图笔下的辩证法相似
的、更高级的辩证法的萌芽，但亚里士多德拒绝发展这种辩证法，
这一方面是因为**他自己的**立场，另一方面是因为他的时代虽然距离
柏拉图并不久远，但毕竟已经把柏拉图抛在身后。

　　此外，即使我们希望依据亚里士多德对本身存在着的东西和本
身不存在着的东西的区分而真的把主体贬低为实体的属性——在这
里，实体指唯一的那个本身存在着的东西，即 οὐσία，而它和柏拉图
所说的无前提的本原是同一个东西——，我们也不能立即把实体的
这些属性等同于亚里士多德所说的**范畴**。在这些范畴里，独占第一
位的是 οὐσία [实体]，而亚里士多德本人也指出，所有别的范畴（当
然是作为主体）都与之相关联，并且仅仅偶然地、作为 δευτέρα οὐσία
[第二实体]而成为谓词，因为它们能够作为种（比如"动物"）或作
为属（比如"人"）去谓述个体（单个的人）。诚然，这些范畴**仅仅**是
谓词，但它们既不是原初的谓词，也不是必然地谓述一切东西，所以

[①] 在谈到前提的结论时，亚里士多德使用了两个术语，把它们都称作"前提"：一个是"本
　原"（《形而上学》V, 1），另一个是"原因"（《形而上学》V, 2）。——谢林原注

我们与其把它们称作谓词，不如把它们称作praedicabilia [谓述的方式]更为合适。与此相反，实体的那些属性并非现实地谓述着个别的和偶然的物，因为它们是**存在者本身**①的属性（范畴是**单纯的谓词**，

XI, 346 也就是说，它们绝不是主体，绝不是存在者本身的谓词），亦即存在者的那些**最初的**区别和对立②；这个概念是亚里士多德自己提出来的，但他始终对其抱着怀疑的态度。对亚里士多德而言，他所说的那些范畴几乎不具有任何形而上学的意义（他的形而上学旨趣指向完全不同的东西），而是只具有逻辑上的意义，甚至可以说只具有语法上的意义。正因如此，他认为不值得花费力气依据一个**本原**去整理这些范畴，而是满足于偶然的列举。

人们经常感到诧异的是，在亚里士多德那里，四个本原和范畴之间缺乏任何联系。但本原和范畴之间有什么区别呢？正如之前所说，谓词的单纯的种类既不谓述一切东西，也不必然地进行谓述，所以它们的更正确的称呼是"谓述的方式"。但本原不是个别事物的区别，毋宁必须是存在者本身的区别。换言之，本原作为本身存在着的东西，至少是原因，而且存在者的单纯潜能（质料）是一种存在，作用因（ἀρχὴ τῆς κινήσεως [运动的本原]）必然又是另一种存在，而除了它们之外，亚里士多德还必须赋予另外两个原因以其他类型的存在。因此，假若亚里士多德遵循了他本人对辩证法家提出的要求，那么在谈到存在者的那些**最初的**区别和对立时，他就不会

---

① 亚里士多德《形而上学》IV, 1: ἀνάγκη καὶ τὰ στοιχεῖα τοῦ ὄντος εἶναι μὴ κατὰ συμβεβηκὸς, ἀλλ᾽ ἧ ὄντα. ["就必定并非在偶然的意义上，而是作为存在者，就是事物的元素。"] 这一节结尾处的单数形式的"作为存在者"（ἧ ὄν）是错误的。——谢林原注
② 参阅本书第343页（XI, 343）。——谢林原注

很少想到本原，甚至看起来根本没有想到本原。正因如此，我们几乎可以认为，亚里士多德本人是从他那个时代的辩证法家那里借来那个卓越的词语。作为这个观点的佐证，我们注意到他在谈到这些最初的对立和区别时那种怀疑的、胆怯的语气，特别是当他补充道："它们是否就是'**多**'和'**一**'、'**相似**'或'**可能**'"——或许人们可以在这里脑补出他没有说出来的话："**如辩证法家假设的那样**。"在这之前，他曾经提问：除了哲学家之外，谁会研究辩证法家已经尝试着加以思考①，但仅仅按照意见来处理的那些问题，比如"同"（τὸ ταὐτόν）和 XI, 347 "异"（τὸ ἕτερον）、"相似"和"不相似"之类对立，以及什么东西是"先行者"（τὸ πρóτερον）和什么东西是"后继者"（τὸ ὕστερον）之类问题？——抑或它们（那些最初的区别）是**另外某些**区别（这似乎是在指**他本人**在别的地方提出的那些区别）②？除此之外，他还以动摇不定的，甚至抗拒的方式提出了这样一个问题："所有别的对立究竟归结为哪一个最初的对立？"③哪怕在明确地谈到存在者的不同意义时（《形而上学》第五卷），他也满足于如下的概述：1）存在者包括完全偶然的存在者（作为谓词）和自在的存在者（作为主体）；2）

① 亚里士多德：《形而上学》III, 1。——谢林原注

② 人们可以从亚里士多德《形而上学》XI, 3所说的ἔστωσαν γὰρ αὗται τεθεωρημέναι [我们可以满足于别的地方已经做出的考察]推知这一点。——谢林原注

③ 参阅亚里士多德：《形而上学》IV, 2。他首先列举了其他哲学家假设的各种对立（比如"冷"和"热"、"偶"和"奇"等等），然后接着说道：πάντα δὲ καὶ τἆλλα ἀναγóμενα φαíνεται εἰς τὸ ἓν καὶ πλῆθος (εἰλήφθω γὰρ ἡ ἀναγωγὴ ἡμῖν). [所有这些显然都是归结为"一"和"多"（我们不妨假设这个回溯的方式是已知的）。]此外他还说：σχεδὸν δὲ πάντα ἀνάγεται τἀναντία εἰς τὴν ἀρχὴν ταύτην· τεθεωρήσθω δ' ἡμῖν ταῦτα ἐν τῇ ἐκλογῇ τῶν ἐναντíων. [全部对立都归结为这个本原；关于这个问题，我们在《对立选录》（阿芙罗迪西亚的亚历山大认为这是指《论善》的第二卷）里做出的研究已经足够了。]别的地方也有类似的言论。——谢林原注

存在者是真实的东西，非存在者是虚假的东西，但毕竟也是一种存在；当然，这个区分仅仅包含在理智中；3) 存在者可以按照范畴呈现出的差异性而加以区分；4) **除了上述所有区分之外**：既有潜在的存在者，也有现实的存在者（长久以来，人们已经惊诧地注意到，这个重要的区分总是占据着一个完全特殊的地位）。亚里士多德曾经指责辩证法家，说他们只研究"相似"和"不相似"之类单纯的谓词（"相似性"和"不相似性"甚至可以说仅仅是谓词的抽象表述），却没有把谓词回溯到**存在着的东西**（Was Ist），进而回溯到**第一个存在着的东西**，但按照这个指责，那么他也不应当讨论"等同"和"不等同"或"存在者"和"非存在者"（因为所有别的对立都应当回溯到这个对立）①，甚至不应当讨论**所有这些东西**，毋宁必须只讨论"等同"本身、"非存在者"本身等等，倘若它们本身也是实体性东西的话。

XI, 348

　　尽管如此，就亚里士多德形而上学的一些值得提及的问题而言，我们既不会对上述情况感到诧异，也不会对另外一些相似的情况感到诧异。大体上看，他的形而上学都是主张**什么事情应当发生**，但他自己并没有总是满足这个要求。他已经习惯于以立法者的腔调在逻辑研究中说话，并且在形而上学里保留了这种腔调。但立法者之所以颁布法律，不是为了让自己去执行，而是让其他人去执行。**那位**撰写动物史和其他自然科学著作，并且研究国家制度史、修辞学和政治学的亚里士多德，其知识范围远远超出了作为单纯的哲学家的亚里士多德。哲学，或按照他的称呼，πρώτη ἐπιστήμη [第一科学]，

---

① πάντα ἀνάγεται εἰς τὸ ὂν καὶ τὸ μὴ ὄν. [所有这些都归结为存在者和非存在者。]亚里士多德：《形而上学》IV, 2。——谢林原注

只不过是他的众多关注领域之一。他在他的形而上学里对待哲学的态度，丝毫无异于他在诗学和修辞学里对待诗艺和雄辩术的态度。在研究诗学和修辞学时，他并不觉得自己有义务表现为诗人或演说家，同样，在研究形而上学时，他在根本上也不愿意表现为哲学家，不愿意去建立第一科学本身的体系。他仅仅问道，什么东西是可能的，什么东西是不可能的。当他把自己放在立法者的立场上，而不是亲自去发展哲学，他当然能够高瞻远瞩。但他的林叩斯①之眼能够洞察的地方，他的辩证法却鞭长莫及。他的守护神告诉他的很多东西是作为评注家的亚里士多德所不能理解的。亚里士多德的很多文本，无论诠释者如何绞尽脑汁去解释，都是没法解释的。亚里士多德的急速的、自言自语的行文方式带来的后果，就是在一些零星的和随机的说法里仿佛电光火石一般澄清了某些东西，而在那些明确而系统的讨论里反而做不到这一点，或者也可以说，当他磕磕绊 XI, 349 绊地推进到某些东西之后，却不再继续加以讨论。在这些情况下，人们必须坚持不懈地对亚里士多德言听计从，直到能够和他继续前进。——这一点恰恰也适用于那些蕴含着**肯定东西**的概念，这种东西被亚里士多德当作辩证法家的对立面，也只有这种东西才能够让我们完全理解他对辩证法家的抱怨。确切地说，正是唯一的概念构成了辩证法家之所以遭到非议的那个东西的最直接的对立面。这就是此前已经提到的ἁπλᾶ [单纯者]概念，而我们现在将更加深入地讨论这个概念。

---

① 林叩斯(Lynkeus)，希腊神话中的英雄之一，拥有举世无双的敏锐视力，甚至能看到阴间事物。——译者注

　　亚里士多德在谈到ἁπλοῖς [单纯者]时宣称，它们是**必然**正确的，也就是说，它们要么根本没有被理解，要么被正确地理解。与此相联系的是我们已经提到的另一处文本[1]，亚里士多德在那里说，一般而言，**真理**和**谬误**不是位于事物或对象中，而是仅仅位于理智中，但在涉及单纯者时，又不是位于理智中。[2]诚然，这句话的前半部分与普遍者有关，那里说出的要么是一个单纯的主体（比如"人"），要么是一个单纯的谓词（比如"白"），但既不可能说出一个综合，也不可能说出一个划分，既不可能说出真理，也不可能说出谬误。因为，如果我把其中一方比如某个虚假的东西本身设定为主体（亚里士多德本人不是把虚假的东西，而是把τὸ κακόν [恶]当作主体），同时并没有用另一方去谓述它（比如我既不说虚假的东西是真实的，也不说恶是善），那么这里就没有谬误。但这句话的后半部分，περὶ δὲ τὰ ἁπλᾶ καὶ τὰ τί ἐστιν, οὐδ' ἐν τῇ διανοίᾳ [就单纯者而言，却不是位于理智中]，却不再与那个逻辑上的普遍者有关，而是与亚里士多德所说的**单纯的**元素有关。对亚里士多德而言，并非每一个单独设定的主体或谓词都是这种意义上的单纯者，换言之，假若他把它们称作单纯者（当然，他并没有这样做），那么这种在没有任何联系的情况下被单独说出来的主体就仅仅**偶然地**是一个ἁτλοῦν [单纯者]。但相关语境本身表明，刚才那句话所谈论的是一些自在地单纯的元素，它们的综合**不可能**出现在理智中，因此谬误和真理也**不可能**出现在理智中。尽管如此，关于这些单纯的概念，至少看起来能够有一种真实

XI, 350

---

① 参阅本书第338页（XI, 338），注释4。——谢林原注
② περὶ δὲ τὰ ἁπλᾶ καὶ τὰ τί ἐστιν οὐδ' ἐν διανοίᾳ. [关于单纯者和那些'所是的东西'，却不是位于理智中。]亚里士多德：《形而上学》VI, 4。——谢林原注

的或虚假的理解。这一点促使亚里士多德在随后的一卷里问道,在那些不容许出现综合(περὶ τὰ ἀσύνθετα)的地方,唯有在什么**意义**上才能够谈论真理和谬误? 答复是: 这里没有真理和谬误,毋宁只有**思考**或**不思考**(ἢ νοεῖν ἢ μή)[①]、理解或不理解、看见或没看见,正如眼睛——亚里士多德虽然不是在这里,而是在别的地方使用了这个比喻,但他的诠释者阿芙罗迪西亚的亚历山大在这里使用了这个比喻——在白天单纯看到颜色,但并没有对其进行谓述[②],并在这个意义上是**真实的**,反之眼睛在夜晚虽然没有看到颜色,但并没有因此陷入谬误。

　　现在的问题是,在哪一类概念里能够找到这些**非综合的、绝对地**(自在地)单纯的概念? 在刚才的那个文本里,亚里士多德在"单纯者"后面又补充了一句: καὶ τὰ τί ἐστιν [和那些"所是的东西"]。也就是说,"单纯者"是"所是的东西",但这些东西在哪里呢? 随后一卷给出了解释。当人们问一个对象是什么,我们要么答复道,它是植物、动物或人,亦即说出它所属的种,并将它称作实体,要么答复道,它是这只特定的动物,比如这匹把卡利亚摔下来的马,或这个特定的人,比如卡利亚。除此之外,人们在回答"一个物是什么"时,也使用了一个通过范畴而表达出来的谓词。[③]换言之,针 XI, 351

---

① 亚里士多德:《形而上学》IX, 10。——谢林原注

② φάσιν αὐτοῦ (τοῦ χρώματος) ἔχει, ἀλλ᾽ οὐ κατάφασιν. [看到(颜色),但没有进行谓述。] 阿芙罗迪西亚的亚历山大:《〈形而上学〉评注》,第571页,第28行。——谢林原注

③ τὸ τί ἐστιν ἕνα μὲν τρόπον σημαίνει τὴν οὐσίαν καὶ τὸ τόδε τι, ἄλλον δὲ (τρόπον) ἕκαστον τῶν κατηγορουμένων, ποσόν, ποιὸν καὶ ὅσα ἄλλα τοιαῦτα. ["所是的东西"一方面指实体(所谓的第二实体)和"这一个"(特定的个体),另一方面指任何一个范畴,比如量、质和诸如此类的东西。]亚里士多德:《形而上学》VII, 4。第二实体能够成为谓词,即作为种(动物)或属(人)去谓述个体(个别的人),而这对于首要的和最高的实体而言是不可能的。——谢林原注

对一个如此这般状态的对象，当我们问它是白的抑或黑的，如果人们坚持刚才所说的读法，大概就不能在通常的意义上理解καὶ γὰρ τὸ ποιὸν ἐροίμεθ᾽ ἂν τί ἐστι [因为我们也问质是什么东西]这句话（1030a24）；但更合理的做法是（而且这也更符合亚里士多德的简明的写作方式），人们剔除掉οὕτω καὶ τὸ τί ἐστιν ὑπάρχει ἁπλῶς μὲν τῇ οὐσίᾳ, πὼς δὲ τοῖς ἄλλοις. καὶ γὰρ τὸ ποιὸν ἐροίμεθ᾽ ἂν τί ἐστι ["所是"完全属于实体，但在某种意义上也属于另外一些东西；我们也问质是什么东西]这句话里面的几个词语，将其读作οὕτω καὶ τὸ τί ἐστιν ἁπλῶς μὲν ὑπάρχει τῇ οὐσίᾳ, πὼς δὲ καὶ γὰρ τὸ ποιὸν ἐροίμεθ᾽ ἂν τί ἐστιν ["所是"完全属于实体，但在某种意义上我们也问质是什么东西]。这个解释与《正位篇》里的解释[①]是完全吻合的，但也可能会导致某种误解，也就是说，τόδε τι [这一个]的本性与谓词的本性本来是完全对立的，但在这里却被等同于后者；正因如此，亚里士多德在这类情况下经常小心翼翼地做出区分，即纯粹的"**所是**"完完全全（ἁπλῶς）仅仅属于那是实体的东西，反之并不是真正地，而是仅仅"在某种意义上"属于其他范畴。按照这个限制，只有那是**实体**的东西才**真正**是单纯者。但实体之间也有区别，即要么是 συνθεταὶ [综合的]，要么是μὴ συνθεταὶ [非综合的]，而只有后面这种实体才真正是单纯者；对此亚里士多德指出，这种实体不可能和谬误有关，因为它们是不包含任何先行潜能的纯粹现实性（πᾶσαί εἰσιν ἐνεργείᾳ οὐ δυνάμει），也就是说，它们根本不是潜能意义上的东西；存在不是它们的谓词，因为哪里有主词和谓词，哪

---

① 亚里士多德：《正位篇》I, 9。——谢林原注

里就有潜能和现实性；主词相当于谓词的潜能，比如人是"健康"这个谓词的潜能，但仅仅是潜能，因为他同样可能是生病的：这里有 XI, 352 可能犯错，但在那些绝对的单纯者那里，却只有νοεῖν ἢ μή νοεῖν [思考或不思考]①；为了避免犯错，必须补充某些东西：在这里，人们必须**知道**一个人究竟是健康的抑或生病的。这里我们不可能详细讨论亚里士多德把哪些特定的实体看作单纯的；最高意义上的上帝是 οὐσία ἀσύνθετος [非综合的实体]，这是不言而喻的；而从前面的论述②可以得知，天体也是如此；因为它们不包含ὕλη γεννήτη [生成的质料]，不包含从属于转变的质料，但正因如此也不包含εἶδος [形式]，它们是纯粹的实体和本原。

但在谈到另一种"单纯者"时——**必定**有两种"单纯者"，它们只能要么是纯粹的主词，要么是纯粹的谓词③，而我们绝不可以完全放弃后者，尽管亚里士多德在它们那里想到的只是范畴，并且宣

---

① 纯粹的潜能同样不会导致谬误。此处可参阅本书第325页（XI, 325）的注释。——谢林原注

② 第十四讲。——谢林原注

③ "要么是主词，**要么是谓词**"这个说法岂非本身就可以应用于最初的概念？（难道这不是以更明确的方式把潜能和现实性对立起来吗？）因为，–A是纯粹的主词，而+A是纯粹可谓述的意义上的存在者，亦即谓词，就此而言，人们把自己置身于哲学立场上的第一个行动，岂非就是有意识地扬弃συμπλοκή [结合]吗？这样做的后果，就是把原初主词（–A）、原初谓词（+A）以及主词和谓词的原初综合（+–A，它不是把任何**别的东西**当作自己的谓词，而是把它自己当作自己的谓词，也就是说，它被自己谓述，同时谓述自己，但本身不会再被别的东西谓述）这三个东西设定为纯粹的主词和ὑποκείμενα τῆς ὀντότητος [存在者的载体]，而它们只有在那个**是**它们的东西（A⁰）那里才成为存在，但随之也成为单纯的属性。虽然我们看起来很难设想原初谓词（+A）如何被设定为主词，但事情必须如此，因为没有任何东西能够被直接设定为谓词，所以那些孤立地被设定的谓词，比如"美本身""善本身"等等，就在事实上成为主词。关于最后这一点，参见本书前面第335页以下（XI, 335 ff.）的相关论述。——谢林原注

称范畴仅仅**在某种意义上**是"单纯者"——，就浮现出一个裂痕。

这个裂痕之所以在亚里士多德的思想产生出来，是因为他虽然确实注意到了显然位于范畴之上的ἕτερα πρῶτα [另一些原初东西]，却没有紧紧抓住它们。正是在这个地方，他首先谈到绝对的原初东西，即他所说的那个就事实和现实性而言（ἐντελεχείᾳ），因此不是仅仅位于思维中的原初东西，然后谈到了"另一些原初东西"（ἕτερα πρῶτα），亦即另一些本原，它们因为是"另一些东西"，所以仅仅就潜能或**可能性**而言是"原初东西"或本原；基于潜能的本性，它们虽然必定是contratia [对立面]，但仅仅是**可能的**本原，因此是这样一种纯粹的对立面，既不可能作为种，也不可能在多重意义上被谓述出来。假若有谁能够针对这个段落的哲学思想给我们提出别的解释，我们将对他感激不尽；因为就我所见，关于这个段落，阿芙罗迪西亚的亚历山大以来的诠释者们要么是信口开河，要么是完全和稀泥。我在这里提到这个段落，并不是为了追问亚里士多德所说的ἕτερα πρῶτα [另一些原初东西]和柏拉图所说的ὑποθέσεις [前提]有什么不同之处——后者同样只是一些可能的本原[①]，之所以说是**可能的**，因为它们仅仅是被设定为前提，而它们的现实性仰仗于那个**真正的**本原（κυριωτάτη ἀρχὴ）；它们导向那个本原，并且相对于后者而言不是"现实地在先的东西"，而是"思想中在先的东西"。刚才说过，我现在不打算详细讨论这件事情，但很显然，那既不能作为种，也不能在多重意义上被谓述出来的"另一些原初东西"，真正说来必定就

---

① ἃ μήτε ὡς γένη λέγεται μήτε πολλαχῶς λέγεται. [既不是作为普遍的种而被谓述出来，也不是在不同的意义上被使用。] 亚里士多德：《形而上学》XII，5。——谢林原注

是那样一些单纯的要素，即亚里士多德所说的那种**必然**正确的"单纯者"，也就是说，它们要么根本不被理解，要么被正确地理解。遗憾的是，亚里士多德没有紧紧抓住这"另一些原初东西"，没有完全意识到这个问题，而这件事情反过来必定会对他的另外一些结论造成严重影响。之所以出现这个情况，或许是因为亚里士多德不知道或不愿意提起那个将实体或本原的直接属性本身设定下来的辩证进程。

　　根据迄今所述，我们不得不说，亚里士多德并没有完全洞察单　　XI, 354
纯者的**体系**。尽管如此，他的伟大贡献在于提出了"单纯者"这个概念，并且用它去反对智者和他所说的那些"辩证法家"。也就是说，他指责他们没有提升到那些不可能与错觉或谬误有关（因为不可**谓述**）的单纯者，这些单纯者要么只能**被说出来**，并单纯地**被理解**——借用阿芙罗迪西亚的亚历山大的话来说，我们所寻求的是它们的"**所是**"，不是为了谓述它们，而是仅仅为了思考和仿佛**看到**它们（περὶ ὧν ζητοῦμεν τὸ τί ἐστιν οὐχ ὡς κατηγοροῦντες αὐτῶν τι, ἀλλὰ μόνον νοοῦντες καὶ οἰοντὶ ὁρῶντες）[1]——，即仅仅被看作一些**不谓述**任何东西的纯粹主词，要么被看作一些**仅仅**对其自身进行谓述的属性。因此，无论是在前一种还是后一种情况下，它们都没有包含着主词和谓词的一个联系或结合（συμπλοκή），随之也不包含着谬误的可能性（它们是纯粹的潜能阶次或纯粹的A，而不是别的形式）。它们单纯地是它们所是的**那个东西**，而

---

① 阿芙罗迪西亚的亚历山大：《形而上学评注》(ad IX, 10)，博尼茨编辑，pp. 572, 528。——谢林原注

基于这个单义性，它们**不可能**造成错觉。[①]它们无非就是哲学必须回溯到那里的存在者。[②] 但存在者是某些最初的区别和对立；每一个存在着的东西都表达出这样一个区别——每一个存在着的东西都仅仅是存在者所是的**那个东西**；人们并不说"它是存在者"，而是仅仅说出存在者所是的**那个东西**——每一个如此存在着的东西都将是一个绝对独具一格的、单义的东西，即一个"单纯者"（所谓"独具一格"，意思是每一个单纯的要素都只能是它所是的那个东西，只能处于它所具有的那个位置）。人们之所以被召唤去进行哲学思考，就是因为感受到一种需要，这种需要让人始终不得安宁，除非他们意识到自己已经达到那些绝对单纯的、明确无误的要素。亚里士多德说，敏锐在于单纯性（τὸ ἀκριβὲς τὸ ἁπλοῦν），科学愈是专注于那种最单纯的和思维里的第一位东西（περὶ προτέρων τῷ λόγῳ καὶ ἁπλουστέρων），就愈是敏锐。但绝对单纯的东西恰恰只能被**触及**（θιγγάνεται），因此真理就是立足于单纯的**言说**和触及。[③] 科学的本原不可能又是科学，毋宁只能是思维本身。当然，说科学之上还有某种东西，这对绝大多数人而言是

XI, 355

---

① ὥστε τὸ πρῶτον καὶ κυρίως ἀναγκαῖον τὸ ἁπλοῦν ἐστίν: τοῦτο γὰρ οὐκ ἐνδέχεται πλεοναχῶς ἔχειν, ὥστ᾽ οὐδὲ ἄλλως καὶ ἄλλως: ἤδη γὰρ πλεοναχῶς ἂν ἔχοι. [单纯者在首要的和最严格的意义上是必然的，因为它不可能有多种表现，因此不可能不是这样而是那样，否则它就已经有了多种表现。]亚里士多德：《形而上学》V, 5。——谢林原注

② 参阅本书第344页（XI, 344）。——谢林原注

③ τὸ μὲν θιγεῖν καὶ φάναι ἀληθές (οὐ γὰρ ταὐτὸ κατάφασις καὶ φάσις) τὸ δ᾽ ἀγνοεῖν μὴ θιγγάνειν. ἀπατηθῆναι γὰρ περὶ τὸ τί ἐστιν οὐκ ἔστιν, ἀλλ᾽ ἢ κατὰ συμβεβηκός. [触及和言说是真实的（因为言说和关于某东西的谓述不是一回事），而无知就是"未触及"。关于"所是的东西"，也不可能有谬误，除非是在偶然的意义上。]亚里士多德：《形而上学》IX, 10。——谢林原注

闻所未闻的，他们眼里只有科学，而科学不可能走向无限，也不愿意承认有一种直接触及真相的精神。但理性本身就提供给我们一种不是通过一系列推论，而是通过直接的知觉而获得的直接知识，甚至提供给我们一些为推论建立法则的本原。理性通过直接触及而认识到的东西，其与理性的关系就相当于个别事物与感觉的关系。但这时候尚且没有科学。这样的后果是，这种（关于本原本身和各种本原的）研究只能是面向少数人的，因为绝大多数人只愿意获得一种确信，即通过证明而被征服，或至少是被说服。同样，最终的东西也不可能通过命题而表达出来，因为命题作为主词和谓词的联系不能应用于单纯的精神性**知觉**。绝大多数人只愿意**相信**，哪怕这仅仅是亚里士多德所说的"初学者必须相信"那种意义上的相信；他们不信任单纯的东西，因为他们认为，如此之多的人如此长久地寻求的东西不可能以一种更简单和更自然的方式被发现。在这件事情上，他们又受到一些人的蛊惑，这些人拿出各种理由，宣称他们口中的"哲学"作为一种非自然的紧张状态比泰然任之更能带来益处，而在这些人里面，很多人恰恰处于哲学尤其活跃的一个时代。 XI, 356

简言之，不同于一个单纯的、为发明而生的灵魂，有无数多的灵魂只能进行一种**造作的**思考。这些人尤其反对一切直接的认识活动，殊不知恰恰是亚里士多德比每一位更早或更晚的哲学家都更超然于一切专门的和个别的东西之上，承认有一种直接的思维，在那里，对象只能被**触及**。① 诚然，卓越的亚历山大宣称，每一个已经达到科学的巅峰并且进行了深入探究的人都必须接受这样的直接性（Tò

---

① 参见前一个注释。——谢林原注

δὲ ταῦτα οἷον ὁρᾶν ἐγγίνεται τοῖς ἄκρον ἐπιστήμης ἐλθοῦσι καὶ εὖ ζητήσασιν)，[1] 这里或许透露出某种新柏拉图主义的气息；但对于特奥弗拉斯特，人们却不能以同样的方式加以怀疑，而他在自己的《形而上学》结尾处说，只要人们过渡到最边界的和最初的东西本身（ἐπ᾽ αὐτὰ τὰ ἄκρα καὶ πρῶτα），任何与感性可知觉的东西相结合的因果联系就都**断裂**了；或许更正确的说法是：那触及并且紧抓着对象的思维本身就掌握了真理（αὐτῷ τῷ νῷ ἡ θεωρία θίγοντι καὶ οἷον ἀφαμένῳ）；[2] 随后他补充道，διὸ καὶ οὐκ ἔστιν ἀπάτη περὶ αὐτά [因此关于这些东西（即最边界的和最初的东西）不存在欺骗]。

诚然，任何类型的认同都必定会包含着一种相信，因此哪怕是一个赞成上述原理的人，也必定会要求一种相信。我在撰写这个讲稿的时候，突然想起在歌德的一篇迄今未刊印的文章里读到的一句话。虽然我不知道这句话更确切的语境和意义，因为它可以应用到不止一种场景上面，但在这里同样可以很贴切地用在科学身上。这句话就是："人们必须学会相信单纯。"

为了保持思路的连贯性，我们此前在讨论亚里士多德对辩证法的指责时略过了一个迫在眉睫的问题。这个问题就是：当亚里士多德把那种无实体的辩证法或那种在苏格拉底的时代尚未出现的辩证技巧（ἰσχὺς διαλεκτική）算在某些人头上时，这些人究竟是谁呢？

XI, 357

---

① 阿芙罗迪西亚的亚历山大：《形而上学评注》，pp. 572, 530。——谢林原注
② 特奥弗拉斯特：《形而上学》，pp. 319, 2，勃兰迪版。这里的"触及"，柏拉图使用的词语是 ἅπτεσθαι，而亚里士多德换成了 θιγεῖν 和 θιγγάνειν。关于"思维本身"，可参见柏拉图所说的"灵魂本身"，见本书第十三讲。——谢林原注

　　假若人们企图在那些与亚里士多德同时代或稍早的哲学家里找
到一个**名字**为这种辩证法负责,这恐怕将是徒劳的。亚里士多德也
只是以一种笼统的方式把那些哲学家称作"辩证法家",但并没有
对其中任何一人指名道姓。尽管如此,亚里士多德恰恰通过与这种
辩证法的斗争提供了这样一种意义,即细看之下,辩证法简直就是他
自己的形而上学方法的前提,因此人们必须断定,这种辩证法具有
一种更为开阔的存在和一种更为普遍的有效性,而不是仅仅属于一
个特殊的学派。那么按照亚里士多德自己的描述,这种辩证法究竟
是什么东西呢? 答案是:它实际上就是我们今天所说的"普通人类
知性体系",这种体系没有超越意见(δόξα),而是满足于可相信的东
西(τὸ ἔνδοξον)。这样的体系不需要什么特殊的原创者,而是只待
某些更强大的心灵唤醒哲学的追求,就**自行**成为民众的意识,成为
一种普通科学(κοινὴ ἐπιστήμη),成为唯一适合民众的思维方式。
因此事情大概是这样:当哲学研究长久以来已经成为希腊精神的一
种需要,这种辩证法就不是在某一个学派那里,而是已经在所有地
方都发挥着效用,并且如亚里士多德描述的那样,通过柏拉图的威
望而得到普遍信赖;但这种辩证法和柏拉图辩证法的共同之处仅仅
在于一般的形式方面,亦即归纳和尝试(τὸ πειραστικόν),此外无
他;在这种情况下,通过拓展柏拉图本人对于辩证法的使用,涌现出 　XI, 358
一大堆盲目摸索的辩证法家①,他们把单纯的意见当作自己的出发点
和前提,却没有回溯到那种唯有纯粹思维才能够掌握的东西,同样,

――――――

① περὶ ὅσων οἱ διαλεκτικοὶ πειρῶνται σκοπεῖν, ἐκ τῶν ἐνδόξων μόνον ποιούμενοι τὴν
σκέψιν. [关于这些问题,辩证法仅仅尝试依据一些似是而非的理由去考察。]亚里士多
德:《形而上学》III, 1。――谢林原注

他们按照单纯的意见围绕着一切信手拈来的问题和疑难争来吵去，却没有形成一个特殊的学派，因为每一个人都有自己的思维方式，每一个区别都只能是一个单个的区别，因此在一场真正说来每一个人都同样有道理也同样没道理的竞赛里，唯一起决定性作用的就是每一个人的敏锐程度和熟练程度。这种哲学并没有超越单纯的**推理**（Discursive）——或许这个起源于拉丁语，与希腊语结构相似的词语最适合用来标示当诡辩术被柏拉图征服之后，必然产生出来的那种低级辩证法①——，但这样的哲学却是最受民众欢迎的哲学，正如旧的形而上学之所以如此长久地安然享有普遍的有效性，就是因为它包含着这类平庸的东西，即绝大多数人都觉得可靠、舒适和可信的东西。除此之外，旧的形而上学和那种辩证法还有一个共同之处，即它们都不拥有一个专门的名称。只有在近代，人们才谈到一些作为特殊的整全学说的**体系**，而除非哲学开始努力超越那种虚假的科学，以达到真实的和真正的科学，否则它也不会拥有什么**名称**。诚然，一直到康德那个时候，形而上学都有一种虚假科学的名称，这是不可否认的。严格说来，这种形而上学不是虚假的，毋宁只是**不正确的**，不是那种真正说来值得欲求并且在根本上被欲求的东西。哪怕是康德，除了少数（可疑的）情况之外，其实也没有证明它们的谬误。比如，只要一个人理解了亚里士多德的那个证明，即原因无

XI, 359 论在数目上还是在类型上都不可能无限追溯下去②，他就不会认为宇宙论论证是虚假的，哪怕它本身是不充分的，因为正如康德所说，

---

① 这种推理式的、三段论式的，亦即尝试着去进行证明的哲学也使得亚里士多德能够展开逻辑科学的研究。——谢林原注

② 亚里士多德：《形而上学》II, 2。——谢林原注

这个论证必须求助于本体论论证。但真正说来，这是因为宇宙论论证仅仅**导向**本原，但本原本身的本性却不是通过这样的间接知识，而是只有通过直接的理性**触及**才是可认识的。①

旧的形而上学也是从意见出发（ἐκ τῶν ἐνδόξων）进行论证，并且没有超越可信的东西（单纯的或然性）。康德在根本上并不敌视这种形而上学，正相反，他那里经常透露出对它的某种好感。只要这种形而上学能够站得住脚，康德是很乐意的。亚里士多德同样也是如此。尽管他经常揭露他那个时代的纯粹辩证科学的缺陷，但他从辩证法那里借用的东西或许比人们通常设想的还要多得多。无疑，亚里士多德之所以成为权威，最主要的原因在于他不像柏拉图那样严厉拒斥这种普通知性的方法。这样的后果是，后来又产生出一种相似的普通科学，它在数百年的时间里拥有一种延续不断的，并且在根本上一成不变的统治力，而在此期间，柏拉图几乎始终只能把少数志同道合者吸引到自己身边，形成一个安静的团体。实际上，近代经院形而上学只不过是重新改造了亚里士多德曾经采纳的一种推理科学的材料，因此这时需要一个新的危机，以便把哲学真正提升到亚里士多德已经指出的那个立场上，在那里，科学不再以单纯的推理为本原，而是以理性本身为本原，或者说不再又以科学为本原，而是以纯粹思维为本原。

---

① 即柏拉图在《理想国》里所说的ἀψάμενος αὐτῆς (αὐτὸς ὁ λόγος) [触及本身（思维本身）]。——谢林原注

第十六讲　作为第一科学的
纯粹唯理论哲学

　　人们经常说，所有别的科学的对象及其在人类知识的整全体系里的地位和合法性都是由最高科学规定的，但最高科学本身却不能诉诸另一门更高的科学；因此，最高科学（亦即哲学）的概念只能是通过她自己而得出的，此外别无他法。由此似乎可以推出，哲学真正说来绝不可能有一个开端，因为她毕竟不能没头没脑地就开始。也就是说，哲学似乎需要一个先行于哲学本身的概念，进而需要一个位于哲学之外的立场。这个概念真的很难找到吗？基于刚才所说的二者之间的关系，难道这个概念不是在**别的**科学里给出的吗？因为哲学看起来不可能表现为所有别的科学的规定者，除非那些科学反过来又作用于哲学，成为哲学的规定者，因为无论如何，所有别的科学必须有某个共同点，并且通过这个东西而区别于哲学，而哲学必须包含着这个东西的反面。现在，别的科学的这个共同点是很明显的，即它们全都只研究一些受限制的对象，也就是说，这些对象仅仅表达出存在的一个部分；与此相反，哲学只应当研究最完满的对象（l'objet accompli）[1]，也就是说，这个对象能够包含着完满无缺的整个存在——即康德所说的"理想"（Ideal）。哲学研究最完满的

———————

[1] 在这里，形容词的最高级用法本身是多余的。——谢林原注

对象，这件事情本身并不是一个以哲学的方式找到的规定，但也不　XI, 361
是一个单纯临时救急的规定，仿佛人们也可以根据情况重新抛弃这
个规定似的。诚然，人们可以说这是一个外在的规定，因为它不是
从有待建立的哲学的内核，而是从哲学与别的科学的关系里推导出
来的。但我们不可能通过别的途径获得那个概念，而如果没有这个
概念，那么全部关于哲学的言论都是毫无头绪的。哪怕是亚里士多
德，也只能首先借助于哲学与所有别的科学的区别去规定哲学。①

　　当然，在有些人看来，直接推进到**对象**的做法不仅在逻辑的
意义上，而且在实在的意义上都是一个不合法的预先界定——因为
"对象"这个词语意味着一个现实的物。那些持这个观点的人不厌
其烦地宣称：唯一现实的东西是**理念**，自在且自为的存在者（这是他
们的术语）是**普遍者**，一切实在的东西都位于**概念**中。康德虽然赋
予理念一个崇高的意义，但对他而言，真实的思想并不是理念，而
是一个由理念所规定的**物**。假若这个由理念或纯粹思维所规定的
东西本身又仅仅是一个**被思考的东西**，那么"物"就是一个空洞的、
同语反复的表述了。只有当一个由理念所规定的物和任何一个由感
官所证实的东西是一样**现实的**，甚至真正说来比后者更加现实，这
个表述才是有意义的。哲学区别于所有别的科学的独特之处仅仅在
于，她的对象是由纯粹思维设定的，但绝不是什么普遍的和未经规

---

① οὐδεμία τῶν ἄλλων (ἐπιστημῶν) ἐπισκοπεῖ καθόλου περὶ τοῦ ὄντος ᾗ ὄν, ἀλλὰ μέρος
αὐτοῦ τι ἀποτεμόμεναι περὶ τούτου θεωροῦσι τὸ συμβεβηκός, οἷον αἱ μαθηματικαὶ
τῶν ἐπιστημῶν. [因为所有别的科学都不是普遍地考察作为存在者的存在者，而是选取
存在者的一个部分，去考察围绕这个部分出现的规定，比如数学科学就是如此。]亚里士
多德：《形而上学》IV, 1。——谢林原注

定的东西，而是最明确的东西，绝不是什么非现实的东西，而是最现实的东西。

别的科学虽然也研究存在者（因为关于绝对的非存在者，不可能有任何知识），但它们研究的是一种具有特殊规定的存在者；针对这一点，人们可以把下面的说法看作第一个解释：哲学研究的是普遍的、不具有特殊规定的存在者（καθίλου καὶ οὐ κατὰ μέρος）。① 但这个解释仍然是不够的；人们不能这样谈论存在者，仿佛它本身就是一个存在着的东西（ὡς οὐσίας τινὸς οὔσης），因为存在者就其自身而言仅仅是属性②，而任何东西（单纯的概念）都离不开它的所属，亦即离不开它的主体（实体）。本身而言，如果没有"那个是存在者的东西"，那么存在者根本不可能被说出来。③ 这样就立即出现一个问题：究竟什么东西，或者说究竟什么对象是那个存在者（τί τὸ ὄν）？古代的爱奥尼亚哲学家们虽然没有明确说出这个问题，但必定也和费希特一样对此展开了思考，只不过他们是把火、水或气当作存在者，而费希特则是把"那个是存在者的东西"设定在人类的自我之内。正如前面指出的，这个问题不是为了给主体寻找属

XI, 362

---

① 亚里士多德：《形而上学》XI, 3。——谢林原注

② κατηγόρημα μόνον [仅仅被谓述出来]（亚里士多德：《形而上学》X, 2），不是 φύσις καθ' αὐτὴν [自在的本性]（《形而上学》IV, 1）。——谢林原注

③ 亚里士多德在《形而上学》III, 4区分了两个问题。第一个问题是 πότερόν ποτε τὸ ὄν καὶ τὸ ἓν οὐσίαι τῶν ὄντων εἰσί, καὶ ἑκάτερον αὐτῶν οὐχ ἕτερόν τι ὂν τὸ μὲν ἓν τὸ δὲ ὂν ἐστιν ["存在者"和"一"究竟是不是事物的本质，抑或"一"存在着，而"存在者"是一]；第二个问题是 τί ποτ' ἐστὶ τὸ ὂν καὶ τὸ ἓν ὡς ὑποκειμένης ἄλλης φύσεως [什么东西是"存在者"和"一"，亦即是否有另外一个位于根基处的本性]；前者是柏拉图的问题，是亚里士多德所谴责的，后者是亚里士多德自己的问题，而这才是正确的问题。——谢林原注

性,而是要为属性寻找主体,要为存在者寻找存在者。**正因如此**,才会有ἐπιστήμη τοῦ ὄντος ῇ ὄν [以作为存在者的存在者为考察对象的科学]这一规定,也正因如此,亚里士多德才会认为,那个一直以来被寻求和被追问的东西是Ousia,而"什么是存在者"和"什么是Ousia"完全是同一个问题(τὸ πάλαι τε καὶ νῦν καὶ ἀεὶ ζητούμενον καὶ ἀεὶ ἀπορούμενον, τί τὸ ὄν, τοῦτό ἐστι, τίς ἡ οὐσία)。[①] 针对部分读者,我们恐怕有必要再提醒一下,即Ousia在亚里士多德那里不像在柏拉图那里一样是指本质(essentia);经院哲学家正确地避免了这个误解,并且用substantia [实体]这个术语来翻译它;Ousia不是存在者,而是存在者所谓述的东西(καθ' οὖ λέγεται τὸ ὄν),并且是存在者存在的**原因**(αἰτία τοῦ εἶναι)。一言以蔽之:一切东西都在谓述Ousia,而Ousia自己却不谓述任何东西;由于一切谓述出来的东西都表达出一个存在,所以由此也可以看出,亚里士多德的Ousia并 XI, 363 不是存在者,而是"**那个是存在者的东西**"。以上所述应该足以清楚地解释我们采用的这个术语。

　　迄今为止,我们讨论的是,如何从存在者出发,以达到"那个是存在者的东西",达到真正的**本原**,而这必然是首要的问题。亚里士多德说:"一个智慧的人不能只知道从诸本原派生出来的东西,而是必须也知道真正的本原本身。因此,智慧不是单纯的科学,而是科学**加上努斯**,这种科学掌握着最关键的东西,亦即那些无比珍贵的东西(即诸本原)的本原本身。"(Δεῖ τὸν σοφὸν μὴ μόνον τὰ ἐκ τῶν ἀρχῶν εἰδέναι, ἀλλὰ καὶ περὶ τὰς ἀρχὰς ἀληθεύειν. ὥστ' εἴη

---

① 亚里士多德:《形而上学》VII, 1。——谢林原注

ἂν ἡ σοφία νοῦς καὶ ἐπιστήμη, ὥσπερ κεφαλὴν ἔχουσα ἐπιστήμη τῶν τιμιωτάτων.)[1] 也就是说，从这个方面来看，智慧不再是科学，而是努斯，亦即**思维本身**，唯有它能够与诸本原发生关系。[2] 思维超越了科学。我们觉得我们的知识是偶然的，这不是指这种或那种知识（比如所谓的经验知识），而是指全部知识；因为正如我们看到的，就其前提而言，哪怕是纯粹的数学知识最终也是一种偶然的知识。知识之所以是偶然的，是因为它已经失去了与思维的联系。因为原初的必然性仅仅包含在思维之内。正因为我们要求重新找到这个联系，并且尽可能将其制造出来，所以才说思维先于科学。只有当我们能够把事物追溯到一个由纯粹思维所设定的联系，指出它们在那里的位置，我们才认识到事物的真相。诚然，正如前面指出的，

XI, 364　绝大多数人都对科学趋之若鹜，而他们很容易经验到，科学一般说来比纯粹思维更有吸引力。科学有着某种令人神往的魔力，而我们这里呈现出的科学的最初现象已经表现出这一点。它不但牢牢控制着自己的追随者，而且拉拽着那些不甘不愿者继续前进。

　　但我们同样也被驱使着走向科学。因为本原本身力图挣脱纯粹思维，因为它在那个仿佛禁锢着它的纯粹思维里不能表明自己是本原。诚然，本原就包含在思维里，但仅仅是在质料或本质的意义上，而不是作为本原本身包含在思维里；它仅仅**潜在地**是本原本身，因

---

① 亚里士多德：《尼各马可伦理学》VI, 7。——谢林原注

② τῶν τριῶν (der φρόνησις, σοφία und ἐπιστήμη) μηθὲν ἐνδεχόμενον λείπεται, τὸν νοῦν εἶναι τῶν ἀρχῶν. [其中的三个（明智、智慧和科学）都不触及本原，那么只有努斯与之发生关系了。]亚里士多德：《尼各马可伦理学》VI, 6。对此可参阅本书第303页（XI, 303）引用的亚里士多德《后分析篇》的文本。——谢林原注

为我们只有通过存在者才找到它,因此存在者是它的逻辑前提,并且与它结合在一起;也就是说,这里毋宁是存在者禁锢着本原,因此正确的说法不是"本原占有存在者",毋宁是"存在者占有本原",而这也是亚里士多德的说法。①

不是仅仅通过存在者,而是在摆脱存在者的情况下,掌握本原本身——这不再是纯粹思维的任务,因此也只能是那种已经超越了直接思维的科学思维的任务。我们此前在纯粹思维里找到的东西如今本身成了思维的对象,而在这个意义上,那种超越了单纯思维或直接思维的思维确实可以被称作"对于思维的思维"。但某些人误解了这一点,他们虽然也企图以思维为开端,但他们心目中的思维并不是思维本身,而是一种以完全空洞的思维为对象的思维。

正如人们常说的,仅仅依靠纯粹思维里的那个本原,即那个被存在者束缚着的本原,我们不能做出**任何开端**,因为它对我们而言　XI, 365　不是**作为**本原。但存在者之所以吸引着本原,是因为前者(存在者)完全是一个非自主存在(Nichtselbstseyn);因此,为了在摆脱存在者的情况下掌握本原,我们就必须把存在者从那种单纯潜在的、质

---

① 对此的证明是一段从另一个角度看颇有启迪意义的文本,即亚里士多德《形而上学》VII, 16所说的:οὐδενὶ ὑπάρχει ἡ οὐσία ἀλλ᾽ ἢ αὐτῇ τε καὶ τῷ ἔχοντι αὐτήν, οὗ ἐστιν οὐσία. [因为实体仅仅归属于它自己和那个占有实体的东西,而它是这个东西的实体。]这个特殊的表述促使阿芙罗迪西亚的亚历山大在其《〈形而上学〉评注》pp. 212-123提出了这样一个注释:δύναται τὸ ἔχειν καὶ ἀντὶ τοῦ ἔχεσθαι εἰρῆσθαι. τῷ γὰρ ἔχεσθαι ὑπὸ τοῦ κυρίως ὄντος τε καὶ ἑνός, τοῦτ᾽ ἐστι τῆς οὐσίας, καὶ εἶναι ἐν αὐτῇ λέγεται ὄντα τε καὶ ἓν ἕκατον τῶν συμβεβηκότων αὐτῇ, ὡς τὸ ποσόν τε καὶ ποιόν. καὶ ὅσα ὁμοίως τούτοις ἐν τῇ οὐσίᾳ ἐστίν. [能被谓述的是"占有",而非"被占有"。因为实体的各种偶性——比如量、质以及诸如此类存在于实体中的东西——是通过被严格意义上的存在者亦即"一"所占有,即通过存在于实体中,才被称作存在者,并且每一个偶性被称为"一"。]此外,可参见亚里士多德:《形而上学》IV, 2。——谢林原注

料式的存在（一种相对的非存在①）里提升上来，把它包含着的自主存在（Selbstseyn）的单纯**潜能阶次**加以实现，使之成为一个不依赖于本原的现实东西。现在，这个已经不依赖于本原的现实东西相对于本原（首先是相对于它身边的更高者，但最终是相对于本原）而言显现为软弱无力的，并且需要本原，最终服从于本原，而本原则是显现为一个胜过所有别的现实东西的**自在的**现实东西，亦即**显现为**本原。通过这个方式，此前我们在纯粹思维里（以辩证的方式）找到的那个东西就会进入一个反转的过程，并且沿着那条分裂为**科学**的思维的道路，达到单纯的直接思维不可能提供的东西。换言之，我们在纯粹思维里找到的东西不应当被称作科学，毋宁只是科学的萌芽，而科学之所以产生出来，仅仅是因为我们在单纯思维里找到的那个东西——理念——发生分裂。这种科学是从思维里直接显露出来的，因此理应被称作**第一科学**，虽然它本身仅仅是已分裂的理念，但那个将其**生产**出来的思维正是那个在辩证奠基中一直发挥着作用的思维。

接下来的问题是：这种第一科学是否有一个本原？如果不能设想它没有一个本原，那么这是怎样的一个本原？对此答复如下。另外那个取代了存在者的存在——我们可以把它称作"外在于上帝的"存在②——在存在者里曾经仅仅是潜能阶次或可能性。但是，就本原已经摆脱了存在者，并且纯粹在自身之内而言——或更确切地说，在它的纯粹神性之内而言——，这个情况必定也适用于它，也就是

---

① 单纯的"质料式存在者"是潜在的，而"潜在的存在者"就是"非存在者"。亚里士多德：《形而上学》IV, 4。——谢林原注

② 不言而喻，仅仅是在观念上"外在于上帝"。——谢林原注

说，本原在存在者里同样曾经仅仅是潜能阶次或可能性。因此，基于我们在纯粹思维里达到的那个立场，如果二者都表现为单纯的可能性，并且如果不能设想**第一**科学没有一个本原（哪怕这仅仅是一个位于根基处的本原），那么我想强调，这种科学的本原不可能是真正的本原（这个本原本身仍然是有待认识的），更不可能是单纯的存在者，但可以是二者的整体或同等的可能性（无差别），即那个被设定在本原之外的存在者（外在于上帝的存在）和那个被设定在存在者之外的本原（纯粹存在于自身**之内**的神性）的同等的可能性。当我们称作**理念**的那个存在者具有神性（这个神性虽然还没有被设定为神性，但终归应当被设定为神性），就不再是理念，而是转变为**绝对理念**，并且将上帝和世界作为可能性同等地包揽在自身之内；这样产生出来的科学显现为一个绝对者的体系，这个绝对者包揽着一切东西，从而也包揽着上帝；它被称作绝对的绝对者，以便区别于那个单纯质料意义上的绝对者，即那个存在者。这样一来，在过渡到真正的科学时，对于一种超越了直接思维的思维而言，那个包揽着本原或上帝的整体就成为发展过程的**质料**。这件事情不值得大惊小怪，而是自然而然的，也就是说，原初思维里设定的东西一旦成为一个提升到自身之上的思维的对象，就会获得另一个意义。

我们试图为第一科学提出一个临时的概念，而这个做法又引发了如下思考。从概念上来看，这种科学的独特之处恰恰在于，它把真正的本原仅仅当作结果，亦即起初只是把上帝**设定为**本原（*als Prinzip*），但不是**得出**上帝是本原（*zum Prinzip*）。正因如此，只要出现了第一科学的概念，我们就已经想到**第二**科学，后者不是把本原（上帝）仅仅**设定为**本原，而是**得出**上帝是本原；而且必定有一种

XI, 367

第二科学,因为正是由于它的缘故,我们才去寻求**作为**本原的本原,因此真正说来,第二科学才是我们所寻求的科学,而这个ζητουμένη [被寻求者]的意义完全不同于亚里士多德已经赋予第一科学的那种意义。第二科学作为我们真正寻求的科学,将是**最终的**科学,即普遍科学只有在贯穿一切别的东西之后才达到的科学,而作为最终的科学,它同时是**最高的**科学。那种真正说来仅仅寻求最高科学的**科学**,正是由于这个寻求的缘故,才被称作"哲学"(爱智慧);既然如此,我们本来必须把"智慧"(σοφία)这个尊贵的名称授予其寻求的**最高科学**,要不是我们考虑到,最高科学同样只是一个理想,一个仍然有待实现的理想,而且哪怕它已经实现了,也始终只是人类的一个作品,因此主要是立足于对最高科学的寻求,而不是在于完全被掌握。实际上,我们更愿意说,"哲学"是那种专注于**本原**的普遍科学的名称,它要么是让本原首先挣脱唯有纯粹思维才具有的那种潜在性,要么是从本原本身出发;此外我们指出,在谈到一种**最终的**科学之后,"第一科学"这个说法就已经不太确切了;因为不管怎样,它不是最终的科学(亦即作为特殊的科学)那种意义上的"第一科学",因此我们建议,把前面所说的"第一科学"称作**第一哲学**——在亚里士多德那里,ἡ πρώτη φιλοσοφία [第一哲学]和ἡ πτώτη ἐπιστήμη [第一科学]的说法是交替使用的——,把最终的科学称作**第二哲学**;关于后者,亚里士多德当然有另外的理解,因为他不懂得一种从本原(上帝)出发的科学。对他而言,物理学才是属于δευτέρα φιλοσοφία [第二哲学]。[①] 总的说来,亚里士多德不像我们

---

① 亚里士多德:《形而上学》VII, 11。——谢林原注

那样把哲学限定在**本原**上面，他甚至谈到了**三种**哲学，即数学哲学、物理哲学和神学哲学；[①] 从地位来看，后者是"第一"（ἡ πρώτη），并且相对于前两种哲学而言确实是神学，因为那两种哲学都没有回溯到真正的本原（上帝），或更确切地说，没有向着真正的本原（上帝）推进，反之神学却是把上帝当作最终的原因或目的因（尽管如此，第一哲学始终是普遍科学，或者说是绝对的科学，而第二哲学虽然在特殊科学里面是最终的和最高的科学，但本身仅仅是一种特殊的科学）。

XI, 368

接受了这个解释，我们就可以把柏拉图关于"明智"（Sophrosyne）——亦即那种仅仅出现在哲学里的完整而完满的凝思——所说的那些仿佛具有典范意义的话应用于一般意义上的哲学：所有别的科学都是以别的东西为对象，而不是以它们自身为对象，唯有明智是一种既以别的科学为对象，也以它自身为对象的科学。[②] 但正如我们已经指出的，如果像某些人那样经常仅凭道听途说就去使用这些言论，那么就会由此推论出，人们绝不可能开始哲学思考。

我们既然已经进入发展过程的一个新阶段，那么以下所述大概可以帮助读者掌握一条更为详细的历史线索。我们乐意把康德之后一切具有哲学意义的东西都回溯到他那里，因为康德的**使命**在于去规定哲学运动的整个进一步的发展；他造成了一件事情的开端，而这件事情必须贯彻到底。也就是说，康德首先察觉到，不能像人

---

① 亚里士多德：《形而上学》VI, 1。——谢林原注
② 柏拉图：《夏米德》166C。——谢林原注

们过去想当然的那样直接提出一种确定的形而上学，而是必须事先
对其**可能性**进行评估，而这个研究又依赖于对全部人类知识的一
个普遍研究，以便知道哪些东西对它来说是可能的和行得通的。但
只要我们严格地以科学的方式去执行这个研究，那么它本身就成为
科学——成为一种关于知识的科学。费希特，作为康德的直接追随

XI, 369　者，其唯一的意图恰恰就是要把康德对于认识能力的批判——这个
批判起初是从单纯的知觉出发，随后在其发展过程中也展示出很多
偶然的东西——提升为科学。与这个意图联系在一起的是这样一
个意见，即这种科学一旦被掌握，就将成为哲学本身，而且它在未
来应当放弃"哲学"这一历史悠久的名称，改名为"知识学"或"科
学学"。康德本人根本没有明确表露出这个意思，仿佛哲学绝不是
科学本身，而仅仅是一种以其他科学为对象的科学；实际上，康德
除了进行批判之外，看起来始终给一种通过批判而走上正确的立场
和道路的形而上学留有余地。① 在这件事情上，康德和他那些在所
有别的方面如奴隶般亦步亦趋的学生殊为不同；对这些人而言，哲
学就包含在批判本身之内。费希特为了让批判成为科学，需要一个
本原。在他看来，批判的主要内容和稳固成果是这样一种通过分
析普遍的直观形式（空间和时间）而得以奠基的唯心主义，即我们
表象着的这个世界在我们之外根本就不存在，毋宁只是我们内心里
的一个单纯现象。在这里，费希特完全正确地看到，这种唯心主义
的本原位于人的自我（但不是经验自我，而是先验自我）之内，位于
那个就其概念或本性而言永恒的"本原行动"之内，这个行动是每

---

① 参阅康德：《纯粹理性批判》第二版序言，哈腾斯坦因版，第29页。——谢林原注

一个个别自我的本质，超越了每一个经验意识，同时位于每一个经验意识的根基处，并且如他所说的，实际上是一个**只能勉强去思考的东西**。① 简言之，费希特首次完全摆脱了康德仍然始终当作根基的单纯自然的认识活动，把握到了"**一种必须自由地通过单纯的思维而产生出来的科学**"这一思想，这些都应当被永远看作他的卓越功绩，至于他在后来陷入瞎折腾的自我改良尝试时，这个可以不予考虑。但接下来，一旦自我被确立为全部现象的本原之后，就面临　XI, 370 着一个不容忽视的要求，即应当不但通过从自我推导出整个现象世界，而且通过行动来证实自我是本原。诚然，对费希特而言，自我并非仅仅是现象世界的本原，而是一般意义上的本原（因为他已经清除了康德仍然认可的自在之物，从而清除了康德的唯心主义的全部前提），但如果要让现实的科学产生出来，自我就必须一方面把自己进而规定为外在的自然界，另一方面把自己进而规定为人的自我及其特有的世界，而这个世界在上帝（作为位于世界之外的存在者）的表象里找到自己的完结点和最终的宁静。费希特忽视了那个通过被规定为"主体–客体"而被放置到自我里面的内在运动本原，他本来可以像他之后的另一个人所做的那样②，利用这个本原做出一个完全客观的阐述，但实际上却是企图通过一种单纯主观的、外在的、完全似是而非的必然性为各种科学提供一个对它们而言不可或缺的推进过程，而最终只是为它们提供了一些偶然的反思。这项工作的本原其实始终能够与一个客观的意义联系在一起，但通过费希特的操

---

① 费希特：《全部知识学的基础》，第4页。——谢林原注
② 谢林：《先验唯心论体系》（1800年），而这部著作在别的方面本身又只是扮演着过渡和预演的角色。——谢林原注

作，这项工作就落入彻底的主观性，随之在科学上毫无建树。在整个进一步的发展过程里，除了本原的思想之外，没有任何一个具有丰富内涵的思想可以归功于费希特。

即便费希特致力于进入现象世界，他也没有能力去追踪自我通过持续规定自身而产生的独特现象。他拒不承认这个经验的、本身属于现象的自我的世界同时包含着一个虽然超然于现象之上、位于现象彼岸，但为了让一个无目标和无目的的世界达到完结而必不可少的存在者的概念，即"上帝"的思想。[①] 费希特可以否认**事实**，

XI, 371 不承认这是一种科学意义上的无神论——但这是一种实质上的无神论。众所周知，这是费希特学说的失败之处；至于这次科学上的触礁给他个人带来的那些外在后果[②]，顶多只是偶然地与这件事情联系在一起。他试图为宗教信仰给出的释义，由于其肤浅激怒了广大民众，其严重程度远远超过他的鲁莽的唯心主义为他招致的反感；我说的是"他的"唯心主义，因为真正说来，他所教导的不是康德的唯心主义，而是按照他自己和弗利德里希·雅各比在更早之前表达的意见[③]，即康德为了保持自身一致而必须推进到的那种唯心主义。

现在，当自我作为绝对本原成为外在世界和内在世界（那个一直推进到上帝的世界）共同的中心点，我们就没有理由继续把那个

---

① πῶς γὰρ ἔσται τάξις μή τινος ὄντος ἀϊδίου καὶ χωριστοῦ καὶ μένοντος. [假若没有某种永恒的、分离的和常驻的东西，哪有什么秩序呢？]亚里士多德：《形而上学》XI, 2。——谢林原注

② 指1799年发生的"无神论争论"，费希特在这场风波中被迫辞去耶拿大学教授的职位。——译者注

③ 对此可参见费希特经常援引的雅各比《大卫·休谟》的著名附录。——谢林原注

绝对本原称作"自我",因为它起初仅仅是作为人的自我而被提出来的;"自我"必须让位给一个抽象的,但通过我们早先的解释已经可理解的表述,即"主观东西和客观东西的无差别",而与之联系在一起的是这个意思,即客体(质料式存在的外在世界)**和严格意义上的主体**(内在的、一直导向常驻的主体或上帝的世界)带着完全相同的可能性被设定和被包揽在唯一的同一个东西里面。

众所周知,这是所谓的**绝对同一性体系**的表达方式。实际上,这个体系的原创者本人①只使用过一次这个名称,而这仅仅是为了使他的体系在全体和特殊方面区别于费希特的体系,因为后者根本不承认自然界有一种自主的存在,而是把自然界当作人的自我的一个单纯偶性。针对这一点,"绝对同一性"这个名称应当表明,在那个整体里,彼此对峙的主体和客体是同样独立的,其中一方仅仅是已经过渡到客体的主体(因为潜能阶次就是主体),另一方仅仅是**作为**主体而被设定的主体。如果人们忽略了这个密切的历史关联,就会 XI, 372 觉得这个名称过于宽泛,相当于什么都没有说。但是,既然一个整体恰恰不是什么特殊学说或特殊科学,毋宁只**应当**是普遍的科学,那么当我们不能为它找到一个特殊名称时,这真的可以说是一件不幸的事情吗?更何况,哪怕是一个完全随意的名称,不也总是好过某些人直到现在都仍然使用的一个错误名称吗?那些随随便便把普遍科学称作**自然哲学**的人,还记得我们不厌其烦地解释过,自然哲学仅仅是普遍科学的一个方面吗?或许那些人在这样做的时候,甚至是为了迁就另外一些人,后面这些人在"自然哲学"的名义下

---

① 即谢林本人。——译者注

所教导的, 极有可能就是那些鼠目寸光的人自己所相信的, 即自然哲学在整体上标示着某种类似于著名的《自然体系》(*Systeme de la Nature*)①的东西。

当然, 我们承认, 那个似乎让"神性存在"和"位于上帝之外的存在"消失在同一个深渊里的基本思想确实有可能为自己带来各种各样的科学上的, 尤其是宗教上的局限性。此外我们也承认, 当我们最初激动地提出这个思想时, 并不是一切能够发生的事情都已经发生, 因此难免会遭到许多心怀恶意的揣测。对此我就不提那个如此普遍和如此流行的说我们是**泛神论**的指责了, 因为其所指的只不过是那个位于根基处的本原。对于那个绝对的绝对者, 我们甚至接受"泛神论"这个表述, 并且主张唯有它才真正配得上这个表述。因为, 比如斯宾诺莎同样被扣上了这顶帽子, 而在他的概念里, 我们虽然看到了"泛"(因为它具有存在者), 却看不到有神论的任何一丝痕迹(因为对斯宾诺莎而言, 上帝**仅仅**是存在者, 而不是"那个是存在者的东西")。但是, 如果词语也应当以**科学**本身为旨归, 那么我们的做法和当今的许多神学家就是针锋相对的, 也就是说, 他们认为纯粹的**有神论**(如今这个表述已经取代了过去的"理神论"这一表述)是泛神论的对立面, 而我们却主张, 从那个本原里产生出来的科学恰恰是以一种纯粹的有神论, 以一个脱离了**所有**别的东西的上帝为目标。我们在《神话哲学之历史批判导论》里已经表明, **名字**在《旧约》里恰恰意味着一个孤立的、处于"分离的存在"(existentia

XI, 373

———————

① 这是法国唯物主义哲学家霍尔巴赫(Paul Heinrich Holbach, 1723—1789)的一部著作。——译者注

separata，这是更早的一些神学家使用的表述)中的上帝，只不过它还缺乏一个正确的意义，因为那些概念并没有指出上帝究竟脱离了什么东西。在希伯来语里，"**圣化**"(heiligen)原本完全只是意味着"脱离"，这一点在摩西的第二诫①里有着清楚的表现：所谓"你应当把安息日奉为圣日"，意思是，你应当让这一天脱离另外六天，不让它们具有任何共同之处。正因如此，科学唯一操心的事情就是把全部质料式的、潜在的东西和那些通过上帝(作为普遍的存在者)的最初概念而在直接思维里所设定的东西完全分割开和切割开，以便上帝的纯粹的自主体成为可认识的——在这种情况下，这种科学可以说在思维的领域里真正实施和满足了[耶稣的]第二个要求："愿人都尊你的名为圣"②(在这里，ἁγιασθήτω [尊……为圣] = χωρισθήτω [让……脱离])。这些地方都清楚地表明，一种科学的有神论本身在本原里就以泛神论为前提。

但是，即便以上所述是有效的，也挡不住那个真正的谬误。也就是说，关键其实在于，我们究竟是在何种意义上理解那整个方法：是将其理解为一种真正的——或更确切地说，认知着的——科学呢，还是将其理解为一种单纯思考着的科学？

康德的批判虽然是一个庞然大物，但其唯一的终极目的是要回答这个问题，即上帝的存在是否能够得到证明。出于这个目的，康德把那些在整体上构成人类理性的全部机能召集到一起进行审问，也就是说，他的研究完全封闭在主体里面。通过所谓的绝对同一性体

---

① 按《旧约·出埃及记》20:8，此处应当是"第四诫"。——译者注
② 参见《新约·马太福音》6:9。——译者注

系，这个研究转向到客观方面。现在的问题不是**我们**如何能够认识上帝，而是纯粹思维如何让自在的上帝成为一种可能知识的对象。

XI, 374 我们每一个人都要求一种真正的科学。甚至康德的批判也没能阻止这一点，毋宁只是强化了关于这种科学的一个先行的可靠信念。至少在很久以前，有一个刚刚亲身经历了康德的批判的人曾经预言道，从批判主义造成的废墟里将会升起一种比唯理论独断论辉煌得多和强大得多的独断论，即一种新的独断论。① 既然人们很久以来就在追求真正的科学，那么就不难理解，为什么他们普遍地把潜在东西的逐步剥离看作一个现实的转变过程。在这个前提下，由于在无差别里，上帝就其自己的孤立的存在而言仅仅是潜在的，并且运动不是被置于上帝之内，而是被置于存在者之内，所以我们不能阻止人们想象出一个让上帝在其中以永恒的方式得以实现的过程，也不能阻止某些只知道捕风捉影的，除此之外无所事事的人（homines male feriati）对此进行发挥和补充。

[康德的]批判所研究的是形而上学的**可能性**，如果科学仅仅是这种研究的最终攀升和客观完成，那么很显然，它仅仅是一种**批判性质的**，就此而言否定性质的科学，因为它只有在剥离那**不可能**真正是本原的东西之后才达到自己的目的；这样的科学不可能是科学本身，正如康德的批判也不可能是形而上学本身。那个只有通过批判才真正成为本原的东西，不可能在**批判自身之内**成为本原，亦即一种现实的、肯定性质的、有着正面主张的科学的本原。反过来，它

---

① 参见谢林：《关于独断论和批判主义的书信集》，重印于《谢林哲学著作集》第一卷。——谢林原注

作为它真正所是的东西,给予它自己一个意义,并且凭借这个意义而让自己提升到全部特殊的科学之上。

这种科学愈是遭到扭曲和误解,愈是遭到恶劣的使用,我们就愈是有必要更详细地揭示它的真实本性。

康德引发的危机的最终必然后果,就是人类精神最终并且第一次掌握了**纯粹唯理论的科学**,这种科学把一切对理性而言陌生的东西挡在门外,而不是像一直延续到沃尔夫时代的旧的形而上学那样,时而用一章来讨论神谕,时而用另一章来讨论启示。旧的形而上学希望成为唯理论独断论,因此它所说的合乎理性的东西始终只能是一种主观的和偶然的东西。后来它让位给一个内在的完全必然的体系,即一种**客观的唯理论**,后者不是由主观的理性,而是由**理性本身**生产出来的。无论是从它据以进行创造的质料来看,还是从那个在它之内进行创造的东西来看,它都是纯粹的理性科学。简言之,运动被置于存在者之内,而存在者仅仅是理性借以把握自己并且把自己质料化的东西,亦即直接的理念,它仿佛就是理性本身的形象和形态。就此而言,那个被置于存在者之内的运动也是理性的一个运动,而且理性既不是由意志所规定的,也不是由某种偶然的东西所规定的;上帝,或者说"那个是存在者的东西",虽然是运动的目标,但并没有在运动中发挥作用或表露出意愿;毋宁说,这种科学愈是把目标(上帝)放在远方,愈是致力于让一切东西尽可能**脱离上帝**,并在这个意义上如人们经常说的那样,尽可能纯粹自然地或按照纯粹的逻辑必然性去理解把握一切东西,它就愈是完满地实现了自己的概念。换言之,在存在者之内,亦即在理性之内,无论是运动的质料,还是运动的**法则**,都是被预先规定的。诸本原在理念

XI, 375

里——在存在者里——是单纯可能的本原或潜能阶次，而在纯粹思维里则是自在的现实东西的前提，但每一个本原都是它的后继者的直接前提，也就是说，-A是+A的前提，二者合起来是±A的前提：最终它们全都是那个唯一真正是本原的纯粹现实东西的前提，而在这个东西里，不再有任何可能性。这些潜能阶次之间的关系表明，这里的秩序和人们习以为常的秩序是相反的，也就是说，先行者是在后继者那里具有自己的现实性，因此相对于后者而言是单纯的潜能阶次。① 现在，这个法则也将成为科学的法则，因为科学只不过是以现实的和展开的方式包含着那些以潜在的和内敛的方式包含在直接思维里的东西。亚里士多德在讨论灵魂的三个层次（营养的灵魂、感受的灵魂、思维的灵魂）时，也曾经提出了一个法则，即就潜能而言，先行者总是立足于后继者（Ἀεὶ γὰρ ἐν τῷ ἐφεξῆς ὑπάρχει δυνάμει τὸ πρότερον）。② 自然哲学尤其在最大的范围内带着最大的稳定性贯彻了这个法则；对自然哲学而言，这个法则是需要加以证明的；至于观念方面的一个完全类似的阐述，因为自然哲学的原创者本人没有将其发表，这给事情带来了极其不利的影响。

在这种科学里，不但据以进行创造的质料是理性，而且进行创造的东西也是理性，即那种纯粹的、仅仅超越了直接思维所设定的东西的思维，因此正如我们已经指出的，这种科学不是真正认知着的科学，而是**思考着的科学**。它并没有说"那个位于上帝之外的存在存在着"，而是说"**那个存在只有以这个方式才是可能的**"；换言

XI, 376

---

① οὐκ ἄλλο τι πλὴν δύναμις [无非就是潜能]。柏拉图：《智者篇》247E。——谢林原注
② 亚里士多德：《论灵魂》II, 3。——谢林原注

之, 这种科学始终悄悄地立足于一个前提: **如果**那个存在存在着, 那么它只能以这个方式存在着, 并且只有如此这般的东西才能够存在着。在一个更宽泛的意义上, 可以说这种做法是**先天地**(即先于存在)谈论或规定一件事情。就此而言, 我们此前所说的那种"第一科学"也是纯粹**先天的科学**, 因为思维直接把自己开启到这种科学之内。

综合所有这些情况, 在各种哲学的演绎科学里面, 第一科学是最接近于明证科学的。它和数学的同类性经体现为一个共同点, 即亚里士多德在谈到数学时举的一个例子, 比如数学之所以发现那些仅仅潜在地存在于直角三角形之类形状里的东西(比如斜边与直角边的比例关系), 是因为思维活动($\acute{o}$ νοῦς ἐνεργήσας)把这些东西提升为现实性[①], 而且数学就是以这样的方式认识到它所掌控的东西。也就是说, 第一科学和数学在这一点上是相同的。但这里需要注意的是, 那种提升到现实性的做法毕竟只是在思维里发生的, 而且现实的东西始终只是一种由可能性所规定的东西; 在几何学里, 任何命题都不是指事情现实地这样**存在着**, 而是指事情不可能以别的方式存在着, 比如三角形只有**这样**才可能存在着; 由此当然可以得出"如果三角形存在着, 那么它也将**这样**存在着", 但是绝不会得出"三角形存在着", 后面这件事情在几何学里毋宁被认为是完全无关紧要的。

XI, 377

但恰恰在这里, 在谈到第一科学和数学科学的关系时, 我们也必须说出这种相同的范围和界限。正如我们刚才已经指出的, 如果

---

① 亚里士多德:《形而上学》IX, 9。——谢林原注

数学（比如几何学）所研究的只是可能的而非现实的三角形，那么亚里士多德区分单纯潜在的科学和现实的科学的做法就是正确的[①]，而毫无疑问，数学科学也将完全从属于第一科学的概念；但是，如果我们把哲学也限定在第一科学内，那么这个做法就未必是同样绝对有效的。持这个观点的人必定会同时剥夺哲学那里唯一区别于数学的东西，即Ousia[②]，换言之，哲学并非仅仅研究单纯的存在者，而是研究"**那个是存在者的东西**"。数学不具有任何Ousia[③]，无论是从普遍方面还是从个别方面来看都是如此。从普遍方面看：这是因为数学根本没有**目标**，没有终点，并且看起来不是一种封闭的科学，而是一种就其本性而言无边界的科学；这是普罗克洛[④]已经看到并试图以他的方式加以克服的缺陷。从个别方面来看：这是因为数学不认识"这一个"（τόδε τι），不是研究**这一个**三角形，而是研究普遍的三角形。因此，即便第一科学只研究可能的东西，它和数学的相同也仅仅是一种形式上的相同，与内容无关。原因在于，"可能东西"的范围在第一科学那里比在数学那里大得多；也就是说，在那个位于第一科学的**根据**处的东西里，不但存在者或质料性东西

XI, 378

---

① ἡ γὰρ ἐπιστήμη, ὥσπερ καὶ τὸ ἐπίστασθαι, διττόν, ὧν τὸ μὲν δυνάμει τὸ δὲ ἐνεργείᾳ. [科学和知识分为两种，一种是就潜能而言，另一种是就现实性而言。]亚里士多德《形而上学》XIII, 10。当然，自从阿芙罗迪西亚的亚历山大以来，人们对这段文本有不同的理解，但他们的言论与其说是一个明确的解释，不如说更像一个苍白的遁词。除此之外，这个关于"潜在的科学"和"现实的科学"的区分（《形而上学》XIII, 3）延续了此前关于"单纯质料式的**存在**"和"现实的**存在**"的区分（参见第十六讲引用的文本），而亚里士多德之所以提出后面这个区分，是为了表明，在何种意义上必须说几何学家也在研究存在者。——谢林原注

② 亚里士多德：《形而上学》XIII, 10。——谢林原注

③ 参见第十三讲的开篇。——谢林原注

④ 普罗克洛（Proklos, 410—485），拜占庭的新柏拉图主义哲学家。——译者注

（数学完全局限于这类东西），而且"**那个是存在者的东西**"也都属于潜能阶次。最高意义上的实体因为不可能过渡到任何别的东西那里（而这又是因为它不包含任何单纯的可能性），所以始终是纯粹的现实性，同时仅仅作为最终的可能性从无差别里显露出来；在无差别里，如果除了最高意义上的实体之外还有某个东西也分有了Ousia的本性，那么这个东西也将**作为**现实性从无差别里显露出来，也就是说，这个东西在无差别里曾经是单纯的可能性。至于数学是依据何种质料进行创造，这里不予置评；反之哪怕不考虑当前的问题，我们也必须考察哲学是依据何种质料进行创造。

假若科学是关于单纯的存在者（亦即绝对的普遍者）的科学，或如现在某些信口开河的人所说的那样，是关于理念的科学，那么它就绝不可能超越潜在的科学而达到现实的知识；因为那个位于根基处的东西，全部普遍者的质料，是潜能或潜能阶次（Ἡ δύναμις ὡς ὕλη του καθόλου）。[1] 尽管如此，亚里士多德却坚持认为，科学是关于普遍者的科学（Ἡ ἐπιστήμη τῶν καθόλου）[2]，没有什么关于个别东西的科学。恰恰是这个原理，给亚里士多德带来了巨大的困难。假若这个原理成立，那么除非必定存在着一些本原（普遍者），否则如何可能有一种关于这些本原的**科学**呢？但某种被普遍地说出来的东西不可能是自为存在者或实体（Ἀδύνατον οὐσίαν εἶναι ὁτιοῦν τῶν κατόλου λεγομένων）；[3] 既然如此，人们如何能够承认 XI, 379

---

① 亚里士多德：《形而上学》XIII, 10。——谢林原注
② 亚里士多德：《形而上学》XIII, 10。——谢林原注
③ 亚里士多德：《形而上学》VII, 13。——谢林原注

这些东西作为本原就概念而言具有自主存在着的本性呢?[①]因此,这些本原要么不是科学的对象(οὐκ ἐπιστητά),要么不可能是自为存在着的主体。[②]实际上我们已经看到,它们仅仅作为属性而具有了普遍者的本性,正因如此,它们是出现在纯粹思维里[③],而且当它们基于这个本性而被提升为主体(亦即现实的本原)之后,在第一科学的过程里重新被贬低为**实在的**东西。假若"科学以普遍者为对象"这一原理是必须无条件加以接受的,那就只有两种情况:要么"它所考察的是自主存在者或实体"(περὶ οὐσίας θεωρία)[④]这个说法必定是不真实的,毋宁说一切自主存在者都消失了[⑤],要么剩下某种知识,而这种知识至少不可能是一种**科学的**知识;大致说来,这种知识就是我们当代的某些人认为的那种唯一适合于最高的自主存在者(上帝)的知识,即情感、憧憬之类东西。

针对这些困难的问题,亚里士多德的答复是:科学在某些情况

---

① παρέχει δ' ἀπορίαν καὶ τὸ πᾶσαν μὲν ἐπιστήμην εἶναι τῶν καθόλου καὶ τοῦ τοιουδί, τὴν δ' οὐσίαν μὴ τῶν καθόλου εἶναι, μᾶλλον δὲ τόδε τι καὶ χωριστόν, ὥστ' εἰ περὶ τὰς ἀρχὰς ἐστιν ἐπιστήμη, πῶς δεῖ τὴν ἀρχὴν ὑπολαβεῖν οὐσίαν εἶναι. [还有一个困难, 即全部科学都关注普遍者和如此这般的性质,但实体却不属于普遍者,而是"这一个"和分离的东西。由此产生一个问题,即如果有一种关于本原的科学,人们如何能够假设本原是一个实体。]亚里士多德:《形而上学》XI, 2。——谢林原注

② τὸ δὲ τὴν ἐπιστήμην εἶναι καθόλου πᾶσαν, ὥστε ἀναγκαῖον εἶναι καὶ τὰς τῶν ὄντων ἀρχὰς καθόλου εἶναι καὶ μὴ οὐσίας κεχωρισμένας, ἔχει μὲν μάλιστ' ἀπορίαν. [如果说全部科学都关注普遍者,那么存在者的本原就必然是一些普遍的而非独立的和分离的实体,而这当然包含着一个最大的困难。]亚里士多德:《形而上学》XIII, 10。——谢林原注

③ 在第十四讲。——谢林原注

④ 参见亚里士多德《形而上学》XII卷开篇。——谢林原注

⑤ οὐκ ἔσται χωριστὸν οὐθὲν οὐδ' οὐσία. [既没有独立的分离的东西,也没有实体。]亚里士多德:《形而上学》XIII, extr.。——谢林原注

下是普遍的, 在另外一些情况下则不是如此 (Ἔστι μὲν ὡς ἐπιστήμη καθόλου, ἔστι δ᾽ ὡς οὔ); ① 至于科学究竟在哪些情况下是普遍的, 在哪些情况下不是普遍的, 他让读者自己去琢磨, 但同时至少承认, 存在着一种关于Ousia的科学。

这个例子和许多类似的例子清楚地表明, 亚里士多德在很多问 XI, 380
题上是有所保留的, 而且他并不认为他的形而上学已经说出了一切东西。但恰恰是通过这些经常看起来无休止的悬疑 (对于各种疑惑和困难的议论) , 《形而上学》成为一切时代的教科书。如果一个人没有通过亚里士多德的或自己的探究 (因为我不相信一个没有亲身体验的人能够透彻地理解亚里士多德) 而意识到形而上学研究中的那些暗礁, 那么他是不可能指望任何成就的。

我们实在没有什么兴趣去听一个道德主义者关于亚里士多德伦理学著作的空谈, 或一位修辞学教师关于亚里士多德修辞学的教导; 反之我们很有兴趣倾听一个品德高尚的人关于前者, 或一位卓越的演说家关于后者的评价。但在哲学里, 是亚里士多德本人基于最为丰富的经验在说话; 他的经常被人称道的经验论主要就是立足于他的经验。

我不知道, 亚里士多德究竟是否能够启迪最初的发明; 但只要人们有了满足发明的冲动, 这个时候就应当求教于亚里士多德了。对于奉献给哲学的一生而言, 最美好的历程大概就是和柏拉图一起开始, 和亚里士多德一起终结。这样看来, 我对自己的期许要低于那些试图反其道而行之的人; 但正因如此, 我更加坚定地确信, 如

---

① 亚里士多德:《形而上学》XIII, extr.。——谢林原注

果一个人没有理解亚里士多德，没有用亚里士多德的探讨去磨砺他自己的概念，那么他不会创造出任何长久的东西。本身说来，柏拉图和亚里士多德只有合起来才是一个整体；形而上学是一匹布，是柏拉图一针一线缝起来的；实际上，假若没有柏拉图的奠基，哪有什么形而上学呢？最初的启迪和创造性生产的时代已经和亚里士多德一起消逝了；鉴于他和柏拉图的关系，人们必须注意到，虽然这两位哲学家的生活年代相隔不久，但他们各自所处的时代之间已经呈现出一个鸿沟，因为希腊生命的历程简直如白驹过隙般快得令人难以

XI, 381

置信。在柏拉图那里，纯粹的**希腊**科学达到了自己的鼎盛期。而在亚历山大大帝的时代，哪怕艺术的太阳仍然高悬在希腊的上空，但毕竟已经过了午时，开始走向黄昏。与此同时，一种冷酷无情的必然性更清晰和更强硬地显露出来，希望把希腊民族的特殊性当作这个民族的世界规定的牺牲品，而亚里士多德也是跟随着这个潮流，致力于摧毁希腊哲学的特殊性。诸如柏拉图这样的现象级人物，就跟希腊艺术和诗歌的巅峰一样，只能是一个**瞬间**；就连柏拉图本人也只是在唯一的地方，并且好像在飞行中一样，触摸到他在迷狂状态下所说的那个科学之巅。

人们经常把柏拉图称作哲学家里面的诗人，这不是没有道理的。因为诗走在前面，是它**创制**了语言，而在这之前，语言只具有一种元素性的存在，仿佛只能被结结巴巴地说出来，正如亚里士多德在谈到最早的那些哲学家时也宣称，他们只会结结巴巴地说话。通过诗人的工作，这种原本只服务于人类生计的语言成为自由精神的工具，成为那些超然于普通需要之上的存在者亦即诸神的语言；诗人传授给语言各种更加高级的方式和更加张扬的活力；诗之

后是语法, 后者把那些在阳光和黑夜的孕育下成熟的金黄果实收集到仓库里, 经过加工之后用于普遍的用途。勃兰迪斯曾经一针见血地把亚里士多德称作全部哲学家(无论多少哲学家)里面的 φιλολογικώτατον [最热衷于言谈者], 就此而言, 如果人们把亚里士多德和柏拉图之间的关系看作语法学家和诗人之间的关系, 这并非对亚里士多德不敬。歌德在他的颜色学的一处地方说: 在世人看来, 柏拉图就好像是一个极乐的精灵, 仅仅屈尊俯就, 在世界上寄宿一段时间。在柏拉图那里, 最美好和最伟大的东西仿佛是他天然具有的一种迷人幻觉, 正如那个对他本人而言至关重要的词语 ἰδέα [理念]也意味着"视像"。诚然, 某些更高的区域首先把自己启示给那些对此具有特殊天赋的人, 这是自然而然的, 但同样自然的是, 按照历史的进程, 这个依赖性不会维持下去, 毋宁说, 那些具有特殊天赋的人必定会发现一些中介和道路, 以达到一种普遍的和无条件的可行性。不可否认, 亚里士多德表露出对于柏拉图的某种反感, 但他的这种反感并不是针对个人, 而是他的使命的体现, 即渴望着把科学从一切个人特色那里解放出来, 使之成为一种普遍可理解的科学, 成为人类的共同财富。那些只能由少数杰出人士发明或占有的东西不能让亚里士多德感到满意; 他所寻求的是每一个人或绝大多数人都能够理解的东西, 即任何时代以及任何国家和民族的人都能够接受和需要的东西。他满怀激情地审查任何毛病或任何在他看来有毛病的东西; 从他的天性来说, 他是一个只要把房屋托付给他管理, 他就一定要保持房屋整洁的人, 而在这种态度下, 他把柏拉图的理念学说当作蜘蛛网清扫出去。他的故乡色雷斯的空气早就让他戒除了希腊人的柔弱性, 同时磨砺了他天生的希腊精神, 而从他开

XI, 382

始, 过去那个充满创造和生产的时代过渡到一个崇尚考据、文献、博学的时代。正如亚历山大大帝的名字给全部时代都打上了自己的烙印, 亚历山大大帝的时代则是把亚里士多德当作它的第一个秘密的首领。柏拉图在全部时代的影响都是巨大的, 但亚里士多德才是东方和西方的真正教师。

　　如果人们止步于亚里士多德, 就不可能理解他。人们必须也知道他没有说的东西, 必须亲自走他走过的路, 并且深切地感受到他与之斗争的那些困难以及他经历的整个过程, 这样才能够理解他所说的东西。没有哪位哲学家比亚里士多德更不适合一种单纯的历史学知识。这基本上可以解释, 为什么近代德国学者围绕亚里士多德所做的工作——整体上是柏林科学院编辑的全集, 具体说来则是一些关于个别著作的重要考据——对于哲学本身而言并没有带来什么成果, 比如我们实在想不出还有什么比人们这段时间以来在亚里士多德那里最推崇的那种学说更反亚里士多德的了。我完全承认这些工XI, 383 作有其意义, 同时希望指出, 人们本来能够比现在做得更好, 以便让专业的哲学家更轻松地使用亚里士多德的《形而上学》这部代表作（我在这里当然始终都很重视这部著作）。诚然, 人们可以要求哲学家不要讨论毕达哥拉斯主义者, 或在觉得有必要提到雅典的帕拉斯神庙时, 不要在"万神殿"前面加一个**定冠词**（尽管我在某些著名的语文学家那里已经看到这个在语法上完全不可能的东西）, 但不管怎样, 人们总不能要求哲学家在面对一个就内容而言如此困难的文本时, 还要承担语法学家和考据家的辛苦劳作。在这件事情上, 人们所说的那种"长篇评注"也是不能令人满意的。因为这类评注总是说一大通对哲学家而言完全无用的废话, 却在真正关键的地方一言不发；谁没有这样的经历，即每每在我们最期待得到帮助的地方，这些评注就弃我们而去，同时还美其名曰：希望读者（尤其是亲爱的年轻读者）不要吝于独立思考？事情不应当是这样的，更何况还有一些作者，他们希望他们的评注者首先证明自己确实已经理解了作者的思路和语境。①

借这个机会，我想说出一个普遍的愿望。或许人们会把这个愿望看作"能力不足"的表现，而我虽然非常尊敬那些尽可能简洁的，并且像外交辞令一样仔细修订过的希腊文本的贡献，但还是不能压制住这个愿望：也就是说，但愿早期的编纂家的那个优良传统，即在希腊原文旁边附上拉丁文翻译（因为拉丁文基于其更普遍的实用性直到现在也是更受欢迎的），不要像现在这样被完全抛弃。我之所　XI, 384
以怀着这个愿望，是因为在我看来，如果在校勘文本的时候必须给它附上一个翻译，那么这经常会造成一种有益的效果。不可否认，早期的各种版本直到现在都能够让希腊著作获得更为广泛的读者群；很多学者虽然不是真正的语文学家，但也需要阅读希腊著作，而借助于一个附带的翻译，他们可以迅速克服各种偶然出现的困难，而不是被挡在那里白费力气。实际上，虽然总是有人建议首先应当学习希腊文而非拉丁文，但迄今为止，我们绝大多数人读拉丁文还是比读希腊文轻松得多。

_____

① 虽然事情本身很清楚，但这里还是有必要指出，这段文字是很早以前就写下的，而博尼茨的评注那时还没有发表。鉴于他的评注对我而言是可用的，因此在这段文字里，只有那些涉及亚里士多德《形而上学》这部独特著作的**全部糟糕评注的言论才可以用在他的评注身上**。——**谢林原注**（译者按，博尼茨 [Hermann Bonitz, 1814—1888]，德国古典语文学家和教育改革家。）

　　至于亚里士多德的《形而上学》，在我看来，除了一个经过修订的、只带有那些最必要的考据校正和语法校正的文本之外，唯一能够令人满意，并且清除了上述所有弊病的，应当是一个与之参照的完整的，甚至可以说——我不忌惮说出这一点——改写式的（意译式的）、对于揭示那些经常隐藏起来的思想联系并且完满解释其意义而言不可或缺的德译本[①]，这样我们就不是在字面上，而是在意义上拿今天通行的哲学语言的相应表述去翻译希腊文，就像我在上一讲里所做的某些翻译尝试那样。至于我是否成功地让亚里士多德形而上学的一些主要概念更加贴近当代的理解，这一点请行家来定夺。但我希望，通过这样的改造工作，那些专业的哲学家可以心无旁骛，而那些有志于成为哲学家的人，当他们在一位当代的哲学家那里遭遇到亚里士多德的某些统摄一切的概念，比如**潜能**和**现实**、

XI, 385　　**相对的非存在者**、单纯的**质料式存在者**或事物的"**什么**"（Was）和"**如此**"（Daß）之间的区分时，不至于像看到波希米亚农庄那样大惊小怪。当然，在从事这样的改造工作之前，必须先取得哲学认识上的一个决定性进步，而这个进步使得人们不可能——哪怕只是暂时性的——把某个肤浅的观点算在亚里士多德头上。

[①] 已知的一个改写式的（意译式的）拉丁文译本是斯卡依诺（Joh. Scayno）等几位学者合作的四卷本《亚里士多德第一哲学改写》（*Paraphrasis in quatuor libros Aristotelis de prima Philosophia*, Rom. 1587），但其中的注释或许比改写更有价值。——谢林原注

第十七讲　存在者的潜能阶次

到这里，我们的推进程度已经足以让我们回顾，到底是什么东西让我们一步一步地走向这个愈来愈细分的研究，并达到"第一科学"的概念。现在我们的任务是要表明，这种纯粹唯理论哲学（因为第一科学就是作为这样的哲学呈现在我们面前）和此前我们关注的"哲学宗教"或"精神宗教"是什么关系。但我们至少应当首先大致勾勒出第一科学的出发点、历程和终点，否则这个任务是不可能完成的。因为迄今为止，我们仿佛只是先天地，而不是通过经验才知道有这种科学。但许多东西只有在具体实施的过程中才展现出来，有些东西也只有通过一种没有先行概念的现实尝试才透露出自己的真面目。"一切东西都必须被尝试和被经验"这一法则同样适用于这种科学，哪怕它是先天的科学。

那个在纯粹思维里仅仅如此**存在着**的本原，或者说"那个是存在者的东西"，作为这样的东西，应当在我们面前摆脱存在者，**自为地**存在着。出于这个目的，一切隐藏在存在者里的可能性都应当启示出来，转变为现实的东西，随之与本原切割开。这是我们的要求。现在，我们首先必须更准确地审视，是什么东西作为这个过程的**质料**而被给予我们。这个研究只能是一项准备工作，只能是科学本身的一个预演。一般而言，这个被给予的质料就是存在者。但是，存在者不可能作为存在者而转变为现实的东西。作为存在者，它仅仅包含在神性统一体里，是纯粹的**理念**，而只要我们把它看作位于神性存在的现实性之外,它就消失了。与此相反,诸本原作为存在者的质料,却保留下来。

但是,诸本原的最内在的本质是单纯的可能性,因此当它们被提升为存在,这种存在就**不是它们自己的存在**,但又毕竟是一种存在,恰恰在这种情况下,它们**能够**被设定在这种不是它们自己的存在的存在之外,获得**另一种**存在,即它们自己的存在。

但由于诸本原相互之间处于这样的关系,即一方是另一方的可能性的支撑或根据(但不是其原因),所以,当另一种存在的可能性(我们希望沿用这个早就已经解释清楚的术语)被给出,这个可能性并非对全部本原而言都是一个直接的可能性,毋宁只有对那个本原而言才是直接的可能性,这个本原是所有别的本原的根据、前提以及(这个意义上的)主体,是一种**自在的**"能够"(别的本原的"能够"都是由它提供的),——也就是说,这个本原是一个能够直接发生过渡的东西,而别的本原只有尾随着它才进入另一种存在。

此前当我们第一次谈到这个作为一切之开端的潜能阶次时,它是属于未来的,尚且只位于思想里的神性存在的质料;现在,当它分有了存在(这种存在不是它自己的存在,而是神性的存在),它**自己的存在已经成为它自己的可能性**。① 站在那种只研究可能性的科学

---

① 关于以上段落的内容,谢林的日记(记录于1853年)还包含着如下解释:"–A, +A和±A仅仅是**非现实的东西**,但不是不存在的东西;它们不是οὐκ ὄντα [不存在的东西],毋宁只是μὴ ὄντα [非存在者]。因为它们包含着一个**被动的**可能性,去成为ὄντα [存在者]。它们通过A⁰而获得**现实性**,但仅仅是分有了现实性,分有了A⁰,而非本身就是现实的东西。诚然,在单纯的思维里,它们在A⁰之前就被看作自存在着的,但仅仅是潜能阶次。但是,当它们通过A⁰而获得现实性,它们就重新获得一个可能性,去成为本身就现实的东西(即接纳一个属于自己的可能性)。也就是说,它们在这种情况下获得了一种自主的现实性。"——原编者注

的立场上，思维满足于"那个潜能阶次能够从相对的非存在里显露 　　XI, 388
出来"这一单纯的可能性；我们不会宣称这个潜能阶次的自身提升是
一个**事实**，也不会假定这件事情已经现实地发生了（并且在这个意义
上假定它是一个前提）。唯一需要解释的是，这个过渡是**如何**进行
的，亦即以什么方式进行的。

　　因为潜能阶次相对于自己的存在而言表现为纯粹的"能够"，而
一切单纯的"能够"无非是一种**安息的意愿**，所以潜能阶次是通过
一种**意愿**才提升自身。至于过渡，无非是每一个人在从无意愿过渡
到意愿时，在自身之内知觉到的那种过渡。这里再次印证了那个古
老的命题①：原初存在是意愿，意愿不仅是开端，而且是**最初的**、产
生出来的存在的内容。

　　实际上，当我们观察最初那个从潜能阶次的自身提升里显露出
来的东西时，它将如何呈现自身呢？它将显现为一个真正意义上的
ἐξιστάμενον [出离者]，一个被设定在自身**之外**、已经迷失自身的东
西，一个已经对自己**无能为力**的存在，因为它已经脱离它曾经所是的
力量（潜能阶次），好比一个人在肆无忌惮的意愿中丧失了意愿的力
量，丧失了意志本身。简言之，它将显现为一种无意志的意愿，又因
为它的"能够"曾经被设定为存在的限制，所以它将显现为一个逾
越了全部限制、自在地无边界和无规定的东西，从而完全等同于毕
达哥拉斯和柏拉图所说的"无定"（ἄπειρον）；诚然，人们不可能在
现象里面遭遇这个"无定"，因为一切出现在现象中的存在都已经是

---

① 谢林：《论人类自由的本质及相关对象》，收录于《谢林哲学著作集》第一卷，第468
　页。——谢林原注。

一种被把握和被包揽在限制中的存在；与此同时，现象本身暗示着，一切存在都以一个自在地无限制的、反抗着形式和规则的东西为根据。尽管如此，这个对自己无能为力，因此真正说来不能独自存在着的存在却是一切转变的根据和开端，而用亚里士多德的话来说，就是一切生成者的最初原因，即质料因。①

换言之，我们当前的研究首先是局限于**原因**的章节，而单凭这些当然不能得出任何现实的东西。只有当诸本原过渡到现实性，随之才真正过渡到原因，而我们迄今解释过的原因仅仅是最初的、把所有别的原因牵连出来的原因。也就是说，那个迄今为止无自主体和无力量的潜能阶次在理念里也不是独自存在着的，而是作为主体（subjectum）从属于一个更高的潜能阶次，从属于纯粹存在者（+A），后者对前者而言是走向本原（亦即走向存在）的一个层次或一条道路，正如前者反过来对后者而言是可能性的根据。虽然我们曾经说过，那个潜能阶次对于纯粹存在者而言是"能够"，但这些话也只是把它当作单纯的"能够"（纯粹的-A）。因此，当它把自己提升为存在，它对于纯粹存在者而言就反而成了"不能够"，也就是说，它否定了纯粹存在者；这个出乎意料的存在以"**扬弃**"的方式——在德语的"aufheben"和拉丁语的"tollere"这个词语的双重意义上——作用于纯粹存在者。纯粹存在者的存在是一个纯粹离

---

① 这不是刚才所说的一个狂热的读者从柏拉图的《蒂迈欧》50B那里引用的ἐξιστάμενον [显露者]。柏拉图的原文是：ἐκ γὰρ τῆς ἑαυτῆς τὸ παράπαν οὐκ ἐξίσταται δυνάμεως. [它根本没有从它自己的潜能里显露出来。]但这里所说的已经是πάντα δεχομένη φύσις [把全部东西接纳进来的自然界]，这个自然界的潜能在于持续地接纳全部东西，同时自己并不会成为这些形式之一，并且排斥别的形式。——谢林原注

开自身,而非返回自身的存在,而那个起初不存在的存在以阻碍的方式作用于这个存在,并恰恰因此将后者驱赶回自身之内;纯粹存在者获得了一个否定,亦即获得了一个潜能阶次或一个内在的自主体,这个起初无自主体的存在者注定要脱离它曾经所是的纯粹现实性(ex actu puro),转而被设定为潜能(in potentiam),以至于两个要素如今仿佛交换了彼此的角色:过去在理念里是否定者的东西,已经转变为肯定的,而过去在理念里是肯定者的东西,已经转变为否定的。

但像这样提升到自主性,对于那个在本性上无自主体的纯粹存在者而言恰恰是不可忍受的,因此,如果它已经不能自由地发挥作用或不发挥作用,而是**必须**发挥作用,那么它之所以发挥作用,就是为了把自己重建为纯粹的现实性,而要做到这一点,就必须征服那个后来产生的、针对原初本性而发挥着作用的潜能阶次,并且在它那里召回原初的无。在这种情况下,这个本原将作为**第二**原因伴随着必然性发挥作用,直到把那个被设定在自身之外的东西重新带回自身之内,好比在我们的内心里,一个突然激发起来的欲望能够通过一个更高的意志而不再发挥作用,并且被带回到原初的非存在。

我们已经假定,那个提升为存在的非存在者(-A)以排他的方式作用于纯粹存在者(+A),后者在其自身也不可能保持为它所是的东西,而是在自身内获得一个否定:但在这种情况下(在这个交互的张力里),它们也将不再像在理念里那样是第三者(±A)——我们曾经把它称作存在里的非存在者(潜能阶次)和非存在里的存在者——的垫脚石,毋宁说,这个第三者也遭到排斥,并且被推挤到最远的地方,而在原初的存在得以重建时,它将是最后重新进入存在

XI, 390

的东西。因为它本身在这件事情上也是无能为力的，并且总的说来不可能是真正意义上的**作用因**；只有纯粹存在者才是作用因，它通过征服那个排他的存在（B）而帮助第三者在存在中得以重建。假若第三者能够自主发挥作用，那么它就同样是一个被设定在自身之外的东西；但它恰恰是一个从来没有，并且绝不可能迷失自身的东西，一个永恒地凝思着和安息于自身的东西，因此它只能像**目的因**那样发挥作用。

正如你们看到的：这里的目标是这样一个存在，它并非简单地又是最初那个位于理念中的存在，毋宁说，它虽然就内容而言是那个存在，但却是一个以分裂和矛盾为中介，并且通过这个方式而得以实现的存在。尤其需要指出的是，一切东西都围绕着它而运动的第一个潜能阶次（因为它是一个首先外出，然后回归的潜能阶次），也将转变为另一个潜能阶次，不同于它过去在理念里的情形，亦即不再是自在的存在者，而是作为回归自身的东西转变为自为的存在者，一个把握着自身的东西。但是，在原初的统一体和重建的统一体这

两个端点之间，相应于各个原因相互之间的各种可能的地位，纯粹存在者的形态分化也具有无穷多的可能性。虽然我们不能断言这些可能性是否能够得以实现，但就我们的任务而言，我们至少必须把它们作为可能性而加以区分。

这三个原因是最初的、**纯粹的**可能性，而那些介于开端和终点之间的**具体的**可能性都是由之推导出来的。它们三个之间同样也是开端、中介和终点的关系。开端，那个最接近存在之门的东西，是**"直接能够存在者"**（das unmittelbar Seynkönnende），就其本性而言是纯粹的"能够存在"（Seynkönnen）。随后是那个就其本性而

言的"纯粹**存在者**",而它后来必须获得实现的力量(潜能阶次)。
终点是那个原初地掌控着自身和把握着自身的东西。基于这个自然
的秩序,我们已经谈到第一、第二、第三潜能阶次,并且在不考虑类
似的数学潜能阶次(幂方)的情况下,把它们看作潜能阶次本身。本
身说来,我们既然把一般意义上的"能够存在者"设定为A,那么就
必须用A^1来标示"直接能够存在者",但这个东西只有在终点才显现
为"直接能够存在者",而在过程中——因为伴随着各个原因之间的
关系,过程也呈现在我们眼前——则是首先显现为一个脱离了自主
体的存在,亦即一个无主体的存在,因此我们用B来标示它,并且指
出它后来应当被带回到A;"纯粹存在者"首先通过B而被设定为潜
能,而当它提升为主体,就被标示为A^2;至于最后那个作为客体同时
是主体,反过来作为主体同时是客体的东西,则是被标示为A^3。我
在使用这些记号时,并不要求什么清晰性,毋宁只是为了简便起见;
基于同样的理由,我现在也和过去一样,不介意用A^0去标示那个凌
驾于全部潜能阶次之上的东西,那个是存在者的存在的原因,并且
本身是纯粹现实性的东西,同时不去考虑数学上$A^0=1$之类的情况。

　　在这整个研究中,我们都把某些哲学家当作指北针,因为他们
作为先行者,已经一般地认识到了这三个原因,哪怕并没有对此进
行论证。我们从一开始就把那个本身无限制的、不可名状的存在
(B)比拟为"无定",这个东西对柏拉图而言不仅是可知觉的感性
事物的质料和基础,而且是原型或理念的质料和基础。鉴于德国当
时的哲学思维的水平,这种把质料推及理念的做法必定会遭到强烈
的抵制,而勃兰迪斯也是一方面基于亚里士多德的现有著作,另一
方面基于后者的一些仅仅以残篇形式保存下来的著作,才第一次证

明这确实是柏拉图自己的观点。① 也就是说，当时的思想界还没有
搞清楚一件简单的事情，即现实的事物不是通过"**什么**"（Was），而
只能通过"**如此**"（Daß）而区别于原型，因此事物的元素不可能是
别的什么东西，只可能也是理念的元素。严格意义上的存在者是[唯
一的]神性理念，但在其中，伴随着一个能够逾越神性存在的本原，
各个元素相互之间却有无穷多的关系，而这些关系同样是原初统一
体的各种形象（理念）；就此而言，柏拉图所说的"无定"本原就是
所有这些理念的观念上的前提。除此之外，人们也把那个本身无规
定，并且需要规定的东西称作"**质料**"，哪怕柏拉图并没有使用这个
名称；更有甚者，人们希望证明，柏拉图本人已经认为，这个本原在
创世之前处于一个无序的、杂乱运动的状态，因此是一个独立于上
帝的本原。我不知道，人们是否能够一方面否认这个观念属于柏拉
图，另一方面把神话叙述当作避难所，像某些人那样把一切不是空
洞而无实体的概念的东西抛入其中。因为在主要的文本里，柏拉图
仅仅说：神已经接受了一切可见的东西（πᾶν ὅσον ἦν ὁρατόν），并且
把那种躁动的、不和谐的（πλημμελῶς）和杂乱运动着的东西从无序
状态置入有序状态；② 但很显然，柏拉图在那里所说的不是一个特
殊的本原，毋宁是**全部**能够被看见的东西，而且他很有可能想到的
是全部可能东西的一个尚未分离的、混沌式的总括，即我们所说的
"存在者"，更何况无论是在前面还是后面的地方，他都从来没有把
那个单纯的ἄπειρον [无定] ——无定作为特殊的东西确实是πρῶτον

XI, 393

---

① 勃兰迪斯：《论亚里士多德的遗失著作》（*De perditis Aristotelis libris*, 1823年），收录于
《希腊罗马哲学史手册》第二卷，第一章，第307页及以下。——谢林原注
② 柏拉图：《蒂迈欧》30A。——谢林原注

ὑποκείμενον [第一载体], 即亚里士多德意义上的质料, 或者说一切
东西**由之所出的**那个东西——看作**单独**存在着的, 因此也绝不可能
把它称作πᾶν ὅσον ἦν ὁρατόν [一切可见的东西]。^①能看到的始终只
是整体(τὸ πᾶν), 而绝不是一个单独的本原。

因此, 那个自在地不受限定, 但恰恰因此需要限定和从属于限
定的东西, 其被认识和被看到的原因, 是一个被柏拉图拿来与之直
接对立的东西, 即"限定"(πέρας), 亦即我们明确指出的"进行限
定者"或"设定限定者"。但这个原因不是位于已经生成的东西之
外, 而是始终寓居在后者之内。关于这第二个必然的要素, 你们可以
在《斐勒布》里获得完满的揭示, 这里是柏拉图智慧的核心;但《智
者》作为先行者, 却是一首真正的走向更高科学的献祭之歌。自在
地看来, "无定"既非大也非小, 既非更多也非更少, 既非更强也非
更弱, 而是从"进行限定者"那里获得所有这些规定。正因如此, 柏
拉图把它称作**"大和小"**(μέγα καὶ μικρόν), 同时指出, "无定"就
其本性而言始终位于根据之内, 它能够沿着这条直线上升和下降,
却不会止步于任何一个地方。^②简言之, 这个本原把数和尺度设定
在前一个本原之内, 控制着时间和运动, 把那个本身不具有和谐秩
序, 甚至与之相对抗的东西带入秩序, 使其摆脱自身矛盾。

但这仍然没有解释, 那个自在地不可认识的东西是通过什么**样**

---

① 从柏拉图《蒂迈欧》51A和别的很多文本可以看出, 这个东西毋宁完全是Ἀόρατον [不
可见的]。51A的说法是: τὴν τοῦ γεγονότος ὁρατοῦ … μητέρα καὶ ὑποδοχὴν λέγωμεν
ἀόρατον εἶδός τι καὶ ἄμορφον. [我们希望把这个变得可见的东西……称作一种不可见
的、无形态的事物。]——谢林原注

② γενομένης γὰρ τελευτῆς καὶ αὐτῷ τετελευτήκατον. [如果它们有终点, 它们在终点就会
变得更多或更少。] 柏拉图:《斐勒布》24B。——谢林原注

式和**方式**而变得可认识和可理解，而柏拉图本人也说，这个"如何"是很难解释和表达出来的。[1] 尽管如此，柏拉图在别的地方关于努斯的一个说法大致上适用于进行限定者，即它通过**说服**的方式把**必然性**导向至善，而必然性本身则是听从这个智慧的劝告，把这个大全建立起来。[2] 这个情况基本符合我们尝试解释过的那个情况，即一个起初反抗着的本原被另一个本原征服。"征服"这个说法同时包含着我们随后同样必须重视的一点，即这个征服不是伴随着暴力，而是伴随着尺度和凝思，因此也是逐步发生的。

到目前为止，我们能够在柏拉图的两个本原里看到我们所说的那两个最初的原因。而且柏拉图也推进到了第三个东西。但对他而言，这个东西不是一个本原或原因，而是那两个本原的产物（τὸ τούτων ἔκγονον），因此是一个经过混合的和后来生成的存在者（μικτὴ καὶ γενεννημένη οὐσία）。除此之外，他似乎不认为还有别的联合那两个本原的东西。关键在于，他立即从第三个东西推进到第四个东西，并且单单把后者称作"**原因**"，也就是说，前两个本原相对于它而言仅仅扮演着工具的角色。实际上，概念的完整性本身就仿佛驱使着我们在一切东西里面寻找第三个就其本性而言单纯

---

① ἀόρατον εἶδός τι καὶ ἄμορφον, πανδεχές, μεταλαμβάνον δὲ ἀπορώτατά πῃ τοῦ νοητοῦ καὶ δυσαλωτότατον αὐτὸ λέγοντες οὐ ψευσόμεθα. [一种不可见的、无形态的、接纳一切的事物，但却以一种完全不可能的方式分有了理知东西，并且是极难把握的。] 柏拉图：《蒂迈欧》51B。前面不远的50C已经指出: τρόπον τινὰ δύσφραστον καὶ θαυμαστόν. [这是一种很难描述的、神奇的方式。]——谢林原注

② νοῦ ἀνάγκης ἄρχοντος τῷ πείθειν αὐτὴν τῶν γιγνομένων τὰ πλεῖστα ἐπὶ τὸ βέλτιστον ἄγει … δι' ἀνάγκης ἡττωμένης ὑπὸ πειθοῦς ἔμφρονος ξυνίστατο τόδε τὸ πᾶν. [当努斯通过说服的方式控制了必然性……必然性就听从智慧的劝告，开始塑造这个大全。] 柏拉图：《蒂迈欧》48A。——谢林原注

的、非复合的(非具体的)原因。让我们这样思考这个序列。第一个单纯质料性的原因真正说来并不是原因,因此它作为一个需要规定的东西,真正说来仅仅是被动的。这个服从规定的东西是纯粹的**实** **体**;这是第一个概念。第二个原因提供规定,相对于实体而言,它是进行规定的原因(ratio determinans),即**纯粹的原因**,因为它同样不愿意单独存在。现在,为了达到概念的完整性,什么东西能够被看作凌驾于二者之上,或更确切地说,什么东西**必须**被看作凌驾于二者之上呢? 很显然,这个东西必须同时是实体**和**原因,同时是可规定的东西**和**进行规定的东西,亦即一个**自己规定着自己的实体**,它作为无规定的东西,在自身之内包含着一种"**能够**",但不受那个与它结合在一起的**存在**的威胁,而这才是真正的,亦即**自由的**"能够存在者",因为存在和不存在对它来说是等同的,因为它在存在里(在进入存在时)始终是一种"能够",在不存在里始终是一个存在者——也就是说,如果前两个原因不是为着它们自身,而是**为着它**而存在着,那么它就不是单纯的**存在者**,而是一个理应存在的东西,即三个原因里面的真正的"**应当存在者**"(das seyn Sollende),反之第一个原因在根本上始终只是"**能够存在者**"(das Seyn Könnende),我们虽然不能简单地把它称作"**不应当存在者**",但也绝不会说它是"**应当存在者**";至于第二个原因,因为是伴随着必然性而把自己建立在存在里,所以显现为"**必然存在者**"(das Seyn Müssende)。

我们提出的这三个概念(而不是其中的某一个),不仅对于任何超越了直接思维的思维而言,而且对于任何产生出来的存在,对于那个被假定为可能的过程的概念而言,都是必然的和不可或缺的。

刚才我们指出,第一个原因在根本上始终只是"能够存在者",

而我们现在希望补充道,它哪怕已经过渡到存在,也仅仅在相反的意义上又是"能够存在者"。因为当它被提升为存在(B),就直接落入第二个原因的手中,被后者重新带回到"能够"。一切及物意义上的"能够存在"——这里不妨重新使用此前已经用过的术语——都处于双重的存在之间:一边是它所来自的存在,另一边是它所走向的存在,因此它在本性上是模棱两可的(natura anceps);在毕达哥拉斯和柏拉图那里,"二"(Dyas)本身就是无规定的,因此也被称作ἡ ἀόριστος δύας [不定的二]。当我们把第一个本原的无限制的情况和它的通过限制而设定的**存在**(它的限制是"能够")联系在一起,就会把"二"这个名称和它的本性联系在一起,也就是说,它虽然是A,但能够是自己的反面(B),这个反面虽然是B,但能够重新是A,以至于它永远都不可能摆脱"二"的本性,而柏拉图也正确地指出,它是一个永远都不会真正存在着,毋宁始终仅仅转变着的东西(τὸ γιγνόμενον μὲν ἀεί, ὂν δὲ οὐδέποτε)。①

XI, 396

    基于这种模棱两可,这个东西离不开一个进行规定的原因;这个原因注定是它的规定者,但不可能和被规定者一样也是一个运动着的、漂移在存在和非存在之间的东西,毋宁说,这个原因必须是一个径直采取行动,在本性上与自身等同,排除了"能够",从而纯粹地存在着的东西,并且在这个意义上完全类似于那个作为"一"而与"二"相对立的东西。但是,正因为这个本原仅仅以太一为目标(这是我们已经指出的),而转变的意图并不是只让太一存在着,而是要让一切可能的东西都存在着,所以这个进行规定的力量本身又

---

① 柏拉图:《蒂迈欧》27D。——谢林原注

需要一个提供尺度的力量。这个规定着尺度的东西统治着前者, 防止其仅仅制造出太一, 因此它只能是一个自由地漂移在存在和非存在之间, 能够意欲着二者、自己规定着自己, 并且按照目的和意图去行动的东西, 亦即只能是一个第三者。

由此可见, 为了理解转变, 需要一个第三者, 它本身不是后来生成的, 而就是**原因**。也就是说, 前二者各自都是一个无限的意愿, 第一个东西只愿意坚守在存在里, 第二个东西只愿意退回到非存在, 而唯有第三者, 正如我说的, 作为一个无情感的、不动声色的东西, 才能够去规定, 在每一个时间的哪个尺度里, 亦即对于过程的每一个环节而言, 存在应当被征服; 唯有通过它, 一切转变才成为持存, 亦即站稳足跟, 而它自己则是从自身内产生出一切合乎目的的东西, 同时本身就是目的。换言之, 盲目的存在者(B)并非注定就是持存着的, 第二个东西真正说来也不是为了自身而存在着, 而是为了征服那与它对立的东西, 并且在已经通过后者而被设定为潜能(in potentiam), 亦即被设定为单独存在的情况下, 扬弃自己的单独存在, 也就是说, 它同样注定要走下舞台, 而为了真正扬弃那个位于自身之外的存在者, 它必须预先看到一个东西, 能够用其取代那个退回到非存在的东西。它所看到的恰恰是一个第三者, 就此而言, 一切转变都是通过第三者而完结, 仿佛被打上一个封印。

相应地, 我们必须承认亚里士多德在一个问题上胜过柏拉图, 即他不但指出这个第三者是原因, 并且将其看作目的因, 因为一切别的东西都是为着它(οὗ ἕνεκα)而转变。但是, 因为亚里士多德仅仅把这个原因规定为外在的原因, 并且主要是基于经验而非基于思想的必然性而采纳这个东西, 所以他在后来陷入窘境, 不得不进而

XI, 397

提出与之不同的第四个原因，而这个原因除了被称作**最终的**目的因之外，别无他法；同样的情况在他所说的第二个原因和第三个原因那里也发生了，也就是说，二者对他而言已经合为一体。① 他简单地把第一个本原称作质料，殊不知这个东西只有在现实的从属关系中才会出现，而通过这个方式，他省略了高瞻远瞩的柏拉图的一些非同寻常的表述；从他把第二个原因称作"运动的开端"（ἀρχὴ τῆς κινήσεωσ）可以看出，他的理解是多么地隔靴搔痒；尽管如此，他也使用了"一切东西**所依据的**（ὑφ᾽ οὗ）原因"这个表述，而与此相对应，第一个原因就是"一切东西**由之所出的**（ἐξ οὗ）原因"，第三个原因则是"一切东西**所趋向的**（εἰς ὅ）原因"——这个区分在很长的时间里保存下来。②

XI, 398 　　我们接下来的任务是要探究这三个原因的有效范围和界限，然后由事情本身表明，我们是否可以止步于它们。

　　开端是那个唯一能够从自身出发，转变为一个他者，因此原初地从属于转变的东西。但这个东西并不是被放任不管的，而是有一个看护者，后者维护着它，使它不会在自己的无界限状态中走向沉沦。开端在纯粹的自在存在里仿佛已经承担着一个更高东西的禁令或封咒，只要它想崛起，就立即会触碰到这个禁令或封咒；这个更高东西不允许它无条件地显露出来，而是只允许它从属于"更多或更

---

① 亚里士多德：《物理学》I, 7。——谢林原注
② 在瓦罗那里，这个区分表现为"所依据的"（de quo）、"由之所出的"（a quo）和"某物按照它而生成"（secundum quod aliquid fiat）的三联体。参阅谢林：《论萨摩色雷斯岛诸神》，第106页。——谢林原注（译者按，瓦罗 [Marcus Terentius Varro, 前116—前27年]，罗马学者和讽刺作家。）

少"，随之从属于分割，而要做到这一点，除非它**作为**如今存在着的东西（因为它是从潜能阶次中显露出来的），在和更高东西的关系里重新表现为非存在者。也就是说，通过这个方式显露出来的只不过是一个更高类型的、具体的非存在者，它的普遍属性仅仅在于成为这样一个东西，能够接纳一切，但正因如此本身并非**存在着**——或者如我们在别的地方所说的，成为实存的**根据**，但本身并非实存着，换言之，这个东西之所以具有实存，只不过是因为它服务于别的东西的实存，亦即服务于转变（δουλεῦον εἰς γένεσιν αἰτίᾳ）①，而在这种情况下，它作为无属性的东西，从任何角度来看都只能具有**量**的区别。简言之，这个东西为了获得它的外在存在而付出的代价，就是不但内在地从属于那个更高的东西，成为后者的主体，而且外在地也从属于后者，随之牺牲自身，真正成为质料。有鉴于此，我们也可以把这个环节称作"转变为质料"或"奠基"，至于究竟是哪一种科学活跃在这个纯粹的量的规定的王国里，并且把那个转化为质料的太一或元一（Uni-versum）当作对象，这也是毫无疑问的。

这个从属关系造成了或者说促成了那个真正说来尚未存在着的、被无界限的存在（B）所否定的第二个原因，而这是通过每一个 XI, 399 后继者（将来者）施加在先行者身上的**压力**。当质料准备好接受这个更高的、现在存在着的原因的各种要求，就能够开始现实的征服。所谓征服，就是把那个被设定在自身之外的东西带回到自身之内，在迄今的同类东西里面设定各种区别和特殊化，赋予每一个如此生成的东西以独特性和属性，使它们排斥任何别的东西，进而制

---

① 柏拉图：《斐勒布》27A。——谢林原注

造出**质**和各种类型的物体的王国，一直到质料完全扬弃了自己的独立性，并且能够把第三个潜能阶次吸引过来（假若没有这个潜能阶次，迄今的一切转变都是不可能的），把这个潜能阶次设定为现在的统治者，其统治着的是一个新的世界亦即有机世界，这个世界已经逐步提升到自主把握，开始具有自由的和有目的的运动。

与此同时，我们还必须考虑进一步的情况。此前我们的任务是，当那些原因被看作处于紧张关系时，我们应当找到一切作为它们的产物而产生出来的东西。现在，单纯的原因或纯粹的潜能阶次被复合实体（οὐσίαι συνθεταί）或真正意义上的**物**取代了，亦即被一个物的世界取代了。而为了理解它们的共同作用或共同设定，我们必须悄悄地预先设定一个**统一体**，通过这个统一体，三个原因才被整合在一起，共同发挥作用。我们之所以现在才谈到这个统一体，是遵循着这门科学的本性，也就是说，这门科学仿佛是从外到内，从存在者走向"那个是存在者的东西"。这个统一体作为一个发挥着作用的东西，只能包含在一个原因里。既然如此，我们看起来必须推进到**第四个**原因。

这第四个原因——我们不假思索就使用了这个名称，因为自亚里士多德以来，它已经是广为人知的——不可能是**上帝**。因为，一方面看来，假若它是上帝，这就完全违背了我们亲自给这门科学提出的规定，即在这门科学里，上帝只能是目标或绝对的、最终的目的因（也就是说，我们可以不带矛盾地思考多个目的因，因为每一个后继者都相当于是先行者的目的因）。但我们距离这个目标还很遥远，因为我们甚至还没有达到一个有灵魂的世界；这个世界的巅峰是人；但即使在人那里，我们也不能停下来，因为人不仅是自然界的

XI, 400

终点，而且是另一个全新的、凌驾于自然界之上的世界的**开端**，而这个世界就是**知识**、**历史**和人的**族类**的世界。另一方面看来，不可否认，我们天然地就不情愿把上帝规定为诸多原因之一，毋宁说，我们更倾向于把他看作**绝对的**原因，即诸原因的原因。诚然，相对于第四个原因而言，前三个原因表现为工具，随之也表现为相对的非存在者，因此我们可以把第四个原因规定为"那个**是**前三个原因的东西"，正如我们曾经把上帝称作"那个是存在者的东西"。但恰恰在这里，也有一个区别。通过迄今所述，我们只证明了一点，即上帝是存在者的**统一体**的原因；反之，第四个原因却是以一个已分裂的、分散为元素的存在者为前提；因此它和前三个原因的关系是这样的，即它是**作为它们而存在着**，而且是**作为分散的它们**而存在着。就此而言，第四个原因虽然是前三个原因在上帝之内的统一体的产物，但并不是上帝，尽管它和已分裂的存在者的关系恰恰就是上帝和未分裂的存在者的关系。

为了达到完满的清晰性，我们再思考如下情况。前三个原因**就其自身而言**（亦即作为相互区分开和相互对立的东西）并不是存在者里的**存在者**；每一个原因都不是单独存在着，并且只有在这种"非单独存在"中才是存在者；但是，当它们摆脱彼此，显露出来，它们就不再是存在者，毋宁仅仅是存在者的**质料**或材料。尽管如此，它们曾经所是的这个存在者不可能消失，因为它即便在思想里也是唯一的**现实东西**，而三个分散的潜能阶次却是单纯的可能东西：统一体 XI, 401 在我们想到分裂之前已经存在着，这个先行者不可能通过随后的分裂而被扬弃。一切能够从分裂中派生出来的东西都表明，在质料的意义上，存在者也不再是三个原因（在质料的意义上，它现在是在自身之外具有三个原因）；但由此不能推出，存在者暂时只是在**非质料**的意义上是三个原因，以及唯一的存在者现在以两种方式实存着，即一方面仅仅被设定为质料（就质料而言），另一方面被设定为非质料（就现实性而言），因为很显然，在这种情况下，只要质料（它在理念自身之内仍然是非质料）尚未**作为**质料显露出来，那个被设定为非质料的东西也不可能显现。正因如此，那个现在被设定为非质料的东西在理念里没有被觉察到，随之也没有被明确地区分开；它存在着，仿佛并不存在着，正如质料就其自身而言也不存在着：基于**这个**理由，理念里面只有我们此前已经认识到的那个区分，即存在者和上帝的区分。也就是说，存在者虽然曾经被我们规定为神性现实性的质料，但并不因此**作为**质料而存在着，而上帝是"那个**是**存在者的东西"，即存在者的存在的原因（ἀιτία τοῦ εἶναι）。

但是，理念里面设定的任何东西，哪怕是以未区分和静悄悄的方式设定的，都不可以消失；毋宁说，它能够遭遇的事情，就是被设定在隐蔽状态之外，**显现出来**；这样一来，那个在存在者那里唯一真正是**存在者**的东西，在理念发生分裂时也不可能消失，而是与那个在理念里曾经不存在，但现在已经（以它自己的方式）存在着的东西分道扬镳，显现出它的**独特形态**，从而不再像在理念里面一样，仅仅就本质而言潜在地**是**存在者，而是也作为存在者，随之作为现实性而显露出来，但这并不是为了摆脱那个以它为现实性（存在的原因）的东西，毋宁恰恰是为了成为那个东西。这里也包含着它和上帝的永恒区别。因为针对"上帝是**什么**"这个问题，我们虽然答以"上帝是存在者"，但**上帝本身**并不是存在者，又因为一切普遍者或"什么"（Was）都包含在存在者里面，所以关于上帝本身（在他的纯粹自主体里)是怎样的,我们也说不出他是"**什么**",而是只能说"**如此**"(Daß),即他**存在着**(科学追求的目标恰恰是这个独立于一切"什么",并且可以与"什么"分离的存在)。至于我们刚才谈到的那个东西,其区别于上帝的地方在于,它虽然也是现实性,并且表现为那些单纯的质料性原因——我们现在可以在更高的立场上这样统称它们——的"**如此**",但这仅仅是**它们的**"如此",不是它自己的"如此",这个"如此"不能够脱离那些原因,并在这个意义上单独存在着,而是与它们捆绑在一起,哪怕它现在已经从隐蔽状态中显露出来,也只能够是**那些原因**,并且统摄着**那些原因**。

这个东西本身是现实性,但不是为了自己,而是为了一个他者而存在着,也就是说,为了作为他者的**存在的原因**而存在着;对于这个东西的概念,语言有一个贴切的表述,即"**灵魂**",而它的意义完全不同于"**精神**"。简言之,精神更像是一个能够摆脱,或者说已经现实地摆脱存在者(质料)的东西。精神相对于存在者而言是自由的,也能够发生分裂;比如科学就不是灵魂的作品,而是精神的作品。我们在谈到任何概念规定的时候都乐于诉诸亚里士多德,他虽然不是沿着这条道路——鉴于他抛弃了一切辩证因素,这对他来说确实是不可能的——,但却是沿着他自己的道路达到了同样的一个概念,也就是说,他虽然宣称灵魂是隐德莱希,但他所指的不是一般意义上的隐德莱希,而是一个特定的已生成者,即一个能够具有生命的物(σώματος - δυνάμει ζωòν ἔχοντος)的隐德莱希[1],它是这个东西的现实生命的原因,亦即其获得的**存在**的原因。只不过亚里士多

---

[1] 亚里士多德:《论灵魂》II, 1。——谢林原注

德用了另一个术语去表述第四个原因，而接下来的简短考察将会表明，这个术语和我们的推导是完全吻合的。

XI, 403 我们区分了存在者和"那个**是**存在者的东西"。任何已生成的东西无非是存在者的一个特定的形态，它愈是就质料而言等同于整个存在者，就愈是吸引着"**那个是存在者的东西**"，反之后者则是那个**是**它的东西，亦即是它的存在的原因。现在，亚里士多德指出，这个**是**存在者的东西——"存在者"在这里既可以指绝对的存在者，也可以指处于一个特定形态中的存在者——的本性是τί ἦν εἶναι [是其所是]；借助同一个术语，他也区分了第四个原因，并且宣称后者就尊贵性而言是最初的原因[1]，就认识而言是最终的原因，因为它在任何东西那里都是认识的界限。[2]在我们这里，它同样呈现为第四个原因，而这首先是因为那三个原因把我们带到它面前；但我不知道，我们是不是太过于信任亚里士多德了，因为我们假定他也已经认识到，这个原因在单纯的思维里是没有被知觉到的，只有在一种进行区分的科学那里才揭示自身。不管怎样，既然关于那些先行的原因，我们和亚里士多德是完全一致的，那么我们对于第四个原因的看法也不会有什么偏差。关于亚里士多德自己的用语，虽然有着许多不同的解释，但只要把它们放在一起，就足以表明我们的观点是正确的。也就是说，它们所表达出的，不再是一个仅仅属于存在者的东西，而是"**那个是存在者的东西**"的本性。

---

① 亚里士多德：《形而上学》I, 3。——谢林原注

② τῆς γνώσεως γὰρ πέρας τὸ τί ἦν εἶναι ἑκάστῳ. [每一个事物的"是其所是"是认识的界限。]亚里士多德：《形而上学》V, 17。——谢林原注

但由于亚里士多德的用语恰恰在语法上造成了困难，而相应的辨析将会全面地澄清事情本身，所以我们也希望首先谈谈其字面上的意思。①

一般而言，关于这个用语的**内容**或客观的意义，绝不可能有什么 XI, 404 争议。在这个问题上，人们总是援引亚里士多德的那个文本，即在某种意义上可以说，房屋产生自房屋，由木头和石头构成的质料性东西产生自仅仅存在于概念中的非质料性东西，后者在建筑师的精神里是先于前者的——ἐκ τῆς ἄνευ ὕλης τὴν ἔχουσαν ὕλην [质料性东西产生自非质料性的东西]——，亚里士多德随后补充道，精神的非质料性的实体是精神的τί ἦν εἶναι [是其所是]。但这些说法始终没有澄清表述的一个语法现象，即这里的"是"是一个过去式。也就是说，这个表述很容易让人觉得，过去式的"**是**"(ἦν)指形式已经现成地存在着(形式先于建筑师的精神里的雕像)，反之一般现在式的"**是**"则是指形式在雕像里**是**它此前**已经是**的东西。②

---

① 我们可以同意亚里士多德《形而上学》VII, 4的这个说法：πρῶτον εἴπωμεν ἔνια περὶ αὐτοῦ λογικῶς.[首先我们希望以概念的方式进行讨论。]因为他随后完全是在这个意义上使用各种术语：ὥσπερ ἐπὶ τοῦ μὴ ὄντος λογικῶς φασί τινες εἶναι τὸ μὴ ὄν.[对于不存在的东西，有些人以概念的方式将其称作非存在者。]亦参阅《形而上学》IV, 5，在讨论了"对于概念而言"和"对于理智而言"的对立之后，所谓λόγου χάριν [出于对概念的尊重]，意思就是tantum ut ita loquantur [完全可以这样说]。——谢林原注

② 参阅福尔希哈默尔(P. W. Forchhammer)：《语文学家论辩集》，第六编，第87页。——也有人认为，"是"(εἶναι)能够表达出一个事物，因此应当被翻译为"是其已经所是"(das was war–das Seyn)。也就是说，这时或这里所**是**的东西(比如房屋)，已经是房屋。至于希腊文是否允许不定式的"**是**"甚至在没有冠词的情况下意指"**现在是**"，这个问题我必须留给专家去判定。除此之外，τί ἦν εἶναι [是其(已经)所是]绝不是**仅仅**指一个已经是的东西，而是指一个始终包含在事物里的东西，即内在的形式(εἶδος ἐνὸν)，而且这个形式并不是仅仅停留在灵魂里(εἶδος ἔν τῇ ψυχῇ)。参阅亚里士多德：《形而上学》VII, 7。——谢林原注

　　谁如果一直跟随我们的脚步，就会发现我们几乎不得不做出这个解释。无论如何，在三个潜能阶次（其中没有哪一个单独地是存在者）分道扬镳之前，必定已经有一个统一体，这个统一体**已经是**统一体，并且按照这些潜能阶次的重新联合的规定进入一个由此生成的东西，表现为这个东西的灵魂。也就是说，假若我们做别的解释，就会很轻松地让这个过去式与我们的前提达成一致。但这样的话就会出现一件让我们很难接受的事情，即"已经是"应当属于较好的方面，反之"**是**"却应当属于较差的方面。因为，比如肌肉、骨骼以及一切构成质料性的人的东西都可能变得支离破碎，甚至被消灭，

XI, 405　但那个**是**这个质料（即这个单独而言的非存在者）的东西却不可能被摧毁；这个东西的"**是**"在意义上完全不同于质料的"已经是"，并且就其本性而言是永恒的。

　　但这里的过去式究竟是怎么回事呢？这一点同样值得我们注意，并且只能通过一种无比细腻的语感才能够得到解释，而希腊人正是基于这种语感，在同样的或类似的情况下使用过去式。比如，我们通常会说，所有的人都追求的东西**是**善，而亚里士多德在这里却用过去式说，这个东西**已经是**善（οὗ πάντες ἐφίενται, τοῦτο ἀγαθὸν ἦν）[1]。它在所有的人都追求它之前已经是善，不是因为人们追求它才成为善，毋宁说，正因为它已经是善，所以人们才追求它。但是，那个**已经是**善的东西，只有通过追求才显现出来，并且相对于追求而被固定下来。同样，存在者，每一个东西的 τί ἐστιν

---

[1] 亚里士多德：《修辞学》I, 24。维茨（Waitz）的《工具论评注》第二卷第400页也引用了这句话，但却是把它和另外一些不相干的东西放在一起。——谢林原注

［"所是"］，或者说**那个**是任何事物的东西，也是相对于那个**是它**的东西（而它则是通过这个东西而**存在着**）而成为 τί ἦν［"已经所是"］——这同时也回答了那个一直以来似乎都没有被回答的问题，即 τί ἐστιν［"所是"］和 τί ἦν εἶναι［"是其（已经）所是"］之间究竟是什么关系。对我们而言，"**所是**"始终是认识活动里的第一位东西和先行者。画家在为卡利亚画肖像时，首先看到的是卡利亚的"**所是**"，比如他的肤色是棕色的还是白色的，他的头发是浓密的还是稀疏的，如此等等，但所有这些性质都不是卡利亚，它们是他和许多人所共有的，并且能够合起来制造出一种单纯质料上的相似性；但艺术家进而掌握了那个**是**所有这些性质的东西，相对于这个东西而言，所有那些性质都仅仅是**前提**，即一种真正说来仅仅**已经是**的东西，而只有通过这个方式，艺术家才把**卡利亚本人**呈现出来。当亚里士多德希望以最简单的方式做出解释时，他是这样说的：τί ἦν εἶναι［"是其（已经）所是"］任何时候**就其自身而言**（ἕκαστον ὃ λέγεται καθ' αὑτό）①都与一切偶然的、质料性的他者无关。因此，如果我们说亚里士多德的这个术语所指的是"那个任何时候都**是**存在者的东西"，这就完全符合哲学家的本意。实际上，哲学家几乎一直都在特意强调这个"**任何时候**"（其中暗示着偶然性），不管是在刚才提到的文本里，还是在别的地方，都是如此，比如 τὸ τί ἦν εἶναι λέγεται ἡ ἑκάστου οὐσία［"是其（已经）所是"在任何时候都是实体］，或 εἶδος δὲ λέγω τὸ τί ἦν εἶναι ἑκάστου καὶ τὴν

XI, 406

---

① 亚里士多德：《形而上学》VII, 4。——谢林原注

πρώτην οὐσίαν [形式或 "是其（已经）所是" 在任何时候都是第一实体]①。

后面这个文本值得我们予以更多的关注。那个在其中被称作 "εἶδος"，并且等同于 τί ἦν εἶναι ["是其（已经）所是"] 的东西，被经院哲学家非常贴切地翻译为 **"形式"**，以作为 "质料" 的对立面，而质料是一种最普遍的（因为能够接纳一切）、与一切是 **"这一个"** 的东西相距最为遥远的东西。近代以来，有些人把它翻译为 **"概念"**，而在他们看来，概念的内容仅仅是 **"什么"** 或 **"所是"**（τί ἐστιν）。虽然他们随后宣称概念是**唯一现实的东西**，但在谈到**普遍者**时，他们又重复了同样的说法。但愿亚里士多德也拥有这些人自诩的那种智慧！实际上，对亚里士多德而言，形式是现实性（Τὸ εἶδος ἐντελέχεια）②，因此并不是单纯的 "什么"，而是那个在存在者里被设定的 "什么" 的 **"如此"**；同样的道理也适用于 "实体"，因为实体是一直存在着的东西存在的**原因**（Αἴτιον τοῦ εἶναι πᾶσιν ἡ οὐσία）——或用我们的话来说，是 "那个是**存在者**的东西"③。针对 "卡利亚是什么？" 这个问题，我可以用一个种属概念来回答，比如 "他是一个动物"；但他的存在的原因（在这里即生命的原因）却不再是什么普遍者，不是第二实体，而是第一实体或最高实体（πρώτη

---

① 亚里士多德：《形而上学》V, 8；《形而上学》VII, 7。——谢林原注

② 亚里士多德：《论灵魂》II, 1。——谢林原注

③ 亚里士多德：《论灵魂》II, 1。此外《形而上学》V, 8也指出：οὐσία, ὃ ἂν ᾖ αἴτιον τοῦ εἶναι, ἐνυπάρχον ἐν τοῖς τοιούτοις ὅσα μὴ λέγεται καθ᾽ ὑποκειμένου (οἷον ἡ ψυχὴ τῷ ζῴῳ). [实体始终寓居在那些不被一个主词谓述出来的事物之内，是这些事物的存在的原因（比如动物里的灵魂）。]——谢林原注

οὐσία)[1]；　第一实体是每一个事物**独有的**、**不在其他事物之内的**，　XI, 407
而普遍者是许多东西所共有的（πρώτη οὐσία ἴδιος ἑκάστῳ, ἣ οὐχ
ὑπάρχει ἄλλῳ, τὸ δὲ καθόλου κοινόν）[2]；实体是**每一个东西本身**，
因此在动物里就是我们说的**灵魂**，而灵魂既被看作一个以工具的
方式构造出来的身体的**实体**或**现实性**，也被看作身体的τί ἦν εἶναι
["是其（已经）所是"]，而且它同样是**每一个身体所独有的**，而不是
许多身体所共有的。[3]在这里，灵魂作为现实性，恰恰是这个特定
的身体的"**如此**"，但这是一个不能与身体分离的"如此"。就此而
言，"如此"已经包含着和**统摄着**"什么"。只有在**这个**意义上，"形
式"才包含着概念，亚里士多德也才能够把"形式"和λόγοι τῶν
πραγμάτων[事物的概念]放在一起[4]，这样去描述灵魂，即灵魂是一
个自然的、能够自己规定自己的运动和静止的身体的概念（Ἡ ψυχὴ
τὸ τί ἦν εἶναι καὶ ὁ λόγος σώματος φυσικοῦ τοιονδὶ ἔχοντος ἀρχὴν

---

① 正如"实体"对亚里士多德而言有两种意义，同样，他在《形而上学》V, 18也区分了两种
　意义的"就其自身而言"：ἐν μὲν γὰρ καθ' αὑτὸ τὸ τί ἦν εἶναι ἑκάστῳ, οἷον ὁ Καλλίας
　καθ' αὑτὸν Καλλίας καὶ τὸ τί ἦν εἶναι Καλλίᾳ: ἐν δὲ ὅσα ἐν τῷ τί ἐστιν ὑπάρχει, οἷον
　ζῷον ὁ Καλλίας καθ' αὑτόν: ἐν γὰρ τῷ λόγῳ ἐνυπάρχει τὸ ζῷον. [在一种意义上，"就其
　自身而言"指任何事物的"是其所是"，比如就其自身而言的卡利亚和卡利亚的"是其所
　是"是同一回事；在另一种意义上，"就其自身而言"指一切包含在事物的"所是"里的东
　西，比如卡利亚就其自身而言是一个有生命的东西。]——谢林原注
② 亚里士多德：《形而上学》VII, 13。亦参见特奥弗拉斯特《形而上学》第317页：ἡ οὐσία
　καὶ τὸ τί ἦν εἶναι καθ' ἕκαστον ἴδιον. [实体和"是其所是"是每一个事物独有的。]——
　谢林原注
③ 亚里士多德：《形而上学》VIII, 3。——谢林原注
④ 比如亚里士多德：《物理学》IV, p. 62。——谢林原注

κινήσεως καὶ στάσεως ἐν αὐτῷ) [1]。

　　"所是"(das was Ist)，或就其被思考为一个先行者而言，"是其已经所是"(das was war - Seyn)，是第四个原因的基本概念或本性。通过它，这个原因超越了单纯的存在者，也只有通过它，这个原因才能够整合**已分裂的**存在者，随之让某东西产生出来。因此没有任何东西不会受到这个原因的影响，尽管它只有在这种情况下才进入已生成的东西，即后者对它而言已经变成透明的。也就是说，这第四个东西本身并不等同于存在者的一部分，而是等同于整个存在者，因此它只有在这种情况下才能够作为**灵魂**进入事物，**是**这些事物，这些事物在自身之内表达出整个存在者，而这个存在者在较低的转变层次上仍然显现为四分五裂的。正因如此，人们诚然可以在某种意义上说，一切东西都是有灵魂的，因为单是依靠质料的话，没有任何东西会真正存在着；但严格说来，这个说法只适用于有机物，因为灵魂在这里才**显现出来**。但实际上，任何事物只要包含着**整个存在者**（尤其也包含着一个设定目的的原因），那么那个真正**是其所是**的东西就不会是质料，而是一个非质料性的东西，即**这个事物本身**。

XI, 408

---

① 亚里士多德：《论灵魂》II, 1。亦参见紧接着的这句话：Εἰ γὰρ ἦν ὁ ὀφθαλμὸς ζῷον, ψυχὴ ἂν ἦν αὐτοῦ ἡ ὄψις, αὕτη γὰρ οὐσία ὀφθαλμοῦ ἡ κατὰ τὸν λόγον, ὁ δ᾽ ὀφθαλμὸς ὕλη ὄψεως. [如果说眼睛是动物，那么视力就是它的灵魂，因为按照概念而言，视力是眼睛的实体，而眼睛是视力的质料。] 在这句话里，"灵魂"显然是指视力的现实性；所谓眼睛是视力的质料，比如在睡觉的时候就是如此，而醒着的眼睛哪怕在黑暗中也始终努力想要去看。——谢林原注

第十八讲　论世界灵魂

在我们推导出的诸本原和亚里士多德的众所周知的四个本原之间，没有根本的区别。关于后者，西塞罗在《图斯库兰论辩集》第十章曾经指出：Aristoteles longe omnibus (Platonem semper excipio) praestans et ingenio et diligentia, quum quatuor nota illa genera principiorum esset complexus, *e quibus omnia orirentur.* [亚里士多德在聪明和勤奋方面都远远超过了所有的人（但柏拉图始终是个例外），他所说的这四个众所周知的本原是一个复合体，**而一切东西都是由此产生出来的**。] 这件事情的后果，就是从此之后，任何人只要希望研究一切产生活动的本原，都不可能回避这位先驱。当然，亚里士多德并不是在纯粹思维里，而是仅仅在经验里发现这些本原。只要我们站在亚里士多德的立场上，只要我们假设这里讨论的是一切**产生活动**的本原，那么以下情况也是直接地（亦即先天地）显而易见的。诚然，这里尚未谈到任何产生出来的东西，亦即尚未谈到**存在者**，但本原毕竟不可能是"无"，因此对于第一个本原（那个必须被直接设定的本原），我们只能说它是纯粹的潜能（δύναμις）。但我们的意思是，这个潜能能够将自己直接提升为现实性；与此相反，亚里士多德在这个地方所说的潜能只是一种被动的潜能，它只能期待，却不能违背存在的规定。就产生活动而言，第一个环节是从潜能到现实性的过渡，因此纯粹的潜能必定是首要的前提。但是，假若这个本原不能重新从现实性回到潜能，亦即返回自身，那么它就相当于是无，仿佛已经迷失了，这就好比，假若我能够伸出手臂，却不能够重新缩回手臂，不能够把手臂和支配其伸展的肌肉重新置入静态，那么这也很难说是我的手臂。但同**一**个本原不可能一方面在本性上就要直接过渡到现实性，另一方面又亲自把自己重新设定为潜能；因为在追问本原的时候，我们已经预先设定，每一个本原都是一个单纯的东西，并且只能发挥着单一的功能。因此必定有**第二个**本原来到第一个本原身边，甚至可以说，它的出现仅仅是为了把第一个本原重新带回潜能。它是第二个本原，也就是说，它只能出现在第二个位置，因为它的活动以第一个本原为前提。它**只能**是第二个本原，就此而言，正如我们早先已经看到的，二者之间有一个通过它们自身不能解决的冲突，因为其中一方只愿意向外发挥作用，另一方只愿意向内发挥作用，因为每一方都只能是一个单一的东西。这样就不会得出任何结果，除非在它们中间出现一个第三者，这个东西像裁判一样不动声色和不偏不倚，而它唯一的愿望就是让某东西产生出来，或更确切地说，让尽可能多的乃至**一切**可能的东西产生出来；从这个目的来看，对于产生活动的每一个环节而言，第三者都规定着前两个本原各自发挥作用的尺度和界限。再者，这个提供尺度的东西也是单纯的，因为它同样仅仅发挥着单一的功能，尽管包含着目的和合乎目的的作用，但只能按照自己的**本性**，依据一种必然性而发挥作用，好比人类精神在获得前提之后，也会依据这种必然性而说出那个以它们为中介的，亦即已经变得可

XI, 410

能的结论。伴随着这第三个本原，一切对于产生活动来说必要的东西看起来都已经到手了，随之也展现出一种完结，既然如此，从现在起，我们也有权利认定并且说出三个本原的某种共通性，而我们很快就会发现，它们合在一起仅仅是产生出来的东西的普遍质料或材料，是服务于一切东西的工具。在这里，第一个本原具有最多的质料本性（正如之前所说，它就是亚里士多德所说的质料），反之另外两个本原看起来具有较少的质料本性，至少相对而言是一种非质料 XI, 411的东西；但由于它们注定要进入原初质料，在其中实现自身，亦即将自身质料化，所以，当它们来到质料或**非存在者**——不是οὐκ ὄν [不存在者]，而是μὴ ὄν [非存在者]——这边，就需要一个**是**那三个本原的东西，也就是说，必然会出现第四个本原，即亚里士多德非常贴切地用τί ἦν εἶναι [是其所是]来标示，并且也称之为ὁ λόγος [概念]的那个东西，而这个术语显然表达出一种双重意义的存在。也就是说，对亚里士多德而言，τί ἦν εἶναι [是其所是]仿佛是单纯质料的首脑或代言人，更是其灵魂。在这个意义上，我们也说将军是军队的灵魂，亦即将军是那个真正**是**军队的东西，因为一支没有将军的军队仅仅是某种纯质料性的东西，一个没有名称、没有概念的乌合之众，而这个乌合之众只有通过将军才成为某东西，亦即成为军队。①

---

① 亚里士多德在《论睡眠和清醒》c. 2 (p. 40)以最简洁的方式提出了四种原因：τρόποι πλείους τῆς αἰτίας. καὶ γὰρ τὸ τίνος ἕνεκα, καὶ ὅθεν ἡ ἀρχὴ κινήσεως, καὶ τὴν ὕλην καὶ τὸν λόγον αἴτιον εἶναι φαμεν. [有多种类型的原因。因为我们将原因看作"为了某物""运动本原之所出""质料"和"定义"。]. 关于这四种原因的**顺序**，亚里士多德仅仅在《论动物的部分》I, 1提出这样一个问题，ποῖα πρώτη καὶ δευτέρα πέφυκεν [何为自然上首要的，何为自然上次要的]，然后说道：φαίνεται πρώτη ἡ ἕνεκά τινος. λόγος γὰρ οὗτος, ἀρχὴ δὲ ὁ λόγος. [显然首要的是"为了某物"，因为它是定义，而定义是本原。]从这个立场来看，事情确实是如此。——谢林原注

伴随着这第四个本原，本身就得出了有灵魂的世界和无灵魂的世界这两部分，而伴随着全部四个本原，则是得出了整个理念世界。诸本原本身是单纯的，causae purae et ab omni concretione liebrae [是纯粹的、脱离了一切具体事物的原因]，而通过它们的共同作用，产生出具体事物（concreta），并且是按照诸本原相互之间的各种可能的关系而产生出**各种**具体事物。这些具体事物被称作"理念"，因为它们是在一种必然的，但又纯粹的思维里形成的。

在这整个层层上升的序列里，每一个理念在本性上都是在随后的更高的理念里得到满足，它在自身之内所包含的单纯的可能性在更高的理念里成为现实性。这样一来，也就解释了亚里士多德的那个相反的说法，即每一个后继者都把先行者作为可能性而包含在自身之内。① 也就是说，在整个上升序列里，每一个东西都承认，它不是为了自己而存在着，因为它在一个更高的东西里扬弃了自身，亦即扬弃了它的自主存在。这是一个不需要特别关注就显而易见的现象，比如我们看到，纯粹的质料性东西（材料和要素）如何凝聚为物体，物体如何又把自身扬弃为植物里的有机物，植物又如何把自身扬弃为动物，以及动物如何又把自身扬弃为人。人们可以说，这个序列里的每一个东西都深切地感受到自己的单独存在的虚无性，同时渴望达到那个为了自己而存在着的东西，那个唯一基于自身的现实东西，以便在它那里获得现实性，并且分享一种永恒的持存。② 然而这个基于自身的永恒者并不是灵魂；因为灵魂虽然具有非质料的本

① 参见本书第376页（XI, 376）引述的亚里士多德文本。——谢林原注

② 参见亚里士多德在《物理学》VIII, 7所说的：ὅλως δὲ φαίνεται τὸ γινόμενον ἀτελὲς καὶ ἐπ᾽ ἀρχὴν ἰόν. [一般而言，生成看起来是不完善的，并且导向某个本原。]——谢林原注

性,但仍然与质料发生关系,并且仅仅与这个单独而言的非存在者相关联;灵魂只有作为质料的隐德莱希才是某东西,就此而言,它同样没有被规定为单独存在着。毋宁说,一切转变者都需要这样一个东西,它既不是可能性,也不像灵魂那样是别的某个东西的现实性,而是摆脱了所有别的东西,绝对地单独**存在着**,因此也不再是迄今所说的那种意义上的本原,亦即不再是普遍者,而是一个绝对的个别存在者,而作为这样的个别存在者,它是纯粹的、单纯的、将一切潜能排除在外的现实性,不是隐德莱希,而是纯粹的现实性,并且不再像灵魂那样仅仅是非质料性的,而是超质料性的。这个东西本身不需要任何转变者,既不会转变为现实的,也不会转变为更加现实的,因此它以漠不相关的、岿然不动的方式对待转变者。反过来,一切转变者却是围绕着它而运动,而且这个运动不是出于知识或意愿,而是基于它们的**本性**,因此是以一种永恒的方式进行的。但是,虽然全部事物乃至全部灵魂和永恒者的联系都仅仅是一个经过中介 XI, 413
的联系,但在这些灵魂里面,必定有一个是最完满的,也就是说,这个最完满的灵魂完整地包含着那些在别的灵魂里仅仅支离破碎地存在着的东西,因此它和那个基于自身的永恒者的联系也不再是以别的东西为中介,而是直接触及那个超然在上的东西,并且毫无疑问是一个中项,通过这个中项,质料性的东西注定要提升为超质料性的东西,转变的世界(那个从相对的非存在者里显露出来的东西)也注定要提升为永恒者。

这样一来,我们才获得理念世界的完满概念,而理念世界是理性科学的一个必然的目标。诚然,亚里士多德也指出了理念学说的诸多困难,但这个学说本身似乎并没有被完全超越,因为他一方面表露出对于理念学说的不满①,另一方面却总是回溯到这个学说。比如他在《形而上学》明明已经结束的地方又开始讨论一种无论如何只能被看作附录的数论,并且用了整整两卷来强化他在主要问题上的观点。尽管如此,理念学说即便对于理性科学而言也绝不是终极目标。它对于哲学的意义,相当于青春对于生命的意义;就此而言,我们可以同意亚里士多德的观点,即理念仅仅是真正的科学的**前奏**(τερετίσματα)②,但不是一种随意的前奏。换言之,理性科学的终极目标是掌握一个摆脱了存在者,处于完全的孤寂状态中的上帝。诚然,上帝和理念世界不再与一种单纯的、与上帝不可区分的存在相对立:我们已经到达一个点,在这里,除了上帝之外,还有理念;但我们所推进到的世界仅仅是一个与上帝有差异,而非与上帝分离的世界,是在观念的意义上,而非在实在的意义上位于上帝之外,是existentia praeterdivina [除了上帝之外的存在],不是 existentia extradivina [位于上帝之外的存在]。诚然,纯粹理性科学可以不去追问一个位于上帝之外的世界的**现实性**,但绝不能回避这个世界的可能性问题,而且就像过去一直以来的那样,这里最后得出的结论也将揭示出继续前进的中介。如果说思维里的第一位东西(-A)包含着一个在观念上位于上帝之外的世界的可能性,那么思维里**最终的东西**就必定包含着一个实在地位于上帝之外的存在的潜能。思维里的这个最终的东西可能看起来是上帝。但现在对我们而言,上帝和存在者之间出现了一个非质料性的存在者,而在后者显

XI, 414

---

① τὰ εἴδη χαιρέτω [热衷于理念]似乎可以被看作这种不满的表现,哪怕它在随后立即引用的文本里仅仅是针对证明而言的。——谢林原注
② 亚里士多德:《后分析篇》I, 22。——谢林原注

现出来之前，那个在尚未分裂的理念里本身仍然是非质料的质料必须已经作为质料而出现。正因如此，那个被设定为非质料的东西在单纯的理念里尚未被感受到，或者说尚未被明确区分开；它存在着，但仿佛并不存在着，正如质料也不是作为质料而存在着。但伴随着这个东西，理知东西（理念）本身获得了一个完结，而上帝也超越了理知东西，随之超越了单纯的思维。但即使不考虑这一点，假若我们绝不可能思考一个真正位于上帝之外，亦即把上帝排除在外的存在的可能性，那么我们当然更不可能认为（假若这里确实可以谈论这件事情的话）上帝是事物之所以位于上帝之外或反抗上帝的原因或指使者。上帝不可能是这样的上帝，更何况他已经被假定和被认识到是造物主。[1]但正如我们已经看到的，对理念来说还有一个最终的东西，它为万物提供了一种位于上帝之内的存在。也就是说，这 XI, 415 个东西决定着万物是否能够达到一种永恒的存在，但前提是，这个东西本身能够逃避或拒绝为万物提供那种存在。

　　无论如何，我们必须这样思考这个最终的东西，它凌驾于质料之上，因此是**介于**柏拉图所说的"可分的东西"（或我们所说的"可分裂的存在者"）和那个绝对地与自身等同的实体（A^0）**之间**。对

---

[1] ὅτι ὁ θεὸς θάνατον οὐκ ἐποίησεν, οὐδὲ τέρπεται ἐπ᾽ ἀπωλείᾳ ζώντων. ἔκτισε γὰρ εἰς τὸ εἶναι τὰ πάντα καὶ σωτήριοι αἱ γενέσεις τοῦ κόσμου. [神不制造死亡，不会欣喜于诸生物的毁灭。因为他使万物存在，而拯救是宇宙的生成。] 正如《旧约·智慧书》1:13—14 所说，创世本身并不包含败坏和消亡的原因。——康德在《实践理性批判》的某个地方（第182页以下）说："假若**时间**必然属于自在之物，那么上帝作为这个存在的创造者在发挥作用的时候就是从属于时间，他就必须服从于时间这一**必然的**形式，以便把事物创造出来。"他又说："说上帝是现象的创造者，这是一个矛盾……创造是自在之物本身的创造。"这些话的意思无非是说，上帝只愿意创造自在之物，亦即按照事物的永恒状态创造它们，而不是把事物仅仅当作现象创造出来。——谢林原注

柏拉图而言，处在这个中间位置的是世界灵魂，而世界灵魂是造物主通过把绝对不可分的东西和可分的东西混合在一起而制造出来的①，反之对我们而言，存在者的**非质料**在发生分裂时被质料排除在外，并且被设定为特殊的东西。它之所以能够叫作**世界**灵魂，是因为它作为不可分的东西与**全部**可分的存在相对立，而它之所以被看作是**产生出来的**，则是因为它只有伴随着分裂才被设定，而在此前根本就不会被知觉到；但它之所以是**灵魂**，并不是因为它排除了质料，而是因为质料重新等同于它，随之已经变成透明的。但是，正如我们已经指出的，由于这个非质料本身并不等同于存在者的**一部分**，而是等同于整体，所以它如果想要进入已经生成的东西，就必须在后者那里重新制造出整个存在者。但要重建存在者，唯一的前提是，把那个已经从潜能里完全显露出来，并且将其他本原排除在外的本原重新带回其自身之内。但我们也说过，这个处于斗争中的本原就像是一种天命，不允许某种可能的东西却不存在着，因此它仅仅让征服一步一步地发生，而相比有灵魂的东西，**无灵魂的东西**具有一个同等的，甚至优先的权利。在无灵魂的东西那里，非质料虽然被严格意义上的个别存在者排除在外，但并没有因此就不存在。因为它始终站在质料后面，注定要作为质料而**存在着**，而且没有任何东西能够阻止它在没有个别事物的灵魂的地方，显现为**普遍的**灵魂。至于**声音**、**光**、**热度**是不是属于这个一直以来单纯地发挥着作

XI, 416

---

① 柏拉图：《蒂迈欧》35A：τῆς ἀμερίστου καὶ ἀεὶ κατὰ ταὐτὰ ἐχούσης οὐσίας καὶ τῆς αὖ περὶ τὰ σώματα γιγνομένης μεριστῆς τρίτον ἐξ ἀμφοῖν ἐν μέσῳ συνεκεράσατο οὐσίας εἶδος (ὁ θεὸς). [神把不可分的、始终保持自身同一的存在和可分的、在形体的领域里转变着的存在混合起来，造出第三种形式的存在。]——谢林原注

用，并在这个意义上是普遍的灵魂的现象，这里暂时不能加以确切地讨论。但亚里士多德至少已经指出，那以最独特的方式寓居在每一个事物之内的热度，和灵魂有直接的关系，因为他说，生物内在具有的自然热度愈多，其具有的灵魂就愈是高贵（ψυχῆς τετυχηκέναι τιμιωτέρας）。[1]最初与灵魂结合在一起，并且促使其持续生长的质料性元素，是生命热度，一种寓居在生物之内的以太性材料。一般而言，亚里士多德所说的是一种作为**全部灵魂的潜能**的自然事物，即所谓的"热"，但他又把这个东西与作为元素的"火"区分开。[2]动物和植物是在土地和潮湿里产生出来的，因为**灵魂的热度**（θερμότης ψυχική）是一个整体（ἐν τῷ παντὶ），而按照某个方式（在这个意义上），万物都充满了灵魂（ὡς τρόπον τινὰ πάντα ψυχῆς εἶναι πλήρη）。[3]

但哪怕是那个进入**个别存在者**的灵魂，也不是立即就完全进入其中；因此在有灵魂的自然界里，也重复着那些出现在最低质料和超质料之间的层次。众所周知，亚里士多德谈到了灵魂的各个分部（μορίοις），它们相互之间是高低层次的关系，因为较低的层次可以脱离较高的层次，但较高的层次绝不可能脱离较低的层次。他说，各种生物的区别就是从这里产生出来的。然而原初的非质料不是部

---

① 亚里士多德：《论呼吸》c. 6。——谢林原注

② πάσης μὲν οὖν ψυχῆς δύναμις ἑτέρου σώματος ἔοικε κεκοινωνηκέναι, καὶ θειοτέρου τῶν καλουμένων στοιχείων. [那么，所有灵魂的能力似乎都与身体相结合，其不同于所谓的诸元素，并且比它们更神圣。]亚里士多德：《论动物的生殖》II, 3。这个本性是τὸ καλούμενον θερμόν, τοῦτο δ' οὐ πῦρ, οὐδὲ τοιαύτη δύναμις. [所谓的热，它不是火，也不是任何类似的能力。]——谢林原注

③ 亚里士多德：《论动物的生殖》III, 11。——谢林原注

XI, 417

分地,而是整个进入质料(我们曾经说过,这个东西相当于理念里的存在者),因此就是质料,好比上帝在理念里已经是原初存在者,因此这个东西不是上帝的单纯肖像,而是上帝的本像或原像。在这个重建的存在者下面,随之在这个东西的灵魂里面——灵魂直到现在才真正获得这个名称,并且唯有它才是**本原**,而那些先行的东西都不是本原——,一切先行生成的东西才达到自己的目标,才真正具有**存在**;相应地,灵魂和全部存在者的关系就相当于上帝和原初存在者的关系,并且对全部存在者而言相当于是上帝(instar Dei)。亚里士多德在某处地方把上帝称作**第一个**τί ἦν εἶναι [是其所是][1](上帝表现为"那个**是**存在者的东西",这是一个永恒的关系,而存在者在逻辑上是上帝的"已经是"或前提);鉴于灵魂在本质上和存在者之间也是同样的关系,我们也可以把它称作**第二个**τί ἦν εἶναι [是其所是]。如果我们用A^0去标示那个在**第一个**方式下是存在者的东西——这里的"是"属于此前早已解释过的确切意义——,那么我们也可以顺理成章地用同样的方式对待存在者,用a^0来标示它,以便把它与前者区分开。

尽管如此,这种等同仅仅是**质料意义上的**,仅仅是就本质而言,也就是说,灵魂仅仅是上帝的**所是**。在本次讲座里,我们已经多次使用这个本质上和质料意义上的同义词,而它完全符合语言的用法;比如我们也把"副职"称作"代理",因为他虽然在本质上或在

---

[1] 亚里士多德:《形而上学》XII, 8。从语法来看,与此相对应的是《形而上学》I, 2所说的 τò διὰ τί πρῶτον [按顺序的第一个]和《物理学》II, 7所说的 τò ὅθεν ἡ κίνησις πρῶτον [按运动来源的第一个]。——谢林原注

质料的意义上占有一个职位，但并不是真的如此；除此之外，这里没有提到的某些词语，比如"曾经存在"（gewesen）和"糟糕的存在"（verwesen，指有机物重新转变为单纯的质料，即"腐烂"），也轻松表明，德语的"**本质**"（Wesen）在作为名词来使用的时候应当加倍谨慎，而不是像某些人那样任何时候都把它等同于亚里士多德所说的质料。实际上，"本质"在原初的和真正的意义上标示着一种质料性的存在，正如亚里士多德也把单纯的、包含着一个事物的本质或第二实体的种属概念看作质料，反之把各种差别等同于现实性。 XI, 418

灵魂——我们在这里不是指一般意义上的灵魂，而是仅仅指特定的灵魂——仅仅是上帝的**所是**或"**什么**"，但不是上帝的"**如何**"。简言之，一方面，上帝**是**存在者，但他相对后者而言还具有一个**他自己的**存在，一个无须存在者的存在。至于他为什么是存在者，我们在前面曾经拒绝回答这个问题；也就是说，在纯粹思维和那个活动在纯粹思维中的科学里，我们关于上帝的知识所唯一借助的，就是他所**是**的那个存在者。我们必须首先把那个迄今仅仅被当作存在者的上帝单独拿出来，才能够提出和回答刚才那个问题。尽管如此，我们已经知道，上帝就其纯粹的自主体而言不依赖于他所是的存在者，甚至可以说，这整个科学都是基于一个事实，即存在者是一个可以与上帝分离的东西。另一方面，灵魂虽然也是存在者，却不具有一个它自己的存在；它的存在仅仅在于作为存在者而存在。唯其如此，它才是**灵魂**；它的原初状况就是作为存在者而存在，同时并未返回到自身之内；不是作为它自己而存在，而是仅仅作为存在者而存在。

　　但灵魂与它所**是**的存在者的关系并不是它唯一的关系，它还有另外一个关系，亦即与上帝的关系。假若前一个关系是它的唯一关系，从而灵魂仅仅是纯粹的现实性，那么就根本不可能有任何推进过程；因为没有潜能的地方，也就没有运动。但是，相对于那个不仅被规定为非质料东西，而且被规定为超质料东西的实体而言，灵魂本身又属于质料或潜能这一方。灵魂仅仅是上帝之**所是**，正因如此，它与上帝有一个关系。因为所谓"灵魂是上帝之所是"，意思是说，灵魂潜在地是上帝，因此**相对于上帝而言**是单纯的潜能（potentia pura），又因为这个潜能不排除任何东西，所以灵魂能够触及上帝，进而能够在上帝之内为一切别的东西提供存在。我想强调一点：假若理念世界是哲学给出的终极答案，那么这个提供

XI, 419

存在的东西本身就必须是不动的。但灵魂既然与存在者有一个关系，就同时具有一个不依赖于上帝的立场，而"相对于上帝而言是潜能"这件事情恰恰包含着这样一个可能性，即在上帝之内，基于上帝的本性施加在灵魂身上的法则，灵魂能够相对于上帝而言是现实性，能够把自己提升到质料之上，以便等同于上帝，成为一个孤立的和单独的东西，也就是说，能够**如同**上帝那样存在着。我们遵循这个可能性，因为这整个科学的任务恰恰在于去认识可能的东西，并且把它们带向现实性。

　　如果我们把灵魂——这里并未区分它是不是那个更高意义上的灵魂，即那个相对于上帝而言是潜能的灵魂——称作 a^0（总的说来，我们都是这样标示一切在第二个方式下**是**存在者的东西），那么在这种情况下，a^0 就包含着双重的意志（两个人）；根据其中一个意志，a^0 相对于上帝而言是潜能，灵魂成为它应当所是的那个灵魂，亦即触

及神性东西，并且为一切别的东西提供进入神性存在的门径；根据另一个意志，灵魂拒绝上帝，不再担当中介者，不仅自己是一个失去目标的灵魂，而且导致一切别的东西也失去了目标。现在我们假设，这是一个走出理念世界的步伐。①也就是说，这里的过渡也将是一个**意愿**，并且等同于那个最初的、促使一般意义上的自然界（事物的序列）开始出现在我们面前的意愿②，但这个意愿必须被看作完全不同于那个意愿；因为这里不是一个自在的非存在者，仅仅**自然地**就提升到存在，毋宁说，这里是某个自在的现实性，它看起来具有潜能，实则已经从潜能里显露出来，因此这个意愿只能是**行为，纯粹的行为**；灵魂是仅仅相对于上帝而言的最终的质料，但自在地看来却是非质料，相比之下，这个意愿作为非质料的非质料，就不应当再被称作灵魂，而是只能被称作**精神**。因为我们仅仅使用这个词语去表达　XI, 420
一个摆脱了全部质料的东西，这个东西不像笛卡尔所说的灵魂那样是一个chose qui pense［会思考的东西］，毋宁说，它根本不包含任何"**所是**"或"**什么**"，而是纯粹的"**如此**"，没有任何潜能，从而实际上**如同**上帝；这是一个全新的东西，一个此前根本没有的东西，一个纯粹产生出来的东西，但又具有永恒的起源，因为它不是**有**一个开端，而是本身就是开端；**它自己的行为**就是它自己的原因，而这个"自因"的意思完全不同于斯宾诺莎对于他的绝对实体的界定；这就是那个纯粹地**自己**设定**自己**的东西，而费希特在这里取得的突破比他

---

① 这个发展过程里面不可能有（堕落的）人的另一个方面的位置，这个位置已经被排除了；尽管如此，在理性科学的当前立场上也可以看出，这"另一个人"是一个**未来**可能的人（ὁ μέλλων ἄνθρωπος），参见《新约·罗马书》5:14。——谢林原注
② 参见前一讲。——谢林原注

自己所意识到的更为伟大。①

有一件事情始终是值得注意的,虽然我不太清楚是否已经有人指出这一点,但这里还是要再强调一下。也就是说,从本讲开篇引用的西塞罗的那个文本可以得知,亚里士多德学派里面必定流传着一个说法,把"第五个本性"(quinta natura)或"第五个种"(quintum genus)看作精神的起源。②虽然可敬的西塞罗经常误解前人的观点,但恰恰通过他,一些真正的亚里士多德传统得以保存下来,比如单是他关于"隐德莱希"这个词语的著名解释就足以说明这一点,因为直到今天我们都没有找到一个更好的解释。诚然,把这里所指的原因规定为"**第五个本性**",是一个粗糙而愚笨的表述,而在那些代代相传的学派里面,懒惰的教师通常就是用这类表述培养出萎靡不振的学生;简言之,这个原因根本不能和四个本原相提并论。但从**事情本身**来看,这个原因确实和亚里士多德所说的灵魂的一个部分

XI, 421

---

① 人们或许忍不住想说,这个精神是**虚假的**精神,因为它逃避上帝。但是,首先,这个结论不符合当前这门科学的立场,毋宁说,这门科学愿意有一个位于上帝之外的世界,并且把那个意愿当作本原来赞美,以便借助它而克服单纯的理念世界,正如感性的自然界本身倘若能够具有自我意识,也会一方面赞美那个意愿,依靠它而从普遍者的王国进入一个充满自由而自足的生命的世界,另一方面因此成为一种飘忽不定的东西。其次,那个意愿仅仅是开端,不是终点,而任何判断都只有在终点处才得到规定。更何况,这个意愿所欲求的并不是某种位于它之外的东西,比如这个飘忽不定的世界,毋宁说,它真正欲求的仅仅是它**自己**,亦即它自己的意愿,而我们将在后面更详细地指出这一点。换言之,我们必须预先知道,这个与理念相对立、对理念来说偶然的,亦即不依赖于理念的**精神**未来将是唯一的真正的对象。——谢林原注

② 完整的文本是:Aristoteles—quum quatuor nota illa genera principiorum esset complexus, e quibus ominia orirentur, quintam quandam naturam censet esse, e qua sit mens. [亚里士多德……所说的这四个众所周知的本原是一个复合体,而一切东西都是由此产生出来的;同时他还认为有第五个本性,而精神就起源于此。] 西塞罗:《图斯库兰论辩集》I, 10。——谢林原注

亦即 "努斯"（或西塞罗所说的 "精神"）有关；亚里士多德把这个部分称作 ἕτερον γένος ψυχῆς [另一种灵魂]，认为**唯独**它具有神性，而这就表明（后面还会详细谈到这一点），在亚里士多德看来，这个努斯和四个本原**唯一**能够具有的共同之处和相同之处，就是和上帝有关。① 实际上，"位于上帝之外的存在" 的本原只能是那个等同于上帝的东西，这个东西是除了上帝之外（praeter Deum）的第二个本原，正如上帝也是本原。

伴随着这个步伐，科学的特性也发生了变化，因为除了那个始终被纯粹思维认作可能性的东西之外，还有一个现实性，这个现实性位于思维之外，与之齐头并进，用于检验和证实思维。但我们并没有因此偏离理性科学的既定路线，尽管从现在起，我们所必须考察的既不是那些纯粹的本原或理念的总括，也不是那种只能从本原 XI, 422

---

① 西塞罗随后在《图斯库兰论辩集》I, 26 再次谈到了 "第五个本性"：Sin autem est quinta quaedam natura, ab Aristotele inducta primum: haec et deorum est et animorum. [如果存在着亚里士多德首次提出的第五个本性，那么它就既是诸神的本性，也是灵魂的本性。] 这里的 "如果"（Sin）是值得注意的，因为西塞罗在说这句话之前，首先说道：ergo animus, ut ego dico, divinus est, ut Euripides dicere audet, deus est; et quidem si deus aut anima aut ignis est, *idem est animus hominis.* [因此灵魂正如我说的那样具有神性，或像欧里庇得斯大胆宣称的那样是神；实际上，如果神要么是灵魂，要么是火，**那么他和人的灵魂就是同一个东西。**] 由此可见，这 "第五个本性" 和灵魂以及火没有任何共同之处。至于 "灵魂" 在这里所指的是什么，可以从该书I, 29 得知：Quac est ei (animo) natura? Propria, puto, et sua. Sed fac igneam, fac spirabilem: nihil ad id, de quo agimus. [灵魂的本性是什么？我认为是 "独立" 和 "自足"。如果你认为它具有火的性质，那么就是把它看作呼吸，但这和我们所说的没有任何关系。] 与此相反，他在《学院派前篇》I, 7 首先列举了诸元素（基本性质），然后才说：quintum genus, e quo essent *astra mentesque*, singulare, eorumque quatuor, quae supra dixi, dissimile, Aristoteles quiddam rebatur. [亚里士多德曾经说过，**天体和精神**仅仅起源于第五个种，这个东西和我前面谈到的四个元素是不同的。]——谢林原注

里产生出来的东西（即理知世界），而是那个使得我们超越理念世界，达到一个（实在地）位于上帝之外的世界的东西。也就是说，当理性科学揭示出后者在理知世界里的可能性，就获得了一个任务，即也要一步一步地梳理这个位于上帝之外的世界的各个层次；就此而言，理性科学只不过是延续着自己的任务，即让一切在存在者里作为可能性而隐藏着的东西见诸天日，以便在穷尽全部可能性之后，达到那个基于自身的现实东西。换言之，我们要考察的是，如果那个触及神性东西的灵魂逃避中介活动，会带来什么后果：首先是对于质料而言的后果，其次是对于非质料而言的后果。

我们已经看到，万物如何在本性上就向着最高者运动，以及每一个事物如何仿佛被设定在**自身之外**。一切单纯的质料都需要一个**是**它的东西，这样才能够达到存在，因此其在本性上就注定要在一个凌驾于它之上的东西那里扬弃自身，以便分享**真实的**存在。但这里恰恰存在着一个阻碍的可能性，也就是说，那个置身于质料和基于自身而存在着的超质料之间的灵魂可能会拒绝质料，换言之，在灵魂所在的位置，可能会崛起一个自己设定自己的东西，一个自主的或自为的存在者；因为对于灵魂而言，"作为**是**存在者的东西而存在"已经与灵魂的属性（作为**灵魂**）结合在一起，它诚然可以是事物的灵魂，但不可能是事物的精神（正如反过来说，上帝不可能是世界灵魂）。简言之，当灵魂崛起为自主存在，也就获得了自为存在的普遍标志。现在，如果我们把这个可能性思考为现实性，会有什么后果呢？毫无疑问，在这种情况下，那些被设定在自身之外的东西会回到自身之内，于是出现一个全然倒退的运动，在每一个层次上，每一个事物都会重新沉陷到自身之内和质料之内，而它们本来应当超越质料，并且在某种意义上已经通过运动而超越了质料——这个**质料性**将不再像早先那样只是形而上的质料性，而将是一个偶然的、拉扯过来的，亦即**自然的**质料性，它不再是知性所能理解把握的，而是仅仅被感受到，或者说，如果人们要求“感受”有一个肯定的内容，那么它根本就不会被感受到。正因如此，它看起来是如此地捉摸不定，并且迄今为止构成了无论古代哲学还是近代哲学都不能以令人满意的方式加以克服的困难。 XI, 423

看起来，亚里士多德也相信能够从作为本原的质料的自在地不可规定的本性——从形而上的质料性——推导出偶然的质料性，而这个质料性必定是全部偶然东西的原因。但作为本原的质料根本不是什么单独的东西，而是通过一些更高的原因的规定才成为单独的东西。诚然，为了所产生出来的不是一种单调的存在，而是尽可能丰富的杂多存在，质料会反抗那些更高原因做出的限定，但这个反抗毕竟是暂时的，并且被其中一个更高的力量设置了各种特定的界限，这样，如果没有任何陌生的东西出现在其中，那么在最终产生出来的东西里面，那个自在地无限制的、庇护着偶然东西的质料必定会被完全征服。

那些在理解柏拉图学说时囿于陈旧观念的人，必定会对勃兰迪斯的那个著名训导感到震惊。简言之，勃兰迪斯基于一些具有极大可信性和绝对权威性的证据，指出柏拉图本人并未称作质料的那个本质完全符合亚里士多德以来所说的质料的特征，因此在柏拉图看来，质料不仅是感性可知觉的事物的基础，而且已经是理念的基础。勃兰迪斯同时教导人们，一般意义上的复合性已经不足以区分质料和非质料。理知世界里面也有复合物，那些仍然宣称柏拉图的理念是

单纯真理或单纯性质的人，只不过表明自己对理念一无所知。[1]以上

都是毫无疑问的，至于理知世界里的具体东西是不是纯粹原因或本原的复合物，这些复合物又如何转化为质料上的具体事物，以及柏拉图如何思考作为理念的元素的质料和作为感性事物的基础的质料之间的关系等等，没有任何相关文献流传下来，而且我在近代的诠释者那里也找不到一个能够在这些方面提供启发的思想。

单纯的质料性尚且不是形体性，而如果它是基于一种阻碍或停滞，就只能被感受到。因此，要谈论它是很困难的。1801年的巴黎，两位著名的德国学者相聚在当时的第一执政官[拿破仑]举办的一个公开接待会上。一位是来自弗莱贝格的可敬的维尔纳[2]，现代矿物学和地质学之父，另一位是当时居住在霍尔斯坦的哲学家弗利德里希·海因利希·雅各比。维尔纳听到第一执政官称他为"化学家"，就回答说自己是"矿物学家"，而对方重复说道："所以就是化学家。"这个简短的对话（这是维尔纳在返回魏玛的路上亲自告诉别人的）和这里所说的没有任何关系，但那些熟悉维尔纳的人应该会对此感兴趣，而大家都知道，维尔纳是多么重视他的关于"外在特征"的学说，因为他相信这一点已经确保了矿物学相对于化学而言的独立性。随后那个位高权重的人开门见山地以某种傲慢的语气问雅各比：Qu'est ce que la matière? [什么是物质（质料）？] 由于没有得到答复，他就立即走向排在后面的人。雅各比在某种程度上被

---

① 如果有人企图在此提出反对意见，说勃兰迪斯看起来恰恰对这些表述持以赞许的态度（《莱茵博物馆年鉴》第二卷，第559、566页），那么他必须首先证明，勃兰迪斯的这些话不是一种嘲讽。——谢林原注

② 维尔纳（Abraham Gottlob Werner, 1749—1817），德国矿物学家。——译者注

这个问题搞得目瞪口呆，这不是什么稀奇的事，而这个问题是如此精准地击中哲学的σκανδαλον [丑闻]或耻辱之点，这件事情同样不足为奇，因为提出这个问题的人极为蔑视当时法国知识分子的夸夸其谈和无聊研究，他在登陆埃及之后不久，曾经在一次闲聊中说："我现在像亚历山大大帝一样率领一支军队前往印度，但另一条人生道路本来同样可以给我带来荣誉。"而当随从们询问是哪一条人生道路时，他简单地回答道："牛顿！"① 令人遗憾的是，刚才提到的那位哲学家在那个时候至少应当想起他的朋友弗兰茨·赫姆斯特胡伊斯②曾经说过的一句话，即"质料是凝固的精神"。我本人在赫姆斯特胡伊斯的著作里并没有看到过这句话，因此也不知道它用法语怎么说，比如"凝固的精神"是应当表述为"esprit caillé"呢，还是应当表述为"esprit coagulé"或别的什么。但我相信，这个术语来自一位德国人，并且具有一个古老的起源。我是从1725年首次出版的一部著作的引文推断出这一点的，这就是著名的格奥尔格·伯恩哈特·比尔芬格③（腓特烈大帝在其一篇关于德国文学的论文中称他为哲学家）的《澄清》（*Dilucidationen*），其中说道："我认识一位形而上学家，他曾经说过一句俏皮话：身体仅仅是一种凝固的精神性本质。"这个说法很有可能与莱布尼茨学说有关，在这种学说看来，形体事物的理知材料不是柏拉图的理念，而是一些单纯的实体，

XI, 425

---

① 那些陪同拿破仑的自然研究者，比如杰弗瓦·圣伊莱尔，就是这样叙述的。——谢林原注
　　（译者按，杰弗瓦·圣伊莱尔 [Geoffroy Saint-Hilaire, 1772—1844]，法国动物学家和生物学家。）
② 赫姆斯特胡伊斯（Franz Hemsterhuis, 1721—1790），荷兰哲学家，启蒙运动主义者。——译者注
③ 比尔芬格（Georg Bernhard Bilfinger, 1693—1750），德国建筑学家、数学家。——译者注

亦即单子,它们作为活生生的表象力,其表象着的仍然只是表象力。莱布尼茨认为,处于核心的单子唯一能够看到的是位于核心之外的单纯本质,其中一些距离核心较近,另一些距离较远(除了原初单子亦即上帝之外,所有别的单子都处于这个状态);这些单子每一个都是彼此有别的,并且交织在一起,从而产生出一个模糊的表象,而这种模糊状态又制造出广延物、质量、作为单纯堆积物的质料等形象。曾经有一段时间,这种学说是正反两方争论不休的对象。人类的精神是一个缓慢生长的东西,但它终究在成长,最终达到这样的成熟度,不但拒绝那些把全部质料当作彩虹一般的单纯假象或现象的假说(这是莱布尼茨本人使用的比喻),而且是a limine [毫不犹豫地]拒绝这类解释,宁愿没有解释,也不要这样的一个解释。

XI, 426

相比这类矫揉造作的解释,约翰内斯·开普勒对于自然界的深邃理解是多么地引人注目! 只有他洞察了质料本身的本质,进而把惰性规定为质料的基本特征,把vis inertiae [惰性力]规定为质料的基本力! 因为,如果要表达对于一个未实现的目标的不满,除了通过烦闷和厌倦,甚至通过对于任何别的运动的抵制之外,还能有别的什么办法呢? 就此而言,我相信大家都会同意,当我们说一个事物是质料时,我们在它那里感受到了一种停滞和阻塞的状态,一种由于被阻挡在目标之外而对于一切运动的反感;那在动物身上克服了这种不满的东西,不再是质料。但质料仅仅是理念附带的一个规定,是理念的一个情状。既然如此,我们将如何谈论理念本身呢? 很显然,理念不会在偶然的质料里消亡,而是保留并坚持自身,当然,这个情况在有生命的自然界里是最明显的,那里不仅有理念的质料方面,而且有那个在理念那里**是**理念的东西,即真正意义上的εἶδος [形式]。

尽管如此，理念也是位于这个东西后面。也就是说，理念始终承受着倒退运动带来的压力，而恰恰在这个压力下，它愈加依靠自身，被迫成为一种自主的活动。唯其如此，我们才能够理解理念的内在创造，即理念不是在有机物之外，而是在有机物之内，不是带着意识和意图，而是在自己的本性驱使之下，在偶然性的力量许可的范围内，生产出符合自己的本性的东西，并且在偶然性面前捍卫自己的产物。在蜗牛或同一个层次的别的动物那里，是**理念**让它们重新长出脱落的器官，而在更高层次的动物那里，当它们的生命受到一些内在原因的威胁，也是理念唤起它们的最激烈的运动，以拯救自己的生命。

　　但我们必须一步一步地前进，暂时止步于普遍的东西，而不是　XI, 427
首先处理任何特殊事物。不进则退——这是一个公理。当一个东西在那个符合其本性的运动里遭到阻挡，就退回到自身之内，但那个先行的运动并没有因此被消灭。(向着目标)前进和后退这两个运动的自然中项是**广延**，这是纯粹质料性之后的下一个层次，但这并不妨碍存在着一些位置——或许我们甚至可以证明，这些位置必须出现，尤其是自然界必须在那里为新的创造做准备——，在那里，取代现实的广延而保留下来的，虽然不是所谓的原子，但却是广延的一些单纯的潜能阶次。是的，假若有人说，"通过持续不断地否定现实的广延，从本质产生出一些仅仅**尝试着**广延的本质"，谁能够证明这件事情是不可能的呢？再者，人们似乎已经不再关心敏锐的布朗①首次观察到的无机物体的极微部分的独特运动，因为人们不知道这些

---

① 布朗（Robert Brown, 1773—1858），英国植物学家，首次在显微镜下发现所谓的"布朗运动"，即悬浮在液体或气体中的微粒一直都在做无规则的运动。——译者注

运动有什么意义，这就好比人们在对鞭毛虫进行大量耐心的观察之后，直到今天都还在徒劳地期待着对于一些必然的和不可回避的问题的答复。如果现象已经发展到本身就能够表达出思想的程度，那么所谓的"思考着的观察"确实是一件美好的事情，但这里需要的是一些独立的思想，即能够发明新的尝试，并且把这些尝试拓展到它们迄今还没有触及的领域。

现实的广延在生物那里表现为膨胀，但它并非单独存在着，而是依附于一个延展自身的东西，因此这个东西自在地是一个否定，即广延的单纯的潜能阶次。但我们也不能止步于一般意义上的广延。如果一个东西不能上升为另一个东西，不能上升为自己的真实存在，就必定会尝试着去单独存在。也就是说，这个受到非存在威胁的东西所**欲求**的不是单纯的存在，而是单独存在。这里我们谈到了一个意愿，这个意愿在事物那里就是原初意愿**所是**的那个东西，

但它不是原初的，而是单纯**被激发**起来的。所谓单独存在，就是排斥一切别的东西。在我们呈现出的那个理念世界里，没有相互的排斥，其中每一个东西都是真实的，但在意思上不同于柏拉图在谈到现象事物时引用的赫拉克利特的那句名言：无物常驻（亦即没有什么东西是单独的），万物皆流（ὅτι οὐδὲν μένει, πάντα χωρεῖ）。在理知世界里，每一个先行的环节都必须为后继的环节提供空间——这是"流"（χωρεῖν）的真正意思——，被其接纳，直到全部东西都上升到一个最终的东西。因此这里没有每一个东西通过排斥一切别的东西而**单独**具有的空间，毋宁只有一个不可分的存在，或者说只有唯一的点，但一切东西都按照理知的方式被包揽在其中，并且分别处于自己的位置。现在，我们假设这个点被一个贯穿整体的队

列打破了, 在这种情况下, 每一个东西要么完全回归非存在, 要么坚持自身, 于是每一个东西也会单独攫取自己的空间, 亦即排斥一切别的东西, 但这个空间就不是一般意义上的空间, 毋宁只是感性的空间。最近一段时间以来, 人们过于随便地看待空间和时间, 大而化之地宣称前者是彼此外在的存在的形式, 后者是前后相继的存在的形式。因为, 假若理知世界不是预先包含着空间上的彼此外在和时间上的前后相继, 那么随着后者的出现, 就必定会产生出一种无意义的颠三倒四, 一切东西都会上下飘忽不定: 然而正相反, 上下叠加的地质层展现出一个如此合乎规律、与每一个族类的本性或理念如此契合的顺序, 以至于我们都觉得其中仿佛保存着一个对于理念世界的回忆。实际上, 如果感性的彼此外在缺失了一种预先规定, 那么理知世界里面必定已经是一种彻底的颠三倒四, 但前提是, 这个世界的内容毕竟是某种具有本质性的东西, 而不是一些完全无本质的、抽象的概念。在后面这种情况下, 既然无本质的东西无论如何只能重新产生出无本质的东西, 说它们彼此外在又有什么意义呢? XI, 429

在讨论矛盾律的时候, 我们已经指出, 诸本原相互之间已经有这样一个区别, 比如纯粹的非存在者和纯粹的存在者以及思维不可能处于同一个位置, 就此而言, 在思维里面, 每一个本原都获得其独特的场所。同样的道理也适用于事物的整个理知秩序, 即每一个事物都只能处于一个特定的场所, 反过来, 这个特定的场所只能属于这个事物而并非任何别的事物。

我们曾经说过, 在理知世界里, 每一个本质都具有一个必然属于它的场所, 但规定着它的位置的, 不是空间, 而是时间。那个理知空间是一个时间有机体, 而这个内在的、完完全全有机的时间是真实的时间；至于那个外在的时间，则是由于一个事物位于它的真正的场所之外并且不能保持在它的位置而产生出来的，因此人们正确地把它称作真实的时间的模仿者（aemula aeternitatis）。真实的时间就是那个理知的时间有机体，也只有它才能够被人们想象为永恒性。因为它带领一切东西和每一个东西重新来到自己的位置和应有的场所。

偶然的存在和偶然的场所是结合在一起的，后者又必然是和躁动或运动结合在一起的，而理知的联系则是转化为感性的空间，这种空间的本性就在于与自己的内容完全漠不相关。但并非全部本质都具有同样的一个与空间的关系。看起来很自然的是，那些自在地或在形而上的意义上更多脱离质料性的本质，比相反情况的本质更少承受倒退运动的压力，正因如此，前者看起来保留了更多的理知关系，更少服从于那个偶然的运动。这个运动之所以被设定，是因为一个事物置身于它的真正的场所之外，正如在行星那里，一个轻轻的拉拽就可以颠覆它们的场所，使它们进入旋转运动，而它们通过这个运动仍然坚持着自己的场所。一般而言，当行星通过这个方式与自己的场所联系在一起，彼此之间总是保持着同样的距离，并且在总体上匀速地运动着，看起来就超然于有灵魂的世界的躁动，而在有灵魂的世界里，至少在动物王国里，一切都是相反的情况。像这样通过极乐的直观而被固定下来，行星能够更接近神性，正如亚里士多德本人在这方面也倾向于古代东方的那个观念，后者把星星看作至高无上者的忠心耿耿的仆从，它们形成主人的宝座，而主人在天空中彰显自己的意志，同时大地之上则是执行着另一个意志。实际上，在所有可见的东西里面，就存在的形式而言，星星仍然保留着与理念的最大相似性，虽然它们在局部上看起来是由形体事物构成

XI, 430

的：那个驱动着它们的东西，真正意义上的**天体**，在它们那里呈现为一个纯粹的理知东西。因此，这些本质与空间的关系是一回事，其他本质与空间的关系又是另一回事，确切地说，其他本质已经完全挣脱了普遍者，把自己营造为一个单独的世界，并且在自身之内承载着一个空间。有灵魂的本质仅仅通过自身的质料而与行星联系在一起，但就其自己的自主体而言却是摆脱了场所，每一株植物虽然被固着在一个特定的场所，但这个场所对植物本身而言是无关紧要的。动物比起植物更加独立于空间本身，因为在动物那里，伴随着灵魂的优势地位，那个意愿，作为自主性、单独存在和相对于普遍者的独立性的本原，已经达到了完全的现实性。只有出于繁衍的目的（仿佛以牺牲私己性为代价）①，个体才臣服于种属（亦即它的永恒本质）②，动物才认识到一个故乡或常住的场所，候鸟也才从最遥远的地方回到同一个场所，甚至人（只要他具有故乡观念）也只有通过他的诞生或就他是一个新的族类的奠基者而言，才具有一个故乡。

　　刚才讨论的情况已经表明，我们同样不能止步于单纯的广延。　XI, 431　因为每一个东西所追求的不是单纯的**存在**，而是单独存在，亦即单独成为一个整体，对一切别的东西采取封闭的态度。因此它所追求的也不是单纯的广延，而是一个全方位封闭的广延，即作为**形体**而存在。但只有**理念**才是整体，因此现象只有作为理念本身乃至四个

---

① 即Morimisento［找死］（瓜里尼的名言）。——谢林原注（译者按，瓜里尼［Guarino Guarini, 1624—1683］，意大利哲学家、建筑学家。）

② ἐν θνητῷ ὄντι τῷ ζώῳ ἀθάνατον, ἡ κύησις καὶ ἡ γέννησις.［受孕和生殖是一件神圣的事情，是有朽的生物里的某种不朽的东西。］柏拉图：《会饮》206C。参见亚里士多德《论动物的生殖》II, 4和《论灵魂》I, 4。——谢林原注

本原的肖像，才能够是一个整体。

反之必须指出，上述情况对于无灵魂的世界来说是不可想象的。无论如何，这里缺失了那个使每一个事物成为整体的东西，即 εἶδος [形式]，也就是那个在理念那里真正是理念的东西。无灵魂的事物本身不包含形式，因此研究者为它们寻找形式，但这个东西却是位于遥不可及的地方。

在一个本质里，质料性愈是占据优势地位，这个本质向着目标的运动就愈是缺乏生气，它的走向也愈是不可辨认（τὸ οὗ ἕνεκα ἥκιστα ἐνταῦθα δῆλον ὅπου πλεῖστον τῆς ὕλης）。① 针对这些从理念那里仅仅获得质料方面的事物，我们的表现就像这样一个人，他能够听到许多单个的音调，但在它们的顺序和衔接中却感受不到一种和谐（这些音调对他而言是单纯的质料），或者说他在一幅画里只能看到许多颜色和一个花里胡哨的平面，却没有能力把自己提升到形象的理念。就此而言，如果人们所理解的"分割"是指一个部分现实地脱离其他部分或整体，那么单纯质料的一个特性就在于无所谓怎样分割（这就是人们通常所说的无限可分性），反之一切真正意义上的有机体都是不可分割的，甚至可以说，任何东西只要包含着一个理念，就都是不可分割的，比如一个几何图形只能要么是完整的，要么根本不存在，因此是某种不可分割的东西。

承认上述这一切之后，或许有必要再谈谈无机物和无灵魂的东西。关于它们和有灵魂的东西的区别，我们希望补充一点，即愈是接近人，现实性就愈是偶然和变化多端，而通过这种现实性，每一个

XI, 432

---

① 亚里士多德：《论天》IV, 12。——谢林原注

东西都主张自身并规定着自己的个体性，反之同样的金属始终具有
同样的现实性，以至于我们如果要在它那里寻找某种个体的东西，
就必须假设全部金属有一个共同的起源，并且把铁、金等种类看作
个体。但全部事物，包括无灵魂的事物，其走向都是共同的[①]，也就
是说，每一个事物都在走向灵魂的运动中属于整体，并且本身是一
个整体。我还想强调一点，哪怕它在自己的质料里没有达到灵魂，灵
魂也在它的运动中成为它的目标，因此它本身仍然可以说是那四个
本原的一个呈现或肖像。唯其如此，它才是**形体**（Körper）。这里大
概不需要再提醒大家注意这个来源于拉丁文的词语的重要意义。希
腊文的"形体"（σῶμα），如果被看作"保全"（σῶσμα, σώζεθαὶ）的
缩写，就可以被理解为"剩下的东西"或"留下的东西"，总之仅仅表
达出形体的质料方面，但按照希腊语言的创造精神，更合适的说法
应当是：它意味着一种从理念世界里逃脱出来，进入自由的和变化
的世界的东西。但有一点是毫无疑问的，即这个词语和"完整无缺"
（σόος, σοῦς, σῶς）有着密切的关系。

　　在本讲的结尾，我认为有必要用一句简短的话作为结语，以表
明质料和形体的关系。这就是：通过质料，形体仅仅与感受相关联；
通过形体，质料与思维或精神相关联。形体不是来自质料本身，而
是来自诸本原和那个在质料里持续发挥作用的理念，而理念本身仅
仅是诸本原的一个结合。

---

① τῶν μεταξὺ (τῆς ὕλης καὶ τῆς οὐσίας) – καὶ τούτων ὁτιοῦν ἐστὶν ἕνεκά του. [质料和实
体之间的居间者——甚至任何事物都具有某种目的。]亚里士多德：《气象学》IV, 12。
它们之所以有某种目的，因为它们恰恰是无灵魂的。在它们那里，灵魂不是在**它们之内**，
但在整体上却是ἐν ἁπάσῃ τῇ φύσει [在整全的本性之内]。——谢林原注

第十九讲　灵魂与努斯

　　在上一讲里,我们已经区分了理知空间和感性空间。但如果人们从后者那里拿走一切感性可知觉的东西,就产生出抽象空间或数学空间,这个空间是理知的,但又是单纯的质料——即亚里士多德所说的**理知的质料**。①之所以是质料,因为它接纳全部规定,但本身不进行规定;之所以是理知的,因为这些规定是纯粹思维的规定。也就是说,这个空间里面没有任何本原性的东西,一切单纯的空间表象都只具有质料的意义,正因如此,毕达哥拉斯学派和柏拉图已经把线或几何图形的广延仅仅看作质料,并且正确地把这种质料的**概念性**(τὸ εἰδητικόν)设定在**数**里面(亚里士多德虽然试图驳斥一种关于ἀριθμοῖς εἰδητικοῖς [理念数]的学说,但他的相关推论并不涉及事情本身)。在他们看来,线在概念上仅仅是最初的"二",面是最初的"三",而"四"则是形体的数,因为对于一个形态最简单的

---

① 亚里士多德:《形而上学》VII, 10: ὕλη δὲ ἡ μὲν αἰσθητή ἐστιν, ἡ δὲ νοητή, νοητὴ δὲ ἡ ἐν τοῖς αἰσθητοῖς ὑπάρχουσα, μὴ ᾗ αἰσθητά, οἷον τὰ μαθηματικά. [质料有时候是可感知的,有时候又是理知的,比如在数学对象那里,它虽然包含在可感知的东西里,但本身不是可感知的。]——谢林原注

形体（三边的金字塔[图19-1]）而言，只需要四个点就足够了。①

图　19-1

　　很显然，这个推论与我们在前一讲里提出的观点有着密切的关 XI, 434
系。因为这种学说认为，形体的**形状**是由四个彼此结合的点形成
的，而我们的观点是，形体本身产生于四个本原的结合。所有这些
推论都是无可辩驳的，因为我们只有达到这个结论之后，才能够前
进到一个全新的、迄今仅仅被预见到的世界。此外还可以期待，这
个研究将从本原出发推导出形体的三个维度，而这样的推导是迄今
为止的哲学所缺失的；因为直到现在为止，哲学都还没有证明为什么
恰恰只有三个维度。亚里士多德虽然已经一般地认识到了维度里的
本原性东西，但他不是从维度的内在本性，而是按照他一向的习惯，
从一些完全外在于事情本身的空泛事物推导出"三"这个数。比如
他在《论天》的开篇对于这一点的证明，或对于"除了线、面和形体
之外没有别的大小"的证明，都是仅仅依据这样一个论断，即无论在
什么地方，"三"都是代表着完满的数，所以毕达哥拉斯学派——他
在别的场合根本不会这么随便地援引他们——说，"三"是代表着大

① 塞克斯都·恩皮里柯:《反逻辑学家》I, sec. 100: ἐὰν γὰρ τρισὶ σημείοις τέταρτον
ἐπαιωρησωμαι σημεῖον, πυραμὶς γίνεται, ὅπερ δὴ πτῶτὸν ἐστι στερεοῦ σώματος
σχῆμα. [因为如果我们在三个点上放置第四个点，就生成了锥体，而它其实就是立方体
的首要形式。]亦参阅其《反数学家》5以及斐洛珀罗斯《亚里士多德〈论灵魂〉评注》,
勃兰迪斯版，第54页。——谢林原注

全的数，因为通过开端、中项和终点，一切东西都完结了；线推进到面，面又推进到形体，但形体那里却没有进一步的出路，因为过渡是由缺陷造成的，而完满的东西不可能是有缺陷的。在后来的岁月里，当亚里士多德一直主宰的世界开始致力于摆脱他的影响，这个如此糟糕的推导①也遭到了伽利略的反驳，而伽利略依据的是一个几何学证明，即在同一个点里，不可能穿过三条以上相互垂直的线。②亚里士多德之后的古代哲学没有继续研究这个问题；莱布尼茨在这个问题上虽然提出了如此之多的要求，但他也是追随伽利略，仅仅谈到一种几何学的必然性③，殊不知这种必然性虽然指出不可能有三个**以上**的维度，却没有指出三个维度是必然的。

XI, 435

直到康德用两个基本力去建构物质，才促使后来的哲学重新关注维度的问题，哪怕这个建构由于没有提供任何手段去解释物质的特殊杂多性而遭到批评。也就是说，康德的建构认为，质料和形体的性质取决于它们与动力学过程的三个主要形式，或如它自己所说的④，取决于它们与动力学过程的三个范畴（磁性、电性、化学性）的不同关系——令人震惊的是，这个观点在后来的伏打电堆⑤

---

① 人们必定会感到诧异，即亚里士多德只提到毕达哥拉斯学派的一般观点，却不讨论他们的明确观点，而这些观点无疑已经从毕达哥拉斯学派传到柏拉图学园。除非人们假设，在亚里士多德失传的《论哲学》（περὶ φιλοσοφίας）这部著作里（《论灵魂》第一卷引用了其中的观点，只可惜比今天的读者所希望的草率得多），对毕达哥拉斯–柏拉图的相关观点有更详细的讨论。——谢林原注

② 伽利略：《宇宙体系》第一章。——谢林原注

③ 莱布尼茨：《神义论》，第351节附释。——谢林原注

④ 谢林：《动力学过程或物理学范畴的普遍演绎》，刊于《思辨物理学杂志》第一卷，第1—2册。——谢林原注

⑤ 伏打电堆是意大利物理学家伏打（Anastasio Volta, 1745—1827）于1800年发明的世界上第一个发电器或电池组。——译者注

和敏锐的戴维①的实验中得到了证实——；再者，它有理由确信，这些形式在自然界里的数目和先后顺序不可能是偶然的，而是追溯到形体的三个维度，最终必须追问维度本身的根据。如果人们注意到，维度的实在的、本原性的意义如何在有机自然界里才完全展现出来，这一切就更加不容置疑了。自在地看来，无机物体既没有"右"也没有"左"，既没有"上"也没有"下"，既没有"前"也没有"后"，毋宁说，是我们仅仅按照它们与我们的关系（πρὸς ἡμᾶς ἐπαναφέροντες）而规定了这些区别。②也就是说，我们要么把与我们右边相对应的东西称作"右"，要么让它转过身来，把与我们左边相对应的东西称作"右"，把与我们右边相对应的东西称作"左"，或把面向我们的东西称作"前"，把它的背面称作"后"，但对象本身并没有包含着这些区别；换言之，如果我们将对象翻转，那么 XI, 436 "右"就变成"左"，"后"就变成"前"。③因此，在最低的层次上，三个维度仿佛只是就形式而言，或按照我们此前的解释，只是就倾向而言存在着，而且不具有真正的内容；虽然有些水晶在与电性或所谓的偏振光的关系中表现出不同方面的微弱痕迹，但哪些方面被称作"右"或"左"，哪些方面被称作"上"或"下"，这仍然取决于我们；真正说来，有机体的这些区别仅仅在有灵魂的形体里才达到现实的意义，其中又以人的形体最少拘泥于单纯的形式，而且在全部形体里面最为突出，因为只有它才现实地包含着整个理念。有机世界的层次性与维度的分化和现实区分有着最为精确的对应关系。这

①汉弗里·戴维（Humphry Davy, 1778—1829），英国化学家。——译者注
②亚里士多德：《论天》II, 2。——谢林原注
③亚里士多德：《论天》II, 2, p. 38, 3-10。——谢林原注

些关系的最轻微的变化都会导致整个类型的改变。同样一些肌肉，既可以把动物的脑袋拽向大地，也可以让人的头颅义无反顾地指向高空，仿佛已经把身后的一切东西设定为过去。通过观察动物王国的完整的上升路线，人们可以注意到，心脏如何慢慢地从右边或中间转移到左边。掌握了这条线索，我们就能够更轻松地揭示出同一个原初形式的贯穿全系列有机物的分级转化，并且更轻松地证明那个与单纯外在的分类努力相对立的思想。杰弗瓦·圣伊莱尔曾经对这个思想做出了精彩的辩护，正因如此，我认为他是一个值得我们永远怀念的人。

观察和经验已经迫切要求我们**一般地**讨论那种从本原推导出维度的做法。但在这之前，我们必须回到本原和对于本原的论证，而这个论证本身只能是逐步达到的（因为无论在什么事情那里，最终的答案都不是一蹴而就的）。正因如此，关于这个讨论，后来的一些尝试是根本指望不上的，因为它们在形式上的改良措施更多的是偏离事情本身，而不是像它们自以为的那样走向事情本身，而总的说来，针对那种直接先行的哲学，人们唯一能够添加的是一种胡闹，即一种根本不属于事情本身的东西，尽管各个维度的意义和关系恰恰提供了一个方面，使得一个人能够在这里表明自己掌握了内在的辩证法，并且懂得如何将其应用于现实事物，而这些事物不会像空洞的概念那样被人随心所欲地玩弄。因为，这些规定的模棱两可性在日常使用中已经有所体现，而如果没有一个本原上的决断，就一直会纠缠下去；单是这一点就将导致一个辩证的讨论。举例来说，当一个人坐在餐桌的一端，就会把餐桌这一端到另一端的广延称作"长"，把餐桌右侧到左侧的距离称作"宽"，把餐桌到地面的距离称作"高"；这样看来，"长"对他而言仅仅意味着一个更大和更长的广延，但这不是科学所规定的意义上的"长"，比如亚里士多德就认为"上"是"长"的本原。对这个人而言，"高"仅仅意味着"厚"，正如在拉丁语里，"高"（altitudo）经常被用来表示"深"，"深"一般也被用来表示"厚"。对于一条河流，"长"的用法是正确的，因为河流的发源地和流经地的关系实际上是"上"和"下"的关系；"深"的用法同样是正确的，因为在一个更宽泛的意义上，我们在一个对象那里看到的就是"前"，而我们看不到的就是"后"。再回到餐桌，如果刚才那个人改为靠着长边坐下写字，那么他之前称作"长"的东西现在就位于他的左边和右边，而他就会把这称作"宽"；他会放弃使用"长"这个看起来过于宽泛的表述，仅仅谈论"高"，并且按照日常用语的习惯，把他所在的这边到对面一边的距离称作"深"。由此可见，日常用语里面也没有什么固定的和稳当的规定，因为这些规定 XI, 438都是伴随着说话者的位置而随时改变的。尤其对于四足动物的区分会造成一个哪怕不是更大，但至少同样大的尴尬，比如在追问一匹马的"长"时，任何人都会毫不犹豫地去丈量其从前到后的距离，但按照亚里士多德的说法，这个距离其实是"厚"，而如果人们接受了他对于"长"的规定，那么就必须要么承认有两种"长"，要么区分"高"和"长"，然后还得区分"宽"和"厚"，而在这种情况下，人们得到的就不是三个维度，而是四个维度。

现在，如果我们回到那个独立于当前的研究而对我们来说已经确定的结论，即形体是一个完整的、内在终结的、将四个本原联合在一起的东西，就会轻松地发现向着维度的过渡，因为这些本原的顺序和相互之间的位置本身就已经表明，第一个本原在与第二个本原结合时，不仅与后者相结合，而且成为第三个本原的中介，进而通过这个中介而成为第四个本原的中介；这个情况反过来或在下降的秩序里必须是同样有效的，这样一来，就产生出三个结合，而它们在质料和空间里只能显现为三个维度；实际上，每一个维度都表明自己是"上"和"下"、"右"和"左"、"前"和"后"等两个termini[终端]的结合（conjugatio, συζυγία）。①但这里的关键是，如果我们致力于现实的推导，就不可能在没有先行的辩证讨论的情况下找到开端。

诚然，每一个人都倾向于认为，第一个维度是"长"。但正如已经指出的，这是全然不确定的。因为纯粹的线是每一个距离的尺度，随之也是每一个维度的尺度。真正的问题在于，哪些termini [终端]是第一个结合的终端，是"上"和"下"呢，还是"右"和"左"，抑或"前"和"后"？此外还有一件事情值得注意，即在每一个结合里面，其中一端相对于另一端而言具有优先性，甚至像亚里士多德所说的那样被看作更好和更高贵的（τὸ βέλτιον καὶ τὸ τιμιώτερον）②，比如"上"相对于"下"，"右"相对于"左"，"前"相对于"后"就是如此。更有甚者，亚里士多德只把其中更高贵的一端规定为**本原**③，于是另一端只能表现为**质料**、相对的非存在者或承

XI, 439

① 亚里士多德：《论灵魂》Inc. c. 2, pp. 128, 12。——谢林原注
② 亚里士多德：《论动物的部分》III, 3。——谢林原注
③ ἕκαστον (τῶν τριῶν) οἷον ἀρχή τις ἐστιν, — τὸ μὲν ἄνω τοῦ μήκους ἀρχὴ, τὸ δὲ δεξιὸν τοῦ πλάτους, τὸ δὲ πρόσθεν τοῦ βάθους. [三者中均有某种本原："上"是"长"的本原，"右"是"宽"的本原，"前"是"深"的本原。] 亚里士多德：《论天》II, 2。——谢林原注

受者。①或许我们可以轻松地设想这些结合相互之间也有一个类似的关系，即后面的结合之所以产生出来，是因为前面的结合在它那里成为质料，成为相对的非存在者。假若是这样，那么第一个维度的标志就是，在它那里，结合的**双方**都是**本原**，哪怕它们不是发挥着同等的效用，而是一方从属于另一方。但如果我们追问的是，哪些结合在最大程度上包含着本原性东西，我们就不得不说，"右"和"左"最具有本原的威望。诚然，毕达哥拉斯学派曾经尝试用各种方式来表达原初的对立，比如"规定"和"无定"、"直"和"曲"、"奇数"和"偶数"等等②，但他们从来没有在"上"和"下"或"前"和"后"之间区分高低贵贱，而是单单认为"左"是较差的，"右"是更好的。虽然亚里士多德批评他们仅仅把这两个东西（"右"和"左"）称作本原，却忽视了另外四个同样类似于本原的东西（他进而认为，这四个东西更应当被称作本原）③，但他本人在别的地方还是避免把 XI, 440 "上"或"下"称作**本原**，而且这两个东西甚至比"左"更没有资格号称本原，因为"左"比它们更不依赖于质料。实际上，当我们宣称"左"和"右"的对立是最尖锐的对立，比"上"和"下"或"前"和"后"的对立更为尖锐，这并不是基于毕达哥拉斯学派的权威，而

---

① ἀεὶ γὰρ τιμιώτερον τὸ ποιοῦν τοῦ πάσχοντος, καὶ ἡ ἀρχὴ τῆς ὕλης. [主动的事物总是比被动的事物更尊贵，正如本原总是比质料更尊贵。]亚里士多德：《论灵魂》III, 5。——谢林原注

② 亚里士多德：《形而上学》I, p, 17。——谢林原注

③ Διὸ καὶ τῶν Πυθαγορείων ἄν τις θαυμάσειε, ὅτι δύο μόνας ταύτας τὰς ἀρχὰς ἔλεγον, τὸ δεξιὸν καὶ τὸ ἀριστερόν. τὰς δὲ τέτταρας παρέλιπον οὐδὲν ἧττον κυρίας οὔσας. [这也就是为什么人们会对毕达哥拉斯主义者表示惊讶，因为他们宣称，"右"和"左"是仅有的两个本原，但是遗漏了其他四个同样具有统治力的本原。]亚里士多德：《论天》II, 2。——谢林原注

是基于一个古老得多的权威，即那个在语言的塑造中发挥着支配作用的**本能**的权威。这个对立的更为普遍的应用也证明了这一点。换言之，最尖锐的对立就是我们想要的东西和我们不想要的东西之间的对立，而不是我们更想要的东西和我们不太想要的东西之间的对立；在日常用语里，我们总是把我们想要的东西称作"右"或"正当的"①，比如"这对我而言是右（正当的）"，反之把我们不想要的东西称作"非右"或"不正当的"，甚至直接称作"左"，比如"他选择了左边"，而这句话的意思是："他的选择违背了我们的意志。"同样的关系恰恰出现在前两个本原之间，而我们最终将会清清楚楚地看到，唯有这两个本原能够形成第一个对立和第一个结合。因为按照我们的规定，第一个本原表现为第二个本原所否定的对象，但是，为了遭到否定，为了作为**非存在者**而被重新设定到潜能阶次中，它必须**存在着**，也就是说，它并非自在地就是"左"，而是后来才被设定为"左"，因此自在地看来和第二个本原一样都是**本原**。因此，"左"相对于"右"而言是一个落后的、较为渺小的、不太高贵的东西，这是不容否认的。除此之外，"左"和"右"的关系不可能类似于"下"和"上"或"前"和"后"的关系，这一点已经通过一种质料上的差别体现出来，比如植物那里的"上"和"下"的差别（下面是根，上面是花），或人那里的"前"和"后"的差别，但与此同时，左眼和右眼完全是一模一样的，甚至在某些人那里经常比右眼看得更加清楚。

---

① 在德语及其他西方语言里，"recht"既是"右"的意思，也意味着"正当""公正""正确""合理""权利""法"等等。——译者注

至少在动物的外观上，我们察觉到右边和左边在质料上是完全
无差别的，而恰恰是这个无差别迫使我们继续前进，也就是说，这个
等同需要一个更高的本原，以便在相同的诉求之间做出裁决，但对 XI, 441
象自身之内并没有包含着什么东西，能够出于绝对的权力而一锤定
音把"右"规定为"右"，把"左"规定为"左"。从这些措辞来看，
我们真正能够感到高兴的是，我们在独立于这些措辞的情况下预先
看到，一个不偏不倚的、以平等的方式对待两个本原的本原已经表
明自己是必然的，当这个本原在那两个本原的完满平衡中达到自己的
目的之后，就在凌驾于二者的情况下通过两种平行的自然形态而实
现自身，而这样一来，基于质料上的完全等同，每一方都在对方面前
获得并保留自己作为本原的权利，因为即使在质料上不再有区别的
地方，也始终有本原意义上的区别，哪怕这是一个单纯形式上的区
别。若非如此，我们根本不可能理解那个奇迹，即自然形态的对称
性，尤其是一些高级的、不再仅仅服务于质料目的的器官（比如运动
器官、感觉器官乃至大脑）的对称性。在这个问题上，甚至亚里士多
德也是束手无策，因为真正说来，诸如"二者（右和左）寻找自身等
同者"①之类的说法（这就是他的解释）完全是一通废话。无论如
何，我们根本不需要这类含糊的说法，就能够发现"右"和"左"离
不开一个**更高的东西**。因为，哪怕仅就空间而言，比如刚才勾勒的
那个图形（这个图形作为一切形体的抽象范型，可以作为我们讨论

---

① τοῦ μὲν οὖν τὴν φύσιν τῶν σπλάγχνων διφυῆ εἶναι, αἴτιον τὸ δύο εἶναι τὸ δεξιὸν καὶ
τὸ ἀριστερόν. ἑκάτερον γὰρ ζητεῖ τὸ ὅμοιον. [动物内脏的结构具有双重性的原因在于
"左"和"右"的双重性。因为每一边都追寻类似的东西。] 亚里士多德：《论动物的部
分》III, 7。——谢林原注

的基础），ab线里的"右"和"左"仅仅是潜在的，或者如果人们愿意
说的话，仅仅对我们而言存在着；要让对象自身之内现实地出现这
个区别，必须假设对象包含着一个进行规定者，相对于这个东西而
言，"右"是"右"，"左"是"左"。这个规定者必须位于a和b之外，
而更高的东西只能在c那里，这样一来，我们就必须赞成亚里士多
德的那个说法，即"长"的本原"高"是先于"右"，也就是说，正如

XI, 442

他慎重地补充的那样，"**就生成而言**"①，而这无疑等于是说，"**就
现实性而言**"。相应地，也不能排除"宽"是潜在地（δυνάμει）在先
的，并且在**这样的**方式下是"**下**"，后者只有在这种情况下才能够与
"上"相结合，即它制造出一个对立或最初的二元性，使自己成为现
实的"宽"，以便与第三者（"上"）相结合，并且如我们已经看到的，
在"上"那里虽然没有扬弃二元性，但扬弃了（质料上的）对立。

　　唯其如此，这条迄今只具有辩证意义的道路才引导我们来到真
正的开端，即**发展过程本身**的开端。发展过程的**前提**就是"下"，而
如果人们问，这个要素是在什么情况下被预先给定的，这个问题就让
我们回想起一件已经认识到的事情，即那个把理念掩埋在质料性里
面的瞬间，而从现在起，理念才从质料性里被挖掘出来，把自己重建
为一个整体（现在这个整体才是理念的形象），亦即形体——其首
先采取的做法，就是让那两个唯一真正相互对立的本原分道扬镳。
就此而言，这个"下"和所谓的原初质料——那个隐藏在全部形体

---

① πρότερον ἂν εἴη τὸ ἄνω τοῦ δεξιοῦ κατὰ γένεσιν, ἐπεὶ πολλαχῶς λέγεται τὸ πρότερον.
　　["右"就生成而言先于"上"，也可以说先于"宽"。]亚里士多德：《论天》II，2。而在前
　　面不远的地方，他以不太确定的方式说：τὸ μῆκος τοῦ πλάτους πρότερον。["长"先于
　　"宽"。]——谢林原注

里面，并且一直位于它们的根基处的第一载体（primum subjectum，πρῶτον ὑποκείμενον）——合为一体，或者说和那个相对的"无"或非存在者合为一体。万物都是出自这个偶然的东西，而它则是赋予它的这些产物以飘忽不定的本性。诚然，这个东西是很难把握的，因为它**只能**被把握为出发点，但它并不因此就是一个不可理解的东西，因为它只有对那些把它看作原初东西的人而言才是不可理解的，但对我们而言却是可以理解的，因为我们把它看作推导出来的东西。在这整个发展过程里，质料在不同的地方有不同的含义，这些含义甚至在柏拉图和亚里士多德那里都没有得到明确的辨析，因此也让他们的学说显得非常晦涩。这里所谈论的仅仅是偶然的质料；它在这里不是本原，毋宁只是一个环节，即形体现象的最初萌芽。

这个已经降格为质料性的东西，其最初的自然的运动是重新向着本原上升，而维度恰恰因此产生出来。这里值得注意的是：首先，"下"无非是对于一切提升的否定，并且就其本性而言是一个躺着的东西——当人们把它称作"载体"（subjectum，ὑποκείμενον）时，就已经暗含着这一点；其次，水平的维度，"宽"，无非是一切垂直的、竖立的东西的反面。既然如此，我们完全有理由说，那个"下"无非是**"宽"本身**，即"宽"的质料，或者说一种无规定的"宽"，而这种尚且非现实的、无规定的"宽"就是维度。因此在这个潜在的意义上，"宽"是最初的、位于一切之先的东西。最初的运动是向上的运动，但"上"是"下"所不能触及的，与此同时，这两个相互对立的本原并没有分裂；也就是说，向上的运动是本质性的东西，而二元性以及"宽"（现实的"宽"）是随同产生出来的、偶性的东西，仅仅把"上"当作自己的规定者和限定者。正因如此，亚里士多德也说，

XI, 443

"上"在本性上是已规定的东西（τοῦ ὡρισμένου）或形式，"下"在本性上是无规定的、二性的东西或质料（τὸ δὲ κάτω τῆς ὕλης）。① 除此之外的东西都仅仅是为着"上"和"下"的缘故，因此把它们当作承载者（τὸ γὰρ εἰς τὸ πλάγιόν τὸ περὶ τὸ ἄνω καὶ τὸ κάκω）。② 唯有垂直运动具有主动的、精神性的意义，而"宽"只具有被动的、质料性的意义。人体的意义主要是由它的"高"，而不是由它的"宽"所规定的。第一个维度（"高"）代表着差别，而第二个维度代表着无差别和漠不相关，亦即代表着质料。

　　"宽"的质料本性甚至保存在一些词语的派生用法里面。比如，当一个讲座包含着太多的质料性东西，我们就说它是"**宽的**"（东拉西扯）；比这更糟糕的是那种无论如何也不能提升自己的情况：如果其中没有任何高度（acumen），我们就说它是"**扁平的**"（平淡无味），而如果其中没有任何深度，我们就说它是"**平坦的**"（肤浅）。总的说来，"宽"在无机自然界的产物里占据着统治地位。但是，这些产物真的全都产生自一个虽然追求着"高"，但通常说来仅仅满足于将许多平面叠加起来的力吗？那些在自身之内让垂直运动战胜了水平运动的产物，是不是只能被看作例外呢？这些问题要留待将来再做回答。但在有机的自然产物里，我们所说的"**下**"不是就空间而言，而是就其本性而言，也就是说，它仅仅潜在地包含着"右"和"左"，或很少将其表现出来。亚里士多德已经注意到，双形现象（τὸ διψυές）虽然在头脑和感觉器官那里是显而易见的，但在体内

XI, 444

----

① 亚里士多德：《论天》IV, 4。此前的说法是：φαμὲν δὲ τὸ μὲν περιέχον εἶναι τοῦ εἴδους, τὸ δὲ περιεχόμενον τῆς ὕλης. [可以说被包围者是形式，包围者是质料。]——谢林原注
② 亚里士多德：《论天》II, 2。——谢林原注

深处的内脏那里却是可疑的和模糊的,尽管从根本上说,全部内脏都具有这个现象。他谈到了右心室和左心室,谈到了肺,比如在卵生动物那里,肺叶之间的距离是如此之大,简直可以被当作两个肺;肾肯定是成对的;肝和脾比较可疑,但人们可以把后者看作非正当的或非真实的肝(δόξειεν ἄν οἷον νόθον ἧπαρ εἶναι ὁ σπλήν)①;在自然界里,即使脾是可有可无的,但毕竟是一个非常小的肝,仿佛仅仅充当标志;至于肝本身,显然是成对的,大的部分在右边,小的部分在左边。②在这里,亚里士多德在某种意义上陷入了自相矛盾,因为他一方面承认,那些只能够以无意愿的方式运动的器官包含着"右"和"左"的对立,另一方面又宣称,植物那里只有"上"和"下",没有"右"和"左";因此这个主张大概需要一个限定,因为植物的毫无疑问的螺旋式生长和近代观察到的叶序规律都已经表明,植物那里的"右"和"左"即使对我们而言不存在,但对于自然界而言确实是存在的。但自愿的运动跟"右"和"左"没有任何关系,否则的话, XI, 445 在这个对立只具有一种比喻意义的地方(比如在刚才提到的器官那里),也必定会有这种运动。但自愿的运动仅仅伴随着一个更高的潜能阶次才会出现,后者凌驾于前面两个本原之上,向外和向内发挥作用,自由地支配着自己,并且按照自己的喜好而发起运动。运动的自由也包含着自由与运动方向的关系,比如当一个人以自己为轴心,向着同一个方向一直旋转运动,就会陷入晕眩,从而失去自由。和自由运动本身的本原一样,大脑里面似乎也有各种如此势均力敌的方

---

① 亚里士多德:《论动物的部分》III, 7。——谢林原注
② 亚里士多德:《论动物的部分》III, 7。——谢林原注

向, 以至于有人认为, 如果动物的脑桥在某一侧受伤, 动物就会在这一侧陷入旋转运动, 直到脑桥的另一侧受到同样的损伤, 才停止运动。[1]如果小脑被切去或大或小的一部分, 方向感就会完全紊乱, 而如果尾椎骨(它的完全损坏会导致彻底的瘫痪)受伤, 就会催生出某种完全反自然的东西。也就是说, 在这种情况下, 动物会倒退着运动, 鸟儿甚至会尝试倒着飞, 而 "倒退" 在亚里士多德看来是一种反自然的运动 (μηθενὶ φυσικὴ ὑπάχει κίνησις εἰς τὸ ὄπισθεν)。[2] 简言之, 亚里士多德认为, 自愿运动和不同的维度之间是这种关系: 它自上顺势而下, 右侧是主动的一方, 因此优于左侧, 而左侧主要是被推动, 而不是去推动[3]; 在 "**由谁造成**" (Wovon) 和 "**从哪里来**" (Woher)之后进入我们视野的是 "**到哪里去**" (Wohin), 而全部自愿运动按照本性都是向前挺进。

XI, 446 在这里, 我们发现自己被导向第三个区别, 随之按照这个发展过程的规定被导向第四个本原, 灵魂。前面似乎已经足够清楚地解释了, 这个区别在无灵魂的形体那里就形式而言是什么情形。但值得注意的是, 它如何获得一个与灵魂的特殊关系, 因为植物也被算作有灵魂的本质, 而它们那里的 "右" 和 "左" 的区分仅仅是一个偶然的区分。这个思考的结论就是, 灵魂并不是以同样的方式显现在全部有机物或一般意义上的有灵魂的东西里面。灵魂本身就在全部

---

[1] 参阅瓦伦丁:《人类生理学大纲》(*Grundriss der Physiologie des Menschen*), 不伦瑞克1850年版, 第2019节及随后的第2021节。——谢林原注

[2] 亚里士多德:《论灵魂》Inc. c. 6。——谢林原注

[3] ἐστίν αὐτὴ (ἡ οὐσία) καὶ ὡς ἡ κινοῦσα καὶ ὡς τὸ τέλος. [它自己(实体)既是推动者, 也是目的。]亚里士多德:《论动物的部分》I, 1。——谢林原注

有机物里面,但开端处的灵魂和终点处的灵魂不是一回事。它是驱动者,但和目的一样,也是运动的目标和原因。灵魂虽然寓居在全部有机物之内,但并不是立即就能够**被设定为**灵魂。这件事情是在终点处才发生的。我们的问题是,它什么时候最称得上是灵魂。从迄今所说的一切来看,很显然,当质料已经完全等同于存在者,亦即完全等同于真正的、原初的理知东西(νοητòν),灵魂本身就必然表现为理智的灵魂。也就是说,理智的灵魂是**目标**。用另一个或许更贴切的说法就是:那个把灵魂当作本质的东西,或者说灵魂所**是**的那个东西,愈是等同于存在者,灵魂就愈称得上是灵魂。但存在者是万物的质料,并在这个意义上等同于万物。因此,就像亚里士多德所说的那样,灵魂愈是**以某种方式是万物**(ἡ ψυχὴ τὰ ὄντα πώς ἐστι πάντα)①,就愈称得上是灵魂。所谓"以某种方式",就是指通过它所**是**的那个东西。在这个意义上,总的说来,灵魂已经是万物,因为它知道**自身之外**有一个世界,而自由的运动已经包含一点,即把自身之外的某个东西当作目标。反之,当灵魂仅仅与**自己**打交道,还需要把自己**作为**灵魂产生出来,这时它就最没有资格叫作灵魂,或者说仿佛只是潜在的灵魂,因为在这种情况下,它首先要为**真正意义上的**灵魂准备工具和场地,于是后者虽然表现为目的因,但不是表现为作用因,而发挥作用的灵魂则是仅仅显现为工具性的(官能性的)灵魂,仅仅与质料和形体打交道,在植物那里和动物那里都是如此。就此而言,灵魂在不同的层次上显现为不同的灵魂。灵魂的这些区别构成了生物的区别,这取决于寓居在生物之内的是单一的灵魂、最

XI, 447

---

① 亚里士多德:《论灵魂》III, 8 inc.。——谢林原注

低的灵魂，抑或全部灵魂。[1]最初的灵魂是工具性的，即亚里士多德所说的生长灵魂或营养灵魂。[2]至于哪一个灵魂是接下来更高的灵魂，看起来是存疑的。亚里士多德认为是感觉灵魂，因为有些动物虽然不能自由地运动（即伴随着明显的位置变化），但我们不能否认它们有感觉（哪怕只是最模糊的感觉）。然而我们必须在这里也区分潜能和现实性。就潜能而言，运动灵魂先于感觉灵魂，因为前者是由后者所规定的，后者是规定者。但我们不能因此就把感觉灵魂放在运动灵魂下面，因为它是通往理智灵魂的直接层次，或更正确地说，因为理智灵魂根本就没有被排除在感觉灵魂之外。真正的关系表现于这样一个事实，即在动物那里，全部规定着运动的器官（比如脊椎、尾椎骨、小脑）都位于背面，而感觉器官则是位于前面，因此前者相对于后者而言仿佛被设定为过去，而这只有在一种情况下才是可能的，即运动灵魂和生长灵魂都是在先的，反之感觉灵魂是在后的或更高的。因此，如果说运动灵魂的出现是以"右"和"左"的完全等同为中介，那么真正意义上的灵魂亦即感觉灵魂和理智灵魂的出现则是以"前"和"后"的区别为中介。三个本原（也包括那个规定着静止和运动的本原）合在一起仅仅重新构成质料意义上的存在者；而为了达到完整的理念，这个存在者（在我们的抽象范型 a b c 里）必须在非质料的存在者（$d=a^0$）面前退隐，成为 posterius [在后

XI, 448

---

[1] ὅτι ἐνίοις μὲν τῶν ζώων ἄπανθ᾽ ὑπάρχει ταῦτα, τίσι δὲ τίνα τούτων, ἑτέροις δὲ ἓν μόνον, τοῦτο ποιεῖ διαφορὰς τῶν ζώων. [有些动物具有全部上述能力，另一些动物只具有其中某些能力，还有些动物只具有一种能力，而这构成了动物之间的区别。]亚里士多德：《论灵魂》II, 2。——谢林原注

[2] τὸ μὲν τρέφον ἐστὶν ἡ πρώτη ψυχή. [营养者是首要的灵魂。]亚里士多德：《论灵魂》II, 4。——谢林原注

的], 而在这种情况下, 形体的第三个或最后一个维度就获得其真正的意义。

既然三个维度只有在**动物**那里才获得现实的内容, 这就可以解释柏拉图的一句名言。亚里士多德仅仅在他的《论哲学》($\pi\epsilon\rho\grave{\iota}$ $\varphi\iota\lambda o\sigma o\varphi\acute{\iota}\alpha\varsigma$)里引用了这句话, 而它的形式比我们期望的还要更加破碎。因为很显然, 这句话并非如近代诠释者所希望的那样针对世界整体, 而实际上仅仅针对**动物**。柏拉图宣称, 一方面, **动物本身**产生于"一"——即我们此前所说的**整个理念**①——和最初的"长""宽""深", 另一方面, **其他形体**则是以相应的或类似的方式产生出来。所谓"以相应的方式", 是因为在这些形体之内, 一切标示着动物的东西都仅仅以非本真的方式存在着。与此相反, 动物仿佛被看作其他形体的原型; 有些博学的诠释者看到"一"这个说法, 就立即联想到新柏拉图主义的那个"自生者"($\alpha\grave{\upsilon}\tau\acute{o}\zeta\omega o\nu$)或"原初生命", 而诸如此类的东西确实只能是世界。在这里, $\tau\grave{o}$ $\mu\grave{\epsilon}\nu$ - $\tau\grave{\alpha}$ $\delta\acute{\epsilon}$ [一方面–另一方面]的连接方式暗示着一个共同的概念, 而这个概念只能是形体的概念。②

---

① 参阅本书第436页(XI, 436)。——谢林原注

② 亚里士多德《论灵魂》I, 2的希腊原文是: $\acute{o}\mu o\acute{\iota}\omega\varsigma$ $\delta\grave{\epsilon}$ $\kappa\alpha\grave{\iota}$ $\grave{\epsilon}\nu$ $\tau o\tilde{\iota}\varsigma$ $\pi\epsilon\rho\grave{\iota}$ $\varphi\iota\lambda o\sigma o\varphi\acute{\iota}\alpha\varsigma$ $\lambda\epsilon\gamma o\mu\acute{\epsilon}\nu o\iota\varsigma$ $\delta\iota\omega\rho\acute{\iota}\sigma\theta\eta$, $\alpha\grave{\upsilon}\tau\grave{o}$ $\mu\grave{\epsilon}\nu$ $\tau\grave{o}$ $\zeta\tilde{\omega}o\nu$ $\grave{\epsilon}\kappa$ $\tau\tilde{\eta}\varsigma$ $\tau o\tilde{\upsilon}$ $\acute{\epsilon}\nu o\varsigma$ $\grave{\iota}\delta\acute{\epsilon}\alpha\varsigma$ $\kappa\alpha\grave{\iota}$ $\tau o\tilde{\upsilon}$ $\pi\rho\acute{\omega}\tau o\upsilon$ $\mu\acute{\eta}\kappa o\upsilon\varsigma$ $\kappa\alpha\grave{\iota}$ $\pi\lambda\acute{\alpha}\tau o\upsilon\varsigma$ $\kappa\alpha\grave{\iota}$ $\beta\acute{\alpha}\theta o\upsilon\varsigma$, $\tau\grave{\alpha}$ δ' $\grave{\alpha}\lambda\lambda\alpha$ $\acute{o}\mu o\iota o\tau\rho\acute{o}\pi\omega\varsigma$. [同样, 从《论哲学》可以得知, 一方面, 动物本身来自"一"的理念本身, 以及理念的首要的长、宽、深, 另一方面, 其他事物也是以同样的方式产生的。]——因为看起来除了**世界**之外不可能有别的"其他事物", 所以这个诠释的发明者不得不断定, 亚里士多德所说的"另一方面, 其他事物也是以同样的方式产生的"与后面讨论的事物有关。比如辛普里丘就是如此。关于他的牵强的解释, 可参见勃兰迪斯上述著作第57页, 注释40。——谢林原注(译者按, 辛普里丘[Simplicius, 480—560], 新柏拉图主义哲学家。)

尽管如此，第三个区分只有在人那里才达到完满的**表现**，因为在四足、多足和无足的动物那里，"前"和"后"与"长"是合在一起的，因此**"上"**和**"前"**并没有彼此分离，而是处于同一个水平线（ἐπὶ τὸ αὐτό）①，从而导致刚开始提到的那个困难。但这件事情并不麻烦，只要我们把动物竖立起来，就可以把水平的脊柱看作垂直的。因此，如果我们在与给定的处境相矛盾的情况下称呼维度，比如把那个本来应当叫作"厚"的情况称作"长"，那么这仅仅是因为我们预先确定了"右"，并且在如此称呼的时候已经立足事情本来的样子；换言之，就倾向而言，我们确实不得不把那个本来是"长"的情况称作"厚"，并且以同样的方式称呼其他情况。

因此，即便仅仅被看作形体，人的形体也是最有表现力的、完满的形体，它是万物所欲求和追求的目标。

亚里士多德是这样说的："一切活着的东西，包括植物，都具有'**上**'和'**下**'。一切不仅活着，而且是动物的东西，都具有'**前**'和'**后**'。因为一切动物都有**感觉**，而'前'和'后'是由感觉所规定的。也就是说，对任何一个天然有感觉的动物而言，感觉所来的地方就是'前'，而与之相对立的则是'后'。"②

一般而言，人们都知道，动物的前面部位比后面部位更敏感，下面部位也比上面部位更敏感。但前面部位本身又包含着"上"和"下"，其最上面的是头，各种最高贵的感官的集中地，而在这些感官中间，视觉器官被认为具有最高地位，因为它提供最多和最确定

XI, 449

---

① 亚里士多德：《论灵魂》Inc. c. 6。——谢林原注
② 亚里士多德：《论灵魂》Inc. c. 5。——谢林原注

的认识[1]；尽管如此，眼睛仍然退回到眼窝里，更多的是趋向后面，反之嗅觉器官就像与整个动物王国相对应的神经，突出在最前面。在这个特殊的地方，人们是否可以假设它们与**时间**的区别有关呢？是否可以说，视觉是真正与"现在"相关的感官（"**视灵者**"的意思是，对他而言，未来就是现在），嗅觉是与"未来"相关的感官，亦即与事物的消散和瓦解有关，而在这种情况下，嗅觉和味觉之间就 XI, 450 能够是潜能和现实的关系[2]，与此同时，那个真正说来始终只是察觉"过去"的东西，并且最终说来唯有它才把我们和"过去"联系在一起的感官，位于最后面的位置？对此我们不妨存而不论，因为这些区别在根本上无关宏旨。尽管如此，亚里士多德的那个命题还是过于狭隘了。因为就本原的意义而言，前面部位与灵魂有关，它既然是各种感觉的总部，同时就注定要作为人的面孔而被灵魂和精神彻底照亮。

换言之，器官感觉尚且不是最高的东西，而亚里士多德的那个命题显然过于狭隘。前面部位和灵魂息息相关，不仅是感觉器官的驻地，更是**灵魂**乃至精神的驻地。诚然，后脑是如此之重要，但相对于充满灵魂的、将全部运动一览无遗地表现出来的面孔，它又算什么东西呢？在那个超出感觉的区域里，各个功能如何分配自身，我们并不知道，我们也很少从那些残忍的和令人厌恶的解剖实验里学习到什么东西，哪怕它们取得了一些非常优秀的成果。尽管如

---

[1] 亚里士多德：《形而上学》I, 1。——谢林原注
[2] 这个意思大概相当于亚里士多德在《气象学》I, 3所说的：ἔστιν ἀτμὶς δυνάμει οἶον ὕδωρ. [就像气能够变成水。]——谢林原注

此，这里也有一个逐级上升的顺序：感觉之后是**表象**；如果有一种力量把强烈的感官印象提升为表象，并且如亚里士多德所说的，在表象里只留下对象的纯粹形象或**理念**，却不带对象的**质料**①，那么这就已经暗示着灵魂与一些纯粹本原的沟通，而在有机生命的边界处，质料能够把自己提升为非质料。表象之后是纯粹的、自由的**观审**，而适合充当其工具的，看起来只能是那个本身与任何感觉无关的东西，也就是说——如果某些解剖实验值得信赖的话——，只能是大脑边缘最高和最前面的那些部分。但这些部分似乎也是一个必然被看作与**思维**相结合的自然过程的驻地，原因在于，正如亚里士多德所说，思维着的观审（θεωρία）这一活动在上帝那里是一个持续的状态，而在我们这里仅仅是一个只能短暂分享，但不能永远享有的状态（ἡμῖν μὲν ἀδύνατον τὸ ἀεὶ οὕτως εἶναι）。②因

XI, 451

为很显然，这个状态预先设定了一个本原，这个本原在一段时间之后总是需要被重建。如果我们在这里回忆起，一切质料的最终根据是这样一个本原（B），它在本性上就有能力转变为非存在者乃至非质料，那么这个能力必定会在睡眠中重建自身——在睡眠过程中，虽然感觉没有熄灭③，但思维却完全熄灭了——，同样毫无疑问的是，这个能力的缺失或虚弱恰恰造成了痴呆。这个伴随着思维，

---

① 亚里士多德：《论灵魂》II, 12: ἡ μὲν αἴσθησίς ἐστι τὸ δεκτικὸν τῶν αἰσθητῶν εἰδῶν ἄνευ τῆς ὕλης. οἷον κηρὸς τοῦ δακτυλίου ἄνευ σιδήρου καὶ τοῦ χρυσοῦ δέχεται τὸ σημεῖον. [我们必须认为，感觉接受的是不带质料的可感形式，正如蜡块接受圆环的印记，却不接受铁或金。]同样，《论灵魂》III, 2补充道: δι᾽ ὃ καὶ ἀπελθόντων τῶν αἰσθητῶν, ἔνεισιν αἱ (αἰσθήσεις καὶ) φαντασίαι ἐν τοῖς αἰσθητηρίοις. [因此，即使感觉对象已经消失，（感觉和）表象仍然保留在感觉器官里。]——谢林原注
② 亚里士多德：《形而上学》XII, 7。——谢林原注
③ 亚里士多德：《论动物的生殖》V, 4。——谢林原注

完全扬弃了质料的过程,其留下的痕迹或许就是大脑的最高平面上的那些线条,它们看起来不是由自然界塑造对称性的手,而是由一只更加自由的手拉出来的。在那些愈来愈接近人的动物那里,这些蜿蜒的线条也变得愈来愈杂多和复杂,而在人那里,基于种族的特点、精神的年岁和更艰苦的劳作,这些线条也会更加粗大。实际上,我们既不接受"偶因论""前定和谐"之类矫揉造作的猜想,也不接受"质料能够思考"之类的胡说八道。①

基于以上所述,我们走向一般意义上的**显现着的**灵魂,同时走向灵魂由于缺失目标而导致的那个后果。因为,如果我们不把灵魂看作独立于那个已经降格为物理意义上的质料的东西——灵魂**表现为那个东西**的灵魂,并且**是**那个东西——,那么灵魂就不可避免会跟随那个东西而进入(偶然的)质料。这样一来,灵魂就不是与上帝相关联,相对他而言成为潜能,而是服从于自主性本原,并且相对这个本原而言被设定在潜能中。正如你们看到的,这是我们的整个发展过程的一个纯粹形式上的后果,即灵魂相对于质料或存在者而言是纯粹的现实性,但相对于精神这一全新的、突然出现的本原而言则是接纳了质料的本性,而恰恰在这里,矛盾律在最大程度上并且以最明显的方式展现出一个肯定的方面,只有凭借这个方面,它才称得上是**科学**的原理。从这个方面来看,矛盾律的意义恰恰在于,

---

① 这一整段内容(仿体部分)写在一张续页上,它不属于正文,但与整部手稿放在一起。从各种迹象来看,谢林在亲自编辑本书的时候(这项工作直到他去世都未能完成)希望对这段话再加以斟酌。也就是说,这段内容不是他的定论。但这些内容是如此值得重视,所以我认为不应当将其从本书里删去。——原编者注

XI, 452 那相对于一个先行者而言表现为肯定者和现实性的东西，能够相对于一个后继者而言表现为否定者或单纯的潜能。只有推进到这个地方，灵魂和精神的那个关系才会在我们面前完全揭示出来。我们首先必须去测算这个已经降格为质料的灵魂的领域。人们将会承认，当灵魂建造并维系着这个飘忽不定的形体时，当灵魂推动着这个形体时，或当灵魂通过形体而获得感觉时，就完全服从物理的观察方式，简言之，生长灵魂、运动灵魂和感觉灵魂都服从物理的观察方式。① 但在这些灵魂之上，亚里士多德还设定了一个理知灵魂或理智灵魂，而我们更有必要对这个灵魂多加关注。

如果人们把"理知灵魂"理解为日常语言所说的"理性灵魂"（anima rationlis），并且希望以此表达出人和动物的不同特征，这就会犯下大错。至少在亚里士多德看来，理知灵魂和营养灵魂一样，都依赖于质料，并且在动物和人那里都发挥着作用；动物绝不是愚蠢的，而是按照自己的方式比人更加理性地采取行动，与此相反，人的许多行为足以让我们推翻通常的说法，宁愿承认他们具有一个理性的身体，而不是具有一个理性的灵魂。灵魂的这个部分只有在这种情况下才称得上是理性的——如果人们不愿意抛弃这个说法的话——，即它像理性一样理解把握理知东西（τò νοητóν），但这不是理性本身所触及的绝对理知东西（超感性东西），而是感性事物里的理知东西。灵魂是理智的，因为存在者是它生而具有的、不能摆

---

① περὶ ψυχῆς, ὅση μὴ ἄνευ τῆς ὕλης ἐστίν, θεωρῆσαι, τοῦ φυσικοῦ. [就灵魂依赖于质料而言，也是物理学的考察对象。]（《形而上学》VI, 1）当然，哲学家的任务是指出：首先，灵魂是通过什么而降格为物理事物？其次，这个对于质料的依赖性到了什么程度，哪里是它的界限？——谢林原注

脱的东西,正因如此,无论存在者怎么变化,灵魂都在变化的东西　XI, 453
里始终看到存在者并将其重新制造出来;也就是说,唯其如此,灵
魂才对自身而言(对它的表象而言)把这个质料性的存在者转化为
一个精神性的、非质料的东西。因为理智灵魂与感性东西结合在一
起,所以人们可以遵循近代的习惯用语,把它称作"知性的",但不
能称作"知性"(至少不能没有一个做出限制的形容词);换言之,我
们只能认为知性是一个自由行动的东西,而理智灵魂却是盲目地发
挥作用。灵魂的这个部分确实最有资格叫作**隐德莱希**,但前提是,
人们能够准确理解这个词语的发明者赋予它的意义。

　众所周知,亚里士多德首先宣称一般意义上的灵魂是一个自
然的、有生命的和工具性的形体的隐德莱希①,然后觉得必须再补
充一个更细致的规定,因为他意识到了"灵魂**在何种意义上**是隐德
莱希"这一问题。他试图通过一个看起来很牵强的比喻去解释他
看到的区别,但接下来将会表明,他是带着特定的目的而选择了这
个比喻。他的问题是:灵魂**如何**是隐德莱希,是像科学那样呢,还
是像那种生产出科学的活动那样是隐德莱希(ὡς ἐπιστήμη ἢ ὡς

---

① 亚里士多德在《论灵魂》II, 1里寻找灵魂的普遍概念,即一个对灵魂的全部部门都
　有效的概念。他首先说εἰ δέ τι κοινὸν ἐπὶ πάσης ψυχῆς δεῖ λέγειν, εἴη ἂν ἡ πρώτη
　ἐντελέχεια σώματος φυσικοῦ, ὀργανικοῦ [如果一定要说什么东西是全部灵魂共有的,
　那就是工具性自然形体的第一隐德莱希],然后说καθόλου μὲν οὖν εἴρηται, τί ἐστιν ἡ
　ψυχή [我们已经一般地指出灵魂的"所是"],同样在本章的末尾又说τύπῳ οὖν ταύτῃ
　διωρίσθω περὶ ψυχῆς [以上就是对灵魂的一个大致界定]。这些说法的意义以最明确的
　方式体现在亚里士多德《动物志》I, 1的这句话里:περὶ ὧν τύπῳ μὲν εἴπωμεν πρῶτον,
　ὕστερον δὲ περὶ ἕκαστον γένος ἐπιστήσαντες ἐροῦμεν. [我们将先做全面而普遍的说
　明,然后再分别讨论各个类属。]——谢林原注

τὸ θρωρεῖν）？[1]因为在这种生产出科学的活动里，科学无疑是现实的，所以前面的"科学"只能是指一种潜在的科学。但这种科学又能够在两种意义上来理解。因为，一个无知的但正在学习的人是一个潜在地有知识的人，另一方面，一个具有知识但没有运用知识（比如正在睡觉或专注于别的事物）的人，也是一个潜在地有知识的人[2]，但这是通过单纯的具有，而不是通过**发挥作用**（τῷ ἔχειν καὶ μὴ ἐνεργεῖν）。也就是说，灵魂里面只有一种仿佛沉睡着的[3]、陷入潜能性的、需要刺激的科学，而我们只能把这种科学看作一种先行的科学（προτέρα τῇ γενέσει）[4]，而基于同样的理由，灵魂并不是一般意义上的隐德莱希，毋宁只能被规定为**第一**隐德莱希（πρώτη ἐντελέχεια）。也就是说，即使人们希望把它理解为某种类似于莱布尼茨所说的"支配性的"单子的东西，也违背了亚里士多德的说话方式。[5]隐德莱希在这种情况下也是现实性，但相对于一个更高的和后来的隐德莱希，它就降格为潜能，随之降格为静止和稳定；同样，西塞罗的那个报道（这很难说是他自己臆想出来的）也不应当遭到鄙视：亚里士多德所说的灵魂作为隐德莱希quasi quandam continuatam motionem et *perennem* [是一种持续的、**永**

XI, 454

---

① 亚里士多德：《论灵魂》II, 1。——谢林原注

② ἔστι δὲ δυνάμει ἄλλως ὁ μὲν μανθάνων ἐπιστημων, καὶ ὁ ἔχων ἤδη, καὶ μὴ θεωρῶν. [学习者在潜在的意义上是有知识的人，这不同于某人已经具有知识，但并没有进行观审。] 亚里士多德：《物理学》VIII, 4。——谢林原注

③ ἀνάλογον δὲ ἡ μὲν ἐγρήγορσις τῷ θεωρεῖν. ὁ δ' ὕπνος τῷ ἔχειν καὶ μὴ ἐνεργεῖν. [清醒类似于观审，沉睡类似于具有知识，但未现实地加以使用。]亚里士多德：《论灵魂》II, 1。——谢林原注

④ 亚里士多德：《论灵魂》II, 1。——谢林原注

⑤ 参见本书第408页（XI, 408）。——谢林原注

不间断的运动]。①换言之，灵魂在这种方式下是现实性，但不是**作为现实性**；灵魂是理智的，这是就事情本身而言；灵魂也是质料性的，因为它不知道自己是理智的。植物满足于生长灵魂，但动物的生存却离不开理智灵魂，正如其离不开感觉灵魂、运动灵魂和生长灵魂。

到目前为止，我们讨论了灵魂的自然方面，或如接下来马上要说的，讨论了整个灵魂的领域。但亚里士多德带着这个问题出现在我们面前："是否**整个灵魂**就是自然界，并且是物理学的对象？"他接着说，假若整个灵魂（亦即包括知性或努斯）都属于自然界，那么除了那种与自然科学有关的哲学之外，就没有别的哲学了。相应地，由于理智之后必然是它的关联者，即理知东西，那么关于一切东西就只有一种物理学知识了。②

XI, 455

也就是说，在亚里士多德看来，努斯位于自然方面之上。但哪一种努斯呢？毕竟理知灵魂里面也有努斯。但这个包含在灵魂（理知灵魂）里的努斯是以一种纯粹被动的关系当作自己的内容，因此仅仅是一个被动的知性（νοῦς παθητικός），而且它是人和动物共

---

① 西塞罗：《图斯库兰论辩集》I，10。——谢林原注

② ἀπορήσειε δ' ἄν τις, πότερον περὶ πάσης ψυχῆς τῆς φυσικῆς ἐστι το εἰπεῖν, ἢ περὶ τινος. εἰ γὰρ περὶ πάσης, οὐδεμία λείπεται παρὰ τὴν φυσικὴν ἐπιστήμην φιλοσοφία. ὁ γὰρ νοῦς τῶν νοητῶν. ὥστε περὶ πάντων ἡ φυσικὴ γνῶσις ἂν εἴη. [或许有人会疑问：自然哲学究竟是讨论整个灵魂，还是讨论部分灵魂？因为如果讨论的是整个灵魂，那么除了自然哲学之外就没有其他哲学。因为如果努斯属于努斯的对象，那么结果就是，自然知识就是全部知识。]接下来是这样一句话：δῆλον οὖν, ὡς οὐ περὶ πάσης ψυχῆς λεκτέον, οὐδὲ γὰρ πᾶσα ψυχὴ φύσις. [那么显然，我们不必考察整个灵魂，因为动物的自然并非整个灵魂。]亚里士多德：《论动物的部分》I，1。——谢林原注

有的，从而只能在非本真的意义上被称作知性。只有**人**的努斯是位于自然方面之上，它与质料没有任何共同之处（ὁ ἀνθρώπινος νοῦς, ὁ μὴ ἔχων ὕλην）①，而是自己发挥作用，主动行动（ποιητικός），因此是真正意义上的努斯。②诚然，亚里士多德有时候也把这个努斯称作**灵魂**的知性③；因为这个知性确实是以灵魂为前提，从而也可以说以灵魂为质料，但亚里士多德仿佛只是随口这么一说而已。刚才我们已经提到，灵魂是科学，但不是那种生产出科学的活动（θωρεῖν），而正是在这个语境下，亚里士多德首先把这个知性称作生产出科学的（理论的）知性，然后追问它是否像愉悦和痛苦的情感那样是感觉的一个必然后果。对于这个问题，他的答复是：这

XI, 456　个生产出科学的能力看起来并非如此，毋宁更像是**另一种灵魂**。④

这一点更明确地体现于他对阿那克萨戈拉和德谟克利特的批评，因为他们主张努斯和灵魂是同一个东西（ὸν νοῦν εἶναι τὸν αὐτὸν τῇ ψυχῇ）。⑤更具决定性意义的是亚里士多德的如下观点：经过生殖

---

① 亚里士多德：《形而上学》XII, 9。——谢林原注

② 亚里士多德：《论灵魂》III, 5。——谢林原注

③ 亚里士多德：《论灵魂》III, 4：ὁ ἄρα καλούμενος τῆς ψυχῆς νοῦς. λέγω δὲ νοῦν ᾧ διανοεῖται καὶ ὑπολαμβάνει ἡ ψυχή. [灵魂的这个被称作努斯的部分。我所说的"努斯"，指灵魂借以思考和理解事物的部分。]——谢林原注

④ περὶ δὲ τοῦ νοῦ καὶ τῆς θεωρητικῆς δυνάμεως, οὐδέπω φανερόν (ὅτι ἐξ ἀνάγκης παρακολουθεῖ τῇ αἰσθήσει), ἀλλ᾽ ἔοικε ψυχῆς γένος ἕτερον εἶναι. [关于努斯和理论思考的能力，我们现在还不清楚，但它看起来是另一种灵魂。]亚里士多德：《论灵魂》II, 2。随后（《论灵魂》II, 3）在讨论不同的灵魂是否具有不同的形态，亦即每一个先行的灵魂是否作为潜能存在于后继的灵魂里面时（好比三角形存在于四边形里面），他补充道：περὶ δὲ τοῦ θεωρετικοῦ ἕτερος λόγος. [关于进行理论思考的努斯，我们得另行讨论。]——谢林原注

⑤ 亚里士多德：《论灵魂》I, 2。——谢林原注

活动之后，一切受孕的东西都首先过着植物的生活；感觉灵魂和知性灵魂也是如此，它们首先潜在地存在着，然后才现实地存在着；这些话适用于一切与形体现实性联系在一起的东西；动物不可能在没有足的情况下行走，因此"用足行走"首先是潜在地存在着；但类似的话却不能用在努斯身上，因为它的现实性和形体活动没有任何共同之处，而它本身则是完全外在于灵魂的其他部分的有机联系，因此我们唯一能说的是，它是**从外面**，亦即作为某种对灵魂而言陌生的东西，来到灵魂身边并进入灵魂。①

相应地，不言而喻，其余的谓词也接踵而至：首先，**唯有**这个努斯具有一个可分离的存在②和一个永恒的、不朽的本性，反之被动的知性则是转瞬即逝的③；其次，它是纯粹的④，因为它是独一无二的，

---

① 亚里士多德：《论动物的生殖》II, 3: πρῶτον μὲν γὰρ ἅπαντ᾽ ἔοικε ζῆν τὰ τοιαῦτα (τὰ κυήματα) φυτοῦ βίον. ἑπομένως δὲ δηλονότι καὶ περὶ τῆς αἰσθητικῆς λεκτέον ψυχῆς καὶ περὶ τῆς νοητικῆς. πάσας γὰρ ἀναγκαῖον δυνάμει πρότερον ἔχειν, ἢ ἐνεργείᾳ. [因为首先所有这样的事物（胚胎）似乎过着植物的生活。显然，关于感觉灵魂和关于理知灵魂应当遵循同样的论述。因为对于任何种类的灵魂而言，必须首先潜在地拥有它，这先于现实地拥有它。] 在这种情况下，理知灵魂以最明确的方式与努斯区分开。οὐδὲ γὰρ αὐτοῦ τῇ ἐνεργείᾳ κοινωνεῖ σωματικὴ ἐνέργεια [身体的实现活动与努斯的实现活动并无共通之处]，对于这件事情，而且**唯有**对于这件事情，只剩下一个解释，即努斯是从外面来的（λείπεται τὸν νοῦν μόνον θύραδεν ἐπεισιέναι）。——谢林原注
② καὶ οὗτος ὁ νοῦς (ὁ πάντα ποιῶν) χωριστός. [努斯是与万物分离的。]（亚里士多德：《论灵魂》III, 5）此外还有: Καὶ τοῦτο (τὸ ἕτερον ψυχῆς γένος) μόνον ἐνδέχεται χωρίζεσθαι καθάπερ τὸ ἀίδιον τοῦ φθαρτοῦ. [唯有它（另一种灵魂）是可分离的，就像永恒者能够与可朽事物分离一样。]（《论灵魂》II, 2）——谢林原注
③ ὁ παθητικὸς νοῦς φθαρτός. [被动的知性是可朽的。]（亚里士多德：《论灵魂》III, 5）反之《论灵魂》I, 4则指出，真正的努斯是"不朽的"。——谢林原注
④ 亚里士多德：《论灵魂》III, 4。——谢林原注

不属于任何种类；再次，它是不受影响的，因为它就其本质而言是现实性①；最后，为了用一句话来概括一切最高的东西：唯有努斯是**神性的**（λείπεται τὸν νοῦν θεῖον εἶναι μόνον）。②

---

① (χωριστὸς καὶ ἀμιγὴς καὶ) ἀπαθὲς, τῇ οὐσίᾳ ὢν ἐνέγεια. [它是（分离的、非混合的和）不受影响的，其本质是现实性。]（亚里士多德：《论灵魂》III, 5）这句话里面的 "ἐνέγεια" 不应当像希尔伯格版和贝克版那样读作 "ἐνεργείᾳ"。同样的修正在另一些地方也是必要的，比如《形而上学》VII. extra.所说的Τὸ δὲ (τὸ ἑνοποιοῦν ἐστὶν) ἐνεργείᾳ [联合是现实性]。——谢林原注

② 亚里士多德：《论灵魂的生殖》1. c. ——谢林原注

第二十讲　努斯作为人性东西与神性东西的居间者

　　在前面的整个讨论进程里，我们尽可能紧密地依附于亚里士多
德，有时候甚至直接把他当作权威来加以引用。因为我们还有许多
事情要去做，所以这个时候如果我们不毅然采纳一位伟大的前辈
在科学里赢得的成果，那么这就是在浪费时间和精力。这个做法尤
其适合我们的授课，这门课程既然只专注于唯一确定的目的，就不
可能在每一个细节那里逗留，毕竟这些细节虽然在它们自己的位置
是极为重要的，但对于整体的历程却没有决定性的影响。当我们像
这样果断采纳亚里士多德已经解释清楚的具体细节，就赢得了时
间，可以把更多的精力花在他那些主要涉及整体，同时较少得到理
解，或在我们看来根本没有得到理解的言论上面；如果人们不得不
承认一个人开启了一种全新的对于亚里士多德的理解，那么这个人
所赢得的就是一个不容小觑的奖励。针对我们刚才讨论过的那些
问题，还需要补充一点，即关于有机体里面的各个维度的意义，知
觉和观察能够提供的一切教导都已经出现在亚里士多德那里，甚
至各种实验——尤其在近代，人们通过这些实验更多的是企图摧
毁这座神庙，而不是进入其中——都没有给他补充任何根本重要的
内容。

但在我们当前所处的这个位置，亚里士多德的名字对我们而言还具有一种完全不同的权威性。如果他的那些关于**主动知性**的言论

是有理有据的，如果这个知性作为灵魂的一个部分与其余的部分不是处于有机的联系之中，而是从外面突然来到它们身边，那么在这里，那条迄今一直串联着各个层次的线索就断了，迄今一直协调一致的理性和现象①也退隐了，只剩下单纯的事实。

在亚里士多德那里，实际上就是这样；因为他没有回答这样一个问题："如果知性是从外面来的，那么它究竟是**从哪里来**的呢？"尽管如此，亚里士多德还是抱着一种令人惊叹的开放态度坚持事实就是"**如此**"（Daß），即主动知性或科学知性是一个全新的东西，并且与之前的东西没有必然的联系。首先出现的是一些不确定的暗示②，直到在《论灵魂》的第三卷里，努斯的整个崇高性伴随着一种令人震惊的和扣人心弦的清晰性显露出来。

---

① ὅ τε λόγος τοῖς φαινομένοις μαρτυρεῖ καί τὰ φαινόμενα τῷ λόγῳ. [概念证明了表象，表象也证明了概念。]亚里士多德：《论天》I, 3。——谢林原注

② 与此有关的是亚里士多德《论灵魂》II, 1, extra.所说的：ἔνια γε (μέρη τῆς ψυχῆς) οὐθὲν κωλύει (εἶναι χωριστὰ τοῦ σώματος) διὰ τὸ μηθενὸς εἶναι σώματος ἐντελεχείας. [但还是不能阻止灵魂的某些部分与身体的分离，因为这些部分不是身体的现实性。]而在《论灵魂》III, 4，尽管他还以怀疑的方式谈到某些东西，但努斯本身却没有任何身体器官，不是这些器官的隐德莱希，不像灵魂那样是感官的隐德莱希。同样，《论灵魂》II, 3的这句话也必须被认为是故意说得不确定的：ἑτέροις δὲ (τῶν ζώων ὑάρχει) καί τὸ διανοητικόν τε καί νοῦς καί εἴτι τοιοῦτόν ἐστιν ἕτερον, ἢ καί τιμιώτερον. [另外一些动物具有思考能力和努斯，而另一种东西甚至可能具有比人类更高级的存在。]在这句话里，"思考能力"和"努斯"仍然被看作一回事，而那个更高级的东西则是指"纯粹努斯"或"努斯本身"。同样与此有关的还有《论灵魂》I, 5的那句名言：τῆς ψυχῆς εἶναι τι κρεῖττον καί ἄρχον, ἀδύνατον. ἀδυνατώτερον ἔτι, τοῦ νοῦ. [不可能有比灵魂更高和更首要的东西，更不可能有比努斯更高和更首要的东西。]——谢林原注

　　我们不打算再借助亚里士多德本人的话去理解他说过的话。我们满足于这个**事实**，即**他**说过这些话。

　　众所周知，亚里士多德把很多非同寻常的谓词堆砌在真正的努斯身上，这些谓词给他最忠实的追随者带来了极大的困难，以至于阿芙罗迪西亚的亚历山大只愿意承认上帝具有真正的知性，反之，人的灵魂只具有非本真的（被动的）知性。阿拉伯逍遥学派曾经寻找另一条出路，而经院哲学所说的intelligentia acquisita［获得的理智］这个术语就是来自他们，或更确切地说，来自他们的希伯来译者；很显然，这个术语原本仅仅与科学的或真正的知性的natura adventitia［后来的本性］有关，因为对希伯来人来说，"后来的东西"就是"获得的东西"。①这些哲学家主要关心的是一种关于"融合"（亦即努斯和人的灵魂的结合）的学说，比如艾卜·伯克尔·伊本·阿尔塞吉（Abu Bekr Ibn Alsayegi）就曾经专门为此撰写了一篇论文。②除此之外，阿拉伯人看起来并没有亦步亦趋地把亚里士多德所说的努斯理解为神性的努斯，而是仅仅认为，它不是个人的精神，而是所有人的精神。 XI, 459

　　但这个诠释和刚才的那个诠释一样，完全违背了亚里士多德的意思。因为，亚里士多德堆砌在努斯身上的全部谓词足以表明，其所指的恰恰是普遍者的反面，即一个最为个体的东西。在亚里士多

---

① 希伯来语的表述是הַמְכָח לכשה，即"主宰的智慧"。参阅《旧约·箴言》8:22所说的（与前一个表述显然不同的）יִגְנָק הַוֹהֵי，即"耶和华造化的"。——谢林原注

② 参阅伊本·图斐利（Ibn Tophail）《关于伊本·叶格坦的书信集》（*Epist. de Hai Ibn Yokdan*），波科克编辑，第4页。——谢林原注

德看来, 努斯的本质是现实性, 而现实性把全部潜在的、质料性的东西排除在外, 随之把普遍者排除在外。对于这个东西, 他那个时代的希腊语言唯一能够提供的词语就是"努斯"。通过一门在这个方向上更为开阔的语言, 我们获得了"**精神**"这个词语, 而亚里士多德所说的"努斯"和我们所说的"精神"完全就是同一个东西。因为无论从哪个角度来看, 精神对我们而言也是一个**全新的东西**。这个全新的东西**位于**四个本原**之外**, 和任何一个本原都没有共同之处。它是一个全新的东西, 因为它不是伴随着必然性而从什么东西那里派生出来的, 也就是说, 如果它存在, 那么它是纯粹**出于自身**而存在着, 随之在自身之内也仅仅具有自身, 亦即不具有任何普遍的东西, 换言之, 无论它存在于哪里, 它都**仅仅单独**存在着, 并且是**个别的**, 正如上帝也是个别的。一方面, 我们指出精神不仅是非质料, 而且是超质料, 另一方面, 亚里士多德认为努斯有时候可能会受到激情、疾病或睡眠的掩盖和遮蔽 (ἐπικαλύπτεσθαι)①; 这不是什么矛盾, 因为在这些地方, 我们任何时候谈论的都只是精神的**本性**, 而不是精神和某个东西 (比如形体) 的关系。换言之, 我们偶尔会说, 精神仅仅与形体有关, 灵魂仅仅与身体有关, 身体被感受到, 形体被理解把握, 如此等等。但在科学的意义上, 我们绝不会说"灵魂和形体"或"精神和身体", 而是会说"灵魂和身体"或"精神和形体"。在这些方面, 我们德语是同样具有优势的。现在, 精神和努斯一样**就本性而言**是永恒的; 亚里士多德说, 努斯并非时而发挥作用, 时而不发

XI, 460

---

① 亚里士多德:《论灵魂》III, 5。——谢林原注

挥作用（οὐχ ὁτὲ μὲν νοεῖ, ὁτὲ δὲ οὐ νοεῖ）[1]，而这句话的意思不是指神性的努斯持续不断地**在全部时间里**（τὸν ἅπαντα αἰῶνα）发挥作用[2]，而是指努斯的作用是一个就本性而言与时间无关的，从而**始终**永恒的作用，又因为这个作用不依赖于任何"在先"，所以它是**始终**绝对地从头开始的作用。同样的意思也适用于我们用来概括一切最高东西的那个说法，即"精神把上帝当作等同于它的东西"，或亚里士多德自己的说法，即"唯有努斯是神性的"。也就是说，精神虽然不是上帝，但却**如同**上帝，作为唯一完全依靠**自己**就存在着的本性，它的存在里的任何东西都是它通过自己而具有的，正因如此，它也不会通过任何东西而走向毁灭。精神是神性的，但又不是上帝，因此同时被标示为反神性的东西（das Gegengöttliche），亦即荷马所说的"ἀντίθεον"。荷马不但这样称呼那些最杰出的英雄，而且这样称呼独眼巨人，后者对自己的看法是：

> 雷电之神宙斯，以及极乐的诸神，
>
> 对独眼巨人都毫无约束；因为我们优越得多。[3]

无论如何，反神性的东西确实是一种能够把自己设定在上帝的位置上的东西。

很显然，亚里士多德和他的关于主动知性的学说触碰到了一个不可能逾越的边界。他从质料上升，来到柏拉图从理念世界向

---

① 亚里士多德：《论灵魂》III, 4。——谢林原注
② 亚里士多德：《形而上学》XII, 9。——谢林原注
③ 《奥德赛》IX, 275-276。——谢林原注

着感官世界下降而遭遇的那个鸿沟，并且同样没有能力飞跃而过。

XI, 461　[亚里士多德和柏拉图的]这个出人意料的相遇表明，我们在这里已经触碰到了古代哲学本身的能力的边界。因为对于行家来说，古代哲学在柏拉图和亚里士多德那里已经完结了，这不是一个秘密；所有进一步的努力，就它们企图在两位哲学家**之外**独树一帜而言，只不过是一些旁枝末节，并且在根本上仅仅是一些尚未达到目标就一哄而散的尝试。关于那个相遇，还有一个外在的情况，即亚里士多德恰恰是在讨论完灵魂并推进到主动知性时，陷入了一种非同寻常的，堪比柏拉图式迷狂的情调。他在被动知性和主动知性之间做出的区分，相应地，他在单纯潜在的科学和现实的科学之间做出的区分，充满了晦涩之处，这些晦涩之处在接下来的一段如此漫长的时间里始终是不可克服的，而如果要得到解决，就必须有一个独立于亚里士多德的立场。对于"精神"这个概念，亚里士多德唯一可以使用的术语（即"努斯"）是完全欠妥的，根本不可能让我们达到那个本原的真实本质。无论是在原初的意义上，还是在最宽泛的意义上，精神都不是某种理论性的东西，然而努斯却总是让我们首先想到这样的东西；在原初的意义上，精神毋宁是**意愿**，确切地说，这个东西仅仅为着意愿的缘故才是意愿，它不是欲求某东西，而是只欲求它自己（尽管欲求者和被欲求者是同一个东西，但还是应当加以区分）。精神最初的崛起仅仅意味着，它是意志，这个意志希望自由地具有它的意愿，希望保留这个意愿，而不是让它被捕捉，并被设定为单纯的潜能。闪米特语言以最明确的方式区分了灵魂和精神——从这个角度来看，尤其值得注意的是，在摩西叙述的上帝创世的故事里，人吸入的是带来生命的灵魂，而不是

精神①——也就是说，在闪米特语言里，那个意味着"精神"的词语
来自一个动词，即"变得开阔"或"走出困境"。实际上，在原初的
意义上，精神仅仅是一个追求着自由的广阔天地的灵魂的意愿。再 XI, 462
者，按照真正的拉丁语习惯用法，"精神"这个词也**仅仅**与意愿有关：
vir ingentis spiritus [一个具有伟大精神的人]不是指一个人具有强
大的知性，而是指他具有强大的意愿。现在，既然我们让意愿先行
于一切东西，人们就可以合理地要求我们从这个原初的意愿一直推
进到亚里士多德所说的知性。我确信这件事情是能够做到的，但这
首先需要一门完整和完全的心理学。

可能在有些人看来，这个欲求着自己的意愿是某种神秘的东
西。但他们或许从来没有注意到，多少人很希望有所欲求，却找不到
意志的意志，反之小孩子是一个多么不同的类型，竟然能够仅仅按
照自己的意志去行动；小孩子的保姆希望他沿着右边走路，但他偏
偏要沿着左边走路，这不是因为左边有某种特殊的东西吸引着他，
而仅仅是因为他具有自己的意志。

但这里本身就浮现出一个对于整个序列来说极为重要的区分：
其中一个意愿真正说来是无对象的，仅仅欲求着自己（相当于"渴
求"）；另一个意愿具有自身，并且始终是那个原初意愿的产物②，
只有它才是现实的精神，即一个**具有**自身的精神或一个有意识的精
神，它的本质**仅仅**立足于"自我认知"或"我存在"，与此同时，那个

---

① "精神"在希伯来语里的说法是בֹּ。——谢林原注
② 它也可以被称作后来的、有所欲求的意志，反之前一个意志可以被称作原初意志。——
　谢林原注

作为其来源的行动或意愿回避着它，并且接受了一个灾难性的、不可探究的意志的本性，亦即成为这样一个精神，它不再以个别的和飘忽不定的方式欲求着，而是以永恒的和恒定的方式欲求着，并且作为一切自由意志的不可摧毁的、内在的**根据**，仅仅存在于那个有意识的、具有自身的精神**之内**。也就是说，有意识的精神包含着自由和意愿，并且仅仅为了这个意愿的缘故才存在着，但这个意愿恰恰希望保留着最初的意愿。一切意愿都必定欲求着某个东西，而这就产生出关于"什么"的问题。或许人们觉得，这件事情是不言而喻的，毫无困难。用柏拉图的话来说，灵魂，作为绝对值得欲求的东西，在直观到彼岸之后，又离开了那个地方；但我们不应当假设，这是因为灵魂想要逃避，毋宁说，这仅仅是因为灵魂想要带着自由和自己的意志回到那个地方。但这里忽略了一件事情，也就是说，虽然灵魂的已经纯粹潜能化的深处仍然保留着对于彼岸的印象，但**现实的**意识却是充斥着某种完全不同的东西，即一个横亘在灵魂面前的世界。这个世界是那个原初意愿的后果，起源于一个对当前的意识来说遥不可及的区域，并且表现为一个对有意识的精神而言未曾欲求的、陌生的东西，站在精神和它的意愿之间，阻碍着它的意愿，换言之，精神必须**穿越**这个东西，才能够达到它的自由意愿。但精神如何穿越这个东西，进而成为它的主人呢？由于精神并不拥有一种控制这个东西的实在力量，所以唯一的办法就是，彻头彻尾**认识**这个东西，在认识活动中征服它。因此精神必须投身于认识活动，它不**是**知性，而是**成为**知性。从根本上来说，这也是亚里士多德所暗示的，因为他说，认识之所以寻求知性（γνωρίζει），只是为了成为对立面或居间者的主人，也就是说，不再把那些东西当作它的意志的

XI, 463

阻碍。①

只需要再前进几步，我们就能够得出结论，以终结哲学科学的 XI, 464
那个漫长的、从古代以来蔓延至今的危机。

对我们而言，意愿是被设定在理念之外的另一个世界的开端。
它是一个纯粹从自身那里跳跃出来的东西，是**它自己的原因**，而这里
的意思完全不同于斯宾诺莎对于普遍实体的界定。因为人们只能说
这个意愿**存在着**，却不能说它必然**存在着**。在这个意义上，它是原
初偶然的东西，是原初偶然性本身，因此这里必须区分一个基于他
者的偶然东西和一个**基于自身**的偶然东西，后者仅仅以它**自己**为原
因，而一切别的偶然东西都是后来才从它那里推导出来。这个意愿
在**灵魂**里崛起，而唯有灵魂与上帝有一个关系，并且在上帝和存在
者之间占据着这样一个位置，即它除非落入存在者（作为一个偶然
的质料）手中，否则不可能背离上帝。现在，这个包含着一个崛起的
意愿的灵魂不再等同于理念里的灵魂，而是**通过**那个意愿转变为个

---

① 与以上所说有关的文本是亚里士多德《论灵魂》III, 4的这句话: ἀνάγκη ἄρα ἐπεὶ πάντα
νοεῖ, ἀμιγῆ εἶναι (τὸν νοῦν), ὥσπερ φησὶν Ἀναξαγόρας, ἵνα κρατῇ, τοῦτο δ᾽ ἐστὶν, ἵνα
γνωρίζῃ. παρεμφαινόμενον γὰρ κωλύει τὸ ἀλλότριον καὶ ἀντιφράττει. [努斯既然理解
一切事物，就必然是非混合的，并且如阿那克萨戈拉所说的那样，掌控一切事物，亦即
认识一切事物，因为任何居间者都会妨碍它或阻挡它。]——"掌控"(κρατεῖν)是阿那
克萨戈拉的专用术语，这是辛普里丘告诉我们的。——就我所知，所有诠释者都是这样
理解最后一句话，仿佛是知性作为"居间者"(παρεμφαινόμενον)去排斥陌生的东西，
或像其中一位诠释者所说的那样，防御陌生的东西。每一个人都按照自己的口味和观
点去解释! 但这在语法上岂非已经是一个矛盾吗? 假若知性排斥陌生的东西，甚至按照
"ἀντιφράττει"(阻挡)这个词语的意思(亚里士多德除了描述日食和月食之外从未使用
这个词语，参阅其《后分析篇》II, 2)把陌生的东西晦暗化，它又怎么可能**成为**那些东西
的**主人**，或通过认识而将其掌控呢? ——谢林原注

体的灵魂，因为那个意愿恰恰**是**它自身之内的个体东西；但伴随着这个最初的、偶然的、现实的灵魂，也设定了其他具有同样的权利、同样个体化了的灵魂的无限可能性，并且按照预先规定的秩序和每一个灵魂所占据的位置产生出一系列意愿或一系列行动，通过这些行动，每一个灵魂亲自并且和其他灵魂一起设定了一个位于理念之外的世界，以至于如下情况成为真理，即虽然**每一个人的自我**不是绝对实体（因为这个仓促的表述并不能发挥正确的作用[①]），但通过每一个人的自我的不可探究的行动，并且为着这个行动，就设定了一个位于理念之外的世界。

这个结果可以被称作**主观唯心主义**；之所以说它是"主观的"，
XI, 465 因为正如你们看到的，它预先设定了一个理念中的世界，或者说预先设定世界是理知世界，好比康德的唯心主义预先设定了一个**自在之物**的世界（当然，这个世界不仅对人的认识而言，而且对人的思维而言都是遥不可及的）；但它不是费希特的那种唯心主义，因为费希特把自我当作绝对的、不具有任何前提的本原，从而实际上取消了事物的全部理性联系或理知联系；为了证明这一点，人们不妨回想一下费希特在《自然法权基础》里的观点，比如他认为光、空气、质料以及一切在他看来必然属于自然界的东西都只具有一种外在的合理性：人需要空气，以便能够彼此听见，人需要光，以便在交谈的时候能够看见彼此。很显然，经过这样一种无根的唯心主义，为了重新回到哲学的道路，第一件应当做的事情就是必须揭示出那个内

---

① 众所周知，费希特就使用了这个表述，参阅其《全部知识学的基础》第47页。——谢林原注

在的、寓居于事物之内的理性，并且找到事物的理知联系。[①]在这之
后，人们可以把体系的这个部分称作**客观唯心主义**。但这里所必须 XI, 466
关注的是**现实的理念**（即事物的理念），而不是抽象的概念。一个
仅仅由抽象概念构成的体系绝不可能因为使用那个为了理念而发明
的方法就获得一种**真正思辨**的内容；这个体系之区别于旧的（沃尔
夫那个美好时代的）形而上学或法国的意识形态学（人们可以在大
多数情况下用这个名称替代唯心主义）的地方大概仅仅在于它披着
一件矫揉造作的和稀奇古怪的外衣。[②]

  从古至今，在哲学精神取得的成就里，没有哪一项能够和康德

---

① 费希特的学说后来发生的变化，恰恰在于接受了这个对于主观唯心主义而言不可或缺的
 前提，而他以前认为这个前提是不必要的。对于近代哲学史的书写者来说，值得注意的
 是，费希特的这个思想转变是在读了我的《哲学与宗教》之后发生的，而且他的《极乐生
 活指南》（*Anweisung zum seligen Leben*）从书名来说也来自对我那本书的回忆，即我在
 该书第3页（VI, 17）所说的："除了关于绝对者的学说之外，哲学的真正的神秘学还把事
 物的永恒诞生以及它们与上帝的关系当作最重要的，甚至可以说唯一的内容。因为只有
 以这些学说为基础，那种完整的伦理学，作为**一种极乐生活的指南**，才能够建立，才能
 够从中推导出来。"也就是说，正是我的《哲学与宗教》才克服了费希特的那个僵化的信
 念，即除了自我之外不需要任何别的前提。可以确定的是，这本书对费希特的明显影响
 不是归功于一种随和的姿态，而是归功于一种公正的承认乃至赞美，即向费希特激情四
 射地在自我里认识到并说出有限性的普遍原则这一做法致敬，正如该书第40页（VI, 42）
 所说的那样："另一个绝对者获得了独立性，但这种独立性只能达到一种实在的'基于
 自身的存在'的可能性，此外不能更进一步；超出这个界限之后，就存在着惩罚，而惩罚
 所针对的是那种与有限者纠缠在一起的情况。诚然，在全部近代哲学家里面，没有谁比
 费希特更清楚地指出了这种关系，因为他希望不是把有限意识的本原设定在一个原初事
 物（Tat-Sache）之内，而是设定在一个本原行动（Tat-Handlung）之内。"但对他产生最
 大影响的无疑是我的这样一个证明，即自我性只不过是"原罪"这一本原的最高的和最
 一般的表现。相比之下，即便一个哲学以无意识的方式把这个本原当作它自己的本原，
 这个哲学的意义也还没有重要到足以大张旗鼓的地步。参阅《哲学与宗教》第42页（VI,
 43）。——谢林原注
② 这是谢林对黑格尔体系一贯的批评。——译者注

开创的唯心主义取得的成就相提并论。但这种唯心主义的推进必然包含着费希特的一个断言："自我的本质和存在仅仅在于自己设定自己；当它**设定自己**，就**存在着**，而当它**存在着**，就**设定自己**。"[1]在我们看来，哪怕费希特的使命仅限于明确说出这一点，他在哲学史里的意义也足够伟大，而他补充的那些东西虽然始终见证着他的精神的主观能量，但对于事情本身却没有任何增益。我们已经坦然接受这个事实，即虽然知识的拓展是留待德国精神去完成的，但德国精神并没有立即意识到这一点，因此自从康德以来，必须等到至少整整一代人烟消云散，知识的拓展才能够决定性地得以确立。

唯心主义本身包含着某种改变世界的东西，而它的方方面面的影响还会超越哲学的直接任务。通过迄今的授课，我们已经充分地 **XI, 467** 进行了论证和科学的推导；但只有当一门新的科学也在**普遍的**意识里占有一席之地，它才会达到自己的终极规定。正因如此，我们认为，只有考察过这门科学与普遍意识的各种可能关系之后，才能够完成我们的任务。

所有的人，无论是博学的还是无知的，都带着同样的庄重心态去谈论**世界**。他们并不区分真实的世界和显现着的世界，因为真正说来，他们在日常生活里只知道后面这个世界。但普遍的意识并不拒斥这个区分，正相反，它乐意接受这样一个思想（拿这个思想来标榜自己的人是何其之多！），即这个世界只不过是一个完满的和辉煌得多的原型的不完满的肖像。按照这个普遍的区分，或许人们不

---

[1] 费希特：《全部知识学的基础》，第11页。——谢林原注

会再把这个可感的世界称作**世界本身**，而是宁愿称它为**这个**世界，亦即人们能够指出的一个世界①；但这个区分还不足以达到真正的唯心主义；诚然，没有谁比柏拉图更为明确地指出这个区分，对他而言，可见的世界里面有许多偶然的东西，而这些东西都是起源于最初的本原；但是，一旦这个世界获得秩序，并且被完全布置停当，即使它在本性上并非永恒的，也还是能够永远延续下去，永远不会衰老（ἀγήρως），具有无尽的生命（ἄπαυστος βίος），如同一位极乐的神（ἐυδαίμων θεός）。②这是古代的思维方式。反之唯心主义完全属于一个新的世界，而且我们正大光明地承认，是基督教为它打开了之前那座紧锁的大门。如果没有一种历史的必然性横亘在中间，什么东西能够阻挡亚里士多德，让他在只需要前进一步就可以逾越边界的时候，终究还是止步于那一端呢？基督教已经把我们从这个世界里解放出来，从此以后，我们不再把这个世界看作某种无条件地与我们对立的东西，并且对此束手无策；从此以后，这个世界对我们而言不再是一个**存在**，毋宁只是一个**状态**。"这个世界的形状消逝了（παράγει τὸ σχῆμα τοῦ κόσμου τούτου）"③——请你们注意，这里说的是"**形状**"，也就是说，这个世界在根本上只是一个形状或一个形态；"这个世界连同它的欲望一起消散了（ὁ XI, 468

---

① 比如柏拉图在《蒂迈欧》30C所说的ὅδε ὁ κόσμος[当前的世界]或ὁ νῦν κόσμος[现在的世界]，它仅仅是πάλαι φύσις[长久以来的自然界]的对立面，同时不考虑未来。——谢林原注
② 柏拉图：《蒂迈欧》，33A、36E等等。——谢林原注
③ 《新约·哥林多前书》7:31。路德将这句话翻译为"这个世界的**本质**消逝了"，这是不准确的。——谢林原注

κόσμος παράγεται καὶ ἡ ἐπιθυμία αὐτοῦ)"[①], 如同一场戏或一支经过的军队, 也就是说, 这个世界仅仅在欲望或渴求中具有它的存在; 它的整个本质是欲望, 此外无他。以上都是《新约》的箴言, 而当《新约》把可见的世界称作**这个**世界, 很显然是基于这样一个观点, 即这个世界是和当前的人类意识一起被设定的, 并且和后者一样是转瞬即逝的。

但哪怕是独立于基督教, 人的天性里面也仿佛生长出一个关于有死者的普遍谚语: "他离开这个世界, 前往另一个世界"; 假若前者不是一个单纯的形式或形态, 而是世界本身, 那么一个告别这个世界的人就将是与世界本身分离, 亦即与全部存在分离了。这个智慧不缺乏追随者, 他们也宣称自己是人民之友, 而这或许是因为他们的学说表现出对于 vox populi [人民的呼声]的尊重。但另外一些习惯于真正倾听 vox Dei [上帝的呼声]的人, 或许是这样考虑的, 即如果他们不承认自己是我们所说的那种意义上的唯心主义者, 他们就不可能谈论这个世界和另一个世界, 或这个生命和另一个生命。他们既然主张一种持存, 就应当首先解释, 谁是这个持存的**主体**。但我们早已指出, 在人那里, 唯一独立于质料并且超越了质量的东西是**精神**, 而且精神就其本性而言是不会毁坏的。因为它仅仅是它自己的行为, 并且只能自己扬弃自己, 就像它只能自己设定自己那样; 精神是自然界里唯一不屈不挠的东西, 如果它不情愿的话, 甚至上帝都拿它没有办法, 它是"**不死的蠕虫, 是不熄灭的火**"。在这里, 有

XI, 469

---

① 《新约·约翰一书》2:17。从上下语境来看, 在 ἡ ἐπιθυμία τῆς σαρκὸς [肉体的欲望]和 ἡ ἐπιθυμία τῶν ὀφθαλμῶν [眼睛的欲望]那里, 第二格所指的不是欲望的客体, 而是欲望的主体, 这里的 αὐτοῦ [它的]同样也是如此。——谢林原注

一个或许最古老①，但肯定最普遍的谚语，即把死亡看作"**放弃精神**"。这个谚语最初的源头无疑是这样一个事实，即在许多古代语言里，"精神"和"呼吸"是同一个词，所以"放弃精神"仅仅意味着"停止呼吸"（ἐκπνέειν, exspirare, spiritum reddere）。然而在谈到"奄奄一息的"基督时，其所指的肯定不是呼吸。在这里，同样首先应当追问的是，哪一个主体放弃或舍弃了精神？②毫无疑问，就是那个即将死去的灵魂，因为正如我们看到的，它本身已经成为一个质料性东西。但精神不会和灵魂一起死去，因为精神是灵魂的偶然的（转瞬即逝的）存在的原因，反之灵魂却不是精神的某个原因。接下来的问题是，被舍弃的精神面临着不同的命运：要么成为极乐的（μακάριος），要么不成为极乐的。——为了继续考察这个问题，我们首先要展开一个词源学研究，而这个研究的目的是希望澄清希腊语形容词"极乐的"（μάκαρ 或 μακάριος）的意义。

词源学研究是一项困难的，而且经常捉摸不定的工作，但从一个更高的科学立场来看恰恰是不应当逃避的，正如我们几乎找不到哪一位古代哲学家没有时而明确地，时而至少在必要的场合从事这个研究。这是很自然的。因为哪怕是那些具有最深刻意义的词语，也在日常使用中逐渐变得锈迹斑斑，仅仅被不假思索地使用，而在这种情况下，**词语**的考察出来的源头经常又回溯到原初的**思想**。

为了体会希腊词语"极乐的"（μάκαρ 或 μακάριος）的来源或探

---

① 《旧约》也已经知道这个谚语，参阅《旧约·耶利米哀歌》II, 12。——谢林原注

② 《新约·马太福音》27, 50: ἀφίεσθται τὸ πνεῦμα [气就断了]；《新约·约翰福音》19, 30: παρέδωκε [将灵魂交付]。——谢林原注

XI, 470

究这个来源本身，我首先查阅了一些常用的原始资料，而这些资料指出，亚里士多德是最早尝试解释这个词语的来源的人之一。据说亚里士多德认为这个词语ἀπὸ τοῦ μάλα χαίρειν [起源于"强烈的满足"]①。但我很快觉得，正如西塞罗并不认为自己的某些词源学解释是真正可以辩护的，亚里士多德大概也是如此，或许比西塞罗更没有信心。除此之外，"μάλα"[强烈的]这个词语根本没有出现在亚里士多德的两部伦理学著作里面——他本人仅仅说：διὸ καὶ τὸν μακάριον ὠνομάκασιν ἀπὸ τοῦ χαίρειν [这就是人们从"满足"得出"极乐"的原因②——，而且据我估计也没有出现在任何相关手稿里面。因为我后来发现，这个"μάλα"可能只是来自希尔伯格版的目录，但在那里却是被放在一个括号中，以此表明这是编者添加进去的。接下来我要讨论一个通常被当作尤斯塔修斯③说过的话而拿来引用的解释，即"极乐"的意思是"超然于死亡命运"（πάρα τὸ μὴ ὑποκεῖσθαι κηρὶ）。支持这个解释的证据是，人们总是用"极乐"来描述诸神（尤其作为有死的人的对立面）——比如那句经常被重复的话：πρός τε θεῶν μακάρων πρός τε θνητῶν ἀνθρώπων [在极乐的诸神和有死的人面前]④——，虽然人也被称作极乐的，正如μακάρων ἐξ ἔστι τοκήων [你是极乐的父母所生的]这句名言所表达的那样。⑤但在我看来，关键问题在于，人们是否能够证明这些复合

---

① 《欧德谟伦理学》VI, 11。——谢林原注
② 这句话出自《尼各马可伦理学》VII, 12, 1152b5。——译者注
③ 尤斯塔修斯（Eustathios, 1110—1195），拜占庭学者。——译者注
④ 《伊利亚特》I, 339。——谢林原注
⑤ 《伊利亚特》XXIV, 377。——谢林原注

词语里面的"μὰ"确实是一个否定前缀。幸运的是，这类复合词语的数量并不多，因此我们可以很轻松地进行归纳。既然如此，接下来我就要考察希腊语里面那些与"μα"结合起来的形容词。只要人们全面地回想一下这些形容词，马上就会发现，每一个这样的形容词都体现出一个否定的、限制的或弱化的规定。因此唯一需要特别加以证明的，就是**什么东西**在其中遭到否定。

　　"μάταιος"[虚妄]本身就呈现出一种空洞的、虚渺的东西，这是一目了然的。但在这个词语自身之内，那个缺失的东西是如何被认识到的呢？我认为，其排除出去的，是明显的、可把握的东西。"μάταιος"意味着不明显的、无实体的东西，因此很显然，它和叙事诗的命令式τῆ [拿着!]以及著名的荷马式分词τεταγὼν [紧抓着]一样，都是来自τάω [掌握]，至于τάγω [掌握]和拉丁语的tango [抓取]，看起来只不过是那个词语的更完整的形式。与"μάταιος"密切相关的"μάτην"意味着"失败"，比如废话连篇，而富有表现力的"ματάω"则是意味着"犹豫""浪费时间""错失机会"；在德语里，与这些词语相对应的看起来只有一些乡村俗语，比如"**慢吞吞**"（dröseln）——据我所知这是图林根地区的说法——，以及施瓦本地区的一个更为生动的说法，"**磨磨叽叽**"（thäteln），在后者的基础上，还构成了第一格名词"磨叽者"（Thätler），用来指代一个永远都没有准备好，永远只是围着事情打转，却从来不积极介入其中的人。希腊语里面有一些很贴切的说法，用于描述直接的和显而易见的后果，即直接从思想、言语或者一般给定的可能性那里得出的现实性或行动，比如ἄφαρ或αἶψα [立即]，而它的反面显然就是荷马那里的μὰψ [仓促]，比如μὰψ ὀμόσαι [随口

XI, 471

发誓]①，亦即发誓之后没有行动，或对于履行誓言只是想想而已；由此才得出μαψίδιος [无价值的]和μαψίλογοι [空谈的]等形容词（前者在荷马那里仅仅被当作副词来使用），比如鸟儿的尖叫（οἰωνοί）就是μαψίλογοι [空谈的]，不会有任何后果，也不具有任何意义；但它本身显然是由 "μὰ" [不]和αἶψα [立即]组成的。

至于另一个形容词μαλακὸς [柔软的]——它无疑是先于那个由它构成的动词μαλάσσω [使之软化]——，其否定的意义同样是很明显的。但这个说法看起来是起源于柔软事物的一个完全特殊的特性，即在撕裂或破碎的时候不发出任何声音，与此相反，当坚硬事物的延续性被打断，就会进行反抗或发出轰隆声或咔嚓声；就此而言，这个形容词是来自于λάσκω或λακέω [断裂]（λακεῖν, ἔλακεν等形式都是与此有关），其表达的恰恰是某种坚硬的东西（比如骨头）由于断裂或破碎而发出的独特声音，比如荷马那里就经常出现λάκε δ' ὀστέα [他的骨头断裂了]②之类说法。

经过这些检验，我相信，即使不去考察μαλερὸς [猛烈的]等形容词——可以肯定的是，它和μάχιρος [引发战争的]都不是μα的复合词语，并且总的说来属于那些直到现在都来源不明的形容词——，
XI, 472 也可以立即推进到μάκαρ或μακάριος [极乐的]。但在这里，即使以那个前缀的否定意义为前提，我还是认为这个词语的后半部分极有可能不是与 "死亡命运"（κὴρ, κηρὸς）有关，而是与 "心"（καρδία, κέαρ, κῆρ, κῆρος, κῆρι）有关，而这个用法所指的是那种最诚挚

---

① 《伊利亚特》XV, 40。——谢林原注
② 《伊利亚特》XIII, 616。——译者注

的、最内在的、每一个人都最珍爱的意愿，因此作为一个几乎必然的形容词总是与φίλον [友善的]放在一起，比如οὔ μοι τοιοῦτον ἐνὶ στήθεσσι φίλον κῆρ [我的胸膛里没有一颗友善的心]① 或ἐμὸν δ᾽ ἐγέλασσε φίλον κῆρ [我的友善的心笑了起来]②，而且也用于第三人称，比如οἷον Ὀδυσσῆος ταλασίφρονος ἔσκε φίλον κῆρ [在友善的心方面不逊于受苦的奥德修斯] ③或赫拉ἐπιγνάμψασα φίλον κῆρ [让她的友善的心平静下来]④。换言之，既然"心"意味着每一个人的**真正的**自主体，那么它一般而言也是各种激情的驻地。在这些激情里面，虽然也有爱（比如πέρι κῆρι φίλος [发自内心的爱]或κηρόθι [衷心的]等常见的用法），但主要是那种令人煎熬的忧伤和痛苦（比如阿喀琉斯的φθινύθεσκε φίλον κῆρ [被忧伤啃蚀的友善的心]⑤或埃斯库罗斯笔下的普罗米修斯的δάπτομαι κέαρ [被撕碎的心]）、愤怒（比如χωόμενος κῆρ [火冒三丈的心]等常见的用法）以及幸灾乐祸（比如阿里斯托芬在《阿卡奈人》开篇第5行所说的：

> Ἐγῷδ᾽ ἐφ᾽ ᾧγε τὸ κέαρ εὐφράνθην ἰδὸν,
> Τοῖς πέντε ταλάντοις, οἷς Κλέων ἐξήμεσεν
> [我只记得，当克勒翁放弃他的五种才能，

---

① 《奥德赛》VII, 309。——译者注
② 《奥德赛》IX, 413。——译者注
③ 《奥德赛》IV, 270。——译者注
④ 《奥德赛》I, 569。——译者注
⑤ 《伊利亚特》I, 491。——译者注

我的心都要跳出胸膛])。

但令人煎熬的并非只是某种偶然的情况，比如忧伤或焦虑，毋宁说，绵绵不绝的意愿和欲望本身就是令人煎熬的东西，是每一个人胸膛里的永不熄灭的火，它才真正是精神、推动者、驱动者，是他的生命的本原，正因如此，一个失去生命的人在荷马那里就叫做ἀκήριος [没有心的人]（有些人认为νεκρὸς [死者]这个词也与此有关）。[①] 这里也有一个词源学的暗示，因为κέαρ [心]肯定是来自于"煎熬"（κέρειν, κείρειν, absumere），而不太可能是来自"裂开"（κέω, κείω, κεάζω），哪怕赫西基奥斯[②]把κέαρ [心]解释为ψυχὴν διῃρημένην [分裂的灵魂]；它也不太可能是来自"燃烧"（κέω, καίω, ardeo），哪怕心就是fons ardouris vitalis [生命活力的源泉]。

从赫西俄德所说的γυιοκόροι μελεδῶνες [令人煎熬的操劳]可以看出，"煎熬"也被用来指伦理上令人煎熬的东西。但在最新的版本里，我发现编者自作聪明地将那句话改为γυιοβόρους μελεδῶνες [让人身体憔悴的操劳]。究其原因，很显然，要么是因为人们仅仅想到"满足"（κορέω = κορέννυμι, satio），并且以非常庸俗的方式把"让人身体憔悴的操劳"解释为usque ad satietatem membra depascentes [让家人吃饱饭]，要么是因为人们仅仅想到"打扫卫生"

---

① 在荷马那里，有时候也用θυμὸς [心]替代κέαρ [心]。比如《伊利亚特》VI,202: ὃν θυμὸν κατέδων [煎熬着他的心]。——谢林原注

② 赫西基奥斯（Hesychios），约生活于5世纪的希腊语文学家。——译者注

（κορέω），而这同样是没有意义的。当然，如果两个在根本上发音完全相同的词语，比如ή κήρ [死亡命运]和τò κήρ [心]，都是出于同一个原初概念，那么上述混淆也是很自然的。

现在我们再回想一下，亚里士多德认为努斯是"另一种灵魂"，一种后来才出现的灵魂。灵魂的愿望是单独存在着或本身就是某东西，通过这个意愿，灵魂被设定在"作为**灵魂**而存在"这个状态之外，而这个意愿对灵魂来说是一个陌生的东西，它让灵魂发生分裂，是灵魂之所以陷入不幸的原因（这里或许不经意之间解释了赫西基奥斯在词典里提到的那个"分裂的灵魂"）。每一个受造物都被这个躁动不安的、持续不断的意愿和欲望驱动着，现在，既然这种躁动不安本身就是不幸，那么那个达到平静的"心"也将本身就是极乐。这一点也符合我们在这个德语词语里认识到的基本含义。因为尽管**充足的**财富看起来是首要的和最关键的东西，但并非**任何**财富都会带来极乐，毋宁说，只有那种让人忘记自己的财富才会带来极乐。对罗马人而言，"极乐者"（μάκαρ）或"幸福的人"（vir beatus）也不是指一个单纯富有的人，而是指一个富有到足以摆脱任何焦虑的人。同理，并非每一个**幸福的**人都是幸福的，毋宁说，只有那个在自己的幸福中忘记自己的人才是幸福的。无论对一个时代还是对一个人而言，阿德隆的这个断言都很有代表性，即"极乐"（glückselig）之所以被当作"幸福"（glücklich）的同义词，或许只是因为**它比后者更长一个音节**，也正因如此，它在德国南部地区出现的频率是最高的。此外他还指出，在高地德语里，"极乐"这个词已经 XI, 474
有点过时了，人们满足于使用"幸福"。我们不可能指责这种满足，只是希望"幸福"在某些地区不要很快也进入过时词语的行列。

因此问题在于，"心"如何达到平静。现在，当精神告别身体，被灵魂离弃之后，就面临着两条道路，或更确切地说，仅仅面临一条道路，而这取决于它在已经过去的生命里是选择了这一条道路还是另一条道路。因为，精神要么仅仅坚持于单独存在，亦即一种独立于上帝的存在，以便自由地对待上帝，要么把世界拉到自己身边，并且在生命历程里通过专一而持续地与世界打交道，与世界形影不离，以至于就像柏拉图笔下的苏格拉底所说的那样，最终形成这样一个信念，即真正说来，除了形体事物之外，除了人们摸到和看到、吃着和喝着或用来爱的东西之外，**不存在**任何别的东西；而且它已经习惯于仇恨、畏惧和害怕那些对眼睛来说晦暗和不可见，但对理性来说可以理解，并且可以通过哲学而掌握的东西。也就是说，这样一个与世界形影不离的精神，哪怕后来真正脱离和告别了世界，也不可能将其放下，而是会持续不断地（尽管徒劳地）追求重新回到世界里面。在这种情况下，只有不幸、躁动不安以及生命的一种绵绵不绝的损失，而精神不可能重新获得生命，也就是说，只有一个绵绵不绝的死亡和一种令人煎熬的、通过单纯的精神性存在仅仅更为激化的自私自利，以及一个仿佛赤裸裸地（γυμνὸς）[1] 遗留在它的理念之外的东西的命运。正因如此，通常的民间语言和民间意见非常准确地把这种情况下的死者不是称作"灵魂"，而是称作"精神"或"魂灵"（Geister），并且相信他们有一种阴影性质的现象，因为正如苏格拉底指出的[2]，他们并没有获得纯粹的解脱，而是仍然在可见的和

---

[1]《新约·哥林多后书》5, 3。——谢林原注
[2] 柏拉图《斐多》，81C-D。——谢林原注

质料性的东西那里寻找自己的某个部分。但苏格拉底同样指出，如 XI, 475
果一个人在此生已经尽可能作为一个死者而活着，那么他就会遭遇
与上述一切完全相反的情况；因为他不会觉得死亡是一件多么艰难
的事情，而是趁这个机会真正告别世界，摆脱一切与神性之外的东
西的关系，仅仅并且完全成为**他自己**；他也会完全转向神性的东西，
并且会带着已获得的意识的全部财富，相对于上帝而言使自己成为
单纯的潜能，从而在这个行动中本身成为**灵魂**；通过这个方式，灵魂
得到拯救，而那个给有朽的身体带去生命的灵魂则是和身体一起消
逝了。毫无疑问，正是出于这个原因，《新约》深刻地把那个现在已
经寓居在我们之内的**神性**精神称作未来状态的**凭据**（ἀρραβών）[1]，
在那个状态下，不再有必死的东西，而是被生命吞灭了。现在，那个
回归自己的潜能的精神将不再是单纯的灵魂，而是**灵魂本身**（αὐτὴ
ἡ ψυχὴ），只有它才是柏拉图所说的那个在此生已经认识到神性东
西的灵魂，而它最终也就是柏拉图称作"理性"的那个东西。这个以
上述方式重新成为灵魂的精神——我承认，这当然不是一个常见的
说法，但我希望指出，无论艺术或科学在自身之内蕴含着什么造福人
类的影响，这些影响都是基于这个成为灵魂的精神；有些学者充满
了精神，但这个精神没有成熟，没有成为灵魂；另外一些学者只有灵
魂，却没有精神，而唯有精神才敢于做一切事情——被正确地称作
极乐的精神，即"极乐者"（μάκαρ，μακάριος），因为在它那里，"心"
（κέαρ）这个永恒欲求着的意愿，这个永不熄灭的火，重新达到了

---

[1]《新约·哥林多后书》5:5。——谢林原注

平静。①

在一个希腊铭文里，"心"被明确称作灵魂的不朽部分，这引起了我的注意。这个墓志铭（《希腊铭文集》第三卷之第3册，编号6199）出自一位父亲为他的儿子艾利安建立的墓碑：

θνητὸν κηδεύσας σῶμα,

τὸ δ᾽ ἀθανατὸν

Ἐς μακαρῶν

ἀνόρουσε κέαρ, ψυχὴ ἀεὶ ζῶς.

[被埋葬的是有死者的身体，

而非不朽者，

更非极乐者，

_____

① 在使徒保罗看来，自然的人或者说此生的人是 ἄνθρωπος ψυχικός [灵魂性的人]；对于此生而言，灵魂是实体，精神仅仅是后来出现的和陌生的东西，即亚里士多德所说的 θύραθεν ἐπεισβεβηκὸς [从外面加入进来的东西]。在随后的生命里，每一个人都承担着成为精神的必然性，而这对于一个完全与质料性东西形影不离的人而言必定是一个极为匮乏和荒芜的状态。在这个观点的基础上，我提出了"人的整全生命的**三个相继状态**或潜能阶次"的构想，并且希望通过这个构想第一次把所谓的灵魂不朽学说从抽象的讨论方式里解放出来，而直到现在为止，各种学院派哲学都是仅仅以这个方式讨论灵魂不朽。也就是说，人的整全生命的第一个层次是当前的、片面自然的生命，随后的第二个层次是一种同样片面的精神性生命；但第三个层次或最高层次的（在最终的世界大分化之后出现的）生命应当把自然生命和精神性生命联合起来，把自然生命提升为精神性生命，使精神性生命重新成为自然生命（《新约·哥林多前书》15:44），使此生的 σῶμα ψυχικὸν [灵魂性身体]重新成为 σῶμα πνευματικὸν [精神性身体]。最后的这个规定完全超出了上述文本和当前的整个发展过程，因此在这里只能简单提及，不能进一步展开。我本人在1829年的课堂上已经公开讲授这个关于"三个状态"的学说，而它第一次被更多的人了解，则是通过我的最聪明的学生之一——慕尼黑大学的哲学教授贝克尔斯先生——他在提前告知我的情况下，在他的《关于B. E. 罗歇尔先生〈论死后状态〉论文集的报道》第175页发表了这个学说。——谢林原注

重见天日的心，因为灵魂永远活着]

在这里，"极乐者"显然是指已经离世的亲人。从前后语境来看，我找不到一个迫切的理由可以让我们断定这个墓志铭带有基督教色彩。但我更不会因为爱比克泰德①的一句据说与铭文里的σῶμα χιτὼν ψυχῆς [身体是灵魂的外衣]意思相同的箴言——那句箴言本身根本没有谈到灵魂的个体式的**持存**，因为斯多亚学派不认为这是唯一的关键问题——，就断定铭文的作者是一个斯多亚主义者。此外我也不认为铭文的作者是爱比克泰德的一位后人，因为只要人们听到他的如下这番话，就不可能再怀疑他的观点："死亡是一种新老更替：不是变成不存在的东西，而是变成现在不存在的东西。'那 XI, 477么我以后将不存在吗？''是的，**你**将不存在，但另一个人将存在，因为世界现在需要的是他(οὖ νῦν ὁ κόσμος χρέιαν ἔχει)。'"当然，假若某些敏锐的学者能够为上述猜想(其中明显包含着一些不常见的表述)提供某种证据，那么我们会感激地予以采纳。接下来我们也许还会想到品达，但他从未使用过κέαρ [心]这个词，或更确切地说，从未使用过这个词语的缩写形式κῆρ，因为这个缩写形式仅仅出现在荷马那里。

综上所述，现在基本上可以表明，我们必须认为，我们在结束此生之后应当在另一个生命里继续持存着。这个信念的意思是，我们当前所处的这个世界不是世界本身，毋宁只是世界的一个形式或

---

① 爱比克泰德(Epiktet, 55—135)，罗马哲学家，后期斯多亚学派代表人物之一。——译者注

形态。

　　西塞罗在《图斯库兰论辩集》里提到了狄凯阿库斯①的一部三
卷本对话录，在其中，一位名叫斐勒克拉底的老人（丢卡利翁②的后
裔）用了整整两卷的篇幅证明，灵魂根本就不存在，只是一个完全
空洞的名称（Nihil esse omnino animum et hoc esse nomen totum
inane）。③今天如果谁要撰写一部同样内容的对话录，大概会参照
这个时代的状况，在一些提前枯萎的、尚在青春时期就已经老气横
秋的年轻人里面，挑选这样一种老掉牙的智慧的代言人，因为这些
人最不缺的就是时间。④一般而言，狄凯阿库斯属于逍遥学派；假
若他和亚里士多德的关系就是近代的某些哲学史书写者所认为的
那样，那么他对灵魂大放厥词是不足为奇的。然而在迄今的这整个
研究里，我们已经如此长久和深入地与亚里士多德打交道，仿佛和
他一起活着似的，以至于我们再也不可能相信那样一些人的话，说

XI, 478

---

① 狄凯阿库斯（Dikäarchos），生活于公元前320年前后的希腊哲学家，亚里士多德的学
　生。——译者注
② 丢卡利翁（Deukalion），希腊神话中的普罗米修斯之子，帖撒里亚的国王。——译者注
③ 西塞罗：《图斯库兰论辩集》I, 10。——谢林原注
④ 我们根本不指望这些人能够理解我在这门课程里证明的一件事情，即为了把质料思考为
　有机的，必须有一个是质料的东西，而这个东西当然不可能又是质料性的。我们也注意
　到，在那些以质料为最高旨归的人里面，可能也有这样一些自然研究者，他们担心，如果
　承认一个非质料的本原，那么他们对于质料的许多洞察（我们只会带着谢意采纳这些洞
　察）就可能被推翻，殊不知那个撰写第一部《动物志》（这是多么伟大的一部著作！）的
　人既没有因为承认这样一个本原，也没有因为进行大量深刻的观察就拒斥一种崇高的灵
　魂学说，而他正是通过那些观察而为一种有机生命科学奠定了第一块基石。我们也认可
　他们的原则，即纯粹的自然研究应当杜绝一切猜想式的东西，而他们的错误仅仅在于，他
　们以为灵魂必须完完全全被看作一个超自然的本原。至少在亚里士多德看来，只要灵魂
　不是独立于质料，那么它就属于纯粹的自然研究的领域（参阅本书第451页 [XI, 451]），并
　且是某种纯粹自然的东西。——谢林原注

什么亚里士多德的学说里根本没有，而且绝不可能谈到[灵魂的]一种人格化的持存。实际上，因为我们已经发现，每当我们更加深入事情本身，就有一道新的光明投射到亚里士多德身上，所以我们希望验证，究竟是否能够从这个方面出发，比迄今的研究更贴切地揭示出亚里士多德所说的努斯的意义。

诚然，我们已经反复强调指出亚里士多德的全部谈到努斯不朽的言论。可能人们会说，这些言论所指的是努斯的**本性**的不朽，并没有包含着一种a parte post [从后面部分来看的] 永恒性，正如之前提到和解释过的那些言论没有包含一种a parte ante [从前面部分来看的]永恒性。但是，在亚里士多德只希望表达努斯的**本性**的地方，他从头到尾都只使用"分离的"（χωριστὸς）这个词语，因此按照他自己的解释，努斯仅仅是一个**能够**与质料分离，单独存在着的东西（τὸ ἐνδεχόμενον χωρίζεσθαι）[①]；与此同时他也谈到了现实中分离的东西（χωρισθείς），而那里的说法是，精神**仅仅是其所是**，或用我们的话来说，纯粹是**它自己**。[②]对此人们可能会反驳道，在真正的θεωρία [观审]里，在精神不可能犯错的直接直观里（尤其是在考 XI, 479 察哲学的各种本原时），精神也是单独的，并且与一切东西分离，也就是说，亚里士多德的想法和柏拉图是一样的。我们不可能反驳这

---

① 参阅本书第456页（XI, 456）。——谢林原注

② χωρισθείς δέ ἐστι μόνον ὅπερ ἐστι, καὶ τοῦτο μόνον ἀθάνατον καὶ ἀΐδιον. [当分离之后，努斯就仅仅是它自己，只有它是不朽的和永恒的。]亚里士多德：《论灵魂》III, 5。关于这句话里面的"是它自己"（ὅπερ ἐστι），可参阅《形而上学》VIII, 6的结语：ὅσα μὴ ἔχει ὕλην, πάντα ἁπλῶς ὅπερ ὄντα τι. [那不具有质料的东西，完全就是存在者自己。]此外还可以参阅博尼茨关于《形而上学》IV, 2的评注（第178页）：excludit pronomen ὅπερ quaecunque rei accident. [无论事情有什么偶然情况，"自己"（ὅπερ）这个代词都是专指的。]——谢林原注

一点,而且必须承认,亚里士多德确实有可能仅仅想到这种意义上的分离;但在我们看来,亚里士多德对于"不朽"(ἀθάνατος)这个词语的使用不符合他的风格,因为这个词语根本不会让人联想到那些现实的有死者。除此之外,亚里士多德的另外一些文本也值得注意,其中说道,精神在死亡中最能够是它自己,但它在死后又应当停止存在。[①]尤其对于最近那些自以为精通哲学的人而言,所有这些都不构成挑战。他们一直都很坦然,因为总的说来,他们根本不把努斯看作知性,而是看作**理性**,然后认为余下的事情都是自明的;因为理性(亚里士多德心目中的唯一的不朽者和永恒者)不是人格化的东西,毋宁恰恰是人里面的绝对非人格化的东西。在这个问题上,我进行了一番研究,看看事情究竟是不是真的如此,而我惊奇地发现,亚里士多德并不认为努斯是一个在死亡中瓦解的东西,而是**如此清晰地**说出了相反的观点。这个观点或许也出现在别的地方,但主要是包含在《尼各马可伦理学》的如下这段话里:"如果努斯相对于人而言被看作神性的,那么相对于人的生活而言,那种遵循努斯的生活也将是神性的。但切不可听信那些人的劝导,他们说,我们作为人只能思考人的东西,作为有死者也只能思考有朽的事物。正相反,我们应当尽可能**追求不朽**(ἀπαθανατίζειν),使我们所做的一切成为不朽,以便遵循我们内心里的那个最好的部分去生活;这个部分虽然在形体上无足轻重,但在力量和尊严上却超过一切东西。实际上,这个部分(每一个人都具有的努斯)看起来就是**每一**

---

① 比如亚里士多德《论灵魂》II, 2的ἐν θνητοῖς [在有死的东西里]和c. 3的τῶν φθαρτῶν [在毁灭的东西里]等补充看起来就是多余的,除非其潜台词是,在不朽的东西或不再会死的东西里,努斯能够完全单独存在。——谢林原注

个人真正的自己（δόξειϛ δ' ἂν καὶ ἕκαστον εἶναι τοῦτο τὸ πάντων ὑπάρχον, τὸν νοῦν）。" ① 也就是说，在每一人那里，努斯或精神恰 **XI, 480** 恰就是**他自己**。亚里士多德接着又说："如果一个人不是过他自己的生活（τὸν αὑτοῦ βίον），而是希望选择另一个人的生活，这是很愚蠢的。因为每一个人在本性上固有的东西对他而言都是最好的和最舒适的，而对于人而言，这就是遵循努斯而生活，因为这个部分最称得上是**每一个人**自己（εἴπερ μάλιστα τοῦτο ἄνθρωπος）。" ② 除此之外，亚里士多德在另一个与此有关的地方指出："一个人是不是能够掌控自己，要看努斯在他那里是不是成为主人，因为**努斯是每一个人真正的自己**（ὡς τούτου ἑκάστου ὄντος）。" ③

　　也就是说，这里白底黑字写着，亚里士多德所说的努斯绝不是什么普遍的和非人格化的东西，毋宁是一切东西里面最人格化的，是人的真正的自主体，或用费希特的话来说，真正是**每一个人的自我**；除此之外从这些言论可以看出，当我们把自主性本原放在努斯的位置，这并没有**违背**亚里士多德的**意思**。就此而言，最近一位哲学史书写者的断言——在亚里士多德那里，**不可能**谈到一种人格化的不朽（因为那里**未曾**谈到这样一种不朽，这是众人皆知的）——看起来就具有某种合理性，因为在《形而上学》的某处地方，针对"复合物（συνθετόν）瓦解之后是否留下某种东西"这个问题，亚里士多德回答道："就某些事物而言，这个假设**不会遭到反对**。"亚里士多德经常使用"就某些……而言"这个含糊的说话方式，但真正说

---

① 亚里士多德：《尼各马可伦理学》X，7。——谢林原注
② 亚里士多德：《尼各马可伦理学》X，7。——谢林原注
③ 亚里士多德：《尼各马可伦理学》IX，8。——谢林原注

来，他在这样说的时候，所想到的只有一件事情，比如他在这里也是立即（虽然仅仅是以举例的方式）过渡到"灵魂是不是也会保留下来"这个问题，而他在随后立即补充道：整个灵魂不会保留下来，但

努斯可以，因为说整个灵魂保留下来，这恐怕是不可能的（εἰ δὲ καὶ ὕστερόν τι ὑπομένει, σκεπτέον· ἐπ᾽ ἐνίων γὰρ οὐδὲν κωλύει, οἷον εἰ ἡ ψυχὴ τοιοῦτον, μὴ πᾶσα ἀλλ᾽ ὁ νοῦς· πᾶσαν γὰρ ἀδύνατον ἴσως）。① 假若努斯仅仅是最为非人格化的东西，亦即理性，那么这就是一个糟糕的答复。总的说来，他仅仅认为**没有什么东西反对**他假设灵魂的最尊贵的部分是持存的，但他并没有要求自己专门去讨论这个问题并且更深入地探索这个持存的方式，因为他只对当前这个世界负责；这不是他的局限性，因为他的精神其实完全有能力做到向内和向外拓展这个世界。反之他的真正的局限性在于：首先，他称作努斯的那个本原，仅仅对灵魂而言，而不是同时对世界而言具有意义；其次，他在努斯那里认识到了神性东西，却没有同样认识到反神性的东西，尽管二者是不可分割的，正如我们在古希腊流传下来的一个具有永恒意义的形态身上看到的那样。我指的就是普罗米修斯。一方面，普罗米修斯是宙斯的本原，并且相对于人类而言是一个神性东西，这个神性东西是人类知性的原因，把此前的世界秩序未曾赋予人类的东西传授给他们，因此亚里士多德也说，人的努斯不是一个在先行的层次上预见到的东西，而是一个从外面加入进来的东西。另一方面，普罗米修斯的**意志**与神性东西相对立，他是不可征

---

① 亚里士多德：《形而上学》XII, 3。对此可参阅本书第457页（XI, 457）引用的《论灵魂》文本。——谢林原注

服的，对宙斯而言是杀不死的①，正因如此，他有能力反抗上帝。

"让闪电的叉状卷轴投在我的头上，让天空被雷声和野蛮的风声扰乱；让飓风把大地从其根基上摇动，让海浪与它们野蛮的涌动混合天上星星的轨迹；让他把我举到高处，用严厉的必然性的漩涡洪水把我扔到黑色的塔尔塔罗斯：**无论如何他终究杀不死我** XI, 482
（πάντως ἐμέ γ᾽ οὐ θανατώσει）。"② 在埃斯库罗斯的笔下，宙斯的敌对者如是说。宙斯的"长着翅膀的狗"定期回来，每次都是在第三天③啃食其一再地重新愈合的**不死的肝脏**。④

"普罗米修斯"不是某个人发明的一个思想，而是那些自行进入存在，然后顺理成章地发展起来的原初思想之一，而这些原初思想在一个深奥的精神里找到了适合自己的土壤，比如普罗米修斯在埃斯库罗斯那里就是如此。在普罗米修斯这个思想里，人类已经从自己的内心里制造出整个诸神世界，然后回归自身，在获得自我意识的同时，意识到自己的命运（感受到诸神信仰的悲惨）。⑤

普罗米修斯是人类的那个本原，即我们称作**精神**的那个东西；

---

① ὧτῳ θανεῖν μέν ἐστιν οὐ πεπρωμένον. [我是注定不会死的。]埃斯库罗斯：《被缚的普罗米修斯》，薛曼版，第735行。以及第913行：ᾧ θανεῖν οὐ μόρσιμον. [既然我注定不会死。]——谢林原注

② 埃斯库罗斯：《被缚的普罗米修斯》，第1033行。——谢林原注。

③ 依据西塞罗节译的埃斯库罗斯《被解放的普罗米修斯》，收录于西塞罗：《图斯库兰论辩集》II, 10, v.24。——谢林原注

④ 这是赫西俄德《神谱》第525行的说法。——谢林原注

⑤ 对我们（唯心主义者）而言是自然界的东西，对希腊人而言是一个自足的诸神世界。这个诸神世界对希腊人而言是无意识地产生出来的，正如自然界对我们而言也是如此。——谢林原注

他把知性和理性放置到那些以前痴呆的人的灵魂里。[①]"以前他们看着，却什么都看不到"，也就是说，他们不知道自己在看，"他们听着，却什么都听不到。"[②] 他替整个人类遭罪，并且在受苦的时候仅仅是人类自我的崇高原型，也就是说，他让自己摆脱与上帝的寂静同盟，忍受同一个命运，被强大的必然性紧锁在偶然的，但却不可逃避的现实性这个岩石上面，同时绝望地观察着一个无可救药的，至少现在不能消弭的裂痕，而这个裂痕是通过一个先行于当前的存在，因此绝不可能再被收回和被撤销的行为而产生出来的。埃斯库罗斯笔下的普罗米修斯也表现出这种无怨无悔。他谴责一切关于倒转的思想，并且愿意用数千年的时间去搏斗[③]，而时间无非是一种将会伴随着当前的世界时代的终结而停止存在的东西，到那个时候，那些被原初时间驱逐的提坦神将会从塔尔塔罗斯里重新获得解放（如果西塞罗的著名诗句是节译自埃斯库罗斯的《被解放的普罗米修

---

① Ἀκούσαθ᾽, ὡς σφᾶς, νηπίους ὄντας τὸ πρὶν
   Ἔννους ἔθηκα καὶ φρενῶν ἐπηβόλους
   [请听一听，他们以前是无知的，
   而我给他们带来知性和理性]
   埃斯库罗斯：《被缚的普罗米修斯》，第435—436行。——谢林原注

② Οἳ πρῶτα μέν βλέποντες ἔβλεπον μάτην,
   Κλύοντες οὐκ ἤκουον.
   [他们虽然有眼看，却看不明白，
   有耳听，却听不分明]
   埃斯库罗斯：《被缚的普罗米修斯》，第439—440行。——谢林原注

③ — τὸν μυριετῆ
   Χρόνον ἀθελεύσω.
   [——我必须用一万年
   的时间去搏斗]
   埃斯库罗斯：《被缚的普罗米修斯》，第94—95行。——谢林原注

斯》，那么我们就必须这样推断），而且会产生出一个新的沟通上帝和人的族类，因为他们是宙斯和凡人母亲生出的儿女①，其中最伟大的那位，赫拉克勒斯，注定要成为普罗米修斯的解放者。

在离开这个问题之前，我们必须表达对于康德的怀念和感谢，是他如此明确地谈到一个没有落入当前的意识，而是先行于意识，仍然属于理念世界的行动，假若没有这个行动，人的内心里就没有人格性和任何永恒的东西，而是只有一些偶然的和杂乱无章的行动。康德的这个学说本身是他的精神的一个行为，而通过这个行为，他不但展示出自己在认识活动方面的敏锐，也展示出一种无所畏惧的、正直的道德勇气。众所周知，正是因为这个学说和与之相联系的关于人类本性的根本恶的学说，康德立即和广大群众划清界限，而这些人的赞赏曾经在很长一段时间里让他的名字变得家喻户晓。

但现在我们遇到一件最成谜的、最值得深思的事情，即[人类]与神性东西的关系。当世界进入宙斯统治的时期，对于那个独立于宙斯而存在着，因此原初地属于另一个世界秩序的人类而言，也产生出一个新的可能性，而这个可能性通过能够预见未来的普罗米修斯成为了现实性。宙斯自己曾经想过用一个新的人类取代现有的人类。也就是说，既然宙斯的内心里毕竟有某种想法，那么普罗米修斯所做的事情就不可能是宙斯绝对不情愿看到的。宙斯自己也是仅仅通过精神的力量才战胜了宇宙间的那些盲目力量，并且在普罗米

XI, 484

---

① 薛曼尤其强调这一点，参阅其翻译的埃斯库罗斯：《被缚的普罗米修斯》，希德对照版，第58页。——谢林原注

修斯的帮助下建立了一个新的王国。[①]尽管如此,他的惩罚是如此之残酷,他的愤怒是如此之强烈。宙斯是最初的努斯,即柏拉图所说的νοῦς βασιλικὸς [君王努斯],而普罗米修斯则是把尚未(主动地)分享努斯的人类提升到努斯的层次;从神那里盗来的天火(ignis aetherea domo subductus)是自由意志。

在近代的古典学家里面,主要是杰出的薛曼[②]致力于揭露普罗米修斯的**罪责**,以反驳人们对于宙斯的专横和残暴的指责。[③]他说,普罗米修斯根本没有真正让人类变得高贵,而是**把人类带上了歧路**,让人们在变善之前就变得聪明,在人们憧憬到高级需要之前就给予他们满足低级需要的手段;因此,薛曼补充道,普罗米修斯就把人们的全部心思和追求都限定在**感性**世界上面,让他们忘记了更高的使命。假若这里谈论的是一种单纯的、直接的**后果**,那么我们可以在一定程度上认同这些情况,但我们不能认同的是,仅仅让普罗米修斯为此承担罪责。因为这位博学的研究者所说的一切都是一条必经之路。人的单纯意志是盲目的,必须转化为知性。首要的事务是让精神渗透世界。普罗米修斯让人们首次学会了火的使用方法——因为他发现宙斯对无知的族类隐瞒了这个方法(任何动物族类都不知道如何点火或保存那些偶然产生的火)——,从而为人们开辟了一条通向全部艺术的道路;他教人们如何使用治病的药草,以及在面

XI, 485

---

① τὸν ξυγκαταστήσαντα τὴν τυραννίδα. [帮助他建立自己的王国。]埃斯库罗斯:《被缚的普罗米修斯》,第306行。——谢林原注

② 薛曼(Georg Friedrich Schömann, 1793—1879),德国古典语文学家。——译者注

③ 就此而言,当普鲁塔克说"普罗米修斯在这种情况下就是思想",这就是正确的。在埃斯库罗斯《被缚的普罗米修斯》第924行,赫尔墨斯也对普罗米修斯说:"你就是智慧。"——谢林原注

对恶劣天气时如何保护自己；他教人们驯养动物，向他们解释天体的运转、数字的伟大艺术、字母的组合以及一切教化的守护者，传授给他们书写文字。——也就是说，第一个必然的东西无论如何是世界知性（διάνοια），但那个使人和世界发生关系的行为并不是仅仅在于感受世界或害怕世界，而是在于理解世界，而这个行为也将是全部更高的乃至最高的关系的原因。普罗米修斯首先赋予人们的这些那些禀赋确实不足以构成完全的人性，而是需要一个更伟大的和更神性的东西①，但这个东西同样是由普罗米修斯给予他们的，而如果我们在希腊人的宽泛意义上看待**艺术**，那么这句话就是成立的：

有死者从普罗米修斯那里获得**每一种**科学

（Πᾶσαι τέχναι βροτοῖσιν ἐκ Προμηθέως）。②

也就是说，我们必须认识到，普罗米修斯有他的正当性；他就是这样的，不可能做别的事情；他所做的事情是他必须做的；因为他是在一个伦理必然性的驱使之下做这些事情。如果忽略了这一点，按照亚里士多德的久经考验的原理，我们同时也就剥夺了他的全部悲剧性尊严；因为真正的悲剧意义上的不幸不是一个任意的胡作非为，而是一个在伦理必然性的驱使之下或伴随着伦理必然性而发生的行动的后果。因此，普罗米修斯有他的正当性，而他确实也是因为自己的行为承受着宙斯施加在他身上的不可言说的、渺无尽头的折磨。

---

① 薛曼：《埃斯库罗斯对神的仇恨》（*Vindiciae Jovis Aeschylei*），第11页。——谢林原注
② 埃斯库罗斯：《被缚的普罗米修斯》，第498行。这是普罗米修斯自己说的话。——谢林原注

然而宙斯也有他的正当性，因为如果要获得自由并且独立性上帝，就只能付出这样的代价。这无非是一个矛盾：我们不能推翻这个矛盾，而是必须认识到它，为它找到一个正当的说法。

XI, 486

这个说法在前面已经有所暗示。世界和人类的命运**在本性**上就是一个悲剧，而在世界的运转中，一切发生的悲剧都仅仅是唯一的持续重演的伟大主题的变奏曲；行动，作为一切痛苦的发源地，不是一次性地，而是永远和永恒地**发生着**；因为就像一位德国诗人所说的那样，"唯一绝不衰老的东西"，不是"那种从**未**和**再也不**发生的东西"，而是那种始终和永恒地**正在发生的东西**。埃斯库罗斯的伟大精神第一次关注这个永恒的悲剧，进而揭示出了悲剧的源头。他完全理解自己的职责。假若普罗米修斯没有不屈不挠地和明确地敌视神（Διὸς ἐχθρός）①，那么这个角色根本不值得刻画；诗人同样不会因为害怕迎合希腊民族情感中的神，就不敢用大量篇幅去描述普罗米修斯遭受的痛苦和折磨。因为后世的人们忘了一件事情，即埃斯库罗斯仍然相信**敬畏**神是智慧的开端②；他甚至不愿意让国家废除一切敬畏，因为一个不敬畏任何东西的人绝不可能是公正的③，而假若普罗米修斯完全按照自己的意志去做事，那么这同样会令人难

---

① 埃斯库罗斯：《被缚的普罗米修斯》，第120行。——谢林原注

② 谁认识到胜利者宙斯的力量，就τεύξεται φρενῶν τὸ πᾶν [摘取了智慧的最高果实]（埃斯库罗斯：《阿伽门农》，第183行）——谢林原注

③ Καὶ μὴ τὸ δεινὸν πᾶν πόλεως ἔξω βελεῖν.
　Τὶς γὰρ, δεδοικὼς μηδέν, ἔνδικος βροτῶν.
　[不要让一切强大的东西远离你们的城市，
　　因为，如果一个人毫无敬畏，怎么可能是公正的呢？]
　　（埃斯库罗斯：《欧墨尼得斯》，第695—696行）——谢林原注

以忍受。①对普罗米修斯而言，后果仅仅与那个不可征服的、在他内
心里与神相对立的意志有关，而宙斯的残暴则是与神的不可探究的
正当性有关，这个正当性起源于从早期的诸神一直传承到最终的神
宙斯那里的一个对于存在的原初诉求，基于这个原初诉求，宙斯自
身之内的存在位于一切东西之先，因此也位于一切知性之上，是一
个**盲目的**、不知道何为善恶的存在，它相对于后来出现的知性而言仅
仅是**力量**（克拉托斯）和**暴力**（比亚）；因为按照一个同样古老的，　　XI, 487
虽然埃斯库罗斯没有提及的传说，宙斯在统治神界之后，首先吞噬
了墨提斯，以便让她告诉他什么是善，什么不是善。②

　　话说回来，埃斯库罗斯怎么思考普罗米修斯和宙斯的关系，是
否其他人对此有别的理解，这些都不影响我们已经揭示出的真正的
发展过程。另一方面，通过这个或许在某些人看来偏离正题的讨
论，我们更加接近一个基于上述内容看起来必然出现的问题，即我们
（始终在理念里）预设的上帝和人把自己乃至世界设定在世界之外
的那个行动是什么关系？这里看起来只有两个答案：要么这个行动
是上帝所情愿的，要么它是上帝绝对不情愿的。但现在谁可以说，这
个行动是上帝绝对不情愿的呢？因为上帝应当如何表明和证明自己

---

① Ἔτης φορητὸς οὐκ ἄν, εἰ πράσσοις καλῶς. [你如果逢时得势，别人哪还受得了！]埃斯库
　罗斯：《被缚的普罗米修斯》，第959行。——谢林原注
② Ζεὺς δὲ θεῶν βασιλεὺς πρώτην ἄλοχον θέτο Μῆτιν,
　πλεῖστα θεῶν εἰδυῖαν ἰδὲ θνητῶν ἀνθρώπων,
　ὥς οἱ συμφράσσαιτο θεὰ ἀγαθόν τε κακόν τε.
　[众神之王宙斯挑选的第一个妻子，
　是比任何神和凡人都更聪明的墨提斯，
　这样就唯有他知道什么是善和恶。]
　　（赫西俄德：《神谱》，第886—888行，根据格鲁佩的编排）——谢林原注

是非人格化的, 与人格化的东西相对立呢? 如果没有一个独立于上帝的意志, 人格化的东西如何能够与上帝相对立呢? 换言之, 假若没有哪个行动, 理念世界——这里适用福音书关于**天国**所说的话, 即在那里, 一个悔改的罪人能够比九十九个不必悔改的义人带来更大的欢喜①——又是什么东西呢? 但谁又可以从另一方面说, 那个行动是上帝绝对情愿的呢? 鉴于这两个说法都不是无条件地成立, 我们至少必须尝试着做出这样一个区分, 即虽然这个行动不可能由于其自身的缘故或直接就是上帝所情愿的, 但是从目的来看 (finaliter), 它同样不可能是上帝绝对不情愿的。实际上, 我们必须提出的真正答复是, 我们不妨回想一下科学仿佛从一开始就闭合而成的一个圆圈, 而我们则是在这个圆圈的范围内奔走。相应地, 真正的问题是: 如何从上帝的立场出发看那个行动。在这样说的时候, 上帝必须已经是我们的立足点, 亦即本原; 但在这门科学里, 上帝对我们而言仅仅是终点; 而且我们不是从上帝出发, 而是从相反的一端出发, 通过纯粹的理性发展过程而达到那个存疑的假设, 因此我们不可以离开这条线索, 而是必须期待着这条路线上的推进运动的走向, 看看它是否会达到一门以上帝为本原的科学, 这样一来, 所有这类问题才是合理的, 并且能够指望得到答复。

XI, 488

虽然此时此地还不适合回答刚才的那个问题, 但在我们继续前进之前, 确实有必要再回顾一下我们在这门科学里提出的任务, 因为伴随着一个反神性的本原, 我们已经达到一个与我们预设的目标有关的具有决定性意义的点。如果你们能够回想起来的话, 我们的

---

① 《新约·路加福音》15:7。——译者注

任务是获得一个摆脱存在者，单独地处于孤立状态的本原，即那门走向本原的科学希望掌握的本原。为了达到一般意义上的科学，我们曾经在先于一切科学的纯粹思维里面寻找存在者和"那个**是**存在者的东西"；也就是说，在我们看来，在思维的内在必然性里，首先产生出存在者的各个类型，这些类型作为存在者的要素，相当于可能性，它们之所以存在着，仅仅是因为其中一个可能性**是**它们，而存在者则是它们的纯粹抽象的大全；接下来，从这些要素出发，我们直接推进到理想，通过这个理想，那个大全（它仅仅是理念的材料）能够转变为理念本身。再然后，"那个**是**存在者的东西"，即全部可能性的现实总括，虽然是本原，却不是一个χωριστòν [分离的东西]，而是被存在者紧紧抓住，只能以抽象的方式加以认识。所以，为了获得一个自由的和单独的本原，我们把存在者导向现实性（随之过渡到科学）。① 这件事情的结果，就是那些可能性（存在者的各个类型）转变为原因，然后理念世界在一个过程里产生出来。通过这个方式，本原虽然不是以实在的方式，但却是以观念的方式与存在者分离，并且不再只能以抽象的方式加以认识，而是不但本身作为一个区别于存在者的东西是可认识的，而且通过一个过程同时表现为一个介于存在者（质料）和"那个**是**存在者的东西"（上帝）之间的居间者（a^0），这个居间者本身作为现实性（但不是单独存在着，而是仅仅与转变着的世界相对立）使上帝区别于**他自己的**（绝对的）现实性。但这个区分立即转变为本原与存在者（亦即上帝与世界）的现实分离。因为那个居间者包含着一个双重的意志，从而面临着抉择：

XI, 489

---

① 参阅本书第386页（XI, 386）。——谢林原注

一边是一个内在于神性东西、在上帝之内得以实现的世界，另一边是一个外在于神性东西而得以实现的世界；假设后面这个情况已经出现，本原就会发生一个形式上的分割，而那个一直以来没有通过任何危机而中断的纯粹理性科学也会发生改变。也就是说，那个居间者（a^0）本来也**应当**被设定为非本原，但它拒不服从（我们不妨如此假设），而是本身就成为本原，这样一来，自我之内就出现了一个位于本原（A^0）之外的本原，它驱逐了A^0，同时也被分割出去。到最后，不能被排除的是一个仍然十分遥远的可能性，即自我无论被带到哪里，都能够把自己重新设定为潜能阶次，设定为非本原，随之服从于A^0，把它重新树立为本原，而在这种情况下，正如你们看到的，这门科学的任务就算完成了，亦即具有了一个脱离存在者并凌驾于一切东西之上的本原，简言之，具有了一个**作为**本原的本原。但在我们和这个目标之间，还有一条漫长的道路，我们必须坚守着这个现在对我们而言已经成为唯一本原的东西，亦即自我，跟随它经历漫长道路自带的艰辛磨炼，就和被缚的普罗米修斯一样，不管是否能够找到一个结局，也不管这是怎样的一个结局。

第二十一讲　人的起源和种族的分化

　　约翰内斯·开普勒赞美哥白尼的学说，说它把世界从托勒密运动的insana et ineffabilis celeritas [疯狂的和难以描述的速度]中解放出来。[1]康德比较了唯心主义和哥白尼的思想。鉴于"群星围绕着观察者转动"这个假设不能很好地解释天体的运动，哥白尼提出，如果让观察者自己转动，反过来让群星静止不动，那么也许能够取得更好的成效。唯心主义同样是立场的一个颠转，而且有望带来类似的成功。[2]当然，并非每一种唯心主义都是真的如此，因为贝克莱的观点也被称作唯心主义；甚至康德的唯心主义也不是如此，因为它没有做到一以贯之；至于人们最近一段时间以来试图推销的那种唯心主义，更是不值一提。毋宁说，只有我在前面几讲里解释清楚的那种唯心主义看起来才抛弃了那些直到现在仍然出现在自然科学里的杂多手段，并且给那些尤其取悦于群众的胡思乱想套上哲学家所期待的缰绳。简言之，任何东西愈是不受任何限制，就愈是远离思维，正因如此，它们是头脑简单的人所喜欢的，却是哲学家所

---

① 开普勒：《哥白尼天文学概要》（*Epitome Astronomiae Copernicanae*），第一章，第IV页。——谢林原注
② 康德：《纯粹理性批判》前言，第二版，第XVI页。——谢林原注

XI, 491　厌恶的。①

　　现在我们开门见山进入主题：那首先打破理念世界并且区分质料世界和理知世界的人，是和我们一样的人，而不是属于那些据说居住在遥远星球上的人。人不是与部分（个别的天体）相对立，而是与整体相对立，并且表现为整体的λόγος [概念]，即那个真正是整体的东西。人是**普泛的**本质；这个属性不会通过他当前的**局域化**（即限定在唯一的星球上）就被取消，正如直到今天仍然有许多人假设，如果人扩散到全部天体上面（虽然他在本性上并非如此），就会成为普遍的本质。人的真正故乡在天上，亦即在理念世界里，据说他会再次回到那里，找到自己的**恒久的**居所。康德关于我们头上的星空和内心里的道德律的著名组合以及二者合起来对我们的情感的影响在他那个时代备受赞誉，而这个赞誉或许也是基于他的天体理论透露出的一种虚假的崇高性。那些如此遥远的对象在总体上是不计其数的，我们除了知道它们存在着之外，别的一无所知，以至于它们看起来几乎只能与情感有一种关系。人感到那个世界是如此陌生和如此遥远，但与此同时，他始终在朦胧中意识到自己的原初使命，而他的最初的感觉，大概就是发现自己失去了中心的位置。唯其如此，他的内心里才出现一种昂扬的情感，知道这个当前的关系仅仅是一个状态，并且面临着一个新的转折，面临着一个新的事物秩序，在其中，正如《圣经》所说的那样，正义（亦即正当的和真实的关系）将永远常驻。今天许多人在面对《圣经》的各种理念时自以为非常聪

---

① Si qua finiri non possunt, extra sapientiam sunt, sapietia rerum terminus novit. [如果某些东西不受任何限制，它们就超出了智慧，因为智慧知道事物的界限。]塞内卡：《书信集》XLIV。——谢林原注

明,殊不知事实正好相反。①

　　我们活跃在其中的那门科学只知道一条法则,即全部可能性都 XI, 492
会实现,没有任何可能性会遭到压制;它唯一的誓愿是,就本质的秩
序而言,一切都应当以合乎理性的方式进行;但理性是无关切的,对
一切都抱以同样的态度(omnibus aequa),正因如此,它希望没有任
何东西是通过强制或压迫而发生。第一个本原绝非自在地已经是
质料性本原,而是应当作为质料委身于一个更高的本原;二者之间
的冲突要得到解决,不是通过其中一方绝对失败,另一方无条件获
胜,而是只能通过一个平衡,让每一方都保留自己的权利。这个正义
作为科学的法则,同时也是最高的世界法则。一切言论,包括希腊
诗人的言论,都见证着希伯来诗人在自己的立场关于上帝所说的话:
正义和审判(这里相当于"争辩和裁决")是他的王座上最珍贵的
东西。这个最高法则希望每一个本原都保留一个独特的影响范围,
因此我们可以假设,第一个本原主要代表着强大和力量,并且是存
的开端,而存在的一部分坚持拒绝更高的本原,另一部分则是与
之结合,任其征服(因为只要有冲突的地方,最终就会出现划分)。
但是,如果没有不同的主体,划分就是不可能的。因此这里应当有
一个层级顺序:位于其中一端的是一些极少发生质料化的主体,它
们本身仿佛仍然是本原或相对非质料性的本质,但已经在不同程度

---

① 与此有关的文本有《新约·腓立比书》3:20: ἡμῶν γὰρ τὸ πολίτευμα ἐν οὐρανοῖς ὑπάρχει
[我们却是天上的国民];《新约·希伯来书》10:34: κρείττονα ὕπαρξιν ἐν οὐρανοῖς καὶ
μένουσαν [知道自己有更美长存的家业],《新约·彼得后书》3:13: καινοὺς οὐρανοὺς καὶ
γῆν καινὴν, ἐν οἷς δικαιοσύνη κατοικεῖ [盼望新天新地, 有义居在其中]。此外还有《新
约·希伯来书》2:6-8谈论人的精彩段落。——谢林原注

上居于从属地位，随之也具有不同程度的荣耀，同时在整体上仍然跳跃着内在延续的意志的纯粹火焰；位于另一端的是一些不出意料已经发生质料化的主体，在它们哪里，那个起初排他的本原已经不**XI, 493** 仅外在地，而且内在地服从于更高的本原，因此在它们那里，也奠定了一个一直延伸到完全的重建，延伸到人的过程。此前我们已经指出，自然的质料性以形而上的质料性为前提①，因此按照这个已经在理念世界里被思考的层级顺序，自然的质料化过程以及一切依赖于此的东西（比如空间里的彼此外在和相互排斥、形体性等等）也是已规定的。我们在谈到天体的时候也曾经指出，它们在最大程度上保留着自己的理知关系②，而只要一个人认为以下情况是可能的，大概就不会彻底否认我们的观点：也就是说，在这些本质里面，部分本质能够完全保留着自己的理知场所，一直处于单纯的形而上的质料性的状态，并且相对于那个落入偶然的和转瞬即逝的质料性的世界而言代表着一个非质料性的、不包含相互排除的世界，这个世界虽然被那个世界排斥，但仍然与之相关联，它在空间里显现，但并非真正存在于空间（作为感性空间）里面，而这并不妨碍我们把那些单纯理知意义的上区别和规定看作空间中的区别和规定。难道这不是一个最简单的办法，去解决关于宇宙无边界抑或有边界的冲突（康德试图把这个冲突描述为**理性**的自相矛盾），并且以类似的方式去化解同样的关于时间的矛盾吗？简言之，正因为"过去"在没有随后的"现在"之前还不是时间，所以为了让时间产生出来，唯一的办法就是，

---

① 在第十八讲。——谢林原注
② 同上。——谢林原注

某个自在地看来尚且不是时间，因此毋宁是永恒性的东西，被起始的时间**设定**为"过去"，亦即被**设定**为一个时间；就此而言，时间的边界就是一个"非时间"，正如空间的边界是一个"非空间"，即那个可以被称作狭义的"天国"的东西。

　　因此，既然那些本质几乎没有或根本没有脱离理知世界，这就 XI, 494
可以解释一件令某些人感到抵触的事情，即人的居所不是天空中的那些在某种意义上可以说凌驾于人类之上的雄伟光源，而是下方的地球；因为这里同样适用"赐恩给谦卑的人"。[①]上帝是如此地尊重人，以至于地球上的单一的人对上帝来说就足够了。

　　正如我们看到的，第一个本原通过质料化而成为一个被持续征服的对象，而它的这个逐步发生的内在化恰恰是必然的，因为我们的思考应当是遵循这个顺序，即从自在地荒芜而空洞的存在过渡到具体的、具有各种属性的存在，然后从这里过渡到有机的存在，再从单纯有机的存在过渡到自由地推动自身的存在，最后从这个存在过渡到一个完全重新建立的存在者。但即使从虔诚的立场看，也不应当假设，过程总是会达到同样的终点，人的本质或类似于人的本质总是会扩散。人确实是目标，在这个意义上，一切东西都是为着人的缘故。我们应当达到一个最终事物，但这并不意味着不给别的东西留下活动空间；毋宁说，这个最终事物所超越的基础愈是开阔，它的独一无二的特征就愈是明显。创世的道路不是从狭窄进入开阔，而是从开阔进入狭窄。或许我们认为，大地上的一切东西愈是类似于人，我们就愈是能够认识到神性智慧和仁慈的更多痕迹，但那些

---

① 参阅《新约·彼得前书》5:5和《新约·雅各书》4:6。——译者注

英雄式的造物，它们虽然对人一无所知，并且满足于自己的伟大，但还是能够和大地一样彰显造物主的力量和伟大，和这个给予人类空间的大地一样充满了造物主的智慧和仁慈。以上观点出自纯粹虔敬的立场。从审美的立场来看，人们必须同意那个认为《奥德赛》在荷马史诗里占据优先地位的看法，但人们必须同样有权利认为《伊利亚特》是一部更伟大和更雄壮的著作。

XI, 495 　　人们早已习惯于认为，相比无边无际的宇宙，我们的太阳系是一个飘忽即逝的点；但这并不能阻止我们借助于一个类比推论——这个推论因为把极不相称的出发点和结论联系在一起，所以总是被看作一个极为大胆的和不可靠的推论——把太阳系的结构拓展到整个天空乃至世界体系，尤其康德在他的一篇早期著作中就是以此为出发点，而我在1804年康德去世之后不久就已经以完全类似的方式谈到他的天体理论。①更何况，我们必须为一些扩展的观察手段感到高兴，它们通过发现双星（Doppelsterne），至少在某种程度上成功地打破了世界体系的那种扼杀精神的、毫无成效的单调性。也就是说，在双星那里可以观察到，一个恒星如何绕着另一个静止的恒星运动，前者相比后者并非更暗或质料更小，而是在质量上等同于后者（如果我没记错的话，有时候甚至大于后者），而且在这些离我们的立场更远的区域里，距离看上去毋宁在减小，因为根据赫歇尔②和斯特

---

① 这篇论文发表于一份不太有名的杂志，几乎不为人知，但我将来的著作全集里面应当有它的一席之地。——谢林原注

② 赫歇尔（Friedrich Wilhelm Herschel, 1738—1822），德裔英国天文学家，恒星天文学的创始人，1781年发现天王星。——译者注

鲁维①的观察，在许多双星那里，运动恒星和中央恒星的距离约等于后者的直径，而在另一些双星那里，则是小于后者的直径。除此之外，由于那个环绕的恒星有时候会瓦解为多个星星，所以人们至少可以看到，这里起支配作用的关系显著地不同于此前人们单单假设的那些关系。

由此可见，**空间**里的无边界终究是可以被克服的，正如质料性宇宙**能够**被设定一个界限。但我们是否也能够从**时间**的无边界，从直接的、不可计数的时间长度里面解放出来呢？所谓的古生物学就需要这样的时间长度，以便解释地球从最早的那些状态如何过渡到当前的状态。众所周知，最古老的群山根本没有展现出有机生命的任何痕迹，在这之后出现的，是一个又一个带着有机本质的印记和 XI, 496 残留物的地层，但每一个更年轻的地层都带来一些新的形式，而一部分以前曾经存在的植物和动物却消失了，每一个地层的内容都是不一样的，一直到现在这个注定持存的世界都是如此，因为现在这个世界和最近逝去的那个世界所包含的族类和家族也是不同的。现在，既然人们预先设定，在这些彼此泾渭分明的时间里，每一个时间都具有自己的历程，每一个都具有自己的现实的绵延，那么就产生出一个问题，即整个序列A＋B＋C＋D＋E（我们不妨这样标示时间的整个序列）已经流淌了多长的时间？在这里，如果我们听到"数百万年"的答复，这也不值得大惊小怪；甚至巴克兰②这样一位深受尊敬的人也经常使用这个说法。这里不可避免出现的不确定性已经

---

① 斯特鲁维(F. G. W. von Struve, 1793—1864)，德裔俄罗斯天文学家，双星理论奠基者。——译者注

② 巴克兰(William Buckland, 1785—1856)，英国地质学家。——译者注

表明，人们在这里必定置身于一条林中路。①自然界——我们这样称呼那个在时间序列里推动自己的东西——可能单是为了到达B或C, D, E就需要一百万年，但为什么不是需要一千万年，一亿年，十亿年呢？本身而言，这个时间长度和那个时间长度的意义是一样的。人的作品经常也是仅仅通过一系列劳作才完成的，其中每一个劳作都需要一个它自己的时间。但在劳作中，人们必须与一种同一性的时间打交道；这些时间仅仅是唯一的时间的环节；与此相反，地球史所假设的是一些在内容上彼此不同的时间的序列，但一种由完全相同的环节构成的相继性（比如现在的时间），一种在整体上始终让同样东西跟随同样东西的相继性，并不能为那个序列提供任何尺度。A + B + C + D + E的序列和E + E + E的序列不可能属于同一个类型；在自然界还没有从A过渡到B，从仍然完全无机的时间过渡到开始有机化的时间，从这个最不完满的有机组织的时间过渡到最完满的有机组织（亦即人）的时间之前，人们不可能问，E + E必须被重复设定多少遍。现在，由于我们实际上唯一知道的现实时间是一种伴随着理念世界而被设定的时间，即E + E + E，所以我们将借助以下说法最稳妥地摆脱窘境，即在现实中，最后的时间（E）是第一个被设定的时间，而较早的时间（A, B, C, D）仅仅是在它之后才被设定的，因为它们在E里仅仅显现为**过去的**时间，而这又是取决于它们各自的先行程度，取决于它们各自与E的距离。

XI, 497

　　假若有人对此反驳道，在这个已被埋葬的和消亡的世界内部，仍

---

① 关于"林中路"（Holzweg），阿德隆的词典是这样解释的："林中路是森林里的一条由运输木头的马车压出的路，不通向任何特定的场所。"——谢林原注

然有足够多的证据表明，那些现在看起来已经消失的事物曾经现实地存在过很长时间，那么我将如此答复：理念世界里面没有什么东西是无规定的；就可能性而言，每一个事物按照它能够占据的较高或较低的地位，让自己的存在具有一个较大或较小的范围，这个范围在现象里，因而也在那些被设定为"过去"的东西里，有所表现，因为它属于每一个事物的本质；至于事物的真正的绵延，即使没有达到explicite [明确地]呈现出来的程度，至少implicite [内敛地]保存下来并且有所表现，比如通过年轮表现出来，哪怕这些年轮在较早时期的第三纪层的树干那里根本不能或很少能够明显地加以辨认；如果人们要计算这些数量惊人的事物生长和矿化所需要的时间，单是第三纪层就可以轻松达到人们喜爱的"数千年"这个数字。我想强调的是，愈是接近最终的、注定持存的体系，每一个事物看起来就愈是具有"自身历史性"，亦即愈是能够具有一种自足的、历史性的生命，相比之下，动物世界的最早成员仅仅具有一种未区分的存在，一种群体性的存在，而在后期的成员里面，则出现了同一个种类的老年个体和青年个体的区别。每一个事物，**当它显现的时候**，它的显现方式都是能够被先天规定的，西伯利亚的猛犸象生活在刺骨的冰雪里，最后的时间（人之前的时间）的掠食动物只能把洞穴当作自己最后的避难所。因为从自然规律来看，只有当每一个事物能够活到它命中注定的绵延的终点，它才会显现，而**一切**在理念里预先设定的东西则是在开　XI, 498
始出现的现实性里显现为现实的东西。

　　我知道，这些解释在许多没有经过思维训练的人看来是荒诞不经的。但真理绝不是像绝大多数人以为的那样应当以轻松惬意的方式呈献给他们，人们之所以献身于思维，不是为了虚弱地存在, 而是为了强大地存在, 不是仅仅为了把近在眼前的东西顺手拿过来, 却把神奇而隐秘的东西当作知性不能承受的重负而抛在一边。如果谁相信一个现实的历史进程, 那么他至少也必须承认一些现实的相继发生的创世。有些人觉得这件事情毫无困难, 因为他们仅凭想象去研究这个问题, 并且完全止步于一般的想象。但是, 如果居维叶这样聪明的自然研究者也不愿意承认一些现实的相继发生的创世, 甚至宣称这是不可能的, 那么人们确实可以认为, 这标志着他在现实的, 亦即深入具体个别事物的研究中遭遇了一些在质料上不可能的东西。居维叶认为把这些不可能的东西公之于众不是件好事。尽管如此, 他还是承认某种意义上的历史, 即一系列单纯**外在的**事件。居维叶认为, 虽然在所谓的洪积层的有机物的残余里不但找不到人的痕迹, 而且找不到一切和人生活在一起的动物的痕迹, 但这件事情并没有内在的根据, 这个事实也没有证明人和这些种类**当时**不存在, 毋宁说, 每一次发生灾难时, 人和那些动物都是位于地球上不受灾难影响的地区, 然后才从那里扩散到更远的地方。[①] 也就是说, 那些埋葬在洪积层里的动物不再存

在, 换成另外一些动物存在着, 这件事没有理性可言, 而是纯粹的偶然。这样, 如果那些地质学事实对理性而言已经毫无价值, 那么如下这番话也就没有什么启发意义了: "地球上的生命经常通过一些恐怖事件而被摧毁, 不计其数的生物成为这些灾难的牺牲品, 比如那些栖息在陆地上的被入侵的海水吞没, 而那些生活在水里的则

---

① 居维叶: 《地球表面灾变论》(*Discours sur les révolutions de la surface du globe*), 第90页。那里只谈到了人; 至于动物的情况, 可参阅刚才已经提到的 (XI, 425) 杰弗瓦·圣伊莱尔传记, 其中引用了居维叶为《自然科学词典》撰写的"自然"词条。——译者注

是通过海床的突然抬升而被抛到陆地上。"① 这些事件没有道理可言，如果它们和人没有关系，那么就是无意义和无目的的。但我们想要的不是这种外在的历史，因为只有一种内在的历史才能够满足我们，它的篇章虽然支离破碎，但通过自然研究者和哲学家的联合努力却是可以理解的，至少已经明确地包含在那些前后相继的地层里面。自然研究者只具有特定的目的，并且在这方面也是受惠于哲学家；哲学家具有一些普遍的和更高的旨趣，这些旨趣使他不会忌妒自然研究者，而是专注于事实。假若要完全放弃形而上学，那么一切东西都必须通过单纯的质料就是可以解释的，然而哪怕就个别矿石而言，如果人们除了质料之外不预设任何别的东西，那么页岩片的双层矿脉或三层矿脉就是完全不可理解的。从单纯的质料里不能推导出那个不可见的东西，它仿佛只知道"不应当遗漏任何可能的东西"这一原则，因此不知疲倦地用一些越来越类似于当前生物的品种去替代那些已经灭绝的品种（前者不可能是基于自然的生殖方式而产生出来，也不可能是通过后者的逐步变种而产生出来，而可敬而诚实的居维叶一直否认后面这种情况）。它不是那种仿佛在前一个地质构造的最后时期就已经准备好下一个地质构造的天命，也不是那种独立于**外在**条件、把前世的猛犸象埋葬在西伯利亚冰雪里的力量。居维叶认为：这些巨大的哺乳动物需要热带的温度才能够活下来；它们之所以留下来完好的肉身、皮肤和毛发，而不是像其他动物那样只留下单纯的骨骼，是因为一场突如其来的严寒让　XI, 500

---

① 居维叶：《地球表面灾变论》，第11页。——谢林原注

它们瞬间死亡，而这是一个没有任何过渡层次的突发事件。[①]另外一些人可能会说，这样一个事件本身完全是离奇的、听天由命的、毫无道理可言的。但真正说来，这等于承认，人们不能设想，除了当时的环境之外，猛犸象还能够存在于别的环境，而这一点恰恰也适用于巨蜥、翼龙等，以及另外那些要么作为骨骼，要么作为化石而保留下来的品种，它们在理念世界里已经被规定为"过去"，因此本身当然带着一种在我们看来如此陌生、奇特，甚至阴森恐怖的特征。

以上整个讨论都是预设了"**人本身**"，即那个已经在理念世界里被预见到或洞察到的单一的人（der Eine）。"一切都寄希望于人"（omnia ex homine suspensa），正是这个单一的人导致了人的世界与神的世界、质料世界与理知世界的大分化（Krisis），因为他所欲求的不是上帝的存在，而是他自己的存在——正如人们常说的，随着人的出现，以往的各种形式不再消逝，或者如**我们**想说的，从人开始，以往所有那些没有在创造性理念的引导下达到人的分化和构造都被设定为"过去"，只有那个达到完结的分化和构造才进入"现在"。但是，这个总体上的人类应当具有怎样的地位，这是一个巨大的、不能轻易回答的问题。因为我们根本不认为人类是唯一的整体，而是立即将其划分为两大部分，而且让[真正]属人的东西看起来仅仅位于其中一方。正如我们看到的，其中一个部分（而且是较大的那个部分）与人类的全部共同的文化传承没有任何关系，它被排除在历史之外，在有史以来的漫长时间里始终没有能力通过建立

---

① 居维叶：《地球表面灾变论》，第11页。——谢林原注

国家或哪怕仅仅通过建立民族而塑造自身；它没有能力参与人类精 XI, 501
神的持续劳作并且循序渐进地拓展人类知识，也没有能力掌握一切
超越了单纯的本能式技能的艺术，尤其是完全被排除在那个掌控着
其余人类的宗教过程之外，如此孤立无援，即便在一些最有利的外
在环境下也如此远离上帝，以至于我们很难，甚至不可能认识到它
也有一个曾经与神性东西处于原初关系中的灵魂。简言之，这些情
况不只是适用于我们已经在《神话哲学之历史批判导论》里提到的
美洲原始野人部落。近代有一位沿着尼罗河最远去到北纬4度的基
督教传教士，报道了那里发现的一些纯粹黑人部落。据他说，这些
部落数千年来一直艰难地生活在严酷的热带荒野里，与世隔绝，从
古到今都没有接触过亚洲民族或欧洲民族的传教活动；他又明确地
说，尽管这些部落周遭充满了具有辉煌特征的所谓的大自然奇迹，
尽管他们能够赞叹无比明亮的太阳、月亮和星星，但他们**完全不具有**
任何关于上帝的观念，甚至丝毫没有表现出一种哪怕晦暗的、朦胧
的对于上帝的憧憬。反之我们看到，人类的另一个部分从一开始就
筹划着最伟大的举动，通过摩西记载的话，"来吧，我们要建造一座
塔，塔顶通天，为要传扬我们的名"①，他们表明自己是一个进犯天
国的族类，同时追求着大地上的荣誉和长久的纪念；正如我们看到
的，这个族类很早就致力于建立国家，认识到科学和艺术是自己的
职责，一方面离不开上帝，另一方面又始终企图离开上帝②，但还是

---

① 《旧约·创世记》1:11。——译者注
② 《新约·使徒行传》17:27: ζητεῖν τὸν θεόν, εἰ ἄρα γε ψηλαφήσειαν αὐτὸν καὶ εὕροιεν
[要叫他们寻求神，或者可以揣摩而得]。——谢林原注

XI, 502 通过一些不由自主的, 伴随着必然性而自行产生的观念而与上帝捆绑在一起; 他们不知疲倦地前进, 能够忍受前一个族类闻所未闻的那种最艰难的不幸和最深沉的痛苦, 就好像是"无可指摘的埃塞俄比亚人"的后裔, 而按照荷马的说法, 宙斯和天上所有的随从以拜访的方式参加他们的宴会①; 这样看来, 只有那个敢于做一切事情、甘愿受难、生出了伊阿珀托斯②和普罗米修斯, 并且从这个角度看起源于高加索的族类③, 其始祖才可能是单一的人, 他的行为打破了理念世界, 让人和上帝分离④, 并且给人开启了一个世界, 让他在其中摆脱上帝, 单独存在着。

对我们而言, 这个单一的人只能要么是终点和最高的东西, 即人类通过攀越各个层次而提升上来的结果, 要么是开端和最初的东西, 即人类通过逐渐的退化和变种沿着越来越低级的形式和形态而沉陷下来的结果。坦白地说, 我们对这种沉陷始终感到某种抵触,

---

① 《伊利亚特》I, 422。——谢林

② 伊阿珀托斯 (Japetos) 是希腊神话里的十二位提坦神之一, 普罗米修斯的父亲, 因此也被希腊人看作人类的始祖。——译者注

③ Audax omnia perpeti

Gens humana ruit per vitium nefas.

Audax Japeti genus,

Ignem fraude mala gentibus intulit.

[敢于坚持一切事情,

人类打破邪恶的罪行。

勇敢的伊阿珀托斯的族类,

通过欺骗为人类带来了火种]

贺拉斯:《歌集》(*Carmina*) 第一卷,《颂歌》III, 25。——谢林原注

④ 赫西俄德 (《神谱》第535行) 的 καὶ γὰρ ὅτ' ἐκρίνοντο θεοὶ θνητόν τ' ἄνθρωπον [作为诸神和有死的人类的父亲]在当前这个位置是难以解释的, 因此显然是来自另一个语境。——谢林原注

因为对我们的理性而言，上升的顺序才是合适的和自然的顺序。如果我们回顾更早的人类之前的发展过程，就会发现那个法则没有例外，即创世是从较为质料性的东西逐步推进到精神性东西，或如人们常说的，从较不完满的东西逐步推进到较为完满的东西；因为，如果创世活动在一个更高体系的最初成员那里看起来相比前一个体系的最终成员有所退步，或从一些仅仅产生出貌似完满东西的复合物那里回归单纯的东西，那么这并不是一个例外或矛盾。即使在另一个关系里，创世的先于人的内容看起来也是人的内容的模板。因为我们在创世里看到的不是有机体的诸多个别类型，而是**整个**有机体，这些彼此包揽的**体系**处于前后相继的关系，其中每一个都是一个世界，一个单独的创世。这样我们就看到，每一个所谓的种族本身都包含着一些可以被称作"种族"的层次和区别，因此它本身不是种族或变种，毋宁实际上是一个完整的人类——当然，仅仅是一个属于较早的创世时期的人类。

XI, 503

我们甚至根本不需要特意花费一番功夫就可以证明，所谓的"黑色种族"在自身之内贯穿了人类的全部层次，并且在自身之内能够呈现出从距离动物最近的层次或真正意义上的黑人[①]出发，经过全部居间环节（比如蒙古类型），一直到高加索种族的痕迹。因为众

---

① La plus degradée des races humaines, celle des Nègres, dont les formes s'approchent le plus de la brute, et dont l'intelligence ne s'est élevée nulle part au point d'arriver à un gouvernement régulier, ni à la moindre apparence de connaissance suivie, n'a conservé nulle part d'annales, ni de traditions anciennes. [最低级的人类种族是黑人，其形态最接近于动物，其智力在任何地方都没有上升到一种有规律的管理，看起来也没有掌握最起码的稳固的知识，没有保留任何年谱，也没有古代的传承。]居维叶：《地球表面灾变论》，第140页。——谢林原注

所周知, 不同的黑人之间有着巨大的区别和真正的种族差异性, 比如我们通过比较可以看出, 就脸型和身材而言, 皮肤同样黝黑的亚罗森人、刚果的原住民或弗拉人完全不同于那些最为奇形怪状的、最像猴子的黑人, 而就精神性能力而言, 曼丁哥人或阿什蒂人也和塞内加尔那边的在精神上处于最低级状态的黑人部落不可同日而语。卡菲尔人和阿比西尼亚人已经超出了纯粹黑人的范畴, 但那个统摄着他们的完整构造还是一样的; 近代人里面, 德农①——他在这方面的判断是值得我们信赖的——已经指出, 那个不但在古代雕像里, XI, 504 而且在今天的科普特人里都活生生地呈现出来的埃及类型, 是以黑人类型为基础, 而真正说来, 前者仅仅是后者的一个扭曲。古人里面, 希罗多德的那个看起来谜一般的说法②直到现在都没有得到证实; 但近代人的判断表明, 他的这个说法是以一个事实为依据, 而且如果我们愿意进一步深入讨论, 还可以证明它至少一般而言是一个正确的事实。如果说这个关系从自然的方面来看已经是无可置疑的, 那么埃及人的伦常习俗乃至宗教观念就更不会否认这种亲缘性, 由此看来, 埃及人属于这个就本性而言, 或可以说就理念而言最古老的人类。

　　同上述完全一致的是, 我们也发现, 在人类之前的时间里, 前一个地质构造的最终成员已经潜在地包含着后一个地质, 而且前者只有在后者这里才达到完全的现实性; 正如自然界在一个点上发生

① 德农 (Dominique-Vivant Baron Denon, 1747—1825), 法国外交官、艺术收藏家、旅行家, 随拿破仑远征埃及, 1802年发表《上下埃及游记》(*Voyage dans la Basse et la Haute Egypt*)。——译者注

② 参阅谢林:《神话哲学之历史批判导论》, 第99页 (XI, 99)。——原编者注

断裂，只为在后一个点上从头开始，一个人类之后也紧接着另一个人类，确切地说，黑人之后是蒙古人，后者和前者在颅型和身体力量方面最为相似，但本身也包含着层次分化，甚至不乏一些极端情况。比如那些居住在北冰洋周围的人，其唯一财富就是麋鹿，而那些居住在一望无垠的大草原的部落则是以马奶为生，相比之下，远在东亚的伟大帝国的居民是以农业为基础，他们有着固定的居所，掌握一切类型的艺术、科学和手艺，并且拥有一个仿佛自永恒以来就存在着的、来自上天的国家制度。

　　蒙古族类之后是美洲族类；美洲的原住民属于一个完全相同的族类，这一点已经通过莫顿博士①的《美洲头骨》(*Crania Americana*)提升为不争的事实。他通过从各个地方(包括秘鲁和墨西哥的墓穴)搜集的头骨证明，从加拿大一直到火地岛，从大西洋一直到寂静的海洋，都是同一种颅型占据主导地位。不管有多少　　XI, 505
居间环节已经消失了(正如美洲北部的巨大城墙的建筑师们没有留下任何别的痕迹)，但新近更加敏锐的注意力还是会揭示出层次分化的一个部分，而这些层次必定是位于两个极端的正中间：一端是那些完全返回到动物生活，在肤色上很不寻常的部落(比如奥里诺科河畔的"吃土的奥拓马克人")，另一端是秘鲁和墨西哥的那些古老的、已经建立正式的国家制度的居民；这基本可以证明，美洲族类也是一个内在完结的、完整的族类。可能有人会以语言的杂多性为证据，尝试针对这里所说的美洲人类的绝对统一体提出无可辩驳的反对意见，因为我们在《神话哲学之历史批判导论》里也已经指出，

---

① 莫顿(Samuel Morton, 1799—1851)，美国人类学家。——译者注

不仅部落与部落之间，甚至家庭与家庭之间都有各自的语言。但实际上，这个现象反而证明了我们赋予美洲族类的地位是正确的。因为这些杂多的语言仅仅暗示着这个在身体方面与蒙古人最为接近的族类，为了形成一种更高级的语言而最初做出的粗糙的和失败的尝试。众所周知，在蒙古人的习语里，个别音节坚持着这样一种独立性，以至于失去了一切有机的联系，因此人们在某种意义上可以说，这些习语没有任何语法。与此相反，接下来更高层次的尝试必定是去扬弃这些要素的独立性，把每一个表达出完整句子的话语的各个部分和规定汇集并融合到单一的词语里面。正如人们所确信的那样，威廉·冯·洪堡所说的这种归并体系（Einverleibungssystem）构成了众多美洲语言的共同特征。但恰恰是这个最初的形成一种语法式语言的尝试，在质料方面也引起了分化。因为语法在某种程度上是一种人为的和随意的东西，那些在形式方面不再能够理解彼此的人，很快也会在质料方面分道扬镳并且不能理解彼此。

XI, 506

　　然而，通过语言的本质统一性，通过颅型的一致，马来族类表明自己和美洲族类一样，也是一个完整的、同一的族类。因此布鲁门巴赫①——他做出的区分和命名直到现在都让人惊叹（因为我们也不愿意让"高加索"这个名称遭到败坏）——这位卓越的自然研究者完全有理由认为全部分布在南太平洋岛屿上的部落都属于单一的种族，尽管我们必须拒绝"**种族**"（Race）这个词语。因为，虽然

---

① 布鲁门巴赫（Johann Friedrich Blumenbach, 1752—1840），德国解剖学家和人类学家。——译者注

人们在谈到马的时候区分阿拉伯种族、英国种族、瑞典种族的马，但在谈到黑皮肤的巴布亚人和浅色皮肤的澳大利亚人时，至少不能在同样的意义上说他们属于单一的"种族"，哪怕他们属于单一的"族类"（Geschlecht）。换言之，自然界（它在这里仅仅是理念）在达到最终目标之前，仿佛希望再一次重复整体，于是一方面回归巴布亚和阿尔富鲁的黑人，另一方面让浅色皮肤的族类在身体上和语言上与印度族类衔接。我们已经指出：那在前一个构造的最终成员里未能达到现实性的东西，至少就潜能而言已经存在着。最近有人主张马来−波利尼西亚习语和印度−日耳曼语系之间的亲缘性，但要证实这一点，其难度远远大于去证实古埃及语系和闪米特语系之间的亲缘性，至少人们能够说，后者就潜能而言已经包含在前者里面。否则的话，人们就不能解释索尔特和里特尔提到的一件事情，即一个起源于非洲并且无疑属于黑色族类的民族，阿比西尼亚人[1]，在语言上却属于闪米特民族；就阿比西尼亚人而言，单是和阿拉伯人的接触看起来就足以唤醒他们沉睡的语言能力，让他们走向一种现实的闪米特语言，而且至少到目前为止，阿拉伯人现实说着的语言对阿比西尼亚人来说仍然是一种神圣的语言。尽管如此，"语言的亲缘性"这个含糊的概念对于当前的研究来说仍然是不　XI, 507　够的；假若人们学会把那条伟大的法则——它奠定了一切逐层累积起来的东西之间的原初联系——应用到各种语系上面，或许就会得出一些出乎意料的结论。人们不可能凭借单纯的感官所提供的概念去理解把握一切东西。诚然，如果人们缺乏经验，那么无论是通

---

[1] 即埃塞俄比亚人。——译者注

过这些概念还是通过类似的研究都将一无所获；似乎我们也没必要提醒那些一知半解的人牢记这一点。但绝大多数这个类型的教师都忽略了，现实中的关系只有通过**哲学**概念才能够被表述出来；人们当然可以在不具有哲学概念的情况下谈论经验事物，但无非是这样，即他们能够看到构成一座房屋的石头，却不具有房屋的一个观念。

这里有必要指出，"退化"（Degeneration）概念既不能解释主要体系，也不能解释其中的个别环节；因为每一个构造的环节都带有原初性的印记，以至于人们不能从一个环节推导出另一个环节。诸如**卡菲尔人、阿比西尼亚人、埃及人**这样的区别可以一直回溯到理念世界。我们不可能放弃"单一的人类"这个理念，但我们如何从这些个别的、不同的族类来到那个伟大的单一的人类呢？迄今为止我们都在讨论区别；但我们怎样才能够达到统一体呢？这个统一体显然不可能又位于一个族类里，因此只能位于一个个体里，位于单一的人里，而全部族类都是从这个人那里才获得自己的名称。单一的人本身不是族类，而是后来通过生殖才成为族类；他**就其本性而言**是唯一的人，是真实的、真正意义上的人，而所有别的后来才得到这个名称的人在理念世界里面仅仅是他的层次分化，并且只有当单一的人为他们打开现实性的大门以后，他们才进入现象；正因如此，在我们谈到的那个最古老的传说里①，单一的人没有别的名称，只能叫作"**人**"（希伯来语的带有定冠词的"haadam"）。也就是说，唯有他表现为全部先行族类的现实性；只有从他的角度看，那些彼

XI, 508

————————

① 参阅第十七讲。——谢林原注

此不同、在自身之内又发生层次分化的族类才是彼此相同的；这个联系是它们的共同之处，进而奠定了人类的一个完全不同的、更高的统一体，相比之下，另外一个单纯自然的统一体是从全部种族的据说无条件的生殖能力里推导出来的，而这个推导必然和一个问题纠缠在一起，即观察者是否能够搞清楚一代又一代的黑白混血儿和白人印第安人混血儿之间的持续不断的联系，仿佛只有这样他才能够稳妥地主张，混血儿之间的生殖能力是不受限制的，而不是像某些杂交品种那样有其界限，比如绵羊和山羊、狼和狗交配产生的后代的生殖能力最多只能延续几代。①

伴随着**这个统一体**，也直接给出了人类的**统一起源**。因为从现实性的角度来看，那些在理念里先行的族类都是指向单一的人，因此后者是一个**能够通过自己而现实地存在着的人**；也只有伴随着这个人，通过这个人，那些族类才走出理念世界，进入质料性的存在，每一个族类都以自己的方式，按照自己所处的层次，来到那个为它规定的场所；换言之，这件事情不可能是由单纯的偶然性主导，正相反，它们原初地就已经被清清楚楚地区分开，而罗马诗人虽然对美洲和澳大利亚一无所知，却保留着一种说真话的精神，因为他说，在神的关照下，那些不可合并的土地（dissociabiles terras），亦即不可合并的族类，被大洋隔离。尽管另外一些研究者能够比现在的我们更为详细地展开这个研究，但我们希望至少不要忽略其他思想家同 XI, 509

---

① 后来一些专家向我保证，至少白人印第安人混血儿之间的继续生殖也会遭遇这种情况。——谢林原注

样尝试以自己的方式加以解释的一个现象，也就是说，那两个在我们看来比黑人和蒙古人更高级，距离真正意义上的人更近，相应地距离动物更远的族类，即美洲族类和马来族类，正因如此比前面两个族类较少独立性，同时较少为着自身而存在着，毋宁说，他们不得不与伊阿珀托斯的族类共存，同时不能坚持这个共同存在，而是匆匆地走向注定的灭亡。此前我们已经在美洲的原住民那里看到，他们不是由于欧洲人的残暴行为，而是由于持续不断地与陌生族类接触，从而或早或迟地完全消失了。关于三文治群岛也有类似的报道：伴随着欧洲人的光临，原住民不断出现大批死亡的现象。在很多地方，这个现象甚至是在第一次和欧洲人接触之后就出现了，而欧洲船队的粗俗生活还来不及对他们施加影响。野人中间爆发了一些新型的严重疾病，这些疾病夺走的生命比他们相互之间的血腥而残暴的战争夺走的生命还要多。

　　如果一个人在某种程度上回想起，单一的一对夫妻的自然繁衍，以及人类从单一的地区扩散到整个地球（甚至哪怕只扩散到一个大洲）之类构想面临着多少不可克服的困难——这里我只提醒大家回忆起我在《神话哲学之历史批判导论》里带着公正的认可态度提到的唐·菲利克斯·阿萨拉细致入微的描述；此外我也提醒大家回忆起这个问题，即哪些原因能够强大到足以把那些来自更柔和的天际线的人类部落驱逐到极地，甚至让那些被驱逐的人仍然遏制不住对于这样的残酷故乡的依恋——简言之，如果一个人意识到这些困难，那么他似乎应当欢迎这样一个观点，它能够克服上述困难，同时并没有因此就冒犯那些具有更高的可信度，被人小心翼翼地守护着的真理，因为很显然，假若没有这个观点，那么我们根本就不能设

XI, 510

想人类的统一体和统一起源。那个从唯心主义推导出来的观点也是同样的性质。也就是说，存在着单一的最初的人，由他生出的全部人类居住在整个大地上①；"通过他死亡和罪孽进入世界"②，但神性的火花、自由和自身规定的精神也是由这个单一的最初的人按照全部族类各自的接受能力传递给他们。简言之，这一点是最根本的；至于其他与此相关的东西，尤其这样一个观念，即最初的人所面对的是一个完全空无人烟，后来通过他的后代才住满人的世界，至少不符合摩西的叙述，因为在这个叙述里，最初的人的直接后代虽然不再居住在伊甸园，但仍然居住在附近，能见着上帝的面，至于第一个被驱逐出这个始终充满极乐和备受关怀的地方，走向遥远的放逐之地的人（该隐），他并不害怕那里的孤独，而是害怕遇到另外一个可能杀死他的族类③。

这个叙述——再加上后面补充的内容，即该隐的后代首次发明了各种艺术，而该隐自己则是在他的长子（以诺）出生之后建立了第一座以他儿子的名字命名的城市——让我们认识到，人类的历史生命的开端在于一件事情，即那个发源于最初的通过自己就已经成为

---

① 《新约·使徒行传》17:26: ἐποίησέν ἐξ ἑνὸς αἵματος πᾶν ἔθνος ἀνθρώπων κατοικεῖν ἐπὶ παντὸς προσώπου τῆς γῆς. [他从一本（血脉）造出万族的人，住在全地上。]这句话里的 αἵματος [血脉]是存疑的，因为亚历山大里亚版《圣经》里没有这个词语。正是在这个语境里，使徒谈到了各个民族和族类的"预先定准的年限"（προστεταγμένους καιροὺς）和疆界。——谢林原注

② 《新约·罗马书》5, 12: δι᾽ ἑνὸς ἀνθρώπου ἡ ἁμαρτία εἰς τὸν κόσμον εἰσῆλθεν. [这就如罪是从一人入了世界。]此外《新约·哥林多后书》5:21（以及《新约·哥林多后书》15:21）也指出: δι᾽ ἀνθρώπου ὁ θάνατος. [死是因一人而来。]——谢林原注

③ 《旧约·创世记》4, 14-16。——谢林原注

XI, 511 现实的人的神性族类与另外一些非独立的族类接触和融合；但无论是前者还是后者单独而言都没有包含着一个历史运动的必然性，因为仅凭纯粹的现实性或单纯的潜能都做不到这一点。相比最初的、真正意义上的人，各个族类仅仅是材料，当然，它们潜在地能够距离人更近或者更远，只有它们的顶端部分才能够与人直接接触，但它们单独而言并不能因此就过渡到精神性活动，而这样的后果就是，那个来自更高族类的影响把其他族类的一部分现实地提升为神性东西，同时把它们的另一部分带去审判（大分化），贬低为属人的东西。值得注意的是（这同时也是这个叙述的悠久历史的证据），过渡是如何促成的；而在一段稍后的时间里——某些学者认为这些最古老的报道所指的是这段时间——，神性族类和自在地单纯质料性的族类的融合只能被想象为一种胡作非为的后果，以及一个出现在神性族类里并发展到谋杀行为的分裂的后果。

随后的关于上帝的儿子们和人的女儿们的叙述更清晰地揭示出神性族类和单纯自然的族类之间的对立和联系，也就是说，他们通过交合而首次"生出上古英武有名的巨人"，即历史上最初的英雄。①这里所谈论的，并非如人们以为的那样是真实上帝的崇拜者，而是一个本身就具有神性的族类，它通过与质料族类结合，开启了历史，而历史里面一切伟大的、强有力的、神性的东西都是起源于神性族类，而且这些东西既存在于外在行为中，也存在于精神和认识的行为中。因为，如果同类仅仅被同类——后者要么原初地与它是同类，要么后来成为它的同类——认识，那么一切对于神性东西的

---

① 《旧约·创世记》6:1-4。——谢林原注

认识活动也仅仅属于人身上的那个本身就具有神性的东西，如果没有这个东西，上帝里面就只能有一种**存在**，而且是一种不被认识的存在。

在摩西的叙述里，上帝的儿子们和人的女儿们之间的性关系 XI, 512（族类结合）导致了大洪水[①]；大洪水之后，只剩下**一个人类**，因此后来的全部族类和民族都是起源于唯一的挪亚，而这个谱系在很多方面充满了谜团，比如它把麦西（埃及人）甚至迦南（腓尼基人，他的希腊名字或许已经暗示着一种**颜色上的**区分）称作古实（埃塞俄比亚族类）的兄弟，认为他们都是含的儿子[②]，这就是很难解释的，除非是依据此前我们虽然没有明确展开，但已经暗示出的那些观点；毕竟我们前面还有一条漫长的道路，不可能在细节上耗费太多时间。尽管如此，我毫不怀疑，这些观点将来能够得到尊重，或许还会获得一个比起我们当前能够做的更为辉煌的阐述。最值得注意的是，按照这个谱系，最强大的族类为第一批在历史上变得强大的民族提供了材料。因为"古实生了宁录，他**开始**成为一个强大的主人"，也就是说，宁录是世上的**第一个**主人，而"他的王国的开端是巴别"；只有在他**之后**，闪米特人亚述（哪怕其另有所指）才被称作尼尼微的创建者。

因此人们很难通过诉诸摩西的记载来反驳我们；有些自然研究者直到今天都还在为人类起源于最初的一对夫妻进行辩护，但这绝不是出于神学的动机，而是出于某种博爱主义的动机，但他们在自我

[①]《旧约·智慧书》10:3-4甚至认为该隐的（杀弟）行为也是大洪水的原因。——谢林原注

[②]《旧约·创世记》10:6。——谢林原注

陶醉的虚假热情中，反而经常符合他们针对貌似意见相左者而提出的恶毒指控。比如，假若有人指责我们对于神性族类和自然族类的区分，说这个区分最终是为奴隶制、黑人贩卖，乃至高级族类心安理得地施加在低级族类身上的全部残暴行为提供一种科学的辩护，那么我们更有利的做法就是从一开始就公开承认：我们坚信，高贵的拉斯·卡萨斯①绝不可能是带着一个邪恶的、敌视人类的精神去实施自己的那个想法，即让强壮的非洲族类替代羸弱的美洲族类首先去开采新发现的银矿和金矿②；诚然，这个想法并没有导致黑奴制（因为那些不幸的黑人原本就生活在一种最为骇人听闻的奴隶制里面），但确实导致了黑人输出，因为善意的拉斯·卡萨斯可能同时觉得，唯有使用这个手段，才可以把那个被遗弃的人类从最恐怖的野蛮中解放出来，把许多几乎已经无可救药的灵魂从永恒的死亡中解放出来。换言之，动物也有一个自私的意志，一种想要坚持自身（坚持自己的存在）的欲望；但我们早已指出，这个意志是一个单纯**被激发**的意志，因此对于动物而言是偶然的，而动物不会基于这个意志就具有一个真正意义上的自主体，也不会具有某种能够比它的质料

XI, 513

---

① 拉斯·卡萨斯（Bartolomé de las Casas, 1474—1566），西班牙神父，1552年发表《西印度毁灭述略》（*Brevísima relación de la destrucción de las Indias*），里面记载了西班牙殖民者针对印第安人的大量暴行。——译者注

② 拉斯·卡萨斯虽然不是**第一个**提出用黑人替代美洲原住民去采矿的思想的人，但他在1517年已经表达了这个想法，而西班牙从那个时候开始就正式组织黑人贩卖。参阅亚历山大冯·洪堡：《关于新大陆地理学史的批判评论》（*Examen critique de l'Histoire de la Geographie du Nouveau Continent*），第三卷，第305—307页。——谢林原注

存在活得更长久的超质料东西。[①]诚然，人们可以提出这些问题，比如，在那种导致某些黑人部落自相残杀的盲目狂怒里，在他们的首领的无意义的、血腥的残暴行为里，是否只能体现出这样一个盲目激发起来的意志，以及这样的精神（比如达荷美的一位国王的精神）究竟能够具有怎样的持续的前景。但这些部落愈是沉沦，愈是

XI, 514

---

① 动物灵魂的**命运**对于古代的教会神学和与之相关的心理学而言曾经是一个非常棘手的问题。——最近一位法国作家（亨利·马丁）的《柏拉图时间观研究》(*Etudes sur le Timée de Platon*)在德国颇受欢迎，而这足以证明，德国人是多么大度地承认乃至于很容易高估外国人的每一个贡献。现在这人自命不凡，竟然敢于在一本《精神主义自然哲学》(*Philosophie de la nature spiritualiste*)里嘲笑德国哲学，并且说出**他**对于德国哲学的评价。关于前一点，我们可以一笑置之，但关于后一点，要让我们同意他的看法，除非他能够说服我们，他在自己的哲学里已经达到一个使他有资格对德国哲学进行评价的立场。在这里，他通过两句（至少在德国人看来是如此的）箴言来表明自己的立场：1)最初的原子，即那些不能确定大小，但毫无空隙地延展着的、绝对延续的微小形体，只能是由上帝直接创造的；2)上帝只能消灭他直接创造的那些"能够思考，但不具有理性的"动物的灵魂，而且上帝真的不由分说地消灭了这些灵魂。我们必须让这位博学之士知道，德国哲学之所以降生于世，正是为了消除这类奇思异想。德国人会说，如果一个人能够消化这类东西，那么他根本就不需要哲学，因此也不可能对哲学做出任何评价；摆在他面前的道路就是盲目地服从权威，而且我们不想隐瞒，我们在这方面对刚才提到的那位人士也是抱着最大的期望。——为了表明我们的判断是依据于对事实，尤其是对这类智慧的来源的了解，我们附上一段相应的文本，这段文本出自一本得到所有教会认可的教科书，并且是原始的版本：In brutis esse animas spirituales, humanis inferiores, non corruptibiles, sed *annihilabiles et a Deo, postquam corruptum fuerit corpus, annihilandas. Alii, non dubitant dicere, Daemones insidere bruta, operationesque humanis similes exhibere, otii fallendi gratia, donec ad locum infernalis ignis detorqueantur.* [动物身上有低于人类的精神性灵魂，它们不会腐烂，但是**能够被上帝消灭**，而且在身体腐烂之后，**真的**被上帝消灭了。另外一些人直言不讳地宣称，动物身上有**魔鬼**，他们用类似于人的言行举止来欺骗普通人，直到被带到地狱之火的地方。]现在我们终于发现，亨利·马丁先生是在一种所谓的自然哲学——这不仅仅是精神主义的自然哲学，更是宗教的或天主教的自然哲学——里得出了这个最终的观点，而在我们看来，这个观点相比他迄今为止坚持的前一个观点具有明显的优点。——谢林原注（译者按，亨利·马丁 [Thomas Henri Martin, 1813—1884]，法国古典学家和科学史家。）

类似于动物，就愈是应当向一部分已经把自己提升到精神性生命的人类学习。①这件事情不涉及他们的现实存在，而是涉及他们的可能存在。一般而言，黑人曾经单靠自己就发明了哪怕一种数学科学吗？

XI, 515

反之我们知道，在欧洲人的影响下，这个族类里的某些无疑出身于较好部落的人已经成为优秀的数学家。当然，在人的手里，一切东西都会变质；人们原本以为，那些把非洲原住民转移到美洲的安排是上帝的旨意，但它们在某些方面恰恰造成相反的后果。

至于进一步的问题，尤其是这个问题，即在运用一个主宰世界的大国的手段为黑人输出制定真正的目的和利用暴力去阻止黑人输出之间（后面做法可能导致更大的残暴行为，甚至本身就在实施残暴行为，更重要的是斩断了成千上万至少具有人的禀赋的存在者的唯一的拯救之路），究竟哪一种做法更为人道，关于这个问题，总而言之，关于这件事情的实践方面和政治方面，都不是我们和这门课程所能够决定的。

---

① 在手稿的边缘，为了进一步区分动物的无自主性的、单纯被激发的意志和那个遗留在理念后面，仿佛先于人类，但按照第512页（XI, 512）的说法**能够提升为神性东西**的族类的意志，谢林加上了这样一句话："在动物那里是被激发的意志，在种族那里是有条件的意志。"——原编者注

第二十二讲　精神的行动

现在我们重新回到普遍的联系, 并且追问: 精神在世界里做了什 么? 首要的一点是, 正如我们在谈到普罗米修斯的时候指出的, 它贯穿了世界, 是一个进行认识的精神。只有当精神是自由的, 才是进行认识的精神, 而只有当"居间者"不再作为一个陌生的东西与精神相对立, 精神才具有它自己的意志。因此我们首先要考察的, 是这个与世界相关联的认识。

自从莱布尼茨以来, 许多人已经提出这样一个命题, 即灵魂的唯一直接对象是**上帝**, 而它的所有别的对象都是以上帝这个对象为中介。对于那个仍然处于其原初关系之中, 并且被认为是超世界的灵魂, 我们也是同样的观点, 尽管采用了不同的表述; 但对于那个已经被设定在原初关系之外, 已经被拉入自然质料王国的灵魂, 我们就不能赞同那个观点, 因为它或许只是证明了, 一般而言, "上帝"和"存在者"在近代已经被当作完全同一的东西; 毋宁说, 就灵魂的那个已经转向世界的方面而言, 我们的观点是: 灵魂的唯一直接对象是**存在者**, 而存在者在这里的意思已经通过整个这门课程得到明确解释并固定下来。换言之, 灵魂的整个概念表明, 灵魂不是存在者, 而是"那个**是**存在者的东西"——请你们回想一下我们关于亚

XI, 517 里士多德所说的τί ἦν εἶναι [是其所是]的讨论——；灵魂绝不是任何别的东西；也就是说，当灵魂成为存在者，它就被剥夺了自身；正因如此，我们曾经说过，只要灵魂本身**存在着**，它就不可能摆脱存在者。[①]因此每一个灵魂都把它所是的这个存在者当作自己的直接对象，随后以之为中介获得所有别的对象。灵魂借助感官而接触到的外在对象使灵魂的存在者发生变化；但由于灵魂在变化的东西里坚守并重建它所是的存在者，这个循着对象而变化的东西本身就成为灵魂的对象，并且提升为灵魂关于陌生东西和外在东西的**表象**。如果没有这样一个重建（这个重建把灵魂里面设定的陌生东西排除出去），就不可能解释亚里士多德的如下这番话：在感官知觉里，事物的纯粹形象**与事物的质料无关**，这些形象在去掉对象之后仍然黏附在感觉器官里面[②]；而更不可能得到解释的是同样由亚里士多德说的这番话，即我们在感性事物那里看到的其实是它们的**理知东西**[③]，感觉（知觉）虽然是对于严格的个别东西的感觉（知觉），比如对**这一个人**（卡利亚）的感觉（知觉），但表象并不是这一个人，而是

---

① 参阅本书第451页（XI, 451）。——谢林原注

② 亚里士多德：《论灵魂》II, 12: ἡ μὲν αἴσθησίς ἐστι τὸ δεκτικὸν τῶν αἰσθητῶν εἰδῶν ἄνευ τῆς ὕλης. [我们必须认为，感觉接受的是不带质料的可感形式。]同样《论灵魂》III, 2补充道：δι' ὃ καὶ ἀπελθόντων τῶν αἰσθητῶν ἔνεισιν αἱ φαντασίαι ἐν τοῖς αἰσθητηρίοις. [因此，即使感觉对象已经消失，表象仍然保留在感觉器官里。]参阅本书第450页（XI, 450）关于思维过程里的物理东西的讨论。——谢林原注

③ 亚里士多德：《论灵魂》III, 8: ἐν τοῖς εἴδεσι τοῖς αἰσθητοῖς τὰ νοητά ἐστιν. [理知东西就在可感的形式之内。]此外《论灵魂》III, 7也说：τὰ μὲν εἴδη τὸ νοητικὸν (τῆς ψυχῆς, nicht ὁ νοῦς) ἐν τοῖς φαντάσμασι νοεῖ. [灵魂的理知部分（而非努斯）在表象中理解形式。]——谢林原注

他的普遍者, 即他的普遍形象或φάντασμα [表象]。[①]在亚里士多德
那里, 首先与此相关的是, 知觉本身是与单纯的**言说**和**思考**——至
于这些术语在他那里是什么意思, 前面已经加以说明[②]——相对应
的; 后来才出现的舒适和难受的感觉导致**肯定**和**否定**[③], 而且动物　XI, 518
的灵魂也会**进行判断**。[④]

假若我们接着说, 动物的灵魂也会**进行推论**(因为判断之后的
第三件事情就是推论), 这也没什么奇怪的了。过去人们这样区分三
种精神性活动: simplex appprehensio [单纯的领会]、judicium [判
断]、discursus [推论]; 而现在的说法是: 概念、判断、推论。这里很
容易就可以看出, 康德在"量""质""关系"名义下提出的三类范畴
之间的关系就是那三种活动之间的关系。动物通过单纯的知觉就

---

① αἰσθάνεται μὲν τὸ καθ' ἕκαστον, ἡ δ' αἴσθησις τῶν καθόλον, οἷον ἀνθρώπου, ἀλλ' οὐ
Καλλίου. [虽然我们感觉到个别事物, 但感觉所涉及的是普遍者, 正如所涉及的是某个
人, 而不是卡利亚。]亚里士多德:《后分析篇》II, 19。——谢林原注

② 第十五讲。——谢林原注

③ τὸ μὲν οὖν αἰσθάνεσθαι ὅμοιον τῷ φάναι μόνον καὶ νοεῖν. ὅταν δὲ ἡδὺ ἢ λυπηρὸν, οἷον
καταφᾶσα ἢ ἀποφᾶσα, διώκει ἢ φεύγει (ἡ ψυχή). [感觉类似于单纯的说话和理解, 但只
要感觉对象是令人舒适或难受的, 就好像是(灵魂)所肯定或否定的, (灵魂)就会追求
或躲避。]亚里士多德:《论灵魂》III, 7。——谢林原注

④ 亚里士多德:《论灵魂》III, 2: ἑκάστη αἴσθησις τοῦ ὑποκειμένον αἰσθητοῦ ἐστιν,
ὑπάρχουσα ἐν τῷ αἰσθητηρίῳ ᾗ αἰσθητήριον, καὶ κρίνει τὰς τοῦ ὑποκειμένου αἰσθητοῦ
τὰς διαφοράς, οἷον λευκὸν μὲν καὶ μέλαν ὄψις. [因此, 每一种感觉都涉及感觉的载
体, 并区分感觉载体的各种差异, 比如视觉区分白和黑。]此外《论灵魂》III, 9也说:
ἡ ψυχὴ κατὰ δίο ὥρισται δυνάμεις ἡ τῶν ζώων, τῷ τε κριτικῷ, ὃ διανοίας ἔργον ἐστὶ
καὶ αἰσθήσεως, καὶ ἔτι τῷ κινεῖν κατὰ τόπον κίνησιν. [动物的灵魂已经根据两种能力
来定义, 一种是区分的能力(其功能是思考和感觉), 另一种是引发空间位置的运动的
能力。]随后的νοῦς κριτικός [区分的努斯]只能是指人, 或者其更便捷的说法是, ὁ τῆς
ψυχῆς νοῦς [灵魂的努斯], 尽管亚里士多德对二者有明确的区分。参阅本书第454页以下
(XI, 454 ff.)——谢林原注

能够区分**多**和**少**，而数学家则是依据单纯的概念；至于判断所涉及的是质，这是无须多言的。但接下来，正如我们看到的，动物的行动也完全符合知性借以进行推论的那些概念；比如动物仅仅看到饲料的绿色，但它毫不怀疑这个偶性是基于一个实体；同理，动物在还没有任何经验的情况下就去寻找后果的原因。当一匹悠闲站着的马突然听到一阵嘈杂声，就会望向这些声音的原因；当胆小的鸟儿和野兽听到旁边的树叶发出任何异常的动静，就会向着相反的方向逃遁；是谁告诉它们应当这样做的呢？不是知性，而是灵魂。动物完全

XI, 519　是受灵魂控制的，并且在这个意义上比人更加受到灵魂的控制。著名的大卫·休谟哪怕去看一眼摇篮里的毫无经验的婴儿，看看这个婴儿在听到未知的声音（比如一件乐器发出的声音）时，即使不能抬起头，至少也要用眼睛去搜寻声音的来源，那么他无疑会放弃他那些关于我们内心里如何产生出因果概念的解释："如果我们总是看到两个现象前后相继，最后就会**习惯于**一个必然的联系，亦即把前面的现象看作原因，把后面的现象看作后果。"关键在于，刚才说的那个婴儿根本没有时间以这种方式**形成习惯**，或哪怕只是重复地把两个现象看作前后相继的。就此而言，康德的那个说法是完全正确的，即人——同样的说法加上必要的区分之后，完全适用于动物——之所以形成经验，仅仅是因为，他在本性上就要为知觉到的后果寻找原因。

　　以上所述具体而明确地解释了我们此前①一般地关于理知的、理智的灵魂而提出的主张，至少从一个方面解释了我们在别的场

---

① 第十九讲。——谢林原注

合并且在独立于亚里士多德的情况下说过的一句话:"**灵魂并不认知,毋宁说它本身就是科学。**"① 灵魂是一种未说出的、单纯以质料的方式存在着的、尚未提升到现实性的科学。那句据说出自亚里士多德的名言,亦即"没有任何知性里的东西不是曾经出现在感觉中",如果把"感觉"(sensus)这个无规定的表述替换为"灵魂",这就成为一个最确定的真理,至于莱布尼茨[为这个命题提出]的著名限制,excepto ipso intellectu [知性本身除外],是完全不合适的,因为这句话的意思其实是说,知性单纯作为质料已经完全包含在灵魂之内。这种单纯本质性的科学是天生的、先天(a priori)存在着的科学,必定先行于每一种后天获得的,亦即现实的科学。② 但这 XI, 520
里的关键恰恰在于**精神**为了掌控世界而必须后天获得那种科学。因为精神本身并不具有科学,而且正如亚里士多德所说的那样,等同于一块尚未现实地写上任何东西的白板。诚然,人们每天都可以听到或读到一些观点,说什么亚里士多德把**灵魂**称作一块无字的白板,殊不知他的这句话是明确地针对**知性**而说的。③ 相对于灵魂而言,现实的知识是某种偶然的,仅仅后来才出现在它身上的东西,正如在亚里士多德看来,精神本身是一个后来才出现的东西。精神里面没有任何东西仅仅以质料的方式或潜在地存在着;因此

---

① 谢林:《论造型艺术与自然界的关系》(1807年),收录于《谢林哲学著作集》第一卷,第369页。——谢林原注

② πᾶσα διδασκαλία καὶ πᾶσα μάθησις διανοητικὴ ἐκ προϋπαρχούσης γίνεται γνώσεως. [全部传授和学习的知识都是来自之前已有的知识。]亚里士多德:《后分析篇》I, in.。——谢林原注

③ 亚里士多德:《论灵魂》III, 4。至于这个段落所要求的更多解释,详参下文。——谢林原注

精神不是科学，而是仅仅去**认知**：但它只有通过与灵魂的关系才去认知。

　　精神与灵魂的这个关系基于两点。**首先**，灵魂里面已经有一些与全部质料无关的概念，也就是说，已经有个别感性事物的包含着单纯形式的表象，但这些概念本身并没有成为灵魂的对象；在一个第三者看来，它们以质料的方式存在于灵魂里面，或如人们常说的那样，没有被说出来，仅仅潜在地存在着；因此亚里士多德也说，灵魂是概念的驻地，只不过这里所指的并不是整个灵魂，毋宁只是理智灵魂，而那些概念不是现实的概念，而是仅仅潜在地存在于灵魂里面。[①]是精神把它们提升为现实性，但正因如此，精神里面不再是个别的感性事物的单纯概念，而是**这些概念的概念**[②]，亦即普遍概念，而精神则是通过这些普遍概念而掌控和认知着事物；因为"掌控一件事情"的意思仅仅是说，超越这件事情，不再与它纠缠在一起，而是保持着自由。精神用来标示一个个别事物（比如一棵树）的名称，并非仅仅包含着这棵树的概念，甚至并非包含着全部现实的树的概念，而是包含着全部**可能的**树的概念。这个普遍者是精神自己的纯粹产物，因为正如阿那克萨戈拉已经说过的，精神为了理解把握**一切东西**，必须保持纯洁，和任何东西都没有共同

---

① καὶ εὖ δὴ οἱ λέγοντες, τὴν ψυχὴν εἶναι τόπον εἰδῶν, πλὴν ὅτι οὔτε ὅλη, ἀλλ᾽ ἡ νοητική, οὔτε ἐντελεχείᾳ, ἀλλὰ δυνάμει τὰ εἴδη. [那些人说灵魂是概念的驻地，这是对的，但这不是整个灵魂，而是理智灵魂，而且那些概念也不是现实的概念，而是潜在地存在着。] 亚里士多德：《论灵魂》III, 4。——谢林原注

② ἡ αἴσθησις εἶδος αἰσθητῶν, ὁ νοῦς δὲ εἶδος εἰδῶν. [感觉是感觉对象的概念，努斯是这些概念的概念。] 亚里士多德：《论灵魂》III, 8。——谢林原注

之处①,在任何东西面前都表现为普遍者,却同等地掌控着一切东西。这些关于概念所说的话,同样适用于判断和推论;因为我们已经看到,灵魂不仅进行理解把握,而且进行判断和推论。也就是说,那些在灵魂里没有被说出来,并且始终只是与个别东西相关联的判断和推论,也会被提升为现实的、普遍的判断和推论,比如并非**这一个**A导致B,而是普遍的A导致B。

其次,需要指出的是,精神发挥这些作用,不是通过一个特殊的活动,而是通过它的在场,通过它的单纯的存在。这不是一种偶然而飘忽的作用,而是一种持久的,并且独立于精神的意志的作用,而精神也不是凭借一个状态(διάθεσις),而是凭借自己的本性而发挥作用,正如光的天性(ἔξις)就是让形体的那些真正说来单纯潜在的颜色成为现实的颜色;这方面我依据的是亚里士多德在谈到发挥作用的知性时所说的话(当然他只是在一般的意义上说的这些话)②。实际上,正因为就事情本身而言我们不可能通过任何全新的观点而与亚里士多德区分开,所以我们更应当坚持自己的方法,而这个方法就在于坚持一个法则,即考察各种过渡并更正式地区分各

---

① ἀνάγκη ἄρα, ἐπεὶ πάντα νοεῖ, ἀμιγῆ εἶναι, ὥσπερ φησὶν Ἀναξαγόρας, καὶ μηδενὶ μηθὲν ἔχειν κοινόν. [正如阿那克萨戈拉所说,它既然理解把握一切事物,就必然是非混合的,并且和其他事物没有任何共同之处。]亚里士多德:《论灵魂》III, 4。——谢林原注

② καὶ ἔστιν ὁ μὲν τοιοῦτος (ὁ ποιητικὸς) νοῦς τῷ πάντα γίγνεσθαι, ὁ δὲ τῷ πάντα ποιεῖν, ὡς ἔξις τις, οἷον τὸ φῶς. τρόπον γάρ τινα καὶ ποιεῖ τὰ δυνάμει ὄντα χρώματα ἐνεργείᾳ χρώματα. [这种(创造的)努斯一方面转变为万物,另一方面创造出万物,它的天性就和光一样,因为光也以某种方式让潜在的颜色转变为现实的颜色。]亚里士多德:《论灵魂》III, 5。关于"状态"(διάθεσις)和"天性"(ἔξις)的区别,参阅亚里士多德:《范畴篇》VI。而在《形而上学》VIII, 5,与"天性"相对立的是παρὰ φύσιν[位于本性之外的东西]。——谢林原注

个环节。最后这一步已经把我们带到**自然的**知性和一种共通的，亦即普遍可理解的对于事物的认识。之所以说自然的知性，是因为精神在这里仅仅按照自己的本性而发挥作用；而之所以说这种知识是所有的人共通的，在每一个人那里都被当作前提，是因为这里发挥作用的还不是严格意义上的个体精神，因此个体性也不可能造成任何区别。相比那种潜在地包含在灵魂里的知识，这里产生出来的知识必须被看作现实的科学。但是，后者相对于那种自由地产生出来的科学而言又表现为一种预先存在着的（προυπάρχουσα）、潜在的科学。

　　既然如此，我们也会把意志介入的一种**后天获得的科学**放在这种潜在的科学之后和之上，因为正如我们看到的，前者始终是伴随着人的目的（亦即人的意愿的对象）的拓展而不断增长。除此之外，这种后天获得的科学以自然知识为前提，仅仅与感性世界相关联；因为用亚里士多德的话来说，这种科学只愿意掌控居间者，它仅仅包含着一个进行推理的、思考着的精神，但没有包含**思维本身**，而精神只有在与纯粹而彻底的理知东西打交道时才是思维本身；但由于自然界里面没有绝对的东西，一切都仅仅是相对的，所以亚里士多德在被动知性和主动知性之间做出的区分也不可能是一个绝对分裂的对立，毋宁是一些层次和中介环节。如果我们从最深刻意义上的被动知性（理智灵魂里的知性）出发，在这个关系里，那个按照其本性而发挥作用的知性就是主动知性；但由于这个知性不具有自由和意愿，没有意识到自己的行为，而是仅仅按照自己的本性去行动，所以它**也**仅仅是被动知性，哪怕它已经处于一个更高的层次或潜能阶次，而相比之下，那个唤醒科学、自由地将科学产生出来的知性就成了主动知性；即便如此，鉴于这个知性和自然知性是结合在一起的，并且把后者当作前提，所以我们也不能说它就完全摆脱了被动，因此那个彻底而纯粹地发挥作用的知性，那个创造性的知性，只能XI, 523是一个与全部前提、随之与全部质料**现实地分离的**（χωρισθείς）知性，一个如亚里士多德所说纯粹是它自己的知性。[①]但我们现在所在的地方还不是这个知性的位置；因为这里讨论的知性仍然从属于陌生的居间者，**就此而言**仍然和质料结合在一起（τῶν συνθέτων），正如另一处地方已经指出的那样[②]；尽管如此，这个知性即使不是现实地分离的，但至少就其**本性**已经摆脱全部质料，与之分离（χωριστὸς，亚里士多德的一个术语），**正因如此**，它不仅能够按照单纯的量（亦即以数学的方式[③]）理解把握一种剔除了全部感觉性质的质料，不仅能够从单纯的显现者提升到事情本身（本质）[④]，而且能够凭借思维理解把握**它自己**，因为在这里，它是在自己的本质里自由地发挥作用，是纯粹的现实性。[⑤]

关键在于，我们应当指出亚里士多德的零碎言论之间的联系，以证明它们的真理。但有一件事情看起来还需要加以澄清，即亚里

---

① 参阅第二十讲引用的相关文本。——谢林原注

② 亚里士多德：《形而上学》XII, 9。——谢林原注

③ "存在于减量中的东西"（τὰ ἐν ἀφαιρέσει ὄντα,《论灵魂》III, 4），这是亚里士多德关于数学对象的一个著名说法。——谢林原注

④ 亚里士多德：《论灵魂》III, 4: τὸ σαρκὶ εἶναι καὶ σάρκα, ἄλλῳ (ἢ τῷ αἰσθητικῷ) ἢ τοι χωριστῷ κρίνει. [我们可以通过不同的感觉来区分"肉的所是"和"肉"。]关于刚才指出的区别，这句话里的"肉的所是"和"肉"同样是一个著名的说法。——谢林原注

⑤ καὶ αὐτὸς δὲ αὐτὸν τότε (ὅταν δύναται ἐνεργεῖν δι' αὑτοῦ) δύναται νοεῖν. [当他借助于自身（能够通过自身去现实地活动），就能够通过自身去理解。]亚里士多德：《论灵魂》III, 4。——谢林原注

士多德一方面说，相对于居间的陌生东西，知性只能被规定为强大
的或有能力的本性①，另一方面又说，知性就潜能而言是理知东西，
但在现实中或就行为而言，除非它已经理解把握某东西，否则它什么
都不是。②关于前一方面，真正说来，只要知性还没有贯穿陌生的东
西，就是单纯的理解能力，好比阳光如果被居间的月亮挡住，就是单
纯的照亮地球的能力，但本身并不因此就不再是纯粹的现实性。至
于后一方面，这里的"潜能"不应当被理解为一种在现实性中不再存
在的"可能性"，而是应当被理解为一种在现实性之中和之后仍然存
在着的"能力"，就像亚里士多德所说的那样，知性即使已经自由地
发挥作用和现实地认知，也是某种**能力**③，亦即坚持着它相对于纯粹

XI, 524

---

① (παρεμφαινόμενον γὰρ κωλύει τὸ ἀλλότριον καὶ ἀντιφράττει) ὥστε μηδ᾽ αὐτοῦ εἶναι φύσιν τινὰ μηδεμίαν, ἀλλ᾽ ἢ ταύτην, ὅτι δυνατόν. [（因为任何其他事物的介入都会妨碍它或阻挡它，）所以它的本性只能在于作为潜能而存在。]亚里士多德：《论灵魂》III, 4。——谢林原注

② ὅτι δυνάμει πως ἐστὶ τὰ νοητὰ ὁ νοῦς. ἀλλ᾽ ἐντελεχείᾳ οὐδέν, πρὶν ἂν μὴ νοῇ. [努斯以某种方式潜在地是理知东西，但在去理解之前并非现实地是如此。]亚里士多德：《论灵魂》III, 4。——谢林原注

③ 亚里士多德：《论灵魂》III, 4: ὅταν δ᾽ οὕτως ἕκαστα γένηται, ὡς ἐπιστήμων λέγεται ὁ κατ᾽ ἐνέργειαν (τοῦτο δὲ συμβαίνει, ὅταν δύνηται ἐνεργεῖν δι᾽ αὑτοῦ), ἔστι μὲν ὁμοίως καὶ τότε δυνάμει πως. οὐ μὴν ὁμοίως καὶ πρὶν μαθεῖν ἢ εὑρεῖν. [努斯通过如下方式转变为各种事物，这就像我们说一个有知识的人现实地有知识(当他能够通过自身去现实地活动，就会出现这种情况)，这样努斯即使是曾经作为潜能而存在，但不是在学习或发现之前那样存在。]也就是说，努斯在后一种情况下是一种先于全部现实性的能力，而在前一种情况下则是一种伴随着现实性的能力。至于这句话开头的"转变为各种事物"，这是亚里士多德典型的说话方式，指认识者在认识活动中**就是**被认识者，比如《论灵魂》III, 8也说：ἔστι δ᾽ ἡ ἐπιστήμη μὲν τὰ ἐπιστητά πως, ἡ δ᾽ αἴσθησις τὰ αἰσθητά. [认识就是被认识的东西，感觉就是被感觉的东西。]归根结底，就像他在《论灵魂》III, 7说的那样：τὸ αὐτὸ δ᾽ ἐστιν ἡ κατ᾽ ἐνέργειαν ἐπιστήμη τῷ πράγματι. [现实的知识和它的对象是同一个东西。]——谢林原注

偶然的现实性而言的优越性，在与客体接触的时候本身不会降格为客体，在与质料接触的时候始终作为（前面解释过的那种意义上的）主体而保持着**自由**，作为**分离的东西**凌驾于质料之上。也就是说，这里所说的根本不是可能性，比如种子在特定条件下能够发展成植物的那种可能性，而是一个人能够生产出某东西的那种能力。[①]亚里士多德在别的地方甚至不厌其烦地解释了他是在什么意义上使用"**有能力的**"这个词语。一个有能力坐下的人不会总是坐着，他也有能力站着。前一种能力并不排斥后一种能力。一个具有说话能力的人可能并不说话，而一个具有不说话的能力的人却可能在说话。前面的情况成为现实性（ἐὰν ὑπάρξῃ ἡ ἐνέργεια）[②]，并不会使后面的情况变得不可能，也就是说，即使前者的能力得以实现，后者的能力也始终存在。假若不是这样，至少我就不知道该怎样理解亚里士多德了，因为我认为他不可能是在同语反复，而按照另一种解释，恰恰会得出同语反复的结论。[③]

XI, 525

---

① τὸ οἰκοδόμῳ εἶναι τὸ δυνατῷ εἶναί ἐστιν οἰκοδομεῖν. [是建筑师意味着有能力建造一座房屋。]亚里士多德：《形而上学》IX, 3。——谢林原注

② 亚里士多德：《形而上学》IX, 3。——谢林原注

③ ἔστι δὲ δυνατὸν τοῦτο ᾧ, ἐὰν ὑπάρξῃ ἡ ἐνέργεια, οὗ λέγεται ἔχειν τὴν δύναμιν, οὐθὲν ἔσται ἀδύνατον. λέγω δὲ οἷον, εἰ δυνατὸν καθῆσθαι καὶ ἐνδέχεται καθῆσθαι τούτῳ, ἐὰν ὑπάρξῃ τὸ καθῆσθαι, οὐδὲν ἔσται ἀδύνατον. [所谓某个东西有能力，意思是，当那个据说属于它的能力成为现实性，这绝非什么不可能的事情。举例来说，我的意思是，如果某个东西有能力坐下，也可能坐下，那么当它现实地坐下时，这绝非什么不可能的事情。]亚里士多德：《形而上学》IX, 3。在第一句话里，"绝非什么"（οὐθὲν）一词就明晃晃地摆在那里，它如果不是受到前面的"据说……"（οὗ λέγεται）的限制，从而被认为与之相关联，那么它在这句话里就是无意义的。而亚里士多德在这里之所以补充第二句话，是为了区分"坐下的东西"（ἐνδεχόμενον）和"有能力坐下的东西"（δυνατὸν καθῆσθαι）。除此之外，"坐"的单纯可能性还包含着"座位"和"直立的形态"，因为动物要么只能躺着，要么只能躺着和站着。——谢林原注

关于亚里士多德所说的这件事，大概就解释到这里。简言之，上述思想一般地包含着关于**自然的**认识活动的完整理论。后天获得的科学也必须被算在这种认识活动里面，因为它完全是发源于后者。当精神尚未摆脱自然地进行判断和推论的感觉灵魂，亦即尚未立足于自己的存在（οὐκ ἐστιν ὅπερ ἐστίν），人就是自然的人——这是对《新约》使用的 ἄνθρωπος ψυχικὸς [灵魂性的人]这个词语的正确翻译——，对上帝一无所知；但是，假设人在某种情况下从外面了获得一种关于上帝的知识，他就会企图以类比的方式去运用那些适合自然事物的认识手段，亦即运用那些对感性世界有效的前提和推论方式，以达到超感性的东西。实际上，这就是旧的形而上学或它的一个分支亦即所谓的自然神学采用的办法，对此一位公正地评判

XI, 526 古代哲学和批判哲学的人，即值得尊敬的伽尔维①，正确而朴素地指出："总的说来，这种形而上学区分超感性世界和感性世界的方式**无非就是**我们在这个感性世界里区分不可见的部分和可见的部分的方式。同样，当我从关于我们的地球的知识过渡到关于土星的知识，通过同样的方式，我就从我在世界里看到、经验到和学习到的东西过渡到一种先行于世界、在世界之后也将存在，并且凌驾于世界之上的东西。"然而康德已经在两个世界之间划出了一道鸿沟，揭露了自然认识的自欺欺人的幻象，因为它企图延伸到超自然的东西，或如康德所说的，成为飞跃的、超验的。哈曼关于苏格拉底的言论——这些话显然已经受到康德的启发——说出了康德对于自然认

---

① 参阅其翻译的亚里士多德《尼各马可伦理学》第一卷，第214页。——谢林原注（译者按，伽尔维 [Chrisitan Garve, 1742—1798]，德国通俗哲学家。）

识活动的批判的真实结果，虽然康德的批判本身并不能做到这一点：

"我们的自然智慧的种子必须腐烂，消失在无知里面，这样一种更高的认识的生命和本质才会从这个死亡或这个无里面重新创造出来，并生长发芽。"①

在这门课程的开端②，我们首先把这种形而上学当作出发点，然后立即宣称它是一种人为的和人造的科学（disciplina spuria et factitia）。这个做法或许看起来包含着一个矛盾。但这个评价并不意味着形而上学因此是一个纯粹偶然的产物。因为即使在自然认识活动的立场上，形而上学本身也是一个自然的产物，而那个尝试，即凭借感性、知性、理性（作为推论的能力）等自然官能而提升至超感性东西，从过去直到现在都必然是第一个尝试；任何一位哲学教师，无论他希望在理性科学里做出什么尝试，都只能站在自然理性 XI, 527 的立场上接纳和预设这个尝试，除此之外，任何一种关于真实科学的准备工作都只能在于远离和清除不真实的知识：既然如此，很多人感到头疼的一种自然的哲学导论就不可能在于提出任何一种真实的理论，比如有些人直到现在还想象着的一种关于认识活动的理论（仿佛这样一种理论能够存在于哲学之前和之外似的），而是仅仅在于批判那种对**自然的**人而言唯一可能的科学，就此而言，康德的著作即使从这个方面（教学法的方面）来看也具有恒久的意义。

但对于接下来的进程而言，刚才所说的那种认识理论却可以给我们带来如下收获。现在，我们通过认识掌握了一个自我（这是我们

① 哈曼：《苏格拉底大事记》（*Sokratische Denkwürdigkeiten*），第51页。——谢林原注
② 第十一讲。——谢林原注

接下来的发展过程的唯一本原）；我们把自己完全封闭在这个自我之中，它属于每一个人，因此每一个人都可以用他自己的自我去替代思考这个自我。**一个拥有自身的意志**发现自己就手段而言受到自然界的限制（因为并非每一个东西都服务于每一个人），反之就目的而言却是自由的，换言之，因为许多东西本身又只是作为手段而被追求，所以不能说是最终的和真正的目的，而这样的目的对于一个拥有自身的意志而言只能是维系自己的存在，又因为这个存在不应当是一种立足于被动和匮乏、几乎等同于非存在的存在，所以它应当是一种幸福的存在，亦即对于存在的充分享受（意志的最终目的是幸福的存在，这一点根本不需要长篇大论加以解释）。同时我们也知道，人从自然知性的方面来看是装备齐全的，以便认识和区分一切或多或少与最终目的有关的东西，并且按照这个认识去利用它们，使它们服务于他的意志，也就是说，把这些东西当作最终目的的质料来对待。

XI, 528

　　但在这种情况下，自我马上遭遇到一些限制，而我们不能立即说出这些限制是从哪里来的。唯一清楚的是，它们既不可能是来自于感官世界，也不可能是来自于上帝；因为按照我们的前提，自我是从上帝出发的；它们也不可能是来自于作为感性存在者的人；既然如此，这些限制只可能来自于那种具有一个理知方面、作为理知存在者的人。我们迄今讨论的人是个别的人；作为个别的人，他在感性世界里有自己的位置；但我们必须假设，每一个人除了在感性世界里占据的位置之外，在理知世界里也有一个位置。人作为可能性，亦即作为理念，包含在灵魂里面，而我们曾经说过，**灵魂**等同于**整个**存在者。但这整个可能性不是通过个别的人而实现的。因此个别的人让自身之外的无穷多的可能性都不是通过自身而得以实现。由于在所有这些可能性里面，只有唯一的理念，所以这些可能性之间是一种相互补充的关系，并且任何可能性都不能脱离其他的可能性而存在，而如果**这一个**可能性不被允许存在，那么任何其他的可能性（以及任何使这个可能性得以实现的个人）也没有权利去存在。也就是说，这是一个理知秩序，比现实的人更古老，并且不是起源于现实性，因此也在现实性里持存着，担当着那个已经自主行动和私自行动的意志的法则，不让任何意志逾越其应有的权利的尺度，并且只有通过这个方式才使每一个意志成为**意愿**。就此而言，对于存在的诉求和对于幸福的存在的诉求完全是一回事；但是，只要是有**秩序**的地方，各种可能性怎么能够在没有**区别**亦即没有不同的情况下彼此补充呢？因此接下来的问题是，这个不同具有什么重要意义，以及它是以什么东西为基础。

这里我们必须再次回忆起，那个创造出人的东西（a^0），不是等同于个别类型的事物，而是等同于**整个存在者**，因此也在自身之内包含着全部基于存在者而可能的层次和区别，只不过这些层次和区别处于一种卓越的潜能状态，这样一来，当这些可能性得以实现，在这里，仿佛在第二个更高的世界里，存在的全部层次，从最低的直到最高的，都必须显现出来，亦即产生出一个层级顺序，其各个环节具有不同的价值，而这取决于它们距离最终的目的的远近关系。人在自然界里被当作目的，但这里所说的"人"不是指个别的人，而是指理念中的人，因此只有人的总体性而非个别的人与之完全符合。也就是说，只有这个总体性才能够是**目的**，因此对总体性而言，并非所有的人都具有同样的价值，毋宁每一个人都只能具有或高或低的价值，而这取决于他们的质料与中心点的距离，换言之，取决于共通性

XI, 529

在多大程度上活在他们里面, 或他们在多大程度上仅仅为了自己, 为了他们的个体目的, 为了他们自己的保存而行动。每一个人在服务于总体性时都变得崇高和高贵。一名普通的战士和其他战士并肩站在一起, 会为这种共通性感到骄傲, 并且知道自己是其中的一员; 他去服务, 将军去统治, 但将军也仅仅是手段, 不是目的, 而一般说来, 一个从事最多服务的人就在从事着最大的统治。在事物的自然历程里, 先行活着的族类服务于后来的族类; 父辈栽树, 儿孙乘凉; 后人享受着前人通过全部类型的斗争、辛劳乃至痛苦而赢得的真理。没有任何人会抱怨自己的行为让后人坐收渔利, 他绝不会因此觉得自己受到贬低, 毋宁觉得自己得到提升, 一个正义的人必须被看作不是为了他自己, 而是为了整体而生(non sibi sed toti natum se credere mundo)。

我们可以承认, "让所有的人处于同样的高度"这一愿望是一种符合人性的情感; 但这种推翻区别或消灭不平等的做法是徒劳无益的, 因为这些区别并不是后来起源于自由的世界, 而是在理知世界里已经被预见到, 并且作为前提由理念所预先规定; 换言之, 不平等不是由人造成的, 而是起源于一个超越当前世界的秩序, 是**全部存在者**的那条伟大法则的后果, 基于这条法则, 就像亚里士多德说的那样[①], 不仅国家, 而且任何类型的共同体都不可能由完全等同的东西构成(ἐξ ὁμοίων), 而是只能由一些按照理念或内在价值而言彼此不同的存在者构成(ἐξ εἴδει διαφερόντων), 因此, 在可能事物或现实事物的任何类型的秩序里, 每一个东西**从出生开始**就有着这样的

XI, 530

---

① 亚里士多德:《政治学》II, 2。我在引用这本书的篇章时是按照希尔伯格版的页边罗马数字来标示的, 而希尔伯格版看起来又和茨温格尔版有关。——谢林原注

区别, 即有些是进行统治的, 有些是被统治的。[1]亚里士多德宣称, 这条法则是**普遍的**自然法, 是每一个人都感觉得到并且不由自主地加以尊重的权力, 它为每一个人分配其职责(summ cuique), 给每一个人都指定了一个位置, 而在当前世界里去实现这个位置是他的**天生的、自然的**权利, 一个不容践踏的权利, 至于他是不是尊重这个权利, 这和别人的喜好没有任何关系; 毋宁说, 按照一个诫命, 每一个人在他所占据的位置[2]都是这个位置的目的, 因此他在这里也应当把自己当作目的, 贯彻自己的意志, 借此欲求他自己: 这是一个**诫命**, 因为那条法则不是来源于人, 而人在独立于上帝的情况下也摆脱不了这条法则, 正相反, **当他走到另一边**(走到存在者那边), **他就服从于这样一条法则**, 后者在那些没有认识到上帝的人看来是一个独立的、自我加冕的、独立于上帝、**等同于上帝**(真正说来**替代了**上帝)、凌驾于人之上的**权力**, 是 "所有的人共有的权利" 的自然源泉, 这个权利 "先于现实的共同体, 先于人之间的每一种和谐", 不是通过知性而推断出来或认识到, 而是本身就能够让所有的人都感觉得到:

XI, 531

---

① τὸ γὰρ ἄρχειν καὶ ἄρχεσθαι οὐ μόνον τῶν ἀναγκαίων, ἀλλὰ καὶ τῶν, συμφερόντων ἐστί καὶ εὐθὺς ἐκ γενετῆς ἔνια διέστηκε, τὰ μὲν ἐπὶ τὸ ἄρχεσθαι, τὰ δ' ἐπὶ τὸ ἄρχειν. [统治和被统治的区分不仅是必然的, 而且实际上是有益的; 有些人生下来就注定将是被统治者, 另外一些人则注定将是统治者。]亚里士多德:《政治学》I, 5。在这里, 亚里士多德不但说这个关系是有益的, 而且强调某些人**适合当奴隶**, 另一些人**适合当主人**。参阅《政治学》I, 2以及I, 5。关于社会的原初组织结构, 亦参阅《新约·哥林多前书》1:12-26。——谢林原注

② humana *qua parte locatus es in re* (*disce*). [你应当知道, 你在人类中**占据什么位置**。]这是佩尔西乌斯的名言。——谢林原注(译者按, 佩尔西乌斯 [Aulus Persius Flaccus, 34—62], 罗马讽刺诗人, 斯多亚哲学追随者。)

> 并非今天或昨天，而是自永恒以来，
>
> 它就活着，没有人知道它何时开始显现。①

这是索福克勒斯《安提戈涅》里的名言，而亚里士多德在某个地方也引用了这句话。他在那里谈到了人类对于那样一个权力的普遍憧憬，这个权力先于和独立于人之间的任何契约，规定了什么是正当的，什么是不正当的。②就这个权力事实上已经启示自身而言，它就是古希腊祭拜的**狄克**（正义女神），而按照柏拉图在《法律篇》里提到的一个古老传说，狄克始终是**作为宙斯的随从**而出现。通过悲剧歌队，纯洁的、即将被献祭给死亡的安提戈涅先是呼唤**永恒**的权利，然后让我们回忆起狄克的神圣不可侵犯。③普通的民间观点也

---

① 索福克勒斯：《安提戈涅》，第456—457行。——译者注

② 亚里士多德：《修辞学》I, 13: ἔστι γάρ, ὅ μαντεύονται πάντες, φύσει κοινὸν δίκαιον καὶ ἄδικον, κἂν μηδεμία κοινωνία πρὸς ἀλλήλους ᾖ, μηδὲ συνθήκη, οἷον καὶ ἡ Σοφοκλέους φαίνεται λέγουσα. [实际上，关于正义和非正义，有一个符合自然法则的普遍神谕，因为所有的人在某种程度上都具有神性，哪怕他们相互之间既没有交流也没有协议。这就是索福克勒斯明显表露出来的意思。]"神谕"（μαντεύονται）意味着，它不是来自这个世界，也不在知性之内。——谢林原注

③ 　目空一切的孩子，
　　你最终会狠狠地
　　撞上狄克的崇高宝座！

德谟斯特涅在反对阿里斯托基通的演讲中这样说狄克：ἣν ὁ τὰς ἁγιωτάτας ἡμῖν τελετὰς καταδείξας Ὀρφεὺς παρὰ τοῦ Διὸς θρόνου φησὶ καθημένην. [正如坐在宙斯的宝座旁，教导我们最神秘的仪式的奥菲欧。]（贝克尔版第一卷，第69页）此外参阅赫西俄德《工作与时日》第248行：Ὦ βασιλῆς, ὑμεῖς δὲ καταφράζεσθε καὶ αὐτοὶ τήνδε δίκην. [统治者啊，你们也要认真审视，如何像狄克那样去统治。]以及索福克勒斯《俄狄浦斯在克罗诺斯》第1384行：Δίκη ξύνεδρος Ζηνὸς ἀρχαίοις νόμοις. [狄克按照古老的习俗和宙斯坐在一起。]——谢林原注（译者按，德谟斯特涅[Demosthenes，前384—前322年]，雅典政治家，组织反抗马其顿入侵的运动。阿里斯托基通[Aristogiton]，雅典政治家，公元前514年密谋弑君，因计划泄露而逃亡到斯巴达。）

相信, 在一些非同寻常的人类命运里, 人们能够惊恐地觉察到狄克的突如其来的登场。①

　　正是在这里, 康德为理论理性划定的界限也被突破了; 作为**伦理**存在者, 人摆脱不了理知世界, 那位于理论理性的范围之外的东西, 并非也位于实践理性的范围之外: 真正的**理性**是实践理性; 因为实践理性同样是把纯粹的理知东西(存在者)当作终极内容; 它之所以是**实践的**, 是因为这个理知东西要求自主行动的或私自行动的意志把它当作一条法则并加以服从; 在这个意义上, 道德律也可以被称作理性法则; 也就是说, 因为这条法则是来源于理知秩序, 而通过这条法则, 理智东西也存在于世界里。康德在《实践理性批判》的某处说, "我们通过良知而察觉到一个不同于我们, 但最真切地出现在当下的本质", 然后在 "本质" 后面补充道, "即一个在道德上立法的理性"。诚然, 这个补充是不容忽视的, 因为它要防止人们把那个本质理解为上帝(不管某些肤浅的半吊子如何鼓吹, 可以确定的是, 在康德的科学品格和伦理品格里面, 理性的**自律**亦即道德律之独立于上帝乃是最深刻和最值得的特征之一②), 但我们必须反对的是, 把那个本质看作**人的**理性, 尽管 "自律" 这个糟糕的术语看起来

XI, 532

---

① 参阅《新约·使徒行传》28:4记载的米利大岛原住民的言论: ὡς δὲ εἶδον οἱ βάρβαροι κρεμάμενον τὸ θηρίον ἐκ τῆς χειρὸς αὐτοῦ, πρὸς ἀλλήλους ἔλεγον· πάντως φονεύς ἐστιν ὁ ἄνθρωπος οὗτος ὃν διασωθέντα ἐκ τῆς θαλάσσης ἡ δίκη ζῆν οὐκ εἴασεν. [土人看见那毒蛇, 悬在他手上, 就彼此说: "这人必是个凶手, 虽然从海里救上来, 天理还不容他活着。"]——谢林原注

② 至于康德将道德 "世俗化" 的重要意义, 后面还会详述。一个法国人这样赞美帕斯卡的《致外省人书信集》: elles ont beaucoup fait, pour seculariser l'honnête, comme Descartes l'esprit philosophique. [相比笛卡尔的哲学思想, 它们在诚实的人的世俗化方面做了很多工作。]——谢林原注

是有这个意思。简言之,它不是指人的理性,而是指**寓居在存在者自身之内**、统治着意志的理性(它确实是**自律的**,即它的法则不是从上帝那里获得的);那在理论理性里单纯静止的东西(作为纯粹思辨的客体),相对于一个本身就是目的的意志而言,成为实践的,亦即能够发挥作用;除此之外,这个理知权力不是指向人的理性,而是仅仅指向**意志**,而对于这个权力的意识也不是被称作**理性**,而是被称作**良知**。之所以叫作"良知",是为了表达出这种知识的持续的、一再回归的特征,以及良知借以发挥作用的那个权力的永不消逝的、永不疲倦的特征。

XI, 533

因此——这是我们的上述考察的最终结论——,一种理知秩序先行于人之间的现实共同体或外在共同体;但是,为了不让这个秩序的单纯**内容**在一个基于事实性存在的世界里失去全部意义,唯一的办法是,**法则**和内容一起发生过渡,亦即同样获得一种事实性存在,并且显现为一个不仅位于人**之内**(亦即位于他的良知里),而且位于人**之外**的权力,也就是说,这个世界里面必须出现一个以事实性暴力为武装的制度,亦即一个包含着统治和服从的制度。这个外在的、以强制性暴力为武装的理性秩序就是**国家**①;从质料上来看,国家是一个单纯的事实,并且仅仅具有一种事实性存在,但通过那条活在其中的法则,国家成为神圣的东西,而那条法则不是来源于这

---

① 正如亚里士多德在《尼各马可伦理学》X, 9所说的,人在国家里是按照努斯和正确的秩序去生活,具有保障(κατά τινα νοῦν καὶ τάξιν ὀρθὴν, ἔχουσαν ἰσχύν)。随后他马上指出,与"具有保障"相对应的是"强制的可能性"(δύναμις ἀναγκαστική)。——谢林原注

个世界, 更不是来源于人, 而是直接来源于理知世界。[①]这个已经成
为事实性权力的法则是对于那个行为的答复, 通过那个行为, 人已
经把自己设定在理性之外; 这就是历史中的理性。

---

① 这个理知秩序不依赖于个体, 并且无须个体的意志就存在于世界上。正因如此, 它也是
  一个**自行**引入的秩序, 因为它的自然存在(作为父亲的威严)是出现在家庭里。——谢
  林原注

第二十三讲　论国家

　　我们现在进入的领域是实践哲学的领域, 而在这门课程里, 我当前所处的这个部分很容易让人产生极大的疑虑。原因在于, 它所涉及的是一种貌似独立于全部科学、对每一个人而言都近在咫尺和最值得关心的东西, 因此每一个人都不假思索地对此做出判断; 更重要的原因是, 只有少数人才理解, 虽然这个对象在很多人看来是最高的对象, 似乎唯有它才能够填满人类精神的整个范围, 但在当前这门课程的语境里, 它并不是为了自己的缘故而出现并得到讨论, 毋宁说, 唯有在它那里, 至少主要在它那里, 我们希望强调的不是一种附着在它身上的东西, 而是一种超越了它的东西。

　　但实际上我们发现, 法则带来的后果, 就是自我——正如已经指出的, 它是唯一剩下来可以与进一步的发展过程相衔接的东西——失去了自己的一切, 并且完全放弃了(déchû)它所欲求的东西, 放弃了**单独**存在, 放弃了单纯的**它自己**, 放弃了现实的**绝对性**, 亦即放弃了一种脱离万物的存在, 而在那种存在里, 它本来可以和任何别的东西都没有共同之处(即作为亚里士多德所说的ἀμιγὲς [单纯者]), 仅仅以自己为法则, 但现在它却感到自己被一个强加给它的意志的法则包围着, 被普遍者包围着, 并且不再掌控着自己, 而是受制于另一

个陌生的暴力，而这件事情在自我里面的后果，只能是对于法则的反
感和抗拒，以及一种想要摆脱法则并拥有自己的意志的努力。每一 XI, 535
个人都想要反对其他人。ἀρχόμενος [被领导者]想要成为ἀρχὼν [领
导者]。虽然法则从一方面来看是神圣的，但上述情况必然是事情本
身的另一个应当被重视和被认识的方面。

摆脱法则的做法可能首先是一个纯粹事实性的做法，即直接违
背法则；因为按照法则，自我始终是自己行动的无条件的主人，所以
这个做法似乎不会遭到抵抗，除非针对着这个具有单纯的事实性存
在的世界，法则本身也已经成为一个事实性的权力，以确保法则在
独立于意志的情况下也可以实现，也就是说，除非内在强加的义务显
现为一个外在的强制性暴力（δύναμις ἀναγκαστική）。正如我们已
经看到的，这个本身作为事实性暴力而存在着的理性权力就是**国家**，
它虽然不能总是防止那种纯粹事实性的违背法则的做法，但至少可
以对其施加报复，并通过这个方式对其加以限制。

我相信，绝大多数人恰恰会对这个**事实性的权力**感到抵触，原
因在于，它在能够外化自身之前，就已经压迫着个体自由。换言之，
绝大多数人坚信（而且康德助长了这个信念），法则本身应当给人带
来自由，因为它毕竟只能针对一个道德**存在者**；但是，一方面，法则让
每一个人在他自己的部分为共同体的实现负责，另一方面，却**没有任
何人**能够为共同体做点什么，除非他们全都愿意这样做，而且不是一
次愿意，而是始终愿意这样做，甚至根本不愿意做别的事情，因此，
如果所有的人都可能反对法则，那么个体就既没有拥护法则的自由，
也没有反对法则的自由；他不可能拥护法则，因为这样他就成了他的
法则意念的牺牲品；他也不可能反对法则，因为他知道，他怎么对待

别人，别人以后也会怎么对待他，而这样一来他的行动就是无意义的了。如果所有人都不尊重法则，那么我也不可能尊重法则，同样，如果所有人都不承认法则，那么我也不可能实施我的权利，比如让我成为某东西的主人。因此很显然，单凭法则的话，人毋宁是不自由的，而总的说来，个体要成为自由的，前提是在独立于个体意志的情况下，共同体已经预先存在着。因此，共同体的这个事实性的，亦即独立于理性和法则的预先存在是理性本身的一个实践悬设，一个不可或缺的前提，否则法则和个体本身根本没有任何关系，反之，只有依据这个前提，个体才能够具有一个**意念**。人们经常说，国家——或按照康德的更具体的规定，立法——和意念毫无关系，但更正确的说法应当是，立法把自己看作一个对意念而言不可或缺的前提，因此它**不可能**要求一种通过它才得以可能的东西。无论这里还是那里，当国家预先假设罪行是**不可能的**，并且认为只有明显的证据才能够表明有罪行发生，国家就展现出对它的意义的正确感觉，同样，个体也不是从一个单纯的合法行为立即推断出意念是如何如何的，并且不认为只要一个人没有侵犯别人的人格或财产，这就是什么特殊的美德，也就是说，这表明个体也具有一种对于真实关系的朦胧感觉。因为事实性的理性秩序乃至国家的第一个作用，就是把个体提升为**个人**（Person）。在这个秩序之前和之外，存在着个体，但没有个人。个人是主体，他的行动必须是可以追责的。但在事实性地存在着的法的秩序之外，不存在追责，因此个人也不承担责任。在霍布斯看来，**一切人对一切人的战争**是国家之前的自然状态；大家都知道，实际上国家之前根本没有这样一个状态。但在这样一个状态里，既没有伦理自由，也没有追责或负责，这是不言而喻的。个体只有通过国家

XI, 536

才具有伦理自由，才是个人，这件事情是国家本身就可以证明的，除
此之外还可以通过一个事实得到证明，即如果一个人违背了国家法
律，尤其是反叛国家本身，他就不再是个人，并且被剥夺自由的权利，　XI, 537
在有些情况下甚至被剥夺（对于这个世界而言的）个人存在。

　　有人说："进入国家的人牺牲了他的天然自由。"但事实毋宁正
相反，人只有在国家里才发现并获得现实的自由。与此同时消失的
是另一个幻觉；也就是说，假若没有自由，个体如何能够通过商量而
达成一个自愿的协议，或订立一个导致国家出现的契约呢？从另一
个方面看，这种关于原初契约的学说也让人觉得匪夷所思，比如大
卫·休谟已经指出，像卢梭这样比较聪明的人怎么可能用这样一件
事情去解释国家的起源。尽管如此，人们发现，如果把国家看作**仿
佛**是通过这个方式产生出来的，那么也有一些好处，比如这样就可
以不承认现有的法的效力，不承认每一个人都会认可它，最后干脆
不让任何新的法律或机构产生出来，而且他们还会说，这不是全体
的人，而是**每一个个体**都同意的。由于后面这种情况是不可能的，
所以直接出现一种制度，它让个体服从于一种最具压迫性的暴政，
服从于偶然多数人的意志，而这样一种专制主义还有一个恶劣的伪
装，即它不是像从前那样强调个体的义务，而是强调个体的权利。
他们称这样的国家为"理性国家"，但这里的理性却不是指那种客
观的、寓居于事物自身之内的理性（因为这种理性提倡一种自然的不
平等），毋宁显然是指个体的理性，亦即能够让个体满意和喜欢的东
西。之所以说他们是从这种属人的、主观的理性推导出国家，是因
为我们发现，他们以为国家和制度是能够**制造**出来的，甚至出于这个
目的去召集制宪大会。当然，这些尝试无一例外地落空了，半个多世

纪以来，全部沿着这个方向的努力的彻底失败最终必然导致一些更为坚决的人采取措施，完全抛弃这种虚假的普遍性，抛弃理性的这个假象，转而大声提倡纯粹的、赤裸裸的个体性及其唯一的和绝对的权利，而出于这个目的，他们的手不但伸入单纯历史的领域，而且伸入超历史的领域，以便推翻全部区别，包括理念世界的规范本身具有的区别，比如所有权和占有权（人是首先通过它们才超越单纯的质料，达到荣耀，但因为它们在本性上就带有排斥性，所以会导致不平等），尤其是要推翻"全部权贵和暴力"，仿佛这样马上就可以建立**地上的天国**，根本无须等待主的降临，因为这只不过是基督教用来敷衍愚蠢的可怜虫的话术。①

　　是的，理性——不是个体的糟糕理性，而是作为**自然界本身**的理性，亦即那个始终凌驾于单纯显现的、偶然的存在之上的存在者——规定了国家的**内容**，但**国家本身**不止于此，它是那个永恒的、针对着这个事实性世界而发挥作用的，亦即已经**实践化**的理性的一个**行动**，这个行动当然是可以认识的，但却是不可探究的，亦即不可能通过事后调查而进入经验的领域。就此而言，国家本身具有一个事实性的存在。但任何这样存在着的东西都包含着**偶然性**，后者甚至可以在自然界里打乱永恒的秩序，却不能中断这个秩序，比如，有些种子需要强烈的阳光才能够充分生长，却被扔在一个没有阳光的角落，反之有些种子只有在阴凉的地方才能够更好地生长，却被放在阳光下暴晒；同理，偶然性也支配着人，但通过克服偶然性，恰恰

---

① 通过**占有权**，人超越了质料，因为后者不能单独存在，并且看起来只有作为另一个存在的一个部分才能够存在（这里可以回想关于亚里士多德所说的"是其所是"的解释）。——谢林原注

证实了一个现实的(不只是想象出来的)、永恒的规定。因此,既然
理性已经成为一种事实性的权力,它就不可能排斥偶然东西,而这
个与理性不可分割的偶然东西是理性为了赢得本质性东西(亦即它
自己)而付出的代价。就此而言,有些著名的言论看起来对事情本身 XI, 539
缺乏理解,比如"事实性的法必须越来越偏离理性法,以便继续前
进,直到出现一个纯粹的理性王国"。这个意谓中的理性王国实际
上将使全部人格性成为多余,并且拔掉"忌妒"这根眼中刺,因为忌
妒有时候甚至会扩散到人们意想不到的一些区域。换言之,只有针
对事实性的东西,人的行为能力才有施展的空间,至于完全消除和
清除这些事实性东西的时间,正如那些发出上述言论的人所预告的
那样,可能还缺乏一些伟人;总而言之,伴随着纯粹的理性王国,全
部平庸性的天堂就打开了大门。我的任务不是去取悦今天的某个党
派,我在这里走的完全是一条孤独的道路,这条道路愈是接近今天
的每一个人都自以为能够评判和议论的那些事物,比如国家和制度,
就必定愈是孤独。至于从单纯的思维必然性(本着对于思维的忠诚
和信念)推导出理知世界的一个先于全部人类思维的行动,这件事
恐怕只能寄希望于那些追随这整个发展过程的人。

此外,国家的那个事实性方面恰恰让人期待着,这个行动具有
一个**历史的**方面,通过这个方面,那些缺乏思维训练的人也能够理
解这个行动。也就是说,正如我们已经看到的,共同体的法则是一
个针对**族类**的法则。个体不可能单凭自己就服务于共同体。因此,
个体必须期待和坚信,法则将现实地成为一个针对族类的法则,并
且只有通过一个独立于个体的权力,**每一个**个体才能够在他的那个
部分实现法则。相应地,属于统治者范围的受益者(正如亚里士多

德所说, 统治者有很多类型①) 也离不开服从者, 他必须也把服从者

XI, 540 当作目的, 并且为共同体的实现承担责任。因此现在的问题是, 如何让法则脱离个体, 表明法则是施加在族类身上, 从而是一个独立于个体的权力? 这个问题的答案恰恰是基于那个独立于个体而被设定的、起源于理念世界的区别, 即统治者和被统治者的区别②, 因为在这些人里面, 很容易发现一个充分掌握权力的人和另外那些在事实上服从于他的人。这件事情不是通过考虑或协商, 而是以本能的方式发生的。一个个体的统治首先是针对家庭, 然后是针对整个部落, 再然后是针对许多部落, 随之一个民族产生出来, 而这个统治就是最初和最古老的、自然的君主制。就此而言, 那个使理性秩序得以实现的行动能够以历史的方式得到解释和证明。仿佛是人的宿命, 这条道路从自然的 (无意识的) 君主制出发, 经过对立面 (共和国的理念) 而达到自觉的君主制, 后者把强制当作基础, 把自由当作产物 (而不是反过来), 因此也适应一个发展程度最高的社会。但那个最初的君主制不可能是一个理解自身的君主制。因为国家属于**自然界**的事物, 并且是独立于人的理智而产生出来的, 所以这已经意味着, 国家对于所有被它掌控和触及的人 (统治者本身也不例外) 而言都是以一种盲目的、未知的、单纯事实性的方式开始的, 而知性是后来才出现的, 只能通过逐步前进的方式达到一个完满地被理解、同时也理解自身的国家, 相应地, 在国家获得其真实的意义之前, 国家理念的各个**环节**已经存在着。但在这个顺序里, 偶然性是不起作用

---

① εἴδη πολλὰ καὶ ἀρχόντων καὶ ἀρχομένων ἐστιν. [统治者和被统治者有很多类型。]亚里士多德:《政治学》I, 5。——谢林原注

② 参阅本书第529页以下 (XI, 529 ff.)。——谢林原注

的。国家成为理念,理念飘荡在那些前后相继的形式之上,这些形式以哲学的方式(先天地)包含在理念里面,因此它们不是碰巧出现的,而是按照预先规定的顺序登场;既然如此,这些形式也只能以哲学的 XI, 541
方式加以认识——这是哲学的事务,尤其是历史哲学①的事务。

此前我们说过,只有通过国家,个体才能够获得一个意念;但国家本身并不**要求**意念。正因为国家不要求意念,而是仅仅使意念成为**可能**,而它自己却是满足于外在的正义并以维护这种正义为自己的职责,所以它使个体成为自由的,并且让个体能够具有一些自愿的美德(只有这样的美德才是个人性质的美德),比如公平,即一个人不会认为自己的权利高过一切(就像亚里士多德说的,ἀκριβοδίκαιος ἐπὶ τὸ χεῖρον [过分坚持自己的权利]②),以至于伤害他人,而是哪怕得到法律的支持,也宁愿放弃某些东西;比如勇敢(诚然,亚里士多德也认为勇敢是国家要求的美德之一,因为法律禁止任何人在战斗部署中离开自己的岗位,丢下武器逃跑③,但勇敢不仅仅是战场上的一个美德,比如在古罗马人那里,这种被要求的勇敢只能在辛苦谋生和待在家里等死之间做选择,因此它并非必然是一种个人性质的勇敢);比如真诚,即一个人忠于自己的承诺,即便在没有外力强迫的时候也是如此;比如大方、慷慨、友善等等:所有这些美德都不是由单纯的理性颁布或指定的,而是纯粹个人性质的;但我们也可以把它们称作社会性质的美德,因为通过这些美德,非自愿的共同体

---

① 关于历史哲学的否定方面,参阅本书后面第569页(XI, 569)的注释1。我在这里并没有宣称或认为,完满国家的理念曾经在现实中出现。——谢林原注
② 亚里士多德:《尼各马可伦理学》V, 10。——谢林原注
③ 亚里士多德:《尼各马可伦理学》cap. I.。——谢林原注

之上出现了一个自愿的，因而更高的共同体，即我们所说的**社会**。就此而言，国家是社会的**承载者**；至于康德的话，"自由必须是全部强制的**本原**和条件"①，毋宁与真相正好相反，因为我们必须说：目的也可以叫作本原和条件，它毕竟使那些不是为了自己的缘故而存在的东西存在着。当然，康德并不是这样认为的，这从他对于那个原理的使用可以看出。——国家应当是社会的承载者：但是它也有可能阻碍或切断社会的发展，因此人们可以反过来从社会出发，试图去弱化国家或让国家服从于社会。由此得出如下一些类型的国家。

如果一个统治者没有给自愿的美德留下任何空间，不能让社会发展起来，或用康德的话来说，如果一个统治者不是把自由当作强制的目的，那么他就是一个独裁者；如果历史和最初的大型帝国的开端是在东方，如果亚里士多德说的那些话是真实的，即亚洲民族在本性上比欧洲民族更适合奴隶制②，那么最初的帝国属于独裁类型的君主制，就不是偶然的。同样，一些最警醒和最机智的希腊人在最初的尚且是世袭制的国王之后，尤其是在取得波斯战争的光荣胜利之后——通过这个战争，希腊人不仅幸免于波斯人的枷锁，而且把小亚细亚的部落同胞从波斯人的统治下解放出来——，通过不同的居间层次（虽然也有一些短时间内崛起的独裁者），最终推进到那个具有决定性意义的民众统治形式或**民主制**，这也不是偶然的，而在民主制里，可以说国家完全被社会压倒了，社会使自己成为国家的承载者（基础），而国家则是成为社会变动的代价，并且在根

① 康德：《法权学说的形而上学初始根据》，第242页。——谢林原注
② 亚里士多德：《政治学》III, 14以及VII, 7。——谢林原注

本上严格说来不再是国家,正如一个独裁统治的帝国也不能叫作国家。因为国家既不是自私自利的独裁统治者所关心的,也不是民主制所关心的,在后者那里,国家仅仅是个人的工具,而这是一切民主制的结局;相应地,不可避免的是,一种如此获得的和充满争议的 XI, 543统治的魅力愈大(当然,这个魅力在农民的民主制里不可能很大),这种统治就愈是仅仅成为一个强大的意愿和一个伟大的天赋的牺牲品。因为,伴随着个人的自由,天赋也必然得到解放,在全部方向上都敞开着自由的进路和通道,因此它不仅在群众或民众集会的高台上发挥着作用,而且也扩散到艺术和科学的领域。换言之,在独裁统治之下,真理和美也服从于一个不可逾越的范本;而当社会获得自由,二者就致力于发现自己的公理,而这个真理之所以被提升为法则,不是通过颁布的命令,而是通过一种普遍的和自愿的认同。无论是亚洲的独裁统治,还是雅典不受限制的民众统治,都已经废除了严格意义上的国家的效力,尽管如此,罗马那里却是上演了一出崇高的戏剧,实现了国家的使命,呈现出国家的整个高贵性。也就是说,除了罗马之外,国家从来都没有为了它自己的缘故而被欲求;在罗马,一方面来看,一切东西都是从属于国家,甚至祭祀阶层也占据着国家要职,比如占卜师和pontifex maximus [大祭司]这些权贵人物都是作为官员而成为元老院的成员,甚至在国王遭到驱逐时,他们仍然可以作为rex sacrorum[祭典之王]为某些被驱逐的国王安排一个神圣的仪式①;另一方面来看,**个人**——不是凌驾于国家之上的个

---

① 孟德斯鸠:《罗马的宗教政治》(*Politique des Romains dans la Religion*),第189页。——谢林原注

人，而是国家**之内**的个人——已经成为立法的最高关注点，这个立法仿佛是伴随着必然性，从最初的开端一直前进，直到最完满地实现一个对于所有时代都具有典范意义的形式。罗马的本质里有某种东西，这种东西既没有因为国王被驱逐，也没有因为后来过渡到另一种个体统治就失去，如果谁企图把那个伴随着上述变化而出现的制度称作共和制，就会犯错，因为共和制是形式，而在最高的意义上，君主制才是国家的精神本身；换言之，国家不可能**这样**（作为共和制）被欲求，如果人们不是抱着关于绝对的**单一统治**亦即**世界统治**的思想并被其驱动，那么国家就再也不可能是**目的**；共和制之所以走向灭亡，不是因为内部的各种争吵，也不是因为平民和贵族之间的斗争（这些斗争可以通过妥协而平息下来，同时丝毫不能改变国家的伟大进程），也不是因为布匿战争①取得胜利之后，尤其是征服希腊之后，社会承担着越来越沉重的负担，当然更不是因为人们沉迷于科学和艺术（早先从事这些活动的不是自由的公民，毋宁只是一些获得自由的奴隶，而在这种对于科学和艺术的热情中，一些具有怀旧思想的人已经预感到了奥古斯都的时代）——不是因为所有这一切，而仅仅是因为已获得的伟大和已达到的目的。②因为亚里士多德在谈到拉栖代蒙人③时所说的话，就好像是在说罗马人：只要他们还在打仗，就能够生存下来，而他们之所以失败，是因为他们对闲暇一窍

XI, 544

---

① 布匿战争是公元前264年—前146年发生在罗马和迦太基之间的战争，最后罗马获得胜利，迦太基被完全摧毁。——译者注

② 这其实也是孟德斯鸠说过的话，参阅《罗马的伟大和衰亡》（*Grandeur et Décadence des Romains*），第六章。——谢林原注

③ 即斯巴达人。——译者注

不通。①后面这句话在亚里士多德那里无非意味着，国家在他们那里仅仅是目的，却不能同时成为另外一些更高的善的手段。那个对于不受限制的统治的渴望，当它在外面得到满足，没有了对象，就必定会转向内部，回到源泉，回到罗马本身。那曾经占领世界的东西，未必就能够统治世界。当世界已经成为唯一的帝国，统治者也必须是唯一的一个人，而这个人只能是一个神或一个本原，而且不是这个世界亦即罗马世界的本原。通过朦胧地寻求和探索这个必然的，但对它来说不可能的东西，罗马世界出离到自身之外。唯有从这种寻求和探索出发，通过属人的方式和自然的方式，才可以解释历代皇帝经历的那些恐怖而可怕的事情，即一方面，统治者都欣然接受神的称号；另一方面，整个民族在宗教方面都毫无信仰，许多人公开宣 XI, 545 称自己接受无神论，同时又偏爱东方宗教（这些宗教更具有统一性，所以包含着更多的秘密），因此这些宗教的习俗在罗马城里面泛滥成灾，以至于塔西佗②在谈到侵入罗马的基督教时也抱怨，一切令人害怕和担心的东西都蜂拥而入，并且大受欢迎。即便是那些更优秀的统治者，也对一件事情感到绝望，即一切东西（包括他们自己的行动）里面都再也看不出任何目的和真理，而在马克·安东尼③的书信里，也表达出了整个世界观的颓废局面，比如疯狂的赫利俄伽巴路

---

① 亚里士多德：《政治学》II, 9: ἀπώλλυντο δὲ ἄρξαντες διὰ τὸ μὴ ἐπίστασθαι σχολάζειν. [不懂得如何把闲暇当作长治久安之计。]

② 塔西佗：《编年史》XV, 44。——谢林原注

③ 安东尼（Marcus Antonius, 前83—前30），罗马政治家和军事家，凯撒的助手。因为在与屋大维的内战中失利，自杀身亡。——译者注

斯①就顶着叙利亚的神的名字宣称自己是其祭司，他希望叙利亚的神是罗马唯一崇拜的神，认为一切圣物——不仅是罗马宗教的圣物（比如维斯塔火烛、雅典娜神像等等），还包括犹太人、撒玛利亚人和基督徒的宗教圣物——都应当被收集到叙利亚神的唯一神庙里接受崇拜②，而就像孟德斯鸠所描述的那样③，他既然顶着神的名字，就很容易觉得自己是唯一的神。

　　罗马人寻求君主制，但他们心目中那种君主制是不能以世间的方式达到的。他们超越了国家，寻求一个世界帝国，而这样的世界帝国只有对基督教而言才是可能的。正因为罗马人觉察到了这个缺陷，所以他们成为无信仰的人。他们尝试建立一个世间的君主制，但徒劳无功，因为另一个本原必定会赶来。罗马帝国只不过是为另一个帝国奠定了根基④，后者才称得上是真正的世界帝国。君士坦

XI, 546

---

① 赫利俄伽巴路斯（Heliogabalus, 203—222），原名埃拉伽巴路斯（Elagabalus），因信仰太阳神教而改名，其名字中的"Helio"就是得名于希腊的太阳神赫利俄斯（Helios）。218—222年担任罗马皇帝，在历史上以许多荒诞下流的行为著称。——译者注

② Ael. Lamprid. C. 3。——谢林原注

③ 孟德斯鸠：《罗马的伟大和衰亡》，第114页。——谢林原注

④ 一个后世的罗马人说：

　　　Atque utinam nunquam Judaea subacta fuisset

　　　　Pompeji bellis imperioque Titi!

　　　　　Latius excitae pestis contagia serpunt

　　　　　　Victoresque suos natio victa premit.

　　[但愿犹太人从未

　　　被庞培的战争和提图斯的统治所征服！

　　　　唤醒的瘟疫四处传播，

　　　　　被征服的民族打败了他们的征服者。]

　　　卢提利乌斯：《诗集》第一卷, v. 395。——谢林原注（译者按，卢提利乌斯 [Rutilius Claudius Namatianus]，生活于5世纪的罗马诗人。）

丁①**必须**宣布宗教之于国家的独立性②，这样一来，国家实际上已经认识到自己是一个手段。借助于基督教，国家获得了另一个更高的目的，一个凌驾于国家之上的目的。后来的岁月里，当基督教这个精神性权力企图表明自己是国家权力，这就是误解和谬误，而正因为基督教降格为世间手段，所以国家重新失去自己的（更高的）目的。然后很自然地，随着更高的东西（国家相当于这个东西的承载者）的沉沦，一方面，国家的地位不断提升（比如在路易十四③那里）；另一方面，国家的矛盾面也被召唤出来，个体本原也崛起了。宗教改革抗议的是虚假的神权制。这曾经是**德意志民族**的真正壮举。每一个人都知道，由于什么原因，宗教改革在某些方面已经走向退步。但这个伟大的事件已经昭示出德国人的历史使命和他们的永不放弃的职责，就是要超越那个因为宗教改革而必定消亡的政治统一体，去认识和实现一个更高的统一体。德国人在摧毁偶像崇拜的同时承担起一项任务，即用真正的神权制取代偶像崇拜，而真正的神权制不可能是一种代理统治或教士统治，而将是一个被认识到的神性精神的统治。

让我们回到出发点吧！我们曾经希望表明，国家（当然，不是每一个国家）的本质不在于压制个体自由，毋宁说，只有国家才使个体

---

① 君士坦丁（Constantin, 272—337），罗马皇帝，313年承认基督教的合法地位，330年把首都从罗马迁往拜占庭，改名为新罗马，亦称作君士坦丁堡（今天的伊斯坦布尔）。——译者注

② 参阅尼安德：《基督教和教会通史》（*Allgemeine Geschichte der christlichen Religion und Kirche*），第二版，第三卷，第二部分，第25页。——谢林原注（译者按，尼安德[August Neander, 1789—1850]，德国神学家和教会史家。）

③ 路易十四（Ludwig XIV, 1638—1715），法国国王，在位期间建立了绝对的君主专制。——译者注

自由成为可能, 并且把个体提升为个人。但这并不意味着自我就不会觉得国家是一种压迫; 甚至可以说, 国家只能体现为压迫, 此外无他; 正因如此, 人们很自然地会想要摆脱这个压迫, 而如果他们是以正当的方式去尝试这样做, 这就是无可厚非的。诚然, 在那些被委托掌管国家事务的最高领导权的人里面, 那些以身作则者始终被认为是最智慧的, 他们尽可能放任个体自由, 反之却是紧盯着普遍事务, 必要的时候还会抓起一把锋利的宝剑。我们的祖先的智慧就懂得如何在国家内部塑造一个个自治共同体, 在这些共同体**内部**, 个体知道自己是自由的, 不受国家压迫, 而他的阶层给予每一个人（包括农民和手工业者）的尊重让他超越了那种完全服从于国家的卑微。

另一种做法是努力让自己独立于国家, 尝试推翻**国家本身**, 亦即推翻国家的基础。在**实践**上, 就是让国家发生动荡, 这件事情如果是故意为之, 就是一个与所有别的罪行都迥然不同的罪行, 大概只能和弑亲（parricidium）相提并论; 在**理论**上, 则是发明出一些让国家尽可能迎合自我的学说——和真理完全相悖; 因为真正说来, 国家的职责不是去谄媚自我或实施奖励, 而是实施惩罚: 国家所要求的东西, 是我们**亏欠**国家的, 也就是说, 是我们必须为之忏悔或予以补偿的一个**过失**。换言之, 人一旦摆脱理知秩序, 就已经对国家有所亏欠。尽管如此, 那些学说却赢得了普遍的欢呼, 并且畅通无阻地四处扩散（因为谁都没有预料到, 刚过去的那个时代竟然冒出一大批受其影响的政客）, 单是这一点就已经迫使我们承认, 这些学说来自每一个人的内心里都赞成的某个东西, 而最终说来, 这个东西只能是那个本原, 那个一旦欲求**它自己**, 就希望也完全作为**它自己**

而存在的本原，而且它觉得自己比理性更强大，从而也为**它自己**创造
出一个理性。这是一个服务于自我的理性，它被最近的一些异想天　　XI, 548
开的空谈家看作**理性本身**，而在这个幌子之下，那些人宣称一切祸害
（包括政治上的祸害）都是来源于理性，因此现在理性已经不能提
供任何出路。正是在这里，在并非一个纯理论的关切，而是**实践的**
关切占据支配的地方，这个服务于自我的理性只能是诡辩性质的，
因此在逻辑上只能推进到民众的完全自我陶醉，亦即一种无区别的
乌合之众，但接下来，因为一个制度的假象终究是不可避免的，所
以民众必须同时是二者，即同时是领袖和臣民，或如康德所说的，领
袖是**联合起来的民众本身**，臣民是**个别化的群众**。康德虽然**很不情**
愿——大家都看得出来——，但是按照他假设的那些原理，却不得
不承认，共和制作为唯一符合理性和正当性的制度，只能是民主制，
但他又补充道，民主制是全部制度里面最松散和最复杂的，说白了，
最充满矛盾的。①在这些问题上，康德总的说来通过其伟大的实践
知性和正直的思考完全区别于后来的费希特等人，至于他的法权学
说终究不能避免的那些矛盾，仅仅是他的这些品格的后果和见证。

　　我们承认，人追求超越国家的压迫，这是正当的和必然的。但
这个超越必须被理解为**内在的**超越。用一句老话来说：你们应当首
先追求这个内部的王国，这样一来，那些合法的外在事物不可避免
地带来的压迫对你们而言就不再存在，你们也不会觉得"官员的傲
慢"（在哈姆雷特看来，这是那些可能把我们驱离到生命之外的不

---

① 康德：《法权学说的形而上学初始根据》，第198页（第47节），亦参阅第238页（第51
　　节）。——谢林原注

XI, 549　可忍受的事物之一）有什么特别之处。内在地超越国家——这不仅仅是**每一个人**应当做的（即每一个人都应当成为独立意念的范例），因为如果它成为整个民众的意念，就能够比那个被当作偶像来赞美的[英国]制度更强有力地保护人们免遭压迫，至于英国制度，从某些方面来看，它在自己的起源地都已经成为fable convenue [一个公认的童话]。①英国的制度不是通过契约，而是通过强制和暴力建立起来的，此外尤其归功于一个非理性的，甚至无理性的（在自由主义的意义上）补充，而这个补充确保它直到现在都稳定地延续下来。但没有人羡慕英国的这个制度，正如没有人羡慕它的大量粗俗的乌合之众或它的孤岛处境；一方面来看，这个处境使得英国的制度和历史上的克里特的制度②一样，容许一些别的国家不容许的事情，另一方面来看，这个处境可能导致缺乏良知的英国政府通过煽动和资助各种叛乱——随后很快抛弃那些代理人——搞乱其他国家，使其陷入内战状态，而这个状态是不可能平息的，至少那些弱小的政府对此是无能为力的。反过来，**你们**德国人应当责骂自己这个无政治的民族，因为你们中间的绝大多数人更希望**被统治**（这些人通常觉得这不是一件糟糕的事情，至少不是一件糟糕透顶的事情），而不是去统治，因为你们觉得那种把精神和心灵释放到其他事物上面的闲暇（σχολή）才是更大的幸福，胜过年复一年的仅仅导致党派斗争的政治争吵，而党派斗争的最恶劣的后果是，就连最无能的人都赢得名声和地位；你们应当承认自己不具有真正的精神，因为你们就

① 恰恰在英国，最近一段时间以来，公开的政治斗争不再是为了某些封闭阶层的权利，而是为了个别人的利益关切和野心计划。——谢林原注
② 参阅亚里士多德：《政治学》II, 10。——谢林原注

像亚里士多德说的那样,以为国家提出的第一个应当满足的要求是
让那些最优秀的人享受闲暇,并且不仅让统治者,而且让那些没有
参与国家事务的人都具有体面的地位(ὅπως οἱ βέλτιστοι δύνωνται
σχολάζειν καὶ μηδὲν ἀσχημονεῖν, μὴ μόνον ἄρχοντες ἀλλὰ μηδʹ
ἰδιωτεύοντες)。[1]最后,但愿亚历山大大帝的老师[亚里士多德]对　XI, 550
你们说:那些没有统治陆地和海洋的人,也能够创造美好的和卓越
的东西(Δυνατὸν καὶ μὴ ἄρχοντας γῆς καὶ θαλάττης πράττειν τὰ
καλά)。[2]

　　国家是一个与事实性世界相对立,本身也已经成为事实性东西
的理知秩序。就此而言,它具有一个自永恒以来的根源,并且是整
个人类生命和全部进一步的发展过程的**恒久的**、绝不会再被推翻、
随之也不可能再被探究的**基础和先决条件**,因此在真正意义上的政
治里,比如在以国家为**目**的的战争里,一切东西都必须用来维护这
个基础和先决条件。就国家是**基础**而言,它并不是目的,但为了达到
一切精神性生命的更高目标,国家却是一个永恒的,亦即不可推翻
和不可置疑的出发点。正因为国家不是对象,仅仅是一切进步的前
提,所以它也被当作前提来对待;假若这个观点成为一个普遍的观
点,假若人们不要在国家里寻找什么进步,那现在的局面不知道要

---

① 亚里士多德:《政治学》II, 10, 亦参阅《政治学》VII, 14-15。——谢林原注
② 亚里士多德:《尼各马可伦理学》X, 8。关于希腊人,亚里士多德说,他们是"勇敢而深
　　思熟虑的"(ἐνθυμον καὶ διανοιητικόν),因此始终是自由的,"并且能够统治世上所有
　　别的民族"(καὶ δυνάμενον ἄρχειν πάντων, μιᾶς τυγχάνον πολιτείας)。参阅其《政治
　　学》VII, 7。——谢林原注

好多少。①正因如此，就国家的根据而言，我们希望听从整个严肃的理性和事情本身的必然性来做主，以免更高的善受到一些虚假而懦弱的本原的威胁，而国家恰恰是那些更高的善的先决条件。国家也会持续不断地发展，它虽然参与到这个发展过程中，但不是后者的**本原**。②国家本身是稳固的东西（完结的东西）；一个应当处于静止状态的东西只允许发生变革而非革命，好比无论人们怎么美化和改造自然界，自然界都仍然**是**其所是，并且只要这个世界存在，那么自然界也必定永远都是如此。国家应当做的，就是使自己像自然界那样不可察觉，保障个体的安宁和闲暇，为他们提供手段和动力，以达到更高的目标；国家的完美性尽在于此。因此国家的任务就是为个体创造最大可能的自由（自足）——所谓自由，是指超越国家，仿佛位于国家的彼岸，而不是回头在国家之上或之内影响国家。因为在这种情况下，事情就正好与应当的样子相反，就像我们的宪章制度展现出的那样，国家吸纳一切东西，不是保障个体的闲暇，而是让个体忙于各种事务，使唤每一个人，让每一个人都承担国家的重负，反之在真正的君主制里，那些积极参与国家事务的人并不是在享有特

XI, 551

---

① 前提不可能又被质疑。它是一个深埋在不可探测的"过去"里的事实性东西，并且如康德本人所说的那样（前引著作第207页），从实践的观点来看是不可探究的。即便国家导致人心败坏，也不足以撼动这个最终的事实。真正败坏人心的是那样一个意图，即在国家里与一切事实性东西做斗争。尤其值得注意的是，假若这个努力终于成功地排除了一切经验的、非理性的东西，在它平息下来的那一瞬间，国家也必定会瓦解，因为国家恰恰只在这种经验东西里具有它的支撑点和强大力量。实际上，所有位于这个陡峭斜面上的人，如果要停止下滑，首先得排除伦理上要求的那些东西，即婚姻、所有权和占有权，而他们根本做不到这一点。——谢林原注

② 因此，如果人们以为是国家的过失导致发生革命，这就犯了错误，因为革命是与那个凌驾于国家之上的东西联系在一起的。——谢林原注

权,而是在尽义务,同时其他的人可以仅仅享受好处。

作为单纯外在的、与事实性世界相对立的事实性共同体,国家不可能是目的,正因如此,**最完满的**国家也不可能是历史的目标。没有一个完满的国家,正如(在这个方向上)没有一个最后的人。最完满的国家虽然在历史哲学里有其地位,但仅仅是从否定的方面来看。[①]过去有一段时间,人们把一个理想看作历史的目标,并且在最完满的国家亦即法权制度最完善的国家里寻找这个理想。这个想法在当时是很自然的,值得谅解的,但它总的说来是基于一个错误的前提,即这个世界内部有一个状态,这个状态如果是理想,那么必然也是永恒持续的。反之在我们看来,这个世界作为一个单纯的状态不可能是恒久的;当前的秩序并不是目的,它之所以存在,只是为了被推翻;换言之,这个秩序不是目的,而是注定要被取代。哪怕"开明的"君主制(在这里,国家知道自己仅仅是基础),哪怕它是可能的最好制度,也不是一个完全符合理性的国家制度的理想。[②]如果人们希望这个世界里面有一个完满的国家,其结局就是一种(末世论的)狂热。[③]

XI, 552

---

① 参阅本书第543页(XI, 542)。在这里——在这个否定的方面——,理性仅仅询问:国家(共同体)的理念包含着什么东西? 包含着哪些可能性? 包含着哪个目标? 至于肯定的方面,则是把神意(天命)理解为那个在历史里面发挥作用的东西。——谢林原注

② 此外需要指出的是,如果只存在着一些不完整的国家,那么君主制本身就已经是开明的。——谢林原注

③ Qualemcunque formam gubernationis animo finxeris, nunquam incommodis et periculis cavebis. [无论你想象出什么形式的政府,你也永远不会摆脱麻烦和危险。] 胡果·格劳秀斯:《战争与和平法》(*De Jure Belli et Pacis*),第二卷。——谢林原注(译者按,格劳秀斯 [Hugo Grotius, 1583—1645],德国法学家和宗教改革神学家。)

第二十四讲　纯粹唯理论哲学的边界 ①

XI, 553 也就是说，相对于一个更高的发展过程，国家仅仅是其基础、前提和环节，也只有在这个意义上，这门课程才讨论了国家。持续推进者位于那个超越国家的东西之内。但超越国家的东西是个体。因此，我们现在必须重新讨论个体本身以及个体与法则的**内在**关系。虽然从外部（从国家那里）获得的对于法则的尊重能够带来福祉，但考虑到绝大多数人如此难以恪守义务，这种尊重并不能令人满意；因为法则本身是指向**内心**，又因为国家根本不关心意念，所以更需要个体从意念出发进行检验。国家不在意任何人，反之每一个人对道德律而言都是无条件的。国家是某种人们可以与之斤斤计较的东西，人们可以完全被动地对待国家，却不能同样如此对待道德律。无论国家多么强大，都只能导致一种外在的，亦即同样事实性的正义；反过来，无论国家多么虚弱，甚至完全瓦解，那个内在的、

XI, 554 写在心灵之内的法则却保持不变，并且只会更具有紧迫性。是的，外在的法则（国家法律）本身仅仅是那个内在强制的一个后果，因此当我们讨论后者时，就不再去关注前者。

　　这样我们就完全来到自我摆脱上帝之后所处的环境。自我与上

---

① 第二十四讲并不是以现有的形式出现在谢林的遗著里。谢林本人修改过的手稿结束于前一讲结尾处面向德国民族的呼吁。但接下来一直到本讲结束，顺延的思路完整地保存在每一页构思手稿里，以至于我们只需要遵照谢林本人在遗嘱中留下的指示把这些手稿排列在一起，就能够得出当前形式的第二十四讲。——原编者注

帝分离之后，就受困于法则这一区别于上帝的权力[①]；自我既不能超越这个权力（因为它完全臣服于后者），也不能抵抗这个权力（因为法则仿佛已经缝入和扎入它的意志）。对于法则，自我的第一个自然的感觉是厌恶和抵触，这个感觉愈是自然，法则在它看来就愈是严厉和残忍。[②]因为法则作为普遍的和非人格的东西，只能是严厉的，——法则作为一个理性权力，对人格性是如此之漠不关心，以至于根本不会因为考虑个人情况就放松一丝一毫，甚至哪怕它的要求**完全**得到满足，也不会对此表示感谢（"人即使做了一切，仍然是无用的奴仆"）。假若**诫命形式**是出自某一个人，自我还不至于太反感，但在一个非人格性的权力面前卑躬屈膝，这对自我而言却是不可忍受的。他，一个愿意是**他自己**的人，应当看到自己服从于普遍者。[③]

[①] 如果人们重新把道德律想象为神的法则，或者甚至希望上帝介入自然法，这就是本末倒置。毋宁说，上帝通过法则就被遮蔽了，并且必须一直如此，以便让法则扮演监工的角色。如果一切东西都像人们希望的那样从属于宗教，那么就根本不存在什么理性道德或法权学说；这种想法就仿佛是要完全否认理性科学的存在。诚然，假若上帝不存在，那么理性也将不存在（理性将不再是一种**权力**）。但人们不可以由此推出，道德律只有作为**神**的法则才对我们具有意义（把道德完全**回溯到**神学）。——谢林原注

[②] 路德在为《新约·罗马书》写的序言里说："因此，法则愈是要求人去做一些不可能的事情，人就只会愈是敌视法则。"——谢林原注

[③] 基于法则的这种非人格性，**法则本身**就具有**不完满性**，但人们试图通过把它想象为神的法则来否认这种不完满性。作为非人格的和普遍的东西，第一，法则仅仅关心共同体，没有为个体提供任何东西。它虽然面向个体说话，但它的意图不是针对个体，而是针对族类；第二，法律没有说什么事情是应当做的，因此仅仅具有否定的性质（这一点在根本上已经包含在前一点里）；第三，**就此而言**，道德的唯一目的是，我即使满足了一切东西，也仍然没有达到任何东西。——因此，法则仅仅是一种"外添的"东西（ὁ νόμος παρεισῆλθε，《新约·罗马书》5:20），它的终点在另一个东西亦即基督那里（τέλος τοῦ νόμου Χριστός，《新约·罗马书》10:4），当这个东西出现，法则就终止于自己的这个不完满的形态。——康德没有认识到法则的不完满性，从而截断了通往他的目标的真正道路。他的批判精神在这里离他而去。——谢林原注

XI, 555 　　　但这个抵触同样被压制下去了，因为正如刚才说，这个抵触主要针对的是形式而非内容（法则在形式上是一个诚命，而自我愿意是绝对自由的）；哪怕一个人甚至借助于自身之内的更好东西（借助于他的本质的理知方面，尽管这个方面处于潜在的状态）满足了法则，也仍然不得安宁①；但恰恰在这种情况下，人认识到，只要他不能满足法则，就是死路一条，因为他缺乏一个**意念**②，而法则不可能给予他这个东西。法则不可能给予他一颗"等同于"法则的心③，正相反，法则壮大了罪孽的力量，不是取消法则和人之间的不平等，而是让那个力量越来越强大，并且以各种方式显露出来，以至于到最后，**一切**伦理行动都是应当谴责的，而整个生命也是败坏的。虽然自愿的美德让生命变得美丽和高贵，但在根本上永远只有法则的严肃，

XI, 556 而这种严肃剥夺了存在的全部**欢愉**。实际上，自我在与法则的斗争中获得的经验，就是越来越觉得法则的压迫是一个不可克服的诅咒，因此，当自我完全走到卑躬屈膝的地步，就开始认识到自己的整个存在是无，没有一点价值。④

　　　然而恰恰在这里，当法则完全达到其否定自我的目的，就出现了

---

① 关于求善的意愿与肉体的强大力量之间一边倒的斗争，可参阅《新约·罗马书》第七章。——谢林原注

② 康德意义上的那种单纯出于敬重的道德是不存在的；正如路德指出的，为此还需要"一颗自愿而愉快的心"。自我敬重让我们坦然面对不幸，但不能使我们幸福。康德也同意这一点，因为他认为幸福是某种添加进来的陌生东西。——谢林原注

③ 路德在那篇序言里说："但除了上帝的精神，没有人能给予这样一颗心；只有上帝的精神才让人**等同于**法则，使他发自内心地对法则感到喜悦。"——谢林原注

④ 关于希腊诗人如何评价人类的悲苦，可参阅《伊利亚特》XVII, 446,《奥德赛》XVIII, 130, 以及索福克勒斯：《俄狄浦斯在科罗诺斯》，第1225行: μὴ φῦναι τὸν ἅπαντα νικᾷ λόγον. [完全没想到，最好的东西并未出生。]——谢林原注

一个转折点。也就是说，自我面临着一个可能性，即它虽然不能在它的位于上帝之外的、充满悲苦的状态里扬弃自身，但能够扬弃作为**发挥作用者**的自己，亦即撤退回自身之内，放弃自己的自主性。自我这样做的唯一意图是希望摆脱行动带来的不幸，在法则的逼迫之下遁入沉思的生命；就此而言，自我是在良知本身的诱导下走到这一步的，是良知（作为潜在的上帝）让它不再把自己当作欲求的对象。当自我从行动的生命进入沉思的生命，**它就同时走到上帝那一边**：它并没有认识到上帝，而是在这个非神性的世界里面寻找一种神性的生命，又因为这个寻找是在放弃那个使它与上帝分离的自主性的情况下发生的，所以它能够重新触及神性东西本身。换言之，当精神撤退回自身之内，就给予灵魂自由，而灵魂是一种就其本性而言能够触及上帝的东西。这里显露出来的，是真正意义上的θεῖον[观审][1]，但这件事情不是在种属之内，而是**仅仅在个体之内**发生的。[2]精神能够撤退回自身之内，而正如我们看到的，这个可能性就是指精神自身之内的回归上帝的潜能阶次，因此那个发挥作用者在背离上帝的时候仍然保留着这个潜能阶次；当自我之内的偶然东西（背离上帝的东西）破裂和虚无化之后，这里显露出来的就是a⁰的**本质**。因此，自我进入沉思的生命，就是重新发现上帝（上帝对它而言重新成为客观的），当然，正如我们将会看到的，这时的上帝仅仅是作为理念的上帝。

XI, 557

---

[1] 即柏拉图在《理想国》第七卷532C所说的τὸ βέλτιστον ἐν ψυχῇ[灵魂里的最美好的东西]。——谢林原注

[2] 种属或族类和上帝之间只有一种间接的关系，也就是说，上帝恰恰是潜在地位于**法则**之内，亦即封闭在**法则**之内。只有**个体**才与上帝有一种直接的关系，能够**寻找**上帝，并且在上帝启示自身的时候，接纳上帝。——谢林原注

　　这个对于上帝的重新发现具有不同的层次，而这些层次必须被看作回归上帝之路的不同环节。在第一个层次里，自我试图完成遗忘自身或否定自身的行动；这个环节呈现在神秘主义的**虔敬**里，而费奈隆①以最敏锐的方式表达出了这种虔敬的意义，即一个人尽可能地"虚无化"（但不是"消灭"）他自己以及一切与他相关联的纯粹偶然的存在。②第二个层次是**艺术**，自我通过艺术而使自己与神相似（όμοίωσις），即首先制造出神性的人格性，然后试图让自己达到这个境界；当精神成为灵魂（达到完全不由自主的生产），艺术就创造出令人迷狂的东西，但这只有对最高级别的艺术家而言才是可能的，同时艺术家并不知道或理解这件事情，而是听命于他们的本性的真实规定。③艺术之后的第三个层次是**沉思科学**或**理论科学**。在

XI, 558

---

① 费奈隆（Francois Fenelon, 1651—1715），法国寓言作家。——译者注

② 费奈隆在他的《上帝存在的证明》（*Demonstration de l'Existence de Dieu*）里把那种放弃自主性的做法称作 nous désapproprier notre volonté [放弃我们的意志的所有权]，并且通过如下方式刻画了这种神秘主义的虔敬：Nous avons rien à nous que notre volonté, tout le reste n'est pas à vous. La maladie enlève la santé et la vie: les richesses-les talens de l'esprit dependent du corps. L'unique chose, qui est veritablement à vous, c'est votre volonté. Aussi est-ce elle, dont Dieu est jaloux. Car il nous l'a donnée non afin que nous la gardions et que nous en demeurions propriétaires; mais afin que nous la lui rendions toute entière, telle que nous l'avons reçue et sans en rien rétenir. Quiconque reserve le moindre désir ou la moindre repugnance en propriété, fait un larcin à Dieu. Combien d'ames propriétaires d'elles-mêmes? [我们除了我们的意志之外一无所有，其他的都不是你的。疾病带走了健康和生命：财富和天赋依赖于身体的精神。唯一真正属于你的东西是你的意志，而这正是上帝所忌妒的。因为他把意志交给我们，不是要我们保留它，继续做它的主人，而是要我们把它完全交还给他，就像我们接受它一样，不保留任何东西。一个人哪怕把最轻微的欲望或厌恶保留为财产，就犯了偷窃上帝的罪。有多少人的灵魂是自己的主人呢？]费奈隆甚至把那种自我放弃（自我剥夺）称作 entière indifférence même pour le salut [对救赎也漠不关心]。——谢林原注

③ 关于艺术在唯理论哲学中的地位，参阅亚里士多德：《尼各马可伦理学》VI, 4。——谢林原注

这种科学里，自我超越了实践的和单纯自然的（理智的）知识①，并且
触及那个为着自身而存在着的灵魂本身或努斯本身（αὐτῇ τῇ ψυχῇ,
αὐτῷ τῷ νῷ）。②在这里，当精神撤退回自身之内，放弃了实践事物，
就达到了纯粹的θέα［观审］，从而直接触及理知东西，因此努斯和
纯粹理知东西之间的关系就相当于感官和感性东西之间的关系（τὸ
νοεῖν ὥσπερ τὸ αἰσθάνεσθαι）。③诚然，当精神试图使自己成为潜在
的东西，就**因此**表现为被动的，但它恰恰因此占有着自己，并且重新
达到一种以神为观审对象的生命（一种理论的生命），这种生命起初
是属于a⁰，但现在被那个已经抛开自己的整条道路的精神看作最高
目标。

　　简言之，就自我试图摆脱悲苦并在**它的**世界里获得极乐而言，
沉思科学是它所能够达到的最高目标。④在那种通过沉思而达致的
善里，自我似乎也现实地获得了满足；因为如今它在认识中重新拥有

---

① 在这里，努斯在它的最高层次上显现为科学的唤醒者和自由生产者；参阅本书第455页
　　（XI, 455）。值得注意的是，唯理论哲学作为沉思科学在这里本身是作为发展过程的一
　　个环节而出现的。——谢林原注

② 参阅本书第316页（XI, 316）和第356页（XI, 356）的注释。正是努斯在最高科学里把灵魂
　　从潜能中解放出来和提升上来（当初也是它把灵魂设定在潜能中），并且和这个被解放的
　　灵魂（灵魂本身）一起认识到永恒者。——谢林原注

③ 亚里士多德：《论灵魂》III, 4。——谢林原注

④ 对我们而言，艺术和科学是极乐的不同层次（尽管如我们将要看到的，仅仅在否定的意
　　义上是如此），而对希腊人而言，相比法则统治下的国家和宗教，诗（荷马）和造型艺术
　　（菲狄亚斯）才给人带来自由。我们所说的"精神进入灵魂"，在亚里士多德那里相当于
　　《尼各马可伦理学》X, 7所说的ἀθανατίζειν［成为不朽］。此外可参阅该书整个第七章，
　　其中把静观的生命描述为神性的生命。同样值得注意的是柏拉图《泰阿泰德》176A的
　　这段话：διὸ καὶ πειρᾶσθαι χρὴ ἐνθένδε (ἀπὸ τῆς θνητῆς φύσεος) ἐκεῖσε φεύγειν ὅτι
　　τάχιστα: φυγὴ δὲ ὁμοίωσις θεῷ κατὰ τὸ δυνατόν. ［我们应当尽快设法从地球逃到诸神的
　　居所（逃离有死的本性）；逃出来就成为与神相似的人，只要这是可能的。］亦参阅柏拉
　　图：《斐勒布》62。——谢林原注

XI, 559　了它在实践中丢失的神或上帝，并且在上帝那里看到一个理想，以便通过这个理想而超越自己，摆脱自己。然而自我与这个上帝之间只有一种**观念上的**关系，除此之外也不可能有别的关系。因为，沉思科学所导向的上帝仅仅是**终点**或**目的**，不是现实的上帝，也就是说，仅仅导向一个就其本质而言是上帝的东西，而不是导向现实的上帝。①

---

① 从历史上看，与此同时，古代哲学在这个点认识到了作为目的的因的神或上帝，认识到了基于纯粹的自主存在（是自己）的 A^0。此前我们已经区分了"是存在者的神"和"是自己的神"。在唯理论哲学里，A^0 通过与存在者的区分，被设定为纯粹的自主存在（是自己）。通过这个区分，正如亚里士多德所说，神作为单纯的"拥有自身的东西"（ἑαυτοῦ ἔχον），作为常驻的、永恒等同于自身的、被动的神，是目的因而非动力因（αἴτιον τέλικον, οὐ ποιητικὸν），或按照《尼各马可伦理学》X, 8 的说法：τοῦ πράττειν ἀφαιρούμενος, ἔτι δὲ μᾶλλον τοῦ ποιεῖν [更多的是去创造，而不是被推动着去行动]，他推动一切东西，但仅仅**作为目的**，因此本身不被推动（ὁ πάντα κινῶν ὡς τέλος, αὐτὸς ἀκίνητος），而作为不对外发挥作用的东西，他仅仅思考和静观他自己，是 νοήσεως νόησις [对于思维的思维]，而这和人们经常误以为的"关于思维的思维"当然是极为不同的。这个说法的真正意思是，神仅仅是思维的无限的，亦即始终重复的（没有自身外的有限对象的）思维活动。参阅亚里士多德：《欧德谟伦理学》VII, 12: οὐ γὰρ οὕτω ὁ θεὸς εὖ ἔχει, ἀλλὰ βέλτιον ἢ ὥστε ἄλλο τι νοεῖν παρ᾽ αὑτόν. [因为神的完满性不允许这样做，但他太完美了，除了他自己之外，他不可能思考别的东西。]至于神的这个自身静观的更具体的规定给亚里士多德带来了哪些困难，可参阅他的《大伦理学》II, 15。同样的困难在《尼各马可伦理学》VII, 14（以及《欧德谟伦理学》VI, 14）那里也是有迹可循的。

　　因此在这里，用德国哲学的术语来说，神或上帝是一个存在着的、常驻的、不再能够脱离自身的**主体–客体**。那些在一切哲学里面只看到随意武断的观点的人，没有了解到许多完全不同的个体在不同的时代用完全不同的形式提出了同样的概念，从而证明了这些概念的必然性。换言之，虽然神或上帝在德国哲学里始终是主体–客体，但德国哲学的奠基人当时对亚里士多德的了解程度或许并不像人们以为的那样深入。如果在亚里士多德看来，神或上帝仅仅是目的和 ἄπρακτος τὰς ἔξω πράξεις [不向外发挥作用的东西]，那么这个东西对他而言就无非是单纯的概念。哪怕亚里士多德认为这个东西是存在着的，它也**仿佛不存在**，因为它不可能做任何事情，而我们也不可能拿着它去做任何事情。或许真正不可理喻的是，人们如何忽视了这个规定在亚里士多德以及近代哲学那里所具有的**否定意义**。作为虽然拥有自身，但不能脱离自身的东西，神或上帝仅仅就其本质而言是精神，仅仅是观念上的精神，因此这里谈论什么绝对精神是对于概念的滥用。（转下页）

在这个单纯观念上的上帝那里,假若自我能够坚守观审的生命,大概 XI, 560
也可以获得某种安宁。但这恰恰是不可能的。自我不可能彻底放弃
行动;它**必须**去行动。但只要重新出现行动的生命,只要现实性重
新确立自己的有效性,那么那个观念上的(被动的)上帝也是于事无
补的,而以前的那种绝望也再度出现。因此现在的问题是:自我接
下来还能做什么,它将走向何方?

　　但在这里,无论如何,虽然没有达到整个发展过程的终点,但毕
竟已经达到这门科学(单纯的理性科学)的目标。因此我们在向着
那个终点推进之前,必须首先对这个目标略加讨论。

　　理性科学的任务,就是把那个在其单独存在中(即脱离存在者)
的本原(A^0)**作为本原**来把握,也就是说,把它当作最终的和最高的
对象(τὸ μάλιστα ἐπιστητόν)来把握。这个目标已经达到了。因为
关键仅仅在于,自我承认自己是“非本原”,让自己从属于上帝(而它
同时必须重新认识到上帝)。只要这件事情发生了,A^0就保持为真正

（接上页）如果说在亚里士多德那里,神或上帝在他的自主存在(是自己)中是“拥有自
　　身的东西”(ἔχον ἑαυτοῦ),那么在柏拉图那里,神或上帝在这个区分中就是一个为了自
　　身的缘故值得追求的东西,而如果人们以为柏拉图在这里所指的仅仅是善的理念,这就
　　误解了柏拉图。毋宁说,对柏拉图而言,“善”就是“**善本身**”(这一点明确地包含在《理
　　想国》第六卷509B所说的ἐπέκεινα τῆς οὐσίας [超于存在之上]里,并且通过对话者的
　　惊诧反应而得到证实)——当然,它是位于理念里,仅仅作为思想,但毕竟是善本身,正
　　如唯理论哲学最终也是这样说上帝。参阅《理想国》第七卷518C,以及之前的517B; ἐν
　　τῷ γνωστῷ τελευταία ἡ τοῦ ἀγαθοῦ ἰδέα καὶ μόγις ὁρᾶσθαι. [在知识里最终很艰难地
　　被看到的是善的理念。](注意柏拉图这里说的是“在知识里”,而不是“在思想里”)至
　　丁柏拉图也谈到了善的理念,这是很自然的(比如《理想国》第六卷505A),但对他而言,
　　“善”(“善本身”)只有在与个别的“善的东西”或μετέχοντα τοῦ ἀγαθοῦ [分有善的东
　　西]相关联时才叫作“善的理念”(参阅亚里士多德《欧德谟伦理学》第五章之前),换言
　　之,正如整个语境所表明的,“理念”对他而言仅仅是ὁ τοῦ ἀγαθοῦ ἔκγονος [善的儿子]
　　(《理想国》第六卷508B)。——谢林原注

的、唯一的和真实的本原,而且是处于完全的分离状态,尽管自我在

XI, 561 崛起并成为一个位于上帝之外的世界(即一个排斥上帝的世界)的开
端时,A^0已经被设定在这种状态中。[1]同样,正如自主本原让位给
更高的和唯一真实的本原,那个迄今为止唯一有效的第一科学现在
也让位给第二科学,而我们此前曾经说过[2],后面这种科学才是我们
真正想要的科学,而我们也是为了它的缘故才去寻求本原。现在,
第一科学显现为它所是的东西,显现为一种走向本原的哲学。作为
这样一种哲学,它虽然不是最终的和最高的科学,但始终是普遍的
(整全的)科学,是全部科学之科学[3],因为它不但为所有特殊科学
寻求客体,也为最高的科学寻求客体。你们不妨回想一下,之所以出
现第一科学($\dot{\eta}$ $\pi\rho\acute{\omega}\tau\eta$ $\dot{\epsilon}\pi\iota\sigma\tau\acute{\eta}\mu\eta$),是因为我们让那些单纯可能的本
原发挥作用。伴随着这个显露,它们成为一个已分割的、本身发生
层次分化的存在的原因,成为一系列对象的原因,其中每一个对象
都能够成为一种科学的客体。相应地,伴随着这个序列,也出现了
一系列特殊科学,它们都是起源于这门**唯一的**科学,因此后者有理
由被称作全部科学之科学。但通过同样的方式,它也产生出那种从
本原出发,并且从本原推导出所有别的东西的科学,后者所考察的
是最高的对象(这个对象直到最后都始终是第一科学的任务),但它
本身现在也是一门**特殊**科学,不是**科学本身**,而是诸多科学中的一
种。假若哲学不具有特殊对象,那么它本身就不可能是一种科学,
毋宁只能是**科学本身**,亦即整全的科学。这个特殊对象只能是一个

---

① 参阅第二十讲结尾。——谢林原注
② 参阅本书第367页(XI, 367)。——原编者注
③ 参阅本书第368页(XI, 368)。——原编者注

不被任何别的科学所研究的对象,因此要么是被全部科学排斥的,
要么必定是**哲学**独有的,专属于哲学的,而这种对象作为最后被发现
的对象,是最高的、最值得认知的对象;因为相对于这个对象,哲学
把全部先行的对象都看作无,看作对于**哲学**而言不存在着。因此,　XI, 562
是第一科学使第二科学(作为特殊科学的哲学)能够有一个对象,
但第一科学本身也是哲学,而在这个意义上,当有些人宣称,人们只
有通过哲学本身才知道哲学的对象是什么,这就是正确的。但是,
只要第一哲学使本原成为可能或产生出本原,它就已经达到了自己
的目的;因为它只能产生出本原,却不能实现本原;在这个意义上,
它可以被称作**否定**哲学,因为它虽然是如此之重要,甚至是如此之
不可或缺,但它对于那个唯一值得认知的东西及其派生物却是**一无
所知**;换言之,第一哲学仅仅通过分离(以否定的方式)设定本原,
这样它虽然掌握了唯一现实的东西,但这个东西仅仅在**概念**里,因此
仅仅是**理念**。此外,由于它在寻求本原的时候首先考察一种哲学的
可能性,所以它是**批判的**哲学,而这就是康德的任务。

我们说过,唯理论哲学,或按我们现在给它的称呼,否定哲学,
恰恰只是使本原成为可能。因为它首先是在纯粹**思维**里被发现的,
然后我们希望让它摆脱潜在性。这件事情发生之后,这样产生出来
的本原同样只是在思维里被发现的;在这个问题上(就存在而言),
纯粹思维的立场没有发生丝毫改变。但通过理性科学的过程,本
原的**本性**得到了证实或确认,也就是说,它表现为*natura* necessaria
[必然的**本性**],表现为一个**在本质上**是现实性的东西(οὗ ἡ οὐσία
ἐνέγεια)。上帝现在位于他曾经迷失在其中的绝对理念之外,位于
他自己的理念之内,但正因如此,他仅仅是理念,仅仅在概念中,而

不是在现实的存在中。①也就是说, 在这种科学里, 一切东西都被封闭在理性里面, 上帝也不例外, 哪怕他作为概念中的上帝, 自在地看来并没有被封闭在理性里面, 亦即没有被封闭在永恒的理念中。诚然, 正如康德所说, 一切存在命题都是一个综合命题, 即一个可以让我超越概念的命题②, 但这个说法并不适用于那个纯粹的 (摆脱了全部普遍者)、在理性科学的终点保持为最终东西的"**如此**", 因为纯粹的、抽象的"**如此**"不是一个综合命题。

现在, 如果那个**在本质上**是现实性的东西也被设定在它的概念之外, 从而并非仅仅**在本质上**或**就本性而言**是现实性, 而是**现实地**是现实性, 那么这个意义上设定的本原就不再是我们当作唯理论科学的目标而追求的那个本原, 因为我们在唯理论科学里面只希望让它摆脱存在者, 把它当作结果来寻求, 因此只是关注 (抽象的) 本原; 但现在, 它已经现实地被设定为**本原**, 亦即**开端**, 科学的开端, 而这种科学把"那个**是**存在者的东西", 把存在者本身 (αὐτὸ τὸ ὄν) 当作本原, 从中推导出所有别的东西③: 迄今为止, 我们都是这样标示这种科学, 即我们是为了它的缘故 (并且借助第一科学) 去寻求本原, 现在, 我们把它称作**肯定哲学**, 以表明它是第一哲学或否定哲学的对立面。第一哲学之所以是否定哲学, 原因在于, 它仅仅关注可能性 ("什么"或"所是"), 而且它所认识的一切东西都是它们在纯粹

---

① 在绝对理念里面, 不仅存在者, 而且那个是存在者的东西, 都在那里一并属于潜能阶次; 最高意义上的实体虽然不可能过渡到任何别的东西 (因为它没有包含着任何单纯潜在的东西, 所以始终保持为纯粹的现实性), 但还是作为最终的可能性而从无差别里显露出来。——谢林原注

② 康德:《实践理性批判》, 哈滕斯泰因版, 第四卷, 第262页。——谢林原注

③ 参阅本书第361页以下 (XI, 361 ff.)。——谢林原注

XI, 563

思想中独立于全部存在时的样子；诚然，从第一哲学里面能够推导出存在着的事物（否则它就不是理性科学或先天科学，因为假若没有"后天"，那么"先天"也不成其为"先天"），但这不是因为事物存在着，所以推导出事物①；第一哲学之所以是否定哲学，还有一个原因，即它仅仅在**概念**里掌握最终的东西或自在的现实性（因此这个东西相对于存在着的事物而言是超于存在的）。反之，第二哲学之所以是肯定哲学，原因在于，它的出发点是存在，即第一哲学在概念里 $\quad$ XI, 564

发现的那个"必然存在者"（那个**就本性而言**是现实性的东西）的**存在**或**现实**的现实性。肯定哲学首先仅仅把这个东西当作纯粹的"**如此**"(Ἔν τι)，由此推进到概念，即"**什么**"或"**所是**"（存在者），以便把这个如此存在着的东西带到一个点，在那里，这个东西**证明**自己是存在（世界）的现实的（真实存在着的）主人，是人格性的、现实的上帝，与此同时，这种哲学也解释了从那个最初的"**如此**"推导出的所有别的存在（Seyn）的**真实存在**（Existenz），进而制造出一个肯定的体系，亦即一个能够解释现实性的体系。

由此可见，我们在这个哲学发展过程的开端所提出的两种科学的区别，就是否定哲学和肯定哲学的**对立**。既然如此，真正说来我们应当在这里完整地讨论这个对立。但因为这个讨论涉及的范围非常广泛（整个哲学史都展现出否定哲学和肯定哲学的一个斗争），并且构成了一门自成一体的课程，所以我在这里仅仅发表以下简短的评论。第一科学在它的终点遇到了某个不再能够凭借它的方法而加

---

① 唯心主义并不解释现实性，而是解释现实性的方式。参阅本书第376页（XI, 376）。——谢林原注

以认识的东西；它已经竭尽所能，最后只能把这个对它而言未知的，而且始终不可认识的东西移交给第二科学，但对后者而言，这件事情仅仅奠定了一个外在的而非内在的依赖性。假若这里有一个内在的依赖性，那么否定哲学就必须把它的对象当作一个已经认识到的对象而移交给肯定哲学。肯定哲学也可以伴随着"我想要的是超于存在之上的东西"这个单纯的宣言而完全从自身出发，而我们将会看到，通过这样一个意愿，我们实际上已经现实地过渡到肯定哲学。与此同时，尽管肯定哲学完全不同于否定哲学，我们却必须主张二者的联系乃至统一体。无论如何，哲学仅仅是**同一种**哲学，也就是说，这种哲学既**寻求**自己的对象，也**拥有**并且认识自己的对象。真正说来，正如这整个如今已经到达终点的发展过程所展示的，肯定哲学也**存在于**否定哲学之内，只不过尚且不是现实的，而是首先寻求着自身。

XI, 565

　　当本原成为开端，成为另一种科学的开端（这种科学不再是理性科学，因为后者在面对本原时是束手无策的），本原就不再是单纯的理念，或者说不再位于理念之内：它被设定在它的概念之外，挣脱了它曾经被封闭在其中的理性，被排斥在理念之外。与此同时，"那个是存在者的东西"（A^0）和"存在者"（$-A+A\pm A$）之间的关系发生了一个**颠转**。因为当前者成为开端或前提，后者作为与之不可分割的东西，就不可能先行于前者，而是必须跟在其后面，因此第一个问题就是应当表明这是如何可能的。但我们还没有前进到这个地方。因为我们现在首先要回答的是这样一个关键问题：A^0究竟是被什么东西排斥在理性之外，从而导致那个颠转，亦即向着肯定哲学的过渡？这里必须指出，那个排斥不可能是由**思维**造成的。诚然，那个推动着走向第二科学的东西是位于第一科学的最终概念之内，因为唯理论哲学的最终东西，纯粹的"**如此**"，不能形成开端：为了成为**科学**，必须加上普遍者，即"**什么**"或"**所是**"，而这个东西现在只能是后果，不可能是前提。也就是说，理性科学确实超越了自身，导致了颠转。但这个颠转本身不可能是由思维造成的。毋宁说，这件事情需要一个实践的动机；但思维里面没有任何实践的东西，概念仅仅属于沉思，并且只关注必然的东西，而这里涉及的是某种位于必然性之外的东西，某种被欲求的东西。必定是一个**意志把A^0排斥在理性之外，造成理性科学的这个最终危机**。这个意志带着一种内在的必然性，要求上帝不只是理念。这里我们谈到了理性科学的最终危机，至于第一个危机，则是指自我被排斥在理念之外，而在当时那个情况下，虽然理性科学的特征发生了变化，但理性科学本身却没有受到影响[1]；现在，伟大的、最终的和真正的危机在于，上帝这个最后被发现的东西被排斥在理念之外，而理性科学本身因此被遗弃（被抛弃）。就此而言，否定哲学导致了理念的毁灭（正如康德的批判导致了理性的蒙羞），或者说导致这样一个结果，即真正的存在者是一个位于理念之外的东西，不是理念，而是多于理念，κρεῖττον τοῦ λόγου [胜过概念]。[2]

XI, 566

　　至于那个标志着颠转，随之标志着肯定哲学的意志究竟是什么东西，这是毫无疑问的。它就是我们在某一个环节里曾经丢下的自我，当时它必须告别沉思的生命，陷入最终的绝望而不能自拔；

---

① 参阅本书第421页（XI, 421）。——谢林原注
② 亚里士多德：《欧德谟伦理学》VII, 14: λόγου δ' ἀρχὴ οὐ λόγος, ἀλλά τι κρεῖττον. [概念的本原不是概念，而是某种胜过概念的东西。]——谢林原注

因为它虽然通过理知的认识达到了A⁰，但仍然是孤立无援的；当时它也没有摆脱存在的虚妄，而这种虚妄是它自己招致的，现在当它重新体会对于上帝的认识，只会更加深切地感受到这种虚妄。换言之，自我现在才认识到它和上帝之间的鸿沟，认识到**一切**伦理行动都是基于从上帝那里堕落，基于一种位于上帝之外的存在，都是可疑的，因此，除非这个断裂被修复，否则就不会有安宁与和平，而且只有一个同时消解断裂的极乐才能够修复这个断裂。因此自我现在追求的是上帝本身。它想要拥有的是**他**，即上帝，这个上帝带着预见去行动，能够作为**一个本身事实性的上帝去应对堕落的事实性**，简言之，这个上帝是存在的**主人**——并非仅仅像那个作为目的因的上帝一样"超越了世界"（transmundan），而是"超升于世界之上"（supramundan）。唯有在这个上帝身上，自我才看到**现实的**至善。沉思的生命的意义无非是超越普遍者而达到人格性。因为人格性寻找人格性。但借助于沉思，自我在最好的情况下也只是重新发现理念，因而仅仅发现一个位于理念中、被封闭在理性中、不能推动自身的上帝，却不能发现一个位于理性之外和之上，因此能够做理性不可能做的事情的上帝，一个能够等同于法则，亦即独立于法则的上帝。现在自我想要的是这个上帝；诚然，自我不会以为凭借它自己就能够赢得上帝，毋宁说，上帝必须带着他的帮助**迎面而来**①，但自我可以**欲求**上帝，并且希望通过上帝而分享一种极乐；由于无论是伦理行动还是静观的生命都不能克服鸿沟，所以这种极乐并非如康德希

---

① 在埃斯库罗斯《被缚的普罗米修斯》第1006—1007行，赫尔墨斯对普罗米修斯说："直到唯一的神出现解救你之前（πρὶν ἂν θεῶν τις διάδοχος τῶν σῶν πόνων φανῇ），不要指望这个悲苦会有一个终点。"——谢林原注

望的那样是一种**论功行赏**和**按劳分配**，毋宁只能是一种与功劳无关
的极乐，且正因如此是一种与算计无关的、喜从天降的极乐。康德
同样希望超越法则，但在他那里，并非自我，毋宁只是哲学和算计要
求超越法则，追求一种**配得上奖赏的**幸福，而且这种幸福不是基于
与上帝的统一体，而是某种相对外在的东西，并且真正说来仅仅是
感性的幸福。①但我真正追求的是这样一种极乐，在其中，我将摆
脱全部私自性，从而也摆脱了私自的伦理性；假若我仍然必须把这
种期待中的极乐看作我的行动的（至少是间接的）产物，那么它对我
而言就将是一种不纯洁的东西。②假若永远只有一种按劳分配的极
乐，那么这就是永恒不满的原因，但终究说来，没有什么东西（包括
那种自命不凡的哲学高傲）能够阻止我们带着一颗感恩的心承认，
我们不是基于功劳，而是基于恩典才获得我们在别的地方绝不可能
获得的东西。③

　　正如你们看到的，对于现实的上帝以及他带来的解脱的追求，　XI, 568
不是别的，正是明确表达出来的对于**宗教**的需要。伴随着这个需
要，自我的探索之路终结了。如果自我拥有现实的上帝，并且通过宗
教而与之达成联合（达成和解），它就有望达到它在自己的道路上不
能寻得的存在的欢愉。没有一个现实的上帝（一个不仅仅是沉思对
象的上帝），就没有任何宗教——因为宗教以人与上帝的一个现实

---

① 康德：《实践理性批判》，哈腾斯泰因版，第四卷，第234页下方。——谢林原注
② 同上书，第229页。在康德看来，幸福仅仅是至善的第二个要素；如果第二个要素是更高
　的要素，那么他的这个看法就是正确的。我们追求的幸福不是道德的奖励，而是更高的
　东西，因为道德并不能给人带来满足。——谢林原注
③ 否定哲学虽然也告诉我们极乐在什么地方，但不能帮助我们达到极乐。——谢林原注

的、实在的关系为前提，也没有任何以上帝为天命的历史。[①]因此，在理性科学的范围之内，没有任何宗教，从而根本没有什么**理性宗教**（Vernunftreligion）。[②]我们在否定哲学的终点得到的仅仅是可能的宗教，不是现实的宗教，仅仅是"纯粹理性界限内的宗教"。如果人们以为理性科学的终点是一种理性**宗教**，这就是一种错觉。理性不会导向宗教，而且从康德的理论哲学的结论来看，也没有什么理性宗教。人们不能**认知**上帝——这是每一种真正的、自明的唯理论的结论。只有当我们过渡到肯定哲学，我们才进入宗教本身和各种宗教的领域，也只有从现在开始，我们才可以期待**哲学**宗教产生出来，而我们的这整个阐述都是围绕着它而展开的。也就是说，这种宗教必须以实在的方式理解把握各种现实的宗教（神话宗教和启示宗教）[③]，而人们在这里也可以最清楚地看出，我们所说的"哲学宗教"和所谓的"理性宗教"毫无共同之处。因为，假若竟然存在着一种理性宗教，那么它也属于完全不同的另一个层面，而不是属于哲学宗教得以实现的层面。

XI, 569

　　由此可见，自我的那个需要，即在理性之外拥有一个上帝（一

---

① 理性科学不可能提供一种关于现实历史的哲学，尽管我们也承认，历史哲学同样有自己的否定方面；参阅本书第542页（XI, 542）。——谢林原注

② 尽管如此，我们按照之前所述，曾经把宗教本身设定为理性科学的一个环节，这是无可厚非的；无论如何，在那些追求理性宗教的人里面，没有谁会承认或断定，那个完全回归主体、与苦行关系密切的宗教，作为全部科学的对立面，是理性宗教。全部唯理论者都诉诸理性宗教，就好像他们确凿无疑地占有这样一种宗教似的，但实际上，如果我们随便拦下他们中的两人，让他们不要总是诉诸理性宗教，而是现实地建立理性宗教，那么这两人都不可能达成一致意见。简言之，唯理论哲学不知道任何理性宗教，更不要说一种作为科学的理性宗教。——谢林原注

③ 参阅本书第243页以下（XI, 243 ff.）和第十一讲的开篇；亦参阅本书第386页（XI, 386）。——谢林原注

个并非仅仅在思维或其理念中的上帝），完全是在实践中产生出来
的。这个意愿不是偶然的，它是精神的意愿，因为精神借助于一种
内在的必然性和对于自己的解脱的渴望，不可能始终被封闭在思维
里。这个要求不可能是从思维出发的，同样，它也不是实践理性的
一个悬设。并非实践理性导向上帝（如康德希望的那样），毋宁只
有个体才会导向上帝。因为在人那里，不是普遍者追求幸福，而是
个体追求幸福。如果人（通过良知或实践理性）总是按照理念世界
里的关系去指导他和其他个体的关系，那么这只能满足普遍者，满
足他的理性，却不能满足他这个个体。个体本身只能追求幸福，此
外无他。就此而言，从一开始（亦即当族类服从于法则）就出现了
一个区别，即后来出现的悬设仅仅是个体的悬设，而不是理性的悬
设；同理，也是自我本身作为人格性追求人格性，要求一个能够在世
界之外和普遍者之上倾听个体声音的人格性，要求一颗等同于个体
的心。①

　　简言之，是**自我**说出"我想要理念之外的上帝"，从而去追求 ㅤㅤXI, 570
刚才提到的那个颠转，而我们接下来要更明确地规定这个颠转的
后果。

　　这个意愿仅仅与过渡有关。肯定哲学本身的出发点，是那个
已经脱离其前提、被称作在先者（prius）的A^0；A^0作为完全出离于

────────────

① 正是这个对于人格性的追求导致**国家**走向君主制。君主制使得那对法则而言不可能的东
　西成为可能。比如，国家**之内**的法则不能也用于国家本身，但由于职责必须存在，所以必
　定有一个人格性（面对一个比法则的审判席更高的审判席）对此负责，而这就是一位仿佛
　为了他的民族而将自己献祭的国王。进而言之：理性和法则并不爱人，只有人格性才能
　够爱人，但这个人格性在国家里只能是国王，在他面前每一个人都是平等的。——谢林
　原注

理念的东西，是前一种科学里遗留下来的纯粹的"**如此**"（Ἕν τι），只不过现在被当作开端而已。但这是A^0在现实性里必须具有的位置。并不是因为-A、+A和±A存在，所以A^0才存在，毋宁说正相反，因为A^0存在，所以-A、+A和±A才存在（尽管A^0只有在**是**存在者的情况下才**存在着**）[1]；就此而言，A^0也是那个凌驾于存在者**之上**的东西，相应地，所谓"我想要理念之外的上帝"，意思就是"我想要凌驾于存在者之上的东西"。它的永不瓦解的坚固性是基于它的"**如此存在**"（而不是基于它在理念中的存在），唯其如此，正如我们早先已经看到的，它才能够是一个无可置疑的开端。[2]但是，A^0同样离不开存在者；A^0必须通过某东西才能证明自己实存着，假若没有这个东西，那么它就跟不存在没什么两样，也不会有一种关于它的**科学**（亦即不会有肯定哲学）。因为，没有普遍的东西，就没有科学。既然如此，我们首先必须指出，"**如此**"如何是存在者。又因为存在者现在只能是"**如此**"的后继者和后果，所以问题就是：-A、+A和±A如何能够是A^0的后果？只要解决了这个问题，我们就能够重新理解上帝与理念的关系，把他理解为存在者的主人，但首先仅仅是理念中的存在者的主人（尚且不是理念之外的存在者的主人）。在这之后，才有第二科学关注的那个问题，即上帝如何表明自己也是理念之外的（亦即实存着的、经验性的）存在者的主人；只有通过这个方

---

① 与上帝的这个位置相对应的，是国王在国家里的位置；对于国王的位置而言，即对于王权而言，A^0是原型，是其不可或缺的根据。参阅亚里士多德《尼各马可伦理学》VIII, 12: οὐ γάρ ἐστι βασιλεὺς ὁ μὴ αὐτάρκης καὶ πᾶσι τοῖς ἀγαθοῖς ὑπερέχων. ὁ δὲ τοιοῦτος οὐδενὸς προσδεῖται. [因为只有一个完全自足且任何别的人都更富有的人才配得上君王之名。他是别无所求的。]——谢林原注

② 见本书第十三讲。——谢林原注

式, 上帝才被导入**经验**, 随之在这个意义上(在我们真正想要的意义上)被导入实存, 并且在实存中被认识。简言之, 如果上帝不仅与理念中的存在者有关, 而且与理念之外的, 亦即实存着的存在者有关(因为凡是实存着的东西, 都是位于理念之外), 如果他既是这个存在者的原因, 从而寓居于另一种存在之内, 也是理念中的存在者的原因, 这就展示出他的独立于理念的、哪怕理念被推翻之后仍然保持着的现实性, 同时他也启示自身为存在的现实的**主人**。

尽管如此, 肯定哲学所关注的那个证明并没有因此就完结, 而是立即过渡到主要事务。这个(关于人格性上帝的实存的)证明绝不是仅仅推进到一个特定的点, 亦即不是仅仅推进到作为我们的经验对象的世界; 毋宁说, 正如我对于我看重的某些人不会满足于仅仅一般地知道他们存在着, 而是要求他们的实存得到持续的证明, 这里也是如此; 我们要求神性越来越接近人类的意识; 我们要求它不再仅仅在它的后果里, 而是**本身**成为意识的对象; 但我们只能逐步达到这个目标, 尤其我们要求一点, 即神性不是进入个人的意识, 而是进入人类的意识。这样我们就可以看到, 那个证明是一个贯穿着整个现实性以及人类的整个时间的证明, 因此不是已完结的, 而是始终在推进, 不但指向我们的族类的"未来", 也回归我们的族类的"过去"。在这个意义上, 肯定哲学主要也是一种**历史性的**(geschichtliche)哲学。

以上就是第二哲学的任务; [从第一哲学]到第二哲学的过渡等同于从《旧约》到《新约》的过渡, 从法则(律法)到福音的过渡, 从自然界到精神的过渡。

至于最开始的那个问题, 亦即这样一个问题, "如果 A^0 是在先 XI, 572

者，那么存在者如何**可能**借助最高的理性必然性而**一起被设定**？"，这仍然必须在唯理论的道路上加以解决；就此而言，这个问题仍然属于"神话哲学"这门课程，虽然它在这个形式下是新颖的，但在另一个形式下早就已经出现——出现在关于永恒真理的源泉的研究里。①

---

① 这个研究就是作为本卷附录的谢林《论永恒真理的源泉》，其通过历史发展的概述，最终解决了上面提到的那个问题。就此而言，这篇论文构成了谢林这部《唯理论哲学述要》的终章。——原编者注

人名索引

（说明：条目后面的页码指德文《谢林全集》的页码，即本书正文中的边码。因本卷内容全部集中在第XI卷，故只给出页码。）

主要译名对照

Abfall 堕落

Abseits 彼岸世界

das Absolute 绝对者

Absolutheit 绝对性

Ahndung 憧憬

All 大全

das Allgemeine 普遍者

Allheit 大全

Anfang 开端

Anschauung 直观

An-sich 自在体

an und für sich 自在且自为的

Atheismus 无神论

Band 纽带

Befreiung 解放, 摆脱

Begriff 概念

Bejahung 肯定

Beschreibung 描述

Bestimmtheit 规定性

Bestimmung 规定, 使命

Betrachtung 观察

Betrachtungsweise 观察方式

Beziehung 关联

Bild 形象, 图像, 肖像

Chaos 混沌

Dämon 神明

darstellen 呈现, 表现

Darstellung 呈现

Dasein 实存, 存在

Dauer 延续, 绵延

Denken 思维

Dialektik 辩证法

Dichtung 诗歌

Differenz 差异

Dreieinigkeit 三位一体

Dualismus 二元论

eigentlich 本真的

Eigentlichkeit 本真性

Ein- und Allheit 大全一体

Einbilden 内化

Einbildung 内化, 想象

Einbildungskraft 想象力

Einheit 统一性, 统一体

Einweihung 参悟, 祝圣仪式

Emanation 流溢

Emanationslehre 流溢说

Empirismus 经验论

Endabsicht 终极目的

das Endliche 有限者

Endlichkeit 有限性

Entschluß 决断

Entstehung 产生过程

Entwicklung 发展, 推演

Entzweiung 分裂

Erde 大地, 地球

Erfahrung 经验

Erfindung 发明

Erkennen 认识活动

Erkenntnis 认识

Erklärungen 解释

Ereignis 事件

Erscheinung 现象

esoterisch 隐秘的

ewig 永恒的

Ewigkeit 永恒, 永恒性

Existenz 实存, 存在

exotersich 显白的

Folge 后果, 顺序

Form 形式

Freiheit 自由

für sich 自为, 自顾自, 独自

das Ganze 整体。

Gattung 种属

Gebot 诫命

Geburt 诞生, 降生

Gedanke 思想

Gedicht 诗, 诗作, 诗歌

gegeben 给定的

Gegenbild 映像

Gegenstand 对象

Gegenwart 临在

gegenwärtig 当前的

Geist 精神

geistig 精神性的

Geschichte 历史

Geschlecht 族类

Gestalt 形态, 人物形态

Glaube 信仰

Gott 上帝, 神

Götter 诸神

Göttergeschichte 诸神历史

Götterlehre 诸神学说

Götterwelt 诸神世界

gottgleich 等同于上帝

Gottheit 神性

göttlich 上帝的, 神性的, 神圣的

Grund 根据

Handlung 行动

Heidentum 异教

Hellsehen 通灵

Hervortreten 显露

Hingabe 献身

Historie 历史学

historisch 历史学的

Hylozoismus 物活论

Ich 我, 自我

Ichheit 自我性

ideal 观念的, 观念意义上的

Ideal 理想

das Ideale 观念东西

Idealität 理念性

Idealismus 唯心论

Idee 理念

ideell 观念的

Ideenwelt 理念世界

Identität 同一性

in sich selbst 自身之内, 基于自身

Indifferenz 无差别

Individualität 个体性

Irreligiosität 宗教败坏状态

Kirche 教会

Konstruktion 建构

Krisis 大分化

Kritizismus 批判主义

Leben 生命

Lehre 学说, 教导

Lehrgedicht 宣教诗

Leib 身体, 载体

Materie 物质, 质料

Mittel 中介, 手段

Mitteilung 分有, 分享

Möglichkeit 可能性

Monotheismus 一神论

Mysterien 神秘学

Mysterium 奥秘

Mystik 神秘学

Mythen 神话传说

Mythologie 神话

Nachahmung 摹仿

Natur 自然界, 本性

Naturen 自然存在者

Naturphilosophie 自然哲学

Naturwissenschaft 自然科学

Nichtigkeit 虚妄, 虚无

Nichtphilosophie 非哲学

Nichts 虚无

Notwendigkeit 必然性

Nous 努斯

Objekt 客体

objektiv 客观的

Offenbarung 启示

Organ 官能

Organisation 有机组织

Organismus 有机体

Phänomen 现象

Poesie 诗, 诗歌, 创制

Polytheismus 多神论

positiv 肯定的

Potenz 潜能阶次

Prinzip 本原

Produzieren 创造, 生产

Prozeß 过程

Raum 空间

real 实在的

das Reale 实在东西

Realismus 实在论

Realität 实在性

Reflexion 反映, 反思

Reinigung 净化

Religion 宗教

Resultat 结果

Sache 事情

Schauen 直观

Schicksal 命运

schlechthin 绝对的

Schwere 重力

Seele 灵魂

Sehnsucht 渴慕

Selbst 自主体

Selbstbewußtsein 自我意识

Selbsterkennen 自我认识

selbstgegeben 自行给定的

Selbstheit 自主性

selig 极乐的

das Selige 极乐者

Seligkeit 极乐

setzen 设定

das Setzende 设定者

Sinnenwelt 感官世界

sinnlich 感性的

sittlich 伦理的

Sittlichkeit 伦理性

Spekulation 思辨

Sphäre 层面

Staat 国家

Stamm 部落

stetig 持续不断的

Stetigkeit 延续性

Subjekt 主体

subjektiv 主观的

Substanz 实体

Substrat 基体

Sukzession 相继性

sukzessiv 相继性的

Sündenfall 原罪

Symbol 象征

Tat 行为

tätig 主动的

Tatsache 事实

Theogonie 神谱

Theologie 神学

Theismus 有神论

Totalität 总体性

Tugend 美德

Tun 行动

Übel 灾难

übergeschichtlich 超历史的

Übergang 过渡

Überlieferung 传承

das Unendliche 无限者

Unendlichkeit 无限性

Universum 宇宙

Unphilosophie 非哲学

Urbewußtsein 原初意识

Ursein 原初存在

Ursprung 起源

Urwesen 原初本质

Urwissen 原初知识

Verfassung 制度

Vergangenheit 过去

Verhängnis 厄运, 灾厄

Vernunft 理性

Verstand 知性

Volk 民族

Volksglaube 民间信仰

Volksreligion 民间宗教

Voraussetzung 前提

Vorsehung 天命

Vorstellung 表象, 观念

das Wahre 真相

Wahrheit 真理

Welt 世界

Weltgeist 世界精神

Weltsystem 世界体系

Werkzeug 工具

Wesen 本质, 存在者

Willkür 意愿选择

Wirklichkeit 现实性

Wissen 知识

Wissenschaft 科学

Wissenschaftslehre 知识学

Wunder 奇迹

Zeit 时间

zeitlich 应时的, 短暂的

zeitlos 与时间无关的

Zentralpunkt 中心点

Zentrum 核心

Zeugung 生殖

Zukunft 未来

译后记

  《神话哲学之哲学导论》作为谢林神话哲学四部曲的第二本或通常所说的"第二导论",其名称中的"哲学导论",不是指"[神话哲学包含的]关于哲学的导论"(Einleitung in die Philisophie)——虽然其中确实有着许多对于哲学的本质以及核心对象和核心问题的讨论——,而是指"从哲学的角度[对神话哲学]做出的导论"(philosophische Einleitung)。如果说"第一导论"或"历史批判导论"的任务是在不预设任何哲学立场的情况下[①],纯粹从各种历史事实出发去揭示神话的本质和起源,并且指向神话宗教、启示宗教之后的一种作为最终目标的"哲学宗教"(philosophische Religion),那么"第二导论"或"哲学导论"的任务则是要阐明,即便从纯粹的哲学思维出发,最终同样会走向"哲学宗教"。

  至于谢林心目中的"哲学宗教",与其说是宗教,不如说是哲学。它的使命在于"通过前两种宗教而获得一个手段,以便原原本本地理解把握那两种独立于理性的宗教,进而掌握它们的整个真理和本真性。"[②]换言之,哲学宗教"是一种对那些先行的、独立于理

---

① "我们的整个研究都不是从一个预想的观点出发,尤其不是从一种哲学出发,因此相关结论也是一个独立于全部哲学而发现的、坚实稳固的结论。"谢林:《神话哲学之历史批判导论》,先刚译,北京大学出版社,2022年,第292页。
② 谢林:《神话哲学之历史批判导论》,第291—292页。

性和哲学的宗教进行理解把握的宗教，因此它从一开始就是整个过程的目的，亦即一个虽然不是于今天或明天，但必定会得以实现的东西，一个绝不会被放弃的东西，这个东西和哲学本身一样，不是以直接的方式，而是仅仅在一个伟大而漫长的发展序列之中才得以完成。"①正如我一直强调的，从1804年的《哲学与宗教》开始，当谢林坚持不懈地要把哲学与宗教（尤其是基督教）结合起来，其目标绝不是像常人误解的那样要让哲学向宗教卑躬屈膝，而是要建立"哲学与宗教的永恒同盟"，而且这个同盟的内核、主导者和完成者永远是哲学而不是宗教。

正因如此，读者或许会惊奇地发现，这本《神话哲学之哲学导论》几乎没有讨论神话，而是从历史的维度聚焦于哲学思维的本质和历程，或如本书的另一个标题"纯粹唯理论哲学述要"所表明的，揭示哲学如何必然成为"纯粹唯理论哲学"（reinrationale Philosophie），即"第一科学"或"否定哲学"，然后在自己的边界处过渡到一种以"哲学宗教"为目标的"第二科学"或"肯定哲学"。由此看来，这项工作的性质和谢林之前的《近代哲学史》（以及其中的《哲学经验论述要》）是完全相同的，只不过本书是专注于系统地阐发古代哲学尤其是柏拉图和亚里士多德的本原学说（Prinzipienlehre），即理性如何从探寻本原（"存在者本身"或"那个是存在者的东西"）出发，经过灵魂和努斯的中介，直到在伦理道德和国家等精神领域里表现出的强大能力和最终局限。就此而言，本书也可以被看作谢林的一部"古代哲学史"（虽然其内容远远不止

---

① 本书中译本第5页。

于这个范围），和他的《近代哲学史》合在一起完整地展现了他的高屋建瓴而独树一帜的哲学史观。

此外还需要指出的是，虽然《神话哲学之哲学导论》在逻辑上是处于谢林的神话哲学乃至整个后期哲学的居间位置，但在现实中却是谢林的"绝笔之作"，因为他晚年最为看重的正是这部分内容，并且直到去世的前一天都还在修改相关手稿。这个事实或许最真切地印证了谢林的那句名言："对于奉献给哲学的一生而言，最美好的历程大概就是和柏拉图一起开始，和亚里士多德一起终结。"①

在我迄今翻译过的谢林著作里面，本书的难度和工作量是最大的。除了内容艰深晦涩之外，主要是谢林在行文中大量直接征引古代哲学家的希腊文和拉丁文原文，大约有数百上千次之多。虽然这些引文中的绝大多数是我独自处理的，但还是有大大小小的二十多处希腊文文本，我是求助于我的同事程炜教授才解决了困难，在此致以衷心的感谢。此外，我也要感谢山东大学的王丁教授帮助我解决了几处希伯来语的翻译和录入问题。

本书得到了国家社科基金项目"德国唯心论在费希特、谢林和黑格尔哲学体系中的不同终结方案研究"（项目批准号20BZX088）的支持，在此亦表示感谢。

先刚
2023年5月于北京大学外国哲学研究所
北京大学美学与美育研究中心

---

① 本书中译本第149页。